高速公路隧道智能监控管理技术

GAOSU GONGLU SUIDAO ZHINENG
JIANKONG GUANLI JISHU

王树兴　于香玉　崔　建　杨　梣　谢耀华　**主编**

重庆大学出版社

图书在版编目(CIP)数据

高速公路隧道智能监控管理技术/王树兴等主编.
-- 重庆：重庆大学出版社，2019.12
ISBN 978-7-5689-1651-6

Ⅰ.①高…　Ⅱ.①王…　Ⅲ.①高速公路—公路隧道—
智能系统—监控系统—研究　Ⅳ.①U459.2

中国版本图书馆 CIP 数据核字(2019)第 259478 号

高速公路隧道智能监控管理技术

王树兴　于香玉　崔　建　杨　梣　谢耀华　主　编
策划编辑:刘颖果
责任编辑:姜　凤　　版式设计:刘颖果
责任校对:张红梅　　责任印制:赵　晟

*

重庆大学出版社出版发行
出版人:饶帮华
社址:重庆市沙坪坝区大学城西路 21 号
邮编:401331
电话:(023) 88617190　88617185(中小学)
传真:(023) 88617186　88617166
网址:http://www.cqup.com.cn
邮箱:fxk@ cqup.com.cn(营销中心)
全国新华书店经销
POD:重庆新生代彩印技术有限公司

*

开本:787mm × 1092mm　1/16　印张:19.5　字数:439千
2019 年 12 月第 1 版　　2019 年 12 月第 1 次印刷
ISBN 978-7-5689-1651-6　定价:58.00 元

前　言
FOREWORD

我国是多山国家,70% 左右的国土都是山地,且江河纵横。隧道在交通基础设施的建设中起着越来越重要的作用,同时在城市建设中,以节约土地和保护环境为宗旨,城市道路隧道建设也方兴未艾。据统计,截至 2017 年年底,全国公路隧道为 16 229 处,全长 15 285.1 km。近 5年(2012—2017 年)隧道座数及长度平均年增长率分别为 9.17% 和11.79% 。我国已成为世界上公路隧道和地下工程最多、最复杂、发展最快的国家。

交通安全是道路建设与管理的一个永恒课题。高速公路在给社会带来快速和便利的同时,也使高速公路建设者与管理者从交通安全的层面意识到高速公路运行管理中的艰巨任务和使命。隧道是高速公路运行管理中一个最值得关注的交通安全“瓶颈”路段,它给道路用户提供了交通和环境条件最为复杂的道路,管理内容和安全影响因素最多,管理技术难度和运行风险最大。例如,世界著名的法国勃朗峰隧道火灾事故,死亡人数达 39 人,40 余辆车被毁;瑞士圣哥达隧道火灾事故,死亡人数达 11 人,受伤 19 人。隧道事故给家庭、社会带来的危害,已经警醒了这些国家的隧道管理者和管理部门,也给我国的隧道用户、隧道建设者、隧道管理者及道路交通安全的研究者敲响了警钟。

本书主要从隧道运营风险分析、安全运营管理技术、安全保障对策、隧道机电设施实施与养护安全技术、隧道应急救援力量配置、运营安全评价等方面系统地介绍了高速公路隧道智能交通监控管理的主要技术,希望能为高速公路隧道交通监控管理提供帮助。相关技术成果已在山东济莱高速隧道示范应用。

本书共分 8 章,第 1 章介绍了本书的编制背景与必要性,主要通过国内外公路隧道运行管理现状、存在的问题和示范工程的建设情况展开。

第 2 章分析了高速公路隧道运营风险,主要通过隧道运营事故统计分析、国外标准分析与借鉴、隧道运营风险定量分析方法、风险案例分析及风险控制对策等方面展开。

第 3 章介绍了高速公路隧道安全运营管理技术,主要从公路隧道分类管理技术、日常安全管理技术、应急管理体制等方面进行阐述。

第 4 章介绍了高速公路隧道交通安全保障工程对策,主要从交通状态识别技术、公路隧道安全预警技术、公路隧道安全保障设施设置等方面进行阐述。

第 5 章介绍了高速公路隧道机电设施施工及养护安全技术，主要从机电施工及维护作业风险评估、机电设备施工安全管理和机电设备维护管理与保养制度等方面进行阐述。

第 6 章介绍了高速公路隧道应急救援力量配置标准，主要从隧道应急救援管理、救援能力、救援制约因素分析和救援力量配置等方面进行阐述。

第 7 章介绍了高速公路隧道运营安全评价，主要从隧道运营安全评价指标体系和评价方法两个方面进行阐述。

第 8 章介绍了高速公路隧道智能交通监控管理系统的开发，主要阐述了系统总体架构、系统业务逻辑、系统功能设计、架构设计、数据库设计等方面内容。

限于编者水平有限，书中难免存在不足之处，敬请读者批评、指正。

编　者

2019 年 7 月

目　录
CONTENTS

第 1 章 编制背景与必要性

1.1 国内外公路隧道运行管理综述

公路隧道运行管理的内容包括隧道运行管理机构、管理条例、管理标准和管理设施等。下面通过对国内外公路隧道运行管理发展现状的对比，借鉴国外的管理思想、技术和方法，论述我国公路隧道运行管理存在的问题。

1.1.1 国内公路隧道运行管理

20 世纪 50 年代，我国仅有公路隧道 30 多处，总长约 2.5 km。1979 年我国公路隧道通车里程为 52 km（374 处）。2000 年我国隧道通车里程已达 628 km（1 684 处），隧道平均长度为 373 m，其中特长隧道 54 km（15 处）、长隧道 207 km（135 处）、中隧道 255 km（514 处）。2018 年年底我国公路隧道通车里程已达到 17 236.1 km（17 738 处），其中，特长隧道 1 058 处，总长约 4 706.6 km；长隧道 4 315 处，总长约 7 421.8 km。

我国公路隧道的运行管理是伴随着长大公路隧道的发展而逐渐构建和发展形成的。目前我国公路隧道运行管理系统主要是基于我国高速公路管理办法，重点考虑长大公路隧道运行的风险特性而专门设置的，概括起来主要包括隧道运行管理机构、运行管理条例、运行管理标准和运行管理设施与技术现状 4 个方面的内容。

1）运行管理机构

我国各省公路隧道运行管理机构设置不尽相同，有隧道管理处/所，也有隧道管理公司。隧道运行管理机构中，有的独立设置，有的隶属于高速公路管理单位，有的与路政、交警统属于一个单位，有的与路政、交警相互独立。隧道运行管理部门下设的职能部门更是五花八门。据调查，隧道运行管理机构主要设置有工程养护科、设施养护科、设备运行科、机电控制队、机电维修室、监控指挥中心、监控管理科、通信科、交警巡查应急队、稽查队、安检大队、治安室和消防大队等，但大多数隧道管理机构只设置了上述部门中的 4~5 个职能部门。因此，容易出现部门之间职责划分不清、业务工作相互扯皮等现象，致使隧道运行管理工作不尽完善。

目前，我国最长的公路隧道——秦岭终南山隧道其管理公司运行管理机构设置和管理水平较为完善和先进，其下设的主要职能部门如图 1.1 所示。各职能部门的功能如下：

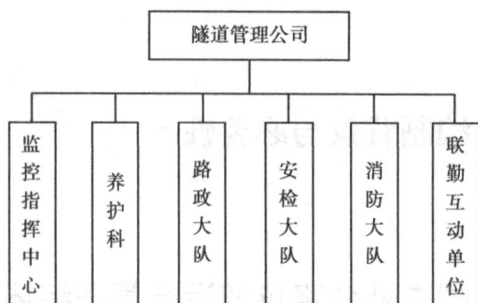

图 1.1　隧道运行管理机构

①监控指挥中心:负责随时观察隧道内的交通实况,检查隧道机电系统运行参数,开启和关闭照明、通风等设备,接收报警,及时准确跟踪各种突发事件并启动相关预案,指挥各部门的应急处置工作。

②养护科:负责隧道大中型养护项目管理,隧道及其附属设施状况调查,养护资料的收集、整理和保管等。

③路政大队:负责隧道路政管理工作,保护路产、维护路权,实施路政巡查、隧道交通管制和各种临时标志的设置与撤换等工作。

④安检大队:负责对通行隧道的货运车辆进行安全检查、登记、疏导、劝返等管理工作,引导危险品车辆及不符合通行条件的车辆驶出高速公路,前期处理危险品车辆泄漏事故,协助进行交通管制。

⑤消防大队:负责隧道消防宣传和消防设施的巡查、维护工作,协助进行交通管制,承担隧道各类突发事件的现场指挥和救援任务。

⑥联勤互动单位:通过隧道管理单位与沿线公安交警、武警部队、医院等单位建立联勤互动机制,实现发生异常事件时各单位能联合处理。

2)运行管理条例

公路隧道运行管理条例主要有运行管理制度和应急预案两大类。目前,我国尚缺乏公路隧道运行管理的行业规程,因此国内一般隧道和短隧道较少有专门的运行管理制度。虽然大多数长大隧道根据自身运行特点和经验并参照其他隧道的运行管理,专门制订了运行管理制度,但普遍存在内容比较简单、行政管理较多、业务管理较少、技术含量不高等问题。据调查,国内隧道运行管理制度主要包括机电系统维护管理制度、供配电维护管理制度、照明维护管理制度、通风维护管理制度、机电巡查管理制度、消防巡查管理制度等,大多数隧道缺少监控维护管理制度、火灾和应急疏散演练制度等。

国内不少隧道虽然编制有应急预案,且预案流程较合理,但预案内容往往未能结合隧道自身实际情况,可操作性差,概念性内容多,量化内容少。因此,发生突发事件时,隧道管理机构之间协调配合应对突发事件的能力较差。据调查,国内隧道主要应急预案包括供配电系统应急预案、照明系统应急预案、通风系统应急预案、火灾和疏散应急预案,大多数隧道缺少监控系统应急预案、危险品泄漏事故应急预案等。

3）运行管理标准

目前,我国公路隧道运行管理中对机电设施、交通控制设施、应急设施的设置管理主要是依据设计阶段的相关规范和标准,如《公路隧道照明设计细则》(JTG/T D70/2-01—2014)、《公路隧道交通工程设计规范》(JTG/T D71—2018)、《道路交通标志和标线》(GB 5768—2009)和《公路交通安全设施设计规范》(JTG D81—2017)等。

我国公路隧道养护工作以《中华人民共和国公路法》中公路养护、路政管理和监督检查等规定为基础,主要依据现行的《公路隧道养护技术规范》(JTG H12—2015)对隧道进行养护维修工作。《公路隧道养护技术规范》对土建工程(洞门、衬砌、路面、防排水、检修道和风道等)、供配电设施、照明设施、通风设施、消防及救援设施、监控设施等设施的养护工作都作了相关规定。隧道前后安全影响范围内的路段及上述养护规范中未提及的养护工作,可依照《公路养护技术规范》(JTG H10—2009)进行养护。

公路隧道路面的养护和评定按照《公路沥青路面养护技术规范》(JTG 5142—2019)和《公路水泥混凝土路面养护技术规范》(JTJ 073.1—2001)中的相关规定进行,规范中对路面的抗滑性能、平整性和完好性按优、良、中、次、差进行分级,并规定了养护标准值。

公路隧道养护作业过程中的安全作业执行《公路养护安全作业规程》(JTG H30—2015)中的相关规定;运行管理中隧道土建工程及其设施的质量管理按照1999年交通部颁布的《公路工程质量管理办法》进行。

目前,我国公路隧道在安全影响范围内对驾驶员驾驶行为的要求和驾驶安全的管理,按照2011年4月22日第十一届全国人民代表大会常务委员会第二十次会议修订的《中华人民共和国道路交通安全法》执行,同时对于运输车辆执行《超限运输车辆行驶公路管理规定》的相关规定。

我国高速公路区域噪声控制按照《声环境质量标准》(GB 3096—2008)中的相关规定执行。该标准规定了5类声环境功能区的噪声限值及测量方法,主要用于声环境质量评价与管理。

4）运行管理设施与技术现状

(1)土建工程设施与技术现状

①路线和洞门

我国对公路隧道运行影响范围内线形条件的设置标准要求较高,特别是对隧道内线形要求更高。平面中当设置曲线时,不宜采用设超高的平曲线,并不应采用设加宽的平曲线;纵断面中纵坡不应小于0.3%,一般情况不应大于3%;受地形等条件限制时,高速公路500～1 000 m的一般隧道和大于100 m的短隧道坡度可适当加大,但不宜大于4%。

隧道均须设置洞门。隧道洞门主要用于支挡洞口正面仰坡和路堑边坡,保护仰坡和边坡的稳定性,以防止仰坡上方少量的滚石、滑坍、碎落等对路面和行车安全造成危害,同时可用于改善和美化洞口环境。隧道洞门的主要形式有端墙式、翼墙式、台阶式、柱式、削竹式和喇叭口式等。隧道洞门形式应以与周围景观协调为主要设置原则,不提倡宏大、雄伟、醒目，应简洁、隐蔽、淡化洞口处理，营造"悄悄"进洞气氛，使车辆自然驶入隧道。如图1.2为国外某公路典型隧道洞口。

图1.2　国外某公路典型隧道洞口

②路面

我国现有高速公路隧道管理范围内内外路段路面设置形式有所不同。高速公路隧道外路段路面多采用沥青混凝土路面，隧道内路段路面多采用水泥混凝土路面，如图1.3(a)所示，特别是早期修建的公路隧道路面更是如此。在广东省、广西壮族自治区等地也有隧道内外路面形式均为水泥混凝土路面的。虽然在隧道内水泥混凝土路面反光度相对较好，但是板块接缝处行车舒适性差，抗滑性能衰减较快，行车噪声大，极大地降低了驾驶员的行驶安全和舒适性。随着我国沥青混凝土路面材料阻燃技术的发展，近几年修建的部分高速公路隧道也采用阻燃沥青混凝土路面，如图1.3(b)所示。如某省在其"某省高速公路勘察设计指导意见"中，建议隧道均采用沥青混凝土复合式路面，当隧道长度大于2 000 m时，进出口1 000 m范围以外的隧道中段应采用阻燃沥青混凝土路面。2007年12月，武汉理工大学对重庆、贵州、广州和浙江四省市90座隧道的路面进行了调查，其中沥青路面占43%，水泥路面占28%，水泥基层加沥青面层占29%。沥青混凝土路面以无接缝、行驶安全舒适性强等优点越来越被人们广泛地应用于隧道路面。云南、甘肃、贵州等省将沥青混凝土路面应用于短隧道和一般隧道，长隧道仍采用水泥混凝土路面。表1.1列举了国内典型高速公路隧道的路面形式。

(a)水泥混凝土路面　　　　　　　(b)阻燃沥青混凝土路面

图1.3　国内典型高速公路隧道内路面形式

表 1.1　国内典型高速公路隧道路面形式

高速公路名称	隧道名称	隧道长度/m	隧道外路面形式	隧道内路面形式
峻柳高速公路	白虎山隧道	右 1 235	沥青混凝土路面	水泥混凝土路面
	赵家楞杆隧道	右 975	沥青混凝土路面	水泥混凝土路面
	新庄岭隧道	右 1 455	沥青混凝土路面	水泥混凝土路面
	土家湾隧道	右 1 290	沥青混凝土路面	水泥混凝土路面
兰海高速公路	大红山隧道	右 2 043	沥青混凝土路面	水泥混凝土路面
兰临高速公路	新七道梁隧道	左 4 070	沥青混凝土路面	水泥混凝土路面
宝天高速公路	麦积山隧道	右 12 330	沥青混凝土路面	水泥混凝土路面
	桃花沟隧道	右 471	沥青混凝土路面	沥青混凝土路面
	观音山隧道	265	沥青混凝土路面	沥青混凝土路面
	桃花坪隧道	284	沥青混凝土路面	沥青混凝土路面
罗富高速公路	湾山坡 1 号隧道	657	沥青混凝土路面	沥青混凝土路面
	湾山坡 2 号隧道	270	沥青混凝土路面	沥青混凝土路面
	沿河隧道	857	沥青混凝土路面	沥青混凝土路面
	那楼隧道	865	沥青混凝土路面	沥青混凝土路面
西安—安康高速公路	秦岭终南山隧道	18 020	沥青混凝土路面	水泥混凝土路面
清连高速公路	六甲洞隧道	左 810	水泥混凝土路面	水泥混凝土路面
	焦冲隧道	左 2 405	水泥混凝土路面	水泥混凝土路面
	石仓岭隧道	2 014	沥青混凝土路面	沥青混凝土路面
	白须公 1 号隧道		沥青混凝土路面	沥青混凝土路面
	白须公 2 号隧道		水泥混凝土路面	水泥混凝土路面
	白须公 3 号隧道	1 080	水泥混凝土路面	水泥混凝土路面
	白须公 4 号隧道		水泥混凝土路面	水泥混凝土路面
	白须公 5 号隧道		水泥混凝土路面	水泥混凝土路面
吉草高速公路	卧牛山隧道	750	沥青混凝土路面	沥青混凝土路面

　　彩色路面可对交通进行各种警示和诱导,进一步提高道路交通的安全性能。我国于 20 世纪 80 年代初开始探讨彩色沥青混合料,但收效甚微,且在道路上应用尚少。近几年,彩色沥青混凝土路面才作为一种新型的铺面技术,在公路、城市道路和广场等地使用得越来越多。如上海市公交专用道采用红色沥青路面;部分高速公路隧道入

口、上下坡较长的事故多发路段、避险车道等铺设彩色路面,如图1.4所示。

<table>
<tr><td>(a)长下坡路段</td><td>(b)紧急避险车道</td></tr>
</table>

图1.4　彩色路面

路面平整度是影响驾驶安全舒适性的重要指标。随着路面平整度性能评价技术指标的完善,路面平整度评价指标在平整度均方差的基础上,又增加最大间隙 h 和国际平整度指数IRI两项指标共3项标准,对路面平整度进行评价。交通运输部针对水泥混凝土路面和沥青路面颁布了养护技术规范,用于指导公路养护。依据规范中养护标准值,可以对道路的平整度进行定量评价及确定是否需要进行养护维修。

路面抗滑性能是保证车辆行驶安全性的重要指标。1994年之前我国沥青混凝土路面抗滑性能检验评定标准值是采用抗滑摆值BPN和造深度TD两个指标进行评定;1994年后至今,建议在条件允许下宜采用横向力系数SFC表征路面摩擦系数,构造深度仍采用铺砂法。

路面在自然因素和行车荷载作用下,抗滑性能逐渐降低,尤其是水泥混凝土路面的抗滑性能衰减更快。隧道内水泥混凝土路面使用一段时期后,如不采取恢复措施会出现"镜面"现象,如图1.5所示。隧道内行车环境复杂导致养护作业比高速公路基本路段难度大,加之养护维修作业机械化程度不高,散落在路面上的污物、破损的灯具等未能及时清扫,如图1.6所示。路面出现破损后未能得到及时修补,沥青混凝土路面和水泥混凝土路面破损严重,如图1.7和图1.8所示。

图1.5　隧道内路面"镜面"现象　　图1.6　隧道内未及时清扫的污物

③防排水设施

隧道内边沟多为固定盖板式暗沟,设有滤水篦。固定盖板式暗沟有利于行车安全,但易堵塞。若养护管理部门未能及时清理、疏通,将导致排水设施无法正常排水,如图1.9(a)所示。为防止洞外路面水流入隧道内,一般在隧道洞口处设置横向路面截水沟,如图1.9(b)所示。

(a)路面纵向裂痕　　　　　　　　　　(b)路面横向裂痕

图1.7　沥青混凝土路面裂痕

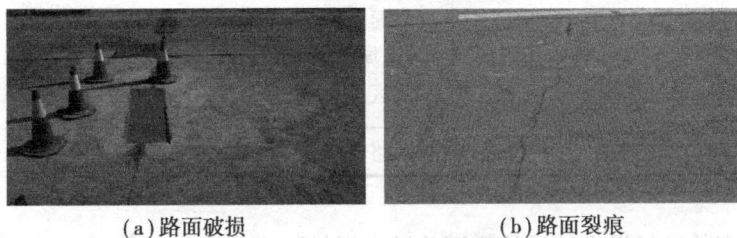

(a)路面破损　　　　　　　　　　(b)路面裂痕

图1.8　水泥混凝土路面破损

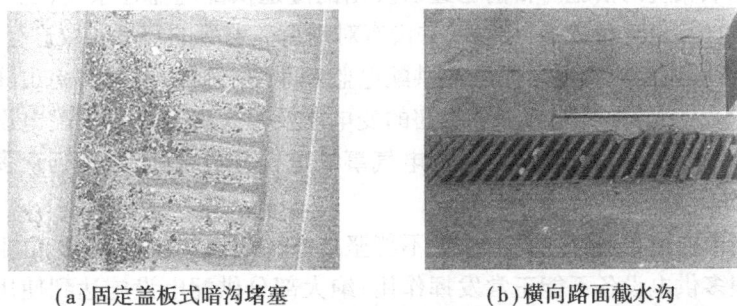

(a)固定盖板式暗沟堵塞　　　　　　(b)横向路面截水沟

图1.9　排水设施现状

④隧道噪声

《公路隧道养护技术规范》(JTG H12—2015)规定,隧道内噪声随交通量的增大而增大,可在隧道内表面贴上吸声材料降低噪声。现行《声环境质量标准》(GB 3096—2008)将各类环境噪声分为5个类别,并限定了高速公路噪声标准值范围,具体见表1.2。

(2)机电设施

①供配电设施

目前我国隧道供配电主要存在长距离低压配送电、管线配置不当、变电所布局和设备选型不合理等因素带来的能量损耗问题,供配电技术和装备有待进一步优化。

表1.2　环境噪声限值及功能区域

环境噪声类别		环境噪声标准值/dB		各类声环境功能区域
		昼间	夜间	
0类		50	40	疗养区等特别需要安静的地方
1类		55	45	居民住宅、医疗卫生、文化教育、科研设计、行政办公为主要功能,需要保持安静的地方
2类		60	50	商业金融、集市贸易为主要功能,或者居住、商业、工业混杂,需要维护住宅安静的区域
3类		65	55	工业生产、仓储物流为主要功能,需要防止工业噪声对周围环境产生严重影响的区域
4类	4a类	70	55	高速公路、一级公路、二级公路、城市快速路、城市主干路、城市次干路、城市轨道交通(地面段)、内河航道两侧区域
	4b类	70	60	铁路干线两侧区域

　　国内大多数已经投入使用的隧道并没有提供隧道供配电监控系统,只是在故障发生后,人工采取相应的措施。目前已经研发出的隧道供配电监控系统,也只是对动力设备的各种电压、电流参数进行监控,并没有对隧道变电所的环境参数进行有效监控。我国只有少数隧道配置有国际先进的供配电监控系统,例如,秦岭终南山隧道全线引进并设置了SCADA系统,能够对所管辖的变电所及箱式变电站等供配电设施进行远程监视、控制、测量,对各种瞬间发生的电气事故进行分析判断,对现场众多电气数据进行记录和统计处理。

　　目前,国内隧道普遍存在日常维护不能坚持按照规章执行的现象,由于缺乏定期维修养护,很多供电设备不能正常发挥作用;绝大部分供配电设施达到使用寿命后未能及时更换,供配电设施老化现象严重。

　　②照明设施

　　我国现行的《公路隧道照明设计细则》(JTG/TD 70/2-01—2014)将隧道照明段划分为接近段照明、入口段照明、过渡段照明、中间段照明和出口段照明,按白天和夜间分别进行管理。白天接近段要求在规定的长度范围内采取减光措施,如坡面绿化、设置遮阳棚或遮光棚等,以降低隧道内外亮度差;入口段照明的设置指标采用亮度折减系数和长度,白天要求在规定的入口段长度范围内进行加强照明;过渡段采用国际照明协会的适应曲线作为过渡段亮度和长度划分的依据,要求3个过渡照明段按规定的比例和长度将入口段高亮度逐渐降低到接近中间段亮度;中间段照明水平设置指标采用中间段亮度、路面亮度总均匀度、路面中线亮度纵向均匀度等指标,中间段需要的照明水平不要求进行特殊处理;出口段照明设置指标采用亮度和长度指标,要求在规定的出口段长度范围内进行加强照明。夜间要求入口段、过渡段、出口段根据交通量进行调光,中间段则与白天要求一致,并要求在接近段和出口后隧道外规定的长度范围内布设路灯进行夜间照明。国内对隧道照明设备的控制大部分采用定时分级自动或手动控制照明,并未实现实时的自动控制照明。

国内隧道普遍存在日常维护不能坚持按照规章执行的现象,由于缺乏定期维修养护,灯具损坏严重;另外,绝大部分照明设施达到使用寿命后未能及时更换,老化现象严重,如图1.10所示。

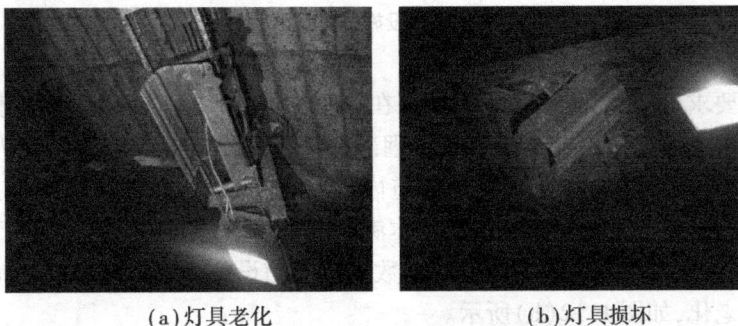

(a)灯具老化 　　　　　　　　(b)灯具损坏

图1.10　灯具老化及损坏现状

③监控设施

国内公路隧道监控设施主要采用车辆检测器和监控摄像机监测隧道内车辆运行情况。车辆检测器主要用来检测交通量、车速、车道占有率、车头时距、车辆存在状况、车重、车长及排队长度等指标。国内外常用的车辆检测器有环形线圈检测器、超声波检测器、红外检测器、微波检测器、视频车辆检测器、车重检测器、磁探测器及雷达探测器等。目前国内高速公路应用最广泛的是环形线圈检测器。我国现行《公路隧道交通工程设计规范》(JTG/T D71—2018)规定,车辆检测器设置间距应为500～700 m。监控摄像机主要用于监视隧道交通运行状况。监控摄像机设置应能监视隧道全程,国内现行规范规定监控摄像机在隧道直线段设置距离不应大于150 m。

监控设施养护方面,要求由专业养护维修人员对其进行日常检查、经常性检修、定期检修和应急检修,确保监控设施联动运行功能,保证高速公路隧道监控设施设备完好率不低于98%。目前国内高速公路隧道监控设施设置基本满足规范要求,但是大多数隧道管理部门没有定期对隧道监控设施进行养护维修,致使隧道监控设施污损严重,部分监控设施已失去使用功能。

④通风设施

国内公路隧道通风设施主要采用一氧化碳/能见度(CO/VI)检测器、风速风向(WS)检测器与风机联动控制隧道内有害气体浓度及能见度。通风设施养护方面,由专业养护维修人员对通风设施进行日常检查、经常性检修、定期检修、分解性检修和应急检修,确保通风设施的设备完好率不低于98%。目前国内高速公路隧道通风设施设置基本满足规范要求,但因隧道管理部门没有定期对隧道通风设施进行养护维修,致使大多数隧道通风设施污损较严重(图1.11),部分通风设施已失去联动控制功能。

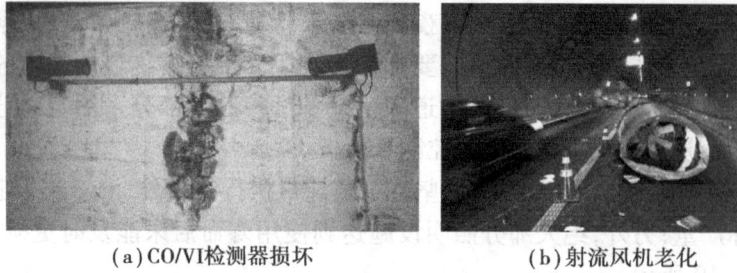

(a) CO/VI检测器损坏   (b) 射流风机老化

图1.11   通风设施损坏及老化现状

⑤通信设施

按设计要求,隧道内紧急电话均设置在行车方向右侧的隧道壁上,用于隧道内发生异常事件时隧道使用人员及时通知管理部门进行快速救援和排障。国内通信设施主要使用有线广播,在异常情况下向隧道内人员发布信息,对人员和车辆进行疏导。目前国内高速公路隧道通信设施设置基本满足规范要求,但因隧道管理部门没有定期对隧道通信设施进行养护维修,致使大多数隧道通信设施损坏,如图1.12(a)所示;部分紧急电话老化,如图1.12(b)所示。

(a) 有线广播损坏   (b) 紧急电话老化

图1.12   通信设施损坏及老化现状

(3)交通控制

交通控制包括交通标志、标线和护栏。我国现行《道路交通标志和标线》(GB 5768—2009)将交通标志按作用分为警告标志、禁令标志、指示标志和指路标志。隧道内行车环境复杂,因此隧道前及隧道内需要设置多种交通标志和标线,用于控制、引导驾驶员的驾驶行为,但标志的设置容易存在以下几个方面的缺陷:

①隧道入口前交通标志设置普遍过于密集,信息量过大。

②部分标志板面尺寸设计不合理,标志设置位置不合理。

③缺少必要的标志和标线。例如,隧道出入口禁止变换车道的车行道分界线施画长度普遍不够或未施画、隧道入口前未设置隧道开车灯标志等。

④标志、标线配合使用信息矛盾。

⑤隧道运行影响范围内施画车行道减速振动带标线,影响路面抗滑性能、平整度

和驾驶安全及舒适性。

⑥隧道内可变限速标志字体颜色与边框颜色均为红色,驾驶员对限速信息认知困难,并容易误认为是前方车辆的尾灯,影响驾驶员的驾驶行为。

护栏是一种纵向吸能结构,通过自身变形或车辆爬高来吸收碰撞能量,从而改变车辆行驶方向,阻止车辆越出路外或进入对向车道。我国现行《公路交通安全设施设计规范》(JTG D81—2017)根据护栏碰撞后的变形程度,将其分为刚性护栏、半刚性护栏和柔性护栏,主要代表形式为波形梁护栏、混凝土护栏和缆索护栏。未经安全性处理的护栏端头危害性较大,车辆撞到未经特殊处置的护栏端头时,由于碰撞角度大(基本上相当于正面相撞),对车辆的导向作用不显著、缓冲时间短、加速度大,所以汽车与护栏端头碰撞事故的严重程度远远大于汽车与路侧刮擦所造成事故的严重程度。此外,护栏端头还可能刺穿车辆或者导致车辆倾覆。目前国内对护栏端头的处置方法比较局限,一般采用将端头外展的做法。我国现行《公路交通安全设施设计规范》中,给出了波形梁护栏上游端头的两种处置形式,即外展地锚式和外展圆头式。地锚式端头形成"斜坡",车辆沿"斜坡"爬升,速度快的车辆将会抛向空中,发生翻车、坠车等事故。该处理方式应因地制宜,可在保持护栏端部高度不变的情况下,将端头自然掩入边坡并进行锚固。

护栏的设置能够降低事故的严重程度,对促进失控车辆顺适行驶起着非常重要的作用。然而,国内仍有部分路段右侧边沟为明沟时,仅设置有柱式轮廓标,而未设置防护设施,如图 1.13 所示。隧道前洞口处的大多数护栏均未设置与检修道相连的过渡段,容易导致车辆在隧道入口处撞上检修道等交通事故。

图 1.13　道路未设置防护设施

(4)应急管理

我国现行《公路隧道照明设计细则》(JTG/T D70/2-01—2014)对应急照明作了相关规定,但对应急照明的要求比国外低,对紧急停车带的要求与国外相比无太大差异。

我国现行《公路隧道交通工程设计规范》(JTG/T D71—2018)规定:长度大于500 m的隧道应以500~800 m的间距设置行人横洞;长度大于1 000 m的隧道应以1 000~1 500 m的间距设置行人横洞。目前国内高速公路隧道行人横洞及行车横洞设置基本满足规范要求,但由于隧道管理部门没有定期和及时对隧道行人横洞和行车横洞及其内部设施进行养护维修,致使隧道行人横洞及行车横洞内亮度不足;有些横洞内甚至堆砌大量废弃物,会严重影响横洞应急时的使用。

隧道内消防设施以 50 m 间距成组设置在隧道壁消防箱内。目前,国内高速公路隧道消防设施设置基本满足规范要求,但由于隧道管理部门没有定期和及时对隧道消防设施进行养护维修,致使隧道消防设施老化损坏严重,其中大部分灭火器充装量不足或不能正常使用,如图 1.14 所示。

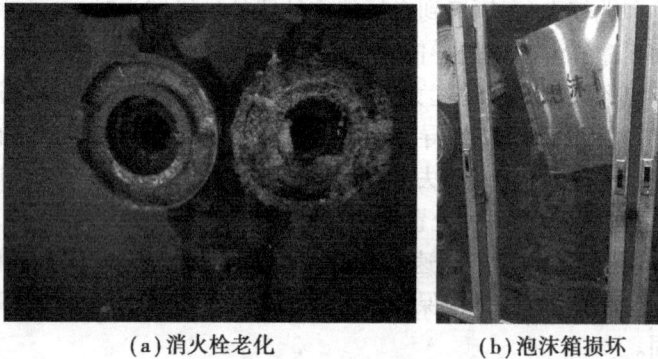

(a)消火栓老化　　　　　　(b)泡沫箱损坏

图 1.14　消防设施老化及损坏现状

按照相关要求,供配电应急领导小组至少每年应协调组织一次应急联合演习,加强和完善各专业应急小组部门之间的协调配合工作;消防应急领导小组应根据季节特点,每年演练 2~4 次;消防队员每天应进行 1~2 次体能训练,每周应进行不少于 2 次的业务学习和培训。高速公路长隧道和特长隧道配合防火设施应进行每年不少于 1 次的模拟火灾情况下的通风及排烟演习,但实际情况均达不到此要求。

(5)运行管理

目前,国内隧道在运行管理机构设置、运行管理制度、运行管理人员设置和培训、运行管理设施维护、驾驶员隧道安全驾驶行为宣传与管理、危险品运输车辆宣传与管理和养护作业安全管理等方面,都远远达不到隧道安全运行管理的要求。运行管理主要体现在以下几个方面:

①各管理部门的工作不到位,职责不清,工作之间不协调;

②大多数隧道管理部门虽已建立相关规章制度,但未完全按规章制度工作;

③技术人员配备和专业素质不能满足隧道管理的要求,如技术人员的专业技能和养护人员巡查安排等方面均存在问题,甚至技术人员对隧道监控设施、通风设施、消防设施等的运行状态和功能不够了解;

④养护人员也未完全按照《公路隧道养护技术规范》(JTG H12—2015)和相关养护管理办法对隧道土建工程设施、机电设施、应急设施等进行日常养护,并且有些设备自安装后就未再进行过可靠性测试;

⑤对驾驶员在长隧道内安全行驶和紧急逃生的宣传教育活动几乎没有,隧道消防大队等部门的应急救援演练也远远达不到安全管理的要求;

⑥目前大多数隧道对危险品运输车辆通行隧道的管理力度不够,从而使隧道运行风险增大。

隧道运行遇紧急事件时,隧道管理部门应启动相应应急预案,并宣布进入相应事故救援紧急状态,组织协调并指挥救援队伍进入事故现场实施救援,及时将事故现场情况向上级相关部门汇报。如果灾情扩大,应及时启动上级预案并实施相应应急响应措施。路政大队应安排一个班组组织交通,安排另一个班组到事故现场救援。遇路面冰雪或暴雨等恶劣天气情况时,路政部门应立即通报监控中心,并到洞口查看道路交通状况,如影响隧道行车安全,则采取相应安全防范措施。

危险品车辆和车辆携带危险品进入隧道是隧道运行管理中较大的安全隐患。目前,国内部分隧道管理部门,尤其是特长隧道管理部门采取在隧道前后设立车辆安全检查站对货运车辆进行检查,令不满足安全要求的车辆进行安全整改,并进行安全宣传和教育,尽量劝服危险品车辆绕道通过。

关于隧道养护作业区的安全,目前我国《公路养护安全作业规程》(JTG H30—2015)对隧道养护作业区布设方法及布置原则均有规定。《公路隧道养护技术规范》(JTG H12—2015)对隧道养护施工作业前应考虑并处理的危险因素进行了规定。规范中提出,隧道双洞单向交通的控制区布置应将警告区和上游过渡区设于洞口外。布置养护作业区时,应以保证施工人员的安全为前提,考虑具体养护作业内容,确定所需封闭的车道数;当封闭全部车道时,考虑结合联络道进行合理交通组织,以尽量减小对交通流的影响。

《公路隧道养护技术规范》规定,在进行隧道养护作业前,应做好以下工作:

①制订周密的组织施工计划,确定合理的工作区;

②作业人员必须接受专门的安全教育和作业规程训练;

③检测隧道内一氧化碳、烟雾等有害气体的浓度及能见度是否会影响施工安全;

④观察隧道结构状况是否会影响作业安全,如有危险应先处理后作业;

⑤检查施工信号灯是否准确明显,施工标志设置是否规范;

⑥对养护机械、台架进行全面检查,应在机械上设置明显的反光标志,在台架周围设置防眩灯以反映作业现场的轮廓。

目前,我国在进行隧道养护维修作业时,存在养护施工作业区设置形式不合理,养护施工作业时交通组织不完善、组织力度不够,养护施工作业区隔离设施简陋等问题,致使隧道养护施工作业区存在较大安全隐患。

1.1.2　国外公路隧道运行管理

下面对一些国家的典型公路隧道运行管理主要内容进行介绍。

1)运行管理机构

欧洲对公路隧道运行管理的关注是从 1999 年 3 月 24 日勃朗峰隧道发生惨重的交通事故开始的,此后欧洲开始投入人力和物力对公路隧道运行的安全性进行排查和改善。2004 年 4 月,欧洲议会和国会共同通过了"欧盟公路隧道最低安全标准"(*Minimum Safety Requirements for Tunnels in the Trans-European Road Network*)。该法案规定每个欧盟国家均必须设置隧道管理机构;隧道跨国时,其所在国家各设一个管理机构或两个国家共同设立一个联合管理机构进行隧道管理,并规定了隧道运行管理机构及各机构的基本职能,具体内容如下:

(1)行政管理部门

负责制订隧道运行的相关安全制度,定期进行隧道安全检测;制订应急预案,适时组织人员培训,定期组织应急演练。此外,隧道运行阶段如有不符合安全运行的情况,该机构有权暂停隧道的运行。

(2)隧道管理部门

由行政管理部门正式批准成立的隧道管理部门,负责隧道日常运行以及风险分析,若发生重大事故,应在1个月内准备事故报告,并将报告送交安全部门、行政管理部门和紧急救援部门。

(3)安全部门

由行政管理部门任命安全部门人员,由隧道管理职员、交通警察、消防人员及紧急救援人员等组成,组织和协调所有安全保障措施,参与安全检查、演习、事故处理等。安全部门的具体职责如下:

①参与制订安全计划和基础设施安装规范。

②检测隧道结构和设备情况,并进行养护维修。

③在隧道结构、设备和运行管理方面提出建议。

④考核安全技术人员并负责紧急行动培训,定期组织演练。

⑤参与紧急行动计划的制订、执行和评价。

⑥确保紧急行动的协调性,参与编制应急预案。

⑦参与重大事故评估工作。

(4)审查部门

审查部门主要由高水平、高技能的专家组成,负责对隧道进行检查、评估和测试,并提出建议。

(5)紧急救援部门

由安全部门组织紧急救援小组,紧急情况出现时与隧道管理部门协调配合执行救援工作。

为了保证隧道安全运行,隧道各管理组织机构之间须协调配合,其相互之间的关系如图1.15所示。

2)运行管理标准

美国于2004年出版的《公路和铁路交通隧道检查手册》(*Highway and Rail Transit Tunnel Maintenance and Rehabilitation Manual*)分别对隧道的路面、排水系统、通风系统、照明系统、监测系统、供配电系统、交通控制和通信系统的养护维修作了规定,并介绍了主要隧道系统对公路及铁路交通的影响,对隧道结构、机电系统、监测系统和其他附属系统提出了养护维修的一般程序和建议。

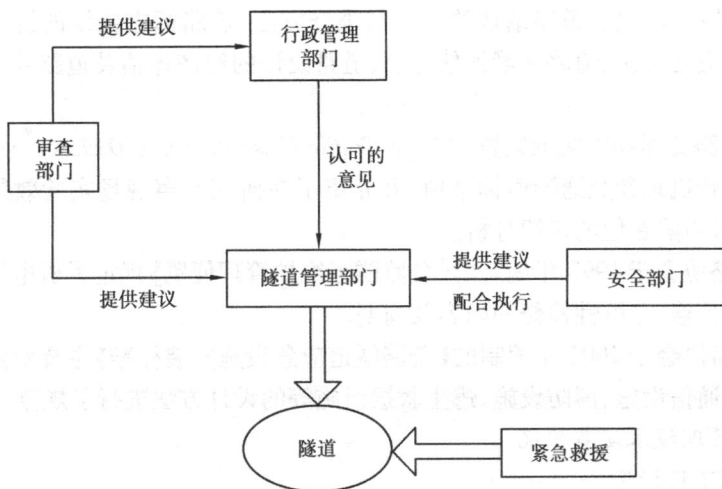

图 1.15　隧道各管理机构的协调关系

美国于 2009 年出版的《公路隧道土建设计与施工技术手册》(*Technical Manual for Design and Construction of Road Tunnels-Civil Elements*)规定了各种隧道的规划、设计、施工和养护维修的具体内容,并对隧道消防、通风、照明、排水、隧道衬砌等内容的设计和施工方法作了详细介绍。

美国《施工作业区交通控制指南》(*Work Zone Traffic Control Guidelines*)规范了不同类型的道路养护施工作业控制区的布置方法,规定了不同道路养护施工作业区应使用的交通控制设施,并对部分道路养护施工作业区交通组织提出了方法和建议。

美国消防协会于 2016 年编制的《电力设备养护实践建议》(*Recommended Practice for Electrical Equipment Maintenance*)对供配电设施的养护实践提出了具体建议;美国照明工程学会于 2011 年出版了《隧道照明实施规程》(*Practice for Tunnel Lighting*);国际照明委员会(以下简称"CIE")于 1973 年出版了《隧道照明的国际建议》,并对公路隧道照明进行了相关规定和建议,此后分别在 1984 年、1990 年和 2004 年对其进行了补充和修订,目前以 2004 年出版的《公路隧道和地下通道照明指南》(*Guide for the Lighting of Road Tunnels and Underpasses*)作为现行隧道运行管理应用的照明标准;欧洲标准委员会在 2003 年颁布了《照明应用——隧道照明》(*Lighting Applications-Tunnel Lighting*);日本标准协会在 1990 年颁布了《电气化交通用隧道照明标准》(*Lighting of Tunnels for Motorized Traffic*);英国标准协会于 2003 年颁布了《道路照明设计实施规程——隧道照明》(*Code of Practice for the Design of Road Lighting-Lighting of Tunnels*)。

挪威公路管理局(*Norwegian Public Roads Administration*)于 2004 年出版发行了《道路隧道手册》(*Road Tunnels*)。这本手册涵盖了隧道工程的各个方面,包括前期的隧道设计阶段到隧道工程的施工,以及后期隧道运行管理和养护等内容。

爱尔兰交通安全管理局颁布的《公路法规》(*Rules of the Road*)规范了驾驶员在隧道前、隧道内以及出隧道后的驾驶行为。

英国《道路桥梁设计手册》(*Design Manual for Roads and Bridges*)规范了道路及桥

梁各结构物的设计方法、道路结构的检查与维修方法、道路标志标线的设置方法及原则、道路环境设计方法、道路环境评估方法、道路设计的经济评估及道路养护的经济评估等内容。

英国《道路交通噪声减低装置》(*Road Traffic Noise Reducing Devices*)介绍了声音的特性、空中隔音机理和交通噪声标准值,并介绍了在研究噪声现场实验效果的表征特性以及现场吸声隔音值的规律分析。

日本道路协会于1993年编制的《公路隧道维护管理便览》规定了机电设施的经常性检修、定期检修、分解性检修的内容及周期。

日本道路协会于2001年编制的《公路隧道应急设施安装标准》主要对隧道内各类应急设施,如通信设施、消防设施、逃生救援设施等的设计方法进行了规范。

3)运行管理技术发展状况

(1)土建工程设施

①路面

由于传统沥青混凝土路面易燃,并且燃烧时释放有毒气体,因此2001年9月奥地利法令要求长度超过1 km的新建隧道采用水泥混凝土路面;斯洛伐克交通部和道路管理局要求从2001年开始的新建隧道采用水泥混凝土路面;西班牙公共权力机构也建议在隧道内采用水泥混凝土路面。

2008年,欧洲沥青路面协会(EAPA)在《隧道内沥青路面》(*Asphalt Pavements in Tunnels*)中,列举了欧洲国家在隧道内使用沥青混凝土路面的典型案例,见表1.3和图1.15所示,如荷兰典型隧道路面采用多空隙沥青混合料,丹麦典型隧道路面采用沥青玛蹄脂碎石、开级配沥青混凝土等,法国Frejus隧道路面采用改性沥青混凝土等。

表1.3 欧洲典型隧道路面形式

隧道所在国家	隧道名称	隧道长度/m	隧道内路面形式
捷克	Mrazovka 隧道	1 200	沥青混凝土路面
荷兰	Botlekt 隧道	1 180	沥青混凝土路面
	Drecht 隧道	820	沥青混凝土路面
	Sijtwende 隧道	1 880	沥青混凝土路面
	Thomassen 隧道	690	沥青混凝土路面
	Westerschelde 隧道	6 600	沥青混凝土路面
丹麦	φresund 隧道	3 510	沥青混凝土路面
	Tarnby 隧道	700	沥青混凝土路面
	Limfjords 隧道	582	沥青混凝土路面
法国	Toulon 隧道	3 200	沥青混凝土路面
	A-86 隧道	4 500	沥青混凝土路面
	Frejus 隧道	12 870	沥青混凝土路面

续表

隧道所在国家	隧道名称	隧道长度/m	隧道内路面形式
挪威	Laerdalstunnellen 隧道	24 510	沥青混凝土路面
斯洛文尼亚	Ljubno 隧道	260	沥青混凝土路面
英国	Dartford 隧道	1 609	沥青混凝土路面
	Tyne 隧道	1 550	沥青混凝土路面

  彩色路面可以通过特殊的色彩、质感和构型来加强路面的可辨别性,以对交通进行各种警示和诱导,进一步约束驾驶员行为,提高道路交通的安全性能。20 世纪 50 年代欧美等国家开始彩色沥青混凝土路面的试验和应用,这种路面不仅可以与道路周围建筑艺术很好地协调,而且可以起到美化城市和诱导交通的作用。20 世纪 60 年代苏联道路科学研究所以及哈尔科夫公路学院也对彩色沥青路面铺设进行了研究。日本九州市 199 号国道(街道段)靠边的两侧车道铺设了铁红色路面,大阪在限速区停车站车道上铺设了草绿色的路面,水户市 50 号国道正弯道位置上铺设了专供大型客车行驶的黄色路面;法国巴黎东北段 30 km 的公路路面铺设了蓝色路面,因为蓝色能使驾驶者精神愉快,不易疲劳;荷兰阿姆斯特丹、鹿特丹等城市在人行道上铺设了 1.5 ~ 2.0 m 的铁红色沥青路面作为自行车道等。

  路面平整度是影响驾驶安全舒适性的重要指标,各国路面规范中常用的平整度评价指标有国际平整度指数 IRI、直尺测定最大间隙与平整度标准差、纵断面指数 PI 等。在加拿大,只采用断面类平整度仪,大部分省以 PI 作为平整度指标。表 1.4 为加拿大各省路面平整度规范。美国各州及研究机构的平整度规范也各不相同,表 1.5 为美国各州沥青路面平整度验收规范界限值。除了界限值,各州的规范还对超出界限值一定范围的承包商制订了详细的奖惩条款。以维吉尼亚州的规范为例,该州采用左、右车道平均 IRI 值,即 MRI(Mean of International Roughness Index) 作为平整度指标。对于完工路面,当 MRI 为 950.0 ~ 1 110.0 mm/km 时,则全额支付工程款项;当 MRI 大于 1 110.1 mm/km 时,则罚款 0.04 美元/m²;当 IRI 小于 950.0 mm/km 时,则奖励 0.12 ~ 0.19 美元/m²;当 IRI 高于 1 580 mm/km 时,则要求重修。

表 1.4　加拿大各省路面平整度规范

省 份	接受值	奖励值	惩罚值
哥伦比亚	0 < PI < 10(多车道) 0 < PI < 15(单车道) 0 < PI < 22(路面) Bumps < 8 mm	PI = 0 奖励 100 美元/100 m	10 < PI < 24(多车道)罚款 40 ~ 340 美元/100 m 15 < PI < 24(单车道)罚款 40 ~ 340 美元/100 m 0 < PI < 22(路面)罚款 40 ~ 340 美元/100 m Bumps < 8 mm,每点罚款 100 美元

续表

省 份	接受值	奖励值	惩罚值
马尼托巴	6 < PI < 11（AC） 8 < PI < 14（PCC） Bumps < 8 mm（AC） Bumps < 12 mm（PCC）	PI < 6（AC）奖励 185 美元/100 m PI < 8（PCC）奖励 59 美元/100 m TCR < 70（AC）奖励 5～59 美元/100 m	PI > 11（AC）罚款 118 美元/100 m 14 < PI < 19（PCC）罚款 118 美元/100 m
新斯科舍	10.1 < PI < 12 Bumps < 8 mm	PI < 10.1 奖励 0.068～0.338 美元/m²	PI > 12（AC）罚款 0.27～2.43 美元/m² Bumps > 8 mm，每点最低罚款 500 美元
魁北克	1.1 < IRI < 1.3（AC） 110 < PI < 160（PCC）	IRI < 1.1（AC）奖励 AC 成本的 5%～15%；PI < 110（PCC）奖励 PCC 成本的 0.1%～5%	1.3 < IRI < 1.8（AC）罚 AC 成本的 0.5%～15%；160 < PI < 240（PCC）罚 PCC 成本的 0.1%～10%

表 1.5　美国各州沥青路面平整度验收规范界限值

州 名	验收界限值		
	加州断面仪 PI /（mm·km⁻¹）	梅式面仪/（mm·km⁻¹）	舒适度指数 RN
加利福尼亚	47	—	—
得克萨斯	95	—	—
伊利诺伊、弗吉尼克	158	—	—
印第安纳	189	—	—
马里兰、俄克拉	110	—	—
佐治亚	—	35	—
西弗吉尼亚	—	100	—
南卡罗来纳	—	40	—
肯塔基	—	—	3.6

表 1.6 是部分欧洲国家的平整度规范值，大部分欧洲国家以 IRI 作为平整度指标。欧洲与北美地区路面平整度规范最大的区别是，欧洲国家一般不对承包商采取奖励措施。

表 1.6　部分欧洲国家的平整度规范值

国　家	检测区间长度/m	规范值
西班牙	100	IRI≤2.0 m/km(新建路面)
		IRI≤2.5 m/km(高交通量地区)
		IRI≤3.0 m/km(低交通量地区)
意大利	—	由各项目根据工程制订阀值
瑞典	20	IRI≤1.4 m/km
	200	IRI≤2.4 m/km

　　路面抗滑性能是导致交通事故的主要影响因素之一。为保证路面抗滑性能在某安全水平之上,许多国家都规定了路面摩擦系数的最低值,该值在道路修建者将道路交付使用时就应得到保证,并在道路运行管理过程中通过对路面养护维修而得到保证。西欧各国认为,摩擦系数的最低容许值为 0.4(法国)~0.6(比利时)。苏联建筑标准与规范中规定:道路投入使用时,根据交通条件与道路的服务功能确定路面摩擦系数的要求;在危险的路段上(道路条件差,如小半径曲线、平面交叉、人行道等)应不小于 0.6,在良好的道路条件下不小于 0.45,在一般的道路条件下应不小于 0.3。英国按交通事故记录,并考虑路段的交通量和车速、道路交叉情况、路线的坡度和平曲线半径大小等因素,将路段划分为不同等级,分别规定了不同等级下的抗滑能力水平的要求,见表 1.7。美国各州的路面抗滑标准没有统一的要求,表 1.8 列出了部分州公路部门对干线公路采用的抗滑值 SN 最小建议值。表 1.9 为日本采用的抗滑能力标准。表 1.10 为欧洲各国对水泥混凝土路面平均构造深度 MTD 的要求。

表 1.7　英国道路抗滑能力水平

分　级	路段定义	抗滑能力水平 SFC_{50}
A,B	高速公路、双向行车道无事故路段	45
C,D	单向行车道无事故路段,双向行车道次要交叉口	51
E,F	信号控制行车道次要交叉口,主要交叉口的出入口	58
G1	坡度 5%~10%,坡长超过 50 m	58
G2	坡度≥10%,坡长超过 50 m	64
H1	$R≤250$ m,无 64 km/h 限速的弯道	58
F2,J	$R≤1\ 000$ m,无 64 km/h 限速的弯道,环形交叉的引道	64
K	接近交通信号/人行横道、同铁路平交的引道	64
L	环形交叉	58

注:SFC_{50} 为 50 km/h 时的横向力系数。

表1.8　美国部分干线公路抗滑值SN最小建议值

行驶速度/(km·h⁻¹)	48	64	80	96	102
在行驶速度时量测	36	33	32	31	31
在60 km/h时量测	31	33	37	41	46

表1.9　日本路面抗滑能力最低值

道路性质	行驶速度/(km·h⁻¹)	最低摩擦系数	备　注
一般道路	60	0.25	道路协会标准
汽车专用道	80	0.25	
高速公路	80	0.3～0.35	道路公团标准

注:路面湿润状态时测定,弯坡路段取高限。

表1.10　欧洲各国对水泥混凝土路面平均构造深度MTD的要求值

国家	平均构造深度 MTD/mm	备　注
英国	0.65～1.35	横向拉毛
法国	1.0	横向拉毛
德国	0.5～0.8	高速($v>80$ km/h)时取高限
西班牙	0.7～1.0	最小MTD为0.5 mm
荷兰	0.7	—
原捷克和斯洛伐克联邦共和国	0.8	—

路面在行车荷载、自然因素等作用下,其抗滑性能逐渐降低。当抗滑性能降到一定范围后就会对行车安全性带来影响,这时需要采取措施提高路面的抗滑性能。目前一些经济发达的国家已将路面抗滑性能作为路面养护管理评价与决策的一个重要指标,并已发展了恢复路面抗滑性能的相关养护作业技术。例如,德国、波兰、澳大利亚等国家已采用了比较先进的高压水洗方式清除路面污物,恢复路面纹理,以提高路面抗滑性能。高压水洗法工作效率高,不用阻断交通就能清洗路面,清洗过程中可将固体、液体分离进行回收。水泥混凝土路面磨光后也有利用路面刻槽机再生路面纹理,以提高路面的抗滑性能。

②防排水设施

挪威《道路隧道手册》中规定,在隧道运行管理中应避免排水系统被沉淀物堵塞。在设计排水系统时,考虑隧道周围干燥或潮湿的环境计算水流量,在一些潮湿多雨地区需设置辅助排水沟。其他国家也有相关技术标准,内容相近,在此不再赘述。

③隧道噪声

国外隧道噪声的降低措施主要有设置隧道吸声衬砌材料和采用低噪声路面两项措施。芬兰生产的吸声产品平均吸声系数达到了0.8,如图1.16所示;美国研发的K-13植物纤维喷涂产品,喷涂到隧道壁会形成具有一定厚度的吸声降噪层,喷涂该产品4.5 cm吸声系数即可达到0.95,效果十分显著,此外该产品还具有一定的耐火隔热功能,是目前欧美最先进的吸声材料之一。在吸声路面的研究方面,日本通过对多空隙沥青混凝土与普通沥青混凝土对比试验得出,采用多空隙沥青混凝土可以降低小汽车行驶噪声5~8 dB,降低载重汽车行驶噪声3 dB;比利时的一项试验得出多空隙沥青混凝土与刻槽水泥相比,可以降低噪声6~8 dB。

图1.16 安装有吸声墙板的隧道

欧洲于2007年修订的《轮胎滚动噪声及潮湿表面附着力统一规定》(*Uniform Provisions Concerning the Approval of Tyreswith Regard to Rolling Sound Emissions and Adhesionon Wet Surfaces*)中,通过对不同类型轮胎所产生的噪声进行强制规定来逐渐降低道路中由于车辆行驶引起的噪声。

(2)机电设施

①供配电设施

国外发达国家的隧道主要采用中压供电技术优化变压器的选型和配置,选取EPS应急电源、新型超低能耗的非晶合金变压器;合理选择变压器容量,将各种负荷按照其运行的时间规律进行分类,并为不同的负荷单独配备变压器。

国外发达国家很早就开始对隧道供配电设施开展研究,在隧道供配电的监控领域已经有了较为成熟的技术,一些公司推出了自己的隧道监控系统,比较有代表性的是TMCS系统和SCADA系统。这些系统不仅包括针对隧道内所有的机电设备进行监控和管理,还包括对隧道供配电设施的监控。这些系统针对隧道项目所具备的独有特点提出了不同的解决方案,具有较强的适用性和可靠性。TMCS分布式公路隧道监控系统是基于Lonworks总线技术所设计的,可以对单洞双向公路隧道或双洞单向公路隧道内的供配电系统和各种机电设备进行分布式监控,每一处隧道均可设置独立的集中监控中心。在此基础上,采用光纤网络可对隧道群进行集中管理。SCADA系统是基于Profibus现场总线技术所设计的分布式隧道监控系统,即隧道数据采集与监视控制系统,它可以对远方的运行设备进行监视和控制,以实现远程控制、远程测量、远程信号和远程调节等各项功能。

国外发达国家将隧道供配电设施的维护工作都承包给专业的维护公司,这些专业的维护公司具有政府部门审定的资质,机械化程度高,而且在日常养护和定期检修的过程中对机电设施故障数据进行统计,对故障的原因、维护的历史数据进行深入分析,总结出更加有效的检查和预防性养护措施。美国在供配电设施养护方面,对不同的供配电设施按1次/月、1次/季度、1次/年、1次/3年的频率进行预防性维修养护,以确保所有供配电设施能正常工作。

②照明设施

国外很多国家及国际学术团体将隧道照明划分为接近段、入口段、过渡段、中间段、出口段,按白天和夜间运行进行管理,对隧道各照明段的设置指标及具体要求如下:

A.白天隧道照明管理。

a.接近段照明。英国规定接近段长度为一个停车视距,对接近段采取的减光措施主要包括:接近段路面铺设深色材料;洞门墙面应粗糙,其反射率应小于0.2;洞口周围应种植树木。国际照明委员会、欧洲标准委员会和美国都规定接近段长度为一个停车视距;挪威按不同限速值对接近段长度的规定见表1.11,但都未要求在接近段采取减光措施。

表1.11　挪威隧道接近段长度

限速/(km·h^{-1})	60	70	80	90
长度/m	60	80	100	130

b.入口段照明。国外一些国家对入口段照明采用的亮度折减系数取值见表1.12。国际照明委员会、欧洲标准委员会、英国和美国都规定,在隧道入口段长度1/2的位置开始利用阶梯形式降低其亮度水平,在入口段结束时的亮度是入口段开始时的亮度的0.4倍。国际照明委员会、欧洲标准委员会和英国等规定入口段的长度等于1个停车视距;美国规定入口段长度为一个停车视距减去适应距离;挪威按不同限速值对入口段长度的规定见表1.13。

表1.12　国际学术团体及不同国家的亮度折减系数

标准类型	AADT/(辆·d^{-1})	交通量/[辆·(h·车道)$^{-1}$]	停车视距/m	车速/(km·h^{-1})	亮度折减系数 k
世界道路协会	—	—	—		0.06
					0.05
国际照明委员会				120	0.01
				80	0.06
				60	0.05

续表

标准类型	AADT /(辆·d⁻¹)	交通量 /[辆·(h·车道)⁻¹]	停车视距 /m	车速 /(km·h⁻¹)	亮度折减系数 k
挪威	>1 500			—	0.05
	5 000~7 500			80	0.05
		—		50	0.025
	2 500~5 000			80	0.03
				50	0.015
英国	—	>1 500	—	110	0.07
				80~100	0.05
				48~65	0.04
		500~1 500		110	0.05
				80~100	0.04
				48~65	0.03
		<500		110	—
				80~100	—
				48~65	—
日本	—	—		100	0.07
				80	0.05
				60	0.04
欧洲标准委员会	—	>1 500	160	—	0.07
			100		0.05
			60		0.04
		500~1 500	160		0.05
			100		0.04
			60		0.03
		<500	160		—
			100		
			60		

表 1.13 挪威隧道入口段长度

限速/(km·h⁻¹)	60	70	80	90
长度/m	50	60	70	75

c.过渡段照明。欧洲标准委员会、美国和英国对过渡段照明的设置都是采用国际照明委员会的适应曲线作为过渡段亮度和长度的划分依据,该曲线可以由阶梯曲线代替,如图1.17所示。其中,国际照明委员会规定,在过渡段起点以阶梯形式降低亮度水平,从一个阶梯到另一个阶梯的亮度比不能超过3,且最后一个阶梯的亮度不能超过中间段亮度的2倍。每一级阶梯的亮度水平不能低于对应位置连续曲线的亮度水平。美国规定,过渡段照明的上一级亮度不能超过下一级亮度的2.5倍,过渡段的第一段长度为3 s的设计速度长度,之后的每一段都依次递增1 s的设计速度长度,直到亮度下降到中间段的亮度水平,完成过渡需要2~5步。每一级阶梯的亮度水平不能低于对应位置连续曲线的亮度水平。英国规定,过渡段照明的上一级亮度不能超过下一级亮度的3倍,每一级阶梯的亮度水平不能低于对应位置连续曲线的亮度水平。欧洲标准委员会规定,过渡段照明从一个阶梯到另一个阶梯的亮度比不能超过3倍,且最后一个阶梯的亮度不能超过中间段亮度的1.5倍,每一级阶梯的亮度水平不能低于对应位置连续曲线的亮度水平。

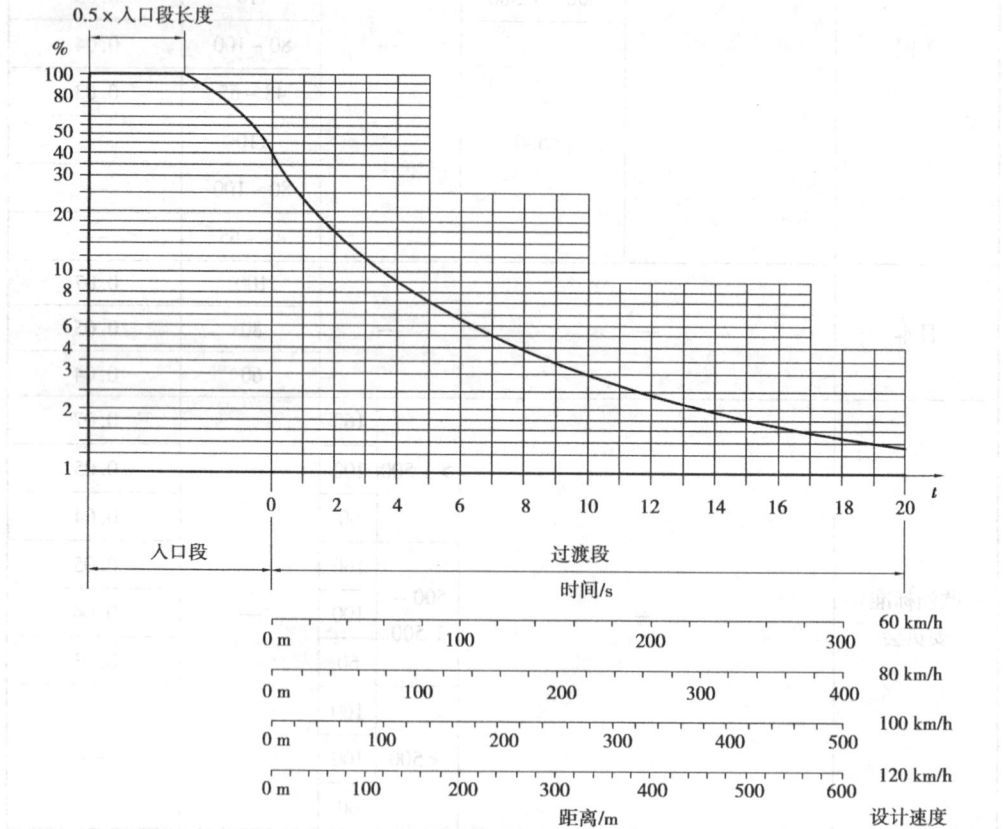

图1.17 亮度降低曲线

挪威规定,隧道过渡段由过渡段Ⅰ、过渡段Ⅱ两个照明段组成,各照明段亮度和长度按不同设计速度规定见表1.14和表1.15。若过渡段Ⅱ与中间段亮度比值大于5:1时,就应该再定义一个与过渡段Ⅱ相同长度的过渡段Ⅲ。

表 1.14　挪威公路隧道过渡段亮度

AADT/(辆·d⁻¹)	< 2 500	2 500 ~ < 5 000		5 000 ~ 7 500		> 7 500
速度区段/(km·h⁻¹)	—	50	80	50	80	—
过渡段 Ⅰ	10 cd/m²	0.30%	0.60%	0.50%	1.0%	1.0%
过渡段 Ⅱ	2 cd/m²	0.06%	0.12%	0.10%	0.2%	0.2%

表 1.15　挪威公路隧道过渡段长度

限速/(km·h⁻¹)	过渡段 Ⅰ/m	过渡段 Ⅱ/m
60	80	80
70	100	100
80	110	110
90	120	120

d. 中间段照明。国外一些国际学术团体和国家对中间段亮度、路面亮度总均匀度、路面中线亮度的纵向均匀度的规定见表 1.16 和表 1.17。

表 1.16　中间段亮度标准

标准类型	AADT /(辆·d⁻¹)	交通量 /[辆·(h·车道)⁻¹]	PHF /(辆·h⁻¹)	停车视距 /m	车速 /(km·h⁻¹)	亮度 /(cd·m⁻²)
国际照明委员会	—	≤500	—	160	—	5
				100		2
				60		1
欧洲标准委员会	—	>1500	—	160	—	6
				100		4
				60		2
		500 ~ 1 500		160		4
				100		2
				60		1.5
		≤500		160		1.5
				100		0.5
				60		—
瑞士	—				60	3
荷兰	—	≥1 000			120	15
					100	12
					80	8
		< 1 000			120	10
					100	8
					80	6

续表

标准类型	AADT /(辆·d^{-1})	交通量 /[辆·(h·车道)$^{-1}$]	PHF /(辆·h^{-1})	停车视距 /m	车速 /(km·h^{-1})	亮度 /(cd·m^{-2})
日本	—				60	2.3
					80	4.5
					100	9
美国	<2 400			—	60	3
					80	4
					100	6
	2 400 ~ 24 000				60	4
					80	6
					100	8
	>24 000				60	6
					80	8
					100	10

表 1.17　国际学术团体及不同国家的路面中线亮度纵向均匀度

标准类别	交通量/[辆·(h·车道$^{-1}$)]	亮度纵向均匀度
国际照明委员会	—	0.6
欧洲标准委员会	>1 500	0.6
	500 ~ 1 500	0.5
	<500	—
挪威	—	0.6
英国	>1 500	0.6
	500 ~ 1 500	0.6
	<500	—

e.出口段照明。国际照明委员会和欧洲标准委员会规定,白天隧道出口段的长度为停车视距,出口段亮度应线性增加,在隧道出口前的 20 m 范围内,亮度应由中间段亮度变化到 5 倍中间段亮度。英国规定,隧道内出口段的路面亮度应为中间段亮度的5 倍,出口段长度(以 m 计)在数值上应等于设计速度(以 km/h 计)。挪威和美国对出口段照明未作规定。

B.夜间隧道照明管理。

a.隧道洞外照明。国际照明委员会规定,在隧道出口之后大于两个停车视距长度的范围内布设路灯,并且路面亮度应不小于中间段路面亮度的 1/3;英国规定,在隧道入口前及出口后应在不小于一个停车视距的长度范围内布设路灯;美国规定,在隧道入口前及出口后应在不小于一个停车视距的长度范围内布设路灯,并且路面亮度应不小于中间段亮度的 1/3;欧洲标准委员会和挪威对夜间洞外照明未作规定。

　　b.隧道洞内照明。国际照明委员会规定,在夜间隧道内的路面平均亮度应不小于 10 cd/m²,总均匀度至少为0.4。欧洲标准委员会规定,在夜间,当单向交通量大于等于1 500辆/(h·车道)时,隧道内的路面平均亮度应不小于 2 cd/m²;当单向交通量大于500 辆/(h·车道)且小于 1 500 辆/(h·车道)时,整个隧道的路面平均亮度应不小于 1 cd/m²。英国规定,在夜间长度大于 200 m 的隧道内,路面平均亮度应不小于 1 cd/m²,总均匀度与白天的规定相同。美国规定,在夜间整个隧道的路面平均亮度为 2.5 cd/m²。

　　③紧急停车带照明

　　挪威规定,隧道出现电力故障时应保证1 h 的应急照明,并且紧急停车带要求配置特殊的照明以区别于隧道其他部分的照明。

　　对比很多国家及国际学术团体对隧道各照明段的照明标准规定,我国的入口段照明、过渡段照明、中间段照明、出口段照明水平均比国外的要求低,并且我国和挪威规定的入口段亮度是恒定不变的,如图 1.18 中的 a 段;国际照明协会、美国等国家规定的入口段亮度从入口段长度一半的位置起就开始进行亮度的降低处理,如图 1.18 中的 b 段;我国的接近段和洞外引道照明的标准与国外差异不大。为了使不同标准中亮度水平具有可比性,假设洞外亮度为 4 000 cd/m²、速度为 80 km/h,在单向双车道交通量为 700 辆/h 的情况下,国际照明协会、美国、挪威、中国的各照明段亮度对比结果如图1.18所示。

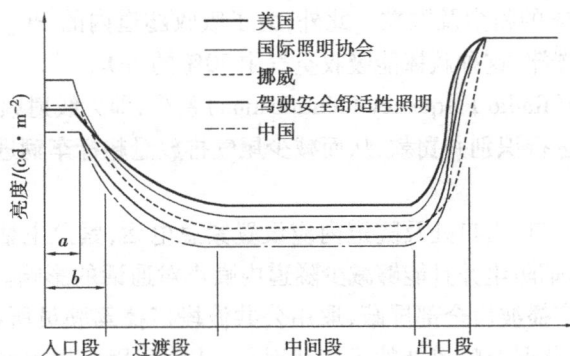

图 1.18　不同国家亮度对比图

　　国外在照明控制方面实现了实时自动调光系统,即隧道的入口段、过渡段等区域的照明可根据实际的自然光照环境自动调光。该调光系统包括加强照明、基本照明和应急照明 3 个照明部分。加强照明采用高压钠灯按照时序和照明补偿的方法,分成白天、阴天、云天等六级照明。该照明方式不仅增加了行车安全性,而且达到了节能的目的。

　　国外发达国家将隧道照明设施的维护工作都承包给了专业的维护公司,这些专业的维护公司具有政府部门审定的资质,机械化程度高,而且在日常养护和定期检修的过程中对照明设施故障数据、故障原因、维护的情况资料进行长期保存,对其进行历史数据统计和深入分析,为照明设施的维护工作计划和措施提供有力的依据。美国在照明设施养护方面,对不同的照明设施按 1 次/周、1 次/季度、1 次/年的频率进行预防性维修养护,以确保所有照明设施能正常工作。

(3)监控设施

美国《公路隧道设计与施工技术手册——土木类》(*Technical Manual for Design and Construction of Road Tunnels—Civil Elements*)规定,车辆检测器布设间距为 300~750 m,以便于中央控制计算机依据交通量、行车速度和占有率数据判断交通阻塞和事故情况,保证合理的系统响应时间。环形线圈车辆检测器应布置在行车道中部,监控摄像机必须覆盖整个隧道范围,设置间距应不大于 120 m。

挪威运用多种隧道监测方法,如感应线圈、图像判别系统、红外线等,快速检测隧道内车辆运行状况,如车辆损坏、交通紊乱等的发生情况,以便及时发现和处理交通运行的安全隐患,提高隧道运行的安全性。

美国和欧洲采用一种隧道多媒体技术,在隧道安全事故发生几秒钟后通过视频突出显示并发出警报告知隧道管理人员,同时向未到达事发地点的车辆发出警报,降低二次事故发生的概率。该视频监视系统可检测到隧道中静止不动的车辆,还能检测到隧道内行驶速度较慢的车辆、隧道内的行人、路面的碎石、烟雾和能见度等状况。

(4)通风设施

挪威采用 CO/VI 检测器与风机联动控制隧道内有害气体浓度及能见度。为了改善隧道内的空气质量,将静电过滤器安装在整个隧道内或通风竖井内,吸附隧道内一定空间范围内空气中的微粒子、有害空气、细菌等污染物,使用这种技术能够清除飘浮在空气中 80%~95% 的粉尘及颗粒。此外,为了吸收隧道内的 NO_2,挪威在隧道一侧安装了一种特殊的碳棒,这种碳棒能吸收空气中 70% 的 NO_2。

美国采用 RFID(Radio Frequency Identification)系统,即无线射频识别系统,对尾气排放量超标的车辆进行识别并罚款,从而减少尾气排放量超标车辆进入隧道。

(5)通信设施

挪威规定隧道入口、出口处及隧道内应设置紧急电话,紧急电话需设置在专门的紧急电话亭内,以防烟防尘并且能够减少隧道内噪声对通话的影响。奥地利交通部门则对隧道内的个人广播波段全部屏蔽,取用公共波段广播驾驶员所在隧道的长度、隧道内通行条件、通行状况及隧道外的天气状况等,从而利用广播提醒驾驶员按照规定的驾驶行为要求安全舒适通行;欧洲其他一些国家也多使用无线广播,使隧道内的各类作业人员随时随地都能与隧道管理部门保持联系,接受各种指挥调度指令。

4)交通控制设施

美国于 2009 年出版的 Manual on Uniform Traffic Control Devices(MUTCD)中规定,标志按其功能可分为法规标志(Regulatory signs,告知交通法规或规章)、警告标志(Warning signs,提前告知驾驶员危险的地点)、指路标志(Guide signs,指引路线,告知驾驶员目的地、方向、距离等信息)。

欧盟《关于隧道标志和信号的调查》(*Technical Survey of Signs and Signals Concerning Tunnels*)中以挪威为例,描述了隧道入口前设置的交通标志及各标志距洞口的距离。

挪威《道路隧道手册》规定,如遇到灭火器被移动、检测的空气质量差等情况时,隧道入口交通信号灯的红色停止信号将自动被激发启用;当隧道发生紧急情况时,采用人工设置障碍物和远程控制信号灯配合使用,以有效控制车辆,为道路使用者提供安全指示。如隧道内单向行车变成双向行车时,需及时设置分流渠化设施,引导交通流有序行驶。

标线在长期使用后容易出现不清晰、剥落、反光效果差等现象,需及时进行清洗或重新施画,以充分发挥标线功能。传统的清除标线方法——机械打磨方式,易使路面表面破损,或标线清除不彻底,路面上易留下原有标线痕迹;现有新研发出的高压水洗标线法不会破坏路面纹理,清除标线彻底。德国等欧洲国家已将高压水洗法应用到标线养护作业中。

对护栏端部进行安全处置能有效降低护栏端部事故的严重程度。国外采用的护栏端头形式多为专利产品,产品种类繁多、形式多样,能够满足不同路况条件和不同的防撞等级,如立柱解体的消能式端部装置,当事故车辆碰撞在护栏端部时,护栏端部会向后产生位移,护栏被挤压为扁平状,同时使端部立柱受力后解体,如 ELT 护栏端头,该端头在北美和欧洲应用较多。端部两根立柱的基础之间用一根支撑杆相连,接下来的 4 根立柱分别在地面上下各钻有两个洞,这样可以使立柱具备解体消能的功效。

从半刚性护栏到刚性护栏过渡时,为保证过渡段的刚度和强度平稳、持续地增加,可通过减小立柱间距、增加立柱尺寸等措施实现。隧道洞口横断面通常比基本路段窄,交通安全隐患大,因此隧道洞口附近通常为事故多发点,进出口段尤其是进口段应采取措施在细节上进行特殊处理,以实现驾驶的过渡诱导和降低事故风险。如对护栏采取措施实现护栏防护的逐渐过渡,将隧道壁视为刚性混凝土护栏,在护栏和隧道壁间设置过渡段,防止车辆正面撞向隧道壁发生严重事故,将检修道凸起端部改为坡度过渡段,以防止车辆正面撞向检修道端部等。

5)应急管理

(1)应急设施

①日本。日本隧道管理者认为,当隧道内发生事故时,管理人员采取的正确措施为:及早发现事故和火灾,报警通知管理部门进行交通管制,管理部门尽快将信息传达给隧道内的使用者,隧道使用者撤离到安全区域,并可视情况进行灭火,管理部门及时到达事故现场进行抢险救援等。日本的《公路隧道应急设施安装标准》规定隧道内应安装的应急设施包括以下几个方面:

a.紧急电话。它是所有通信设备中使用最频繁的设备之一,安装间距不得超过200 m,安装高度距地面 1.2~1.5 m。

b.按钮类通信设备。安装间距为 50 m,安装高度距地面 0.8~1.5 m。

c.火灾探测器。安装高度要能准确探测火灾。

d.紧急报警设备。当隧道发生意外情况时,能迅速告知道路使用者以防止车辆进入隧道。该系统由隧道入口处可变信息板和隧道内紧急停车带处可变信息板组成。

e. 灭火器。每隔 50 m 安装一个灭火器,安装高度要适宜操作,每个灭火器箱由灭火器和消火栓组成。

f. 消火栓。虽然大部分隧道安装的是水式消火栓,但部分隧道也有使用泡沫式消火栓,每隔 50 m 安装一个,安装高度要便于将软管从消火栓箱中摘除。

g. 疏散标志。用于指明逃生路线,也就是指明紧急出口的方向和距离。如果有必要,要设置成电光式。

h. 通风系统。发生火灾时,通风系统能防止和限制有毒气体的传播,采用射流风机纵向通风系统。

i. 逃生通道。规划逃生通道时要考虑隧道长度、交通类型、交通流量、通风系统形式和地形。双洞隧道每隔 700 ~ 800 m 设置横洞,单洞双向隧道每隔 300 ~ 400 m 设置横洞。逃生通道应有照明设备,防火门应具有较好的防火防烟功能,容易操作,能够自动开启和关闭。

j. 其他设备。如无线电通信辅助设备、无线电传播设备、扬声器、水喷淋系统(防止火势蔓延,协助消防)和监控设备等。

②欧洲。2005—2007 年,Euro TAP(European Tunnel Assessment Program)对 152 条隧道紧急逃生、通风、应急演练方面的安全等级评价标准如下:紧急出口间距不得超过 500 m;电缆需防火,灭火器安装间距不得超过 250 m,安装火灾自动报警系统(探测器或者视频录像系统),消防人员 20 min 内到达隧道。同时,消防队员需配备使用时间较长的呼吸设备。

挪威的《道路隧道手册》对道路隧道运行作了相关规定,其内容可以概括为以下几个方面:

a. 长度超过 500 m 的新建隧道应安装无线电设备;长度不超过 500 m 的隧道需进行专门的评估,决定是否安装无线电设备。

b. 安装通信设备,其中包括联合双频紧急频道。

c. 长度超过 500 m 的隧道要特别注意防火,在规划阶段必须制订预案并与现场的应急供电紧密配合,应急预案中也应考虑邻近的其他隧道。对于较短隧道可简化应急预案但不可缺少消防救援。

d. 当隧道内灭火器被移动或出现火灾报警信号时,相应位置的灯会自动开启。

e. 危险品运输规定:一般隧道对危险品没有限制,但对于城市隧道、海底隧道、长大隧道应进行危险品限制。对危险品进行评估可作为隧道应急预案的一部分,危险品评估应包括对人身伤害和物质损失的计算。

f. 详细描述机电设备运行养护技术要求,基于设备寿命费用建立设备的每个组件寿命评估体系。

g. 隧道的养护应确保其维持一定的功能需求和功能安全水平。

h. 隧道出现电力故障时,应保证 1 h 的应急照明,并且紧急停车带要求配置特殊的照明以区别于隧道其他部分的照明。

（2）人员培训和教育

高水平的应急救援设施能够降低事故损失，但更重要的是能够正确操作和使用这些设施。日本对应急救援演习的规定：长度超过 1 km 的隧道或交通量大的短隧道，应联合警察、消防队和其他组织进行一年至少一次的现场演习，演习内容包括火灾探测和火警报警测试，隧道管理者、警察、消防队反应时间评估，灭火与救援演练等。

日本相关专家建议针对隧道使用者编制手册，主要内容应包括以下几个方面：

①用户应会将火灾位置、严重性等报警信息以最快的方法传递到控制室。

②用户应了解各种应急设施的使用过程和方法。

③用户应会通过紧急报警设备发出指令，指导隧道使用者的行为和做法。

④用户应会与相关组织建立合作。

（3）隧道消防

在瑞典，隧道内灭火器放置在特殊的灭火器箱内，道路使用者打开灭火器箱时，将会引起自动报警，并且隧道监控中心可以锁定被打开灭火器箱的位置，以便于救援。

挪威在《道路隧道手册》中提出，应定期对隧道进行有效评估，尽量减小事故发生的可能性；消防队应配备训练有素的指挥人员，并定期进行培训与演练，熟练掌握风机及呼吸器的使用方法；预先设计好逃生线路；隧道内可采用多种形式的监测设施，便于对火灾事故状况作出准确评估；当隧道发生火灾时，消防及救援人员应采用更加有效的引导及定位系统，确保快速到达事故现场，为救援节省时间；救援过程中消防队应能对有害烟雾的运动规律作出正确判断，以减小毒气中毒的概率。

美国《公路隧道设计与施工技术手册——土木类》（*Technical Manual for Design and Construction of Road Tunnels—Civil Elements*）规定，双洞隧道两隧道间应设置避难室，避难室应至少具有 2 h 的耐火等级；应配备能够在两个方向上推拉的且具有自动关闭功能的防火门；避难室设置间距不得超过 200 m，通向避难室的通道宽度不应小于1.2 m；隧道应设置逃生通道，逃生通道入口标志应明确，逃生通道的设置间距不应超过 300 m，而且长度不应大于 100 m；逃生通道出口应设置在安全合理的位置。该技术手册还指出欧洲隧道通常会在双洞隧道两个隧道间设置行车横洞，供车辆掉头使用，但通常不开启行车横洞洞门。

6）运行管理

（1）隧道养护

挪威《道路隧道手册》规定对现有隧道内各种设施进行检查，基于检查结果制订养护计划。其中，主要检查的项目有以下几个方面：

①结构物检查与养护：隧道洞门、防水和防冰冻结构、泵站等。

②路面检查与养护：包括清扫路面污物、灰尘等；冬季清除路面冰雪，保证路面有足够的抗滑性能；检查疏通防排水设施，清除设施中累积的沉积物，确保排水畅通；确保道路标线始终清晰可见。此外，使用路面新材料时必须考虑隧道照明需求。

③设施养护：为了确保系统正常运行，应制订隧道设施养护手册。该手册包含对设施功能、运行、控制和检测过程的说明，以及可能发生的故障及排除故障的方法。此

外,须定期对设施进行检测。

④隧道清洁:要求隧道路面和洞壁清洁、明亮。空气中没有汽车尾气气味,路面上没有碎石、砂砾,是确保道路使用者安全和满意的重要条件。隧道壁、边缘区、路面上的灰尘细粒中包含的铅、锌、镍等重金属会危害隧道环境和周边环境,清洗时应彻底清除。

⑤冬季养护:在隧道洞口应采取防雪和防冰冻措施,以保证洞口行车安全。

(2)运行管理

①美国。美国高速公路联邦管理局 2006 年颁布的《欧洲地下运输系统:安全、操作和应急》(*Underground Transportation System in Europe:Safety,Operations and Emergency Response*)对公路隧道安全运行提出了以下 6 条推荐措施:

a. 开发通用的、一致的和更加有效的逃生路线标志。

b. 制订以人为本的隧道应急管理指南。

c. 开展火灾自动报警系统和智能视频事件检测系统的评价工作。

d. 制订提升驾驶员对事件反应能力的设施设计标准。

e. 利用风险管理的理论加强隧道的检查和维护。

f. 推广 LED 诱导设施和车距确认设施在公路隧道中的应用。

②卡塔尔。2009 年开始采用隧道运行管理系统(TMS)对隧道运行进行管理,收到了显著的积极效果。TMS 将监控系统、供配电系统、照明系统、消防系统、疏散及救援系统等进行集成,从而实现在正常状况下车辆能在隧道内安全行驶,当发生异常事故时,能指引车辆安全驶离隧道或驾驶员安全逃离隧道。车辆检测系统在车辆到达隧道前,就能检测出车辆速度和装载高度,并将超高车辆引致无隧道道路通行。隧道内的可变信息标志、警告标志和车道指示器用于显示隧道内车道限速、行车方向、隧道通行状态及交通量。隧道内的摄像监控系统能实时监测隧道内车辆的超速、过低速度、出现异常的车辆位置、间距过小的车辆以及行车道上的不明障碍物等。当检测到这些异常状况时系统将发出警报,提醒车辆按指定要求行驶。

③澳大利亚。悉尼道路交通管理局在 2010 年编制的《悉尼主要公路隧道安全手册》,对驾驶员在隧道内行驶作出以下规定:驾驶员进入隧道前,应关闭车窗、打开空气调节装置、打开收音机、开车灯、注意标志信息板、与前车保持足够的安全距离、避免换车道等。

(3)养护作业安全管理

英国《道路桥梁设计手册》第二卷"公路结构检测与公路隧道养护"中提出,在对隧道结构、隧道照明设施、隧道通风设施、隧道消防设施、隧道监控设施及部分隧道供配电设施进行维修养护作业时,应封闭隧道作业区。对隧道低压转换开关和断路器进行养护维修作业时,可只封闭一条车道;对隧道消防给水设施进行维修养护作业时,由于维修期间可能产生大量排水,因此必须封闭整个隧道。该设计手册同时提出,为了保证养护作业安全,在作业期间应尽量将隧道封闭;若只封闭一侧车道,则其余车道行车速度不应超过 24 km/h。

美国《施工作业区交通控制指南》中提出，为了保证隧道作业安全，在进行隧道维修养护作业时，应尽量封闭所有车道。但通常情况下并不能做到封闭所有车道，因此在实际情况中，应从安全的角度考虑选择最理想的维修方案。

1.1.3　存在的问题

通过对国内外公路隧道运行管理的对比分析可以看出，国内与国外在隧道运行管理方面从管理理念、内容、技术和方法等，特别是在细节方面都存在一定程度的差距。虽然国内在隧道运行管理方面已有很大发展，但仍不能满足现代交通运行安全舒适性管理的需求，有必要借鉴国外隧道运行管理的先进思想、技术和经验，结合我国驾驶员特性和公路隧道结构特性，研究公路隧道运行管理理念、内容、技术和方法，以改善和发展国内的隧道运行管理状况。国内公路隧道运行管理与国外做得较好的国家相比，最大的差距主要体现在以下几个方面。

1）隧道应急管理联动系统

隧道内出现突发事件，尤其是发生火灾事故时，前期救援至关重要。建议建立高水平的隧道应急管理联动系统，以便高效地组织、协调救援部门实施救援，极大地减少生命和财产损失。

2）先进的运行管理设备

（1）隧道通风

建议在特长隧道内安装静电过滤器设备，吸附隧道内一定空间范围内空气中的微粒子、有害空气、细菌等污染物，从而净化隧道内空气；安装可吸收 NO_2 的碳棒，以减少隧道内空气对用户身体的危害。

（2）隧道监控

建议在长隧道和特长隧道内安装先进的视频监控和报警设备，及时监测并能预警隧道内车辆发生的异常事件，如超速、车间距过近、交通事故、车辆故障和车辆违章停车等特殊状况，并及时通过隧道内通信、广播告知违章驾驶员和其他道路使用者，以防止事故和二次事故的发生。

（3）隧道消防

隧道监控中心应实时监控隧道内各种消防设备的使用状况；当灭火器、消火栓等消防设备被移动后，监控中心应有报警，并及时查看隧道内是否有紧急事件。

3）隧道广播

对长隧道、隧道群和一般隧道，建议屏蔽隧道内的个人广播波段，取用公共波段广播驾驶员所行使隧道的长度、通行状况及隧道外的交通和天气状况等，以提醒驾驶员按照规定要求在隧道内安全通行。

4）驾驶员的安全运行教育

国内对驾驶员培训中较少涉及隧道运行安全的专门知识，在驾驶员考核中也缺少对隧道运行安全知识的考核，驾驶员驶入隧道前缺乏对隧道内部运行条件的了解。另外，隧道内发生紧急事件时自救很重要，驾驶员应具备必要的隧道安全运行和自救知识。

5）危险品车辆危害评估办法

建议建立危险品车辆危害评估办法,根据危险品车辆不同安全隐患等级,建立不同的防护方式使其安全通过隧道。例如,对于安全隐患较高的危险品车辆,可派遣专门的护送车辆将其引导护送通过隧道。

6）隧道安全检查和评估

隧道安全检查和评估对维持隧道安全运行具有重要价值。隧道管理部门应定期组织具有检查和评估资质及独立的部门,对隧道定期进行安全检查和评估,以便隧道管理人员对隧道运行现状有一个清晰的了解。

因此,随着公路隧道建设和隧道交通的发展,为了保持隧道的正常运行服务功能,公路隧道运行管理应运而生。如何科学管理隧道,提升现有隧道的安全运行管理水平,正是本书编制的目的和依据。

1.2 济莱高速隧道建设概况

G2 京沪高速济南至莱芜段高速公路(以下简称"济莱高速")的起点位于济南市港沟南,终点位于莱芜市东北的西峪村,全长 75.5 km。它是山东省第一条生态环保高速公路,全线采用双向六车道高速公路标准修建,设计速度 120 km/h。济莱高速全线共 8 座隧道,其中有兰峪、三泉峪、大龙堂、锦阳关、鹁鸽岩隧道为中隧道,伙路、蟠龙、上游隧道为长隧道。

济莱高速自 2005 年 3 月开工建设,于 2007 年 12 月 22 日建成通车。依据设计时的规范,根据各隧道长度及交通量预测,各隧道按需建设了隧道监控、通风、照明、消防、供电等设施。隧道监控系统包括中央计算机管理系统、现场检测和控制系统、闭路电视系统、火灾报警系统、紧急电话及隧道广播系统、数据图像传输系统等,在伙路、蟠龙、锦阳关、上游隧道设置了以区域控制器为主的隧道现场控制网络。现全线共有监控点位 351 路,其中 80 路图像显示的是济莱高速隧道内的主要情况,36 路显示的是互通立交、道路、收费站内外广场及岗亭内的主要情况。

济莱高速建成通车以来,多次对隧道机电系统进行更新升级,如图 1.19 所示。2012 年济莱高速全线升级了电力远程监控系统;2016 年在伙路、蟠龙、锦阳关、上游隧道更新了火灾报警系统,全部隧道更新了紧急电话及广播系统;2017 年京沪高速济莱段及济广高速部分路段全程监控系统高清改造项目中建设了高清视频监控、视频事件检测系统;2018 年计划对伙路、蟠龙、上游隧道照明设施进行升级改造,同期在伙路、蟠龙、上游隧道入口附近增设了 6 套龙门架可变信息标志及交通量调查设备。

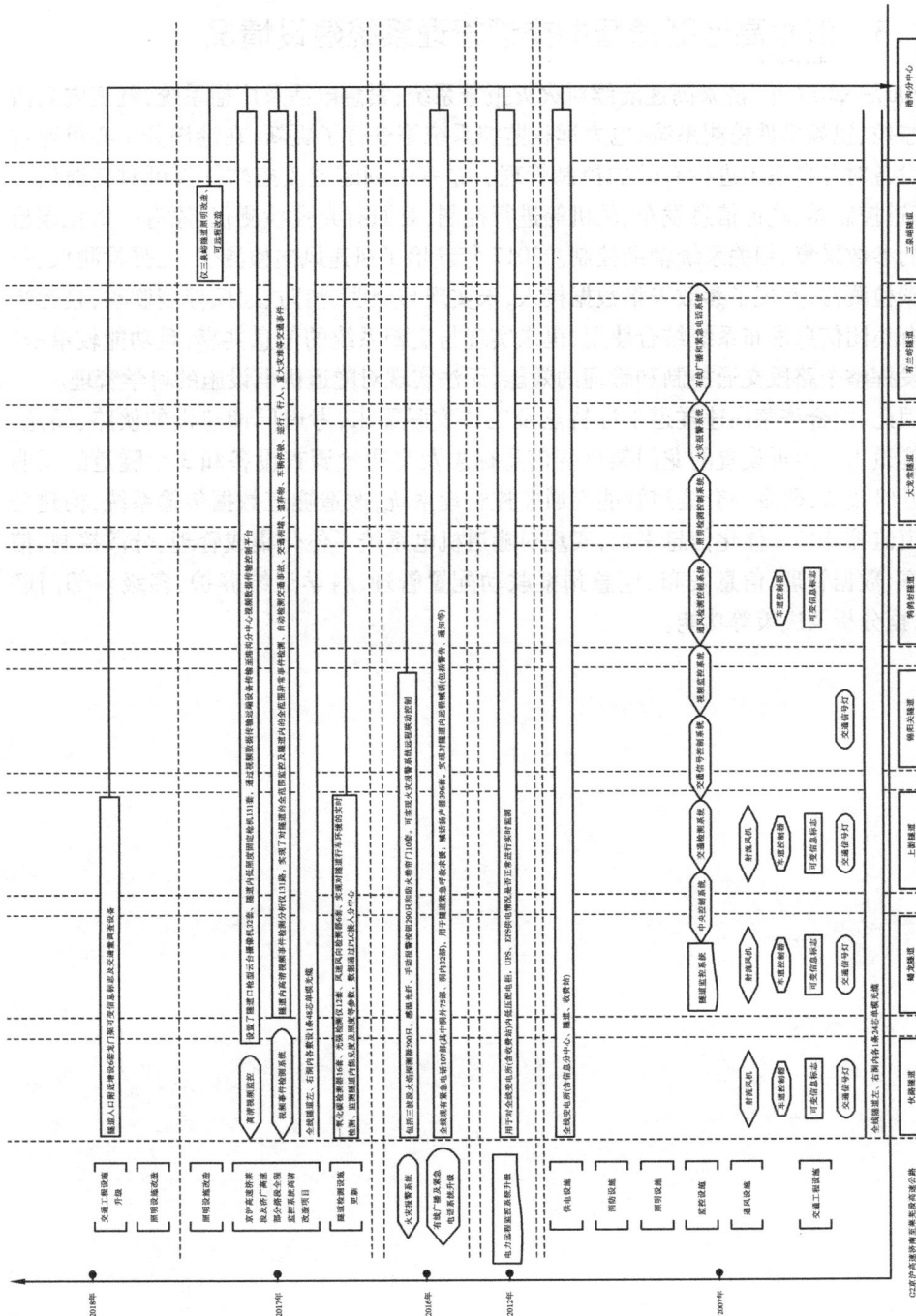

图 1.19 济莱高速公路隧道机电系统升级改造时序图

1.3 济莱高速隧道智能交通管理系统建设情况

2007—2017 年,济莱高速陆续对火灾报警系统,紧急电话及广播系统,隧道内高清视频监控、视频事件检测系统,电力远程监控系统等进行了更新,在港沟分中心可通过相应设备对各自系统进行有效的控制管理。原有中创隧道监控软件仅可对交通信号灯、车道控制器、隧道信息发布、风机等进行控制;对原有光强检测仪、原有一氧化碳检测器的参数采集、相关系统辅助控制。2017 年新增了风速风向检测仪、光强检测仪、一氧化碳检测器,实现了参数采集数据接入,未实现与照明、消防、通风控制联动,且无法和现有集团信息发布系统结合使用,也未实现与交警系统的信息共享,且功能较单一,无法发挥整个路段交通控制和管理的效能,无法实现对隧道机电设施的科学管理。

因此,综合济莱高速隧道工程特点及工作实际需求,考虑同期建设的伙路、蟠龙、上游隧道入口附近设置的龙门架可变信息标志及交通量调查设备和 3 个隧道的照明设施升级改造,研发一套隧道智能交通监控管理系统,改造隧道数据传输系统,构建公路隧道监控养护一体化信息平台,实现对隧道机电系统一体化集成管理、分散控制、信息共享、数据管理、信息发布、应急预案联动配置管理、科学运维养护、多级多部门联动、数据分析及决策等功能。

第2章 高速公路隧道运营风险分析

近年来,我国隧道建设速度发展迅速,公路隧道总量持续增加,自2008年以来,隧道总里程平均年均增长26%,规模增速极快。截至2018年年底,我国已建成公路隧道17 738处,全长17 236.1 km。

自2002年起,我国高速公路隧道交通事故、伤亡人数以及直接财产损失的相对数量开始呈逐年下降趋势,但其绝对数量和严重程度依然显著。高速公路隧道交通事故一旦发生,便会造成交通堵塞,或者车毁人亡,或者引发其他次生灾害,所带来的生命财产损失将是巨大的。

随着社会生产水平的提高,通过隧道的车流量日益上升,专家认为,机动车辆在通过隧道时因为各种原因发生交通事故、燃烧和爆炸的风险与日俱增。而大量的隧道是近10年来我国公路交通快速发展期建成通车的,与国外关于隧道安全设施、设备、预案及应急救援等方面的要求相比,存在考虑不周、配置不全的现状问题,应重视隧道安全体系的建立,避免类似勃朗峰隧道火灾的严重事故发生。

当前,我国公路隧道运营安全评估是固定周期和静态化的,存在间隔周期长、操作方案少、标准细则缺乏等问题。而且,在评估周期内,隧道结构和设施的技术状态在不断衰减,虽然可以通过养护手段维持和延长其安全使用状态,但对养护的效果能否保持其安全使用状态缺乏评估依据,存在很多安全隐患。

2.1 概述

1)建设期风险研究现状

相对于在其他领域的进展,风险管理在工程领域的应用发展较为缓慢,尤其在隧道工程领域。美国的Einstein. H. H作为隧道工程的代表人物,20世纪70年代将风险分析理论引入隧道与地下工程,并撰写了多篇有价值的文献,指出隧道工程风险分析的特点和应遵循的理念。而后,各国学者通过不同的方式,分别把工程风险分析理论引入铁路隧道/公路隧道以及地铁等地下工程的规划、设计、施工中来。2004年,国际隧道协会(ITA)发布了《隧道风险管理指南》(*Guidelines for Tunneling Risk Management*),为隧道工程的风险管理提供了一整套参照标准和方法。近年来,国际上已经发布的风险管理的指导性法规有:

①欧共体行政院1992年6月24日发布的《关于临时或移动施工现场

实施最低安全和健康要求的指令》(92/57/CEE 指令)。

②意大利政府 1996 年 8 月 14 日发布的《关于实施由欧共体行政院发布的 92/57/CEE 指令的相关细则》。

③2004 年英国隧道协会和英国保险协会组织编写完成的《隧道工程建设风险管理联合规范》。

④2004 年国际隧道协会出版的《隧道施工安全手册》。

⑤2006 年 1 月国际隧道工程保险集团(ITIG)发布的《隧道工程风险管理实践规程》。

⑥日本的《隧道施工中的安全评价指南》。

相比国外,我国隧道工程风险评估的研究起步较晚。近几年,随着我国公路隧道、铁路隧道以及地铁等地下工程的大规模开发,风险评估与风险管理的研究得到了前所未有的关注,各大设计院、保险公司以及高校等都开始了相关研究。2004 年 11 月 27 日,中国土木工程学会隧道及地下工程分会风险管理专业委员会正式成立,并在 2005 年 6 月主办了全国地铁与地下工程技术风险管理研讨会,大大推动了这一领域的快速发展。

2005 年 7 月,中国香港特区政府发布了《土木风险管理指导方针》。2007 年,中华人民共和国铁道部发布了《铁路隧道风险评估与管理暂行规定》,系统地介绍了铁路隧道在可行性研究、初步设计、施工图设计和施工阶段风险评估的理论方法,可作为铁路隧道进行风险评估的指导性文件。

2007 年,中国土木学会发布了《地铁及地下工程建设风险管理指南》,适用于城市轨道交通工程设计的地铁及地下工程建设期的技术风险管理,系统地介绍了风险管理的理论、方法,包括可行性研究阶段、设计阶段(包括初步设计和施工图阶段)、招投标阶段和施工阶段的风险管理。

2009 年,交通运输部推出了《公路隧道建设隧道安全风险评估指南》(试用本),提出了公路隧道工程安全风险分级标准、评估流程、分析方法和控制措施等操作环节和程序。根据不同建设阶段的特点、任务和目的,将安全风险评估分为初步设计、施工图设计和施工 3 个阶段。交通运输部选择了 5 个公路隧道风险评估试点工程,其中包括山西省太原至古交高速公路西山隧道、北京市六环路良乡至寨口段卧龙岗隧道等。

2)运营期风险研究现状

国外对于运营风险研究比较多的是欧洲国家,它们对隧道运营风险的研究主要是从欧洲发生了两次比较大的火灾事故后开始的。根据《跨欧公路网中隧道安全最低要求》(2004 年 4 月 29 日欧洲会议/理事会 2004/54EC 号指令),欧洲各国必须对隧道进行风险评估。结合各国的情况,一些国家发布了自己的风险评估方法。

(1)法国

法国采用的是一种基于场景的定量风险分析方法(特定灾害调查法/Specific Hazard Investigation)。该方法比较灵活,能适用于特定的灾害场景和不同的研究深度。分析方法中采用了定量模型,如噪声扩散模型、用户行为模型。该方法可以用来研究风险事故中不同安全措施的效果,并用来对比不同隧道的风险评估结果。

（2）英国

英国提出了一种简单的定量分析方法,考虑了结构、技术和组织等措施。该方法采取了一种叫作"风险优先数"（Risk Priority Number）的评价尺度,评价数据取自风险事故的可能性和后果。事故的可能性在 1～16 的范围内取值,后果在 1～1000 的范围内取值,风险优先数是这两种数据的乘积。如果风险优先数大于 1 000,风险是不能忍受的;如果在 101～1000 的范围内,风险则是不合理的;如果在 21～100 的范围内,则是可以接受的。

（3）荷兰

荷兰采用了一种叫作"荷兰公路隧道情景分析法"的基于情景的风险分析方法。该方法的主要目的是通过优化事故发生以前、期间和以后的各个过程,进而分析出隧道系统的弱点。荷兰公路隧道情景分析法主要侧重于隧道内人员的自救以及救援队伍的反映,能够对比不同隧道系统的损失结果。荷兰的另一个模型 TunPrim 可以对隧道事故、火灾以及有毒物质的事故进行风险分析。该方法适用于双管隧道,用于选择隧道方案,辨识安全措施的影响,评价隧道的安全等级以及对通行危险品方案提供对策等。

（4）挪威

挪威采用了一种定量方法来分析长度大于 500 m 的公路隧道发生火灾、交通事故以及其他事故的可能性。该模型可以计算隧道不同位置的交通事故发生的频率。因为没有风险标准,该方法只能作为定性风险评价的一种分析方法。

（5）奥地利

奥地利采用的是一种基于系统分析的风险分析方法,可以用来分析事故的频率和严重性。该方法适用于纵向通风和排烟的隧道,计算结果将给出一个特定隧道的风险值（每年的人员死亡人数）。在比较隧道采取不同安全措施效果以及评估相关隧道的风险时,该值可作为一个参考值。

（6）意大利

意大利采取的是一种基于系统的定量风险分析方法,可以用来计算特定隧道的风险水平,并与风险接受标准（F-N 曲线,ALARP 曲线）进行对比。该方法可以对比不同安全措施的影响并评价不同隧道的安全水平。通过计算设计事故的期望概率以及模拟的结果,并考虑事故中相关逃生人员的数目及逃生策略,计算得出公路隧道的风险。

（7）OECD/PIARC DGQRA 模型

国际经济合作与发展组织 OECD（Organization for Economic Co-operation and Development）与 PIARC 针对隧道危险品运输共同开发了一种 DGQRA（Dangerous Goods QRA）定量风险评估模型。该模型首先假设隧道允许所有的危险品通过,通过模型计算出隧道每年的期望人员死亡值,这被称作隧道的"固有风险",如果隧道固有风险大于可接受标准,就需要采用 DGQRA 模型来计算其他替换路线的风险。DGQRA 模型主要用来对危险货物运输的道路选择提供定量分析方法。

(8)Euro Tap

2000 年以后,欧洲成立了专门的机构 Euro Test 负责检查并评估欧洲现有公路隧道的风险程度与安全性,然后提供给欧盟各国隧道管理部门参考并进行改善。此计划称为 Euro Tap(European Tunnel Assessment Program),参与的组织成员共有 13 个国家的 14 个机构,其中以英国和德国为首,领导 Euro Tap 的运作。Euro Tap 项目计划逐年检测与评估 30 ~ 50 座公路隧道,至 2007 年止将欧洲主要公路隧道逐次评估完成,并提供最低限度的安全规范与水平,以作为欧盟各国隧道管理机构遵循的标准。Euro Tap 计划中通过计算隧道的风险潜势 RP(Risk Potential)和安全潜势 SP(Safety Potential)来最终确定隧道的安全等级。在计算隧道风险潜势中考虑了隧道的 7 类风险因素:交通绩效、重车交通绩效、交通形态、交通量、危险品运输、纵向坡度和其他。计算分值 1 ~ 40 分,并最后换算成风险介于 0.6 ~ 1.0 的比例因子 RRF(Risk Rating Factor)。安全潜势的计算中共考虑了 8 大类 172 个分项对隧道安全的影响:隧道系统、照明与电力、交通与控制、通信、逃生与救援路径、火灾防护、通风系统与紧急事件管理,并计算出以百分数体现的安全潜势 SP。最后通过安全潜势 SP 与风险比例因子 RRF 的比值,计算得出隧道的分级百分比,最终确定隧道的安全等级。

3)存在的问题

目前,国外发达国家对于公路隧道风险管理的研究相对较为深入且取得了一定的成果,国内也在隧道建设期的风险评估研究方面获得了长足进步,风险管理已作为一种技术手段广泛应用到隧道建设中。但总体上,对于公路隧道工程风险评估的研究仍存在一定的问题:

①公路隧道工程风险评估仍大多采用定性分析或者半定量分析,与风险评估定量化目标仍有一定的距离。

②我国对公路隧道运营阶段风险评估的研究几乎属于空白领域。经过 10 多年的努力,欧洲对公路隧道运营风险评估的研究已取得了一定的成果,但距离成熟应用仍相距较远。随着我国公路交通事业的快速发展,公路隧道建设规模和运营长度、难度日益增加,公路隧道运营风险评估势在必行。

③我国的公路隧道风险评估仍没有合适的风险接受准则可以遵循。与风险评估研究现状相同,我国对于风险接受准则的研究仍处于起步阶段,没有成熟的行业标准和国家标准,这就使得风险评估结果没有合适的标准可以遵循,无法合理判定风险是否可以接受。因此,对于公路隧道风险接受标准的研究也迫在眉睫。

2.2 公路隧道运营事故统计分析

2.2.1 我国公路隧道交通安全现状调研及分析

选取了我国多条隧道众多的高速公路作为调研对象,包括济莱高速公路、渝湘高速(重庆境)公路、长万(长寿—万州)高速公路、西汉(西安—汉中)高速公路、京珠(北京—珠海)南高速公路韶关段。对 3 条高速公路的隧道交通安全状况进行调研,主要包括以下 5 个方面:

①隧道的长度、交通量、事故率;

②隧道事故时间(小时);

③隧道事故地点:隧道入口过渡区域、隧道入口段、隧道中间段、隧道出口段、隧道出口过渡区域;

④隧道事故类型:包括追尾、侧撞、撞击障碍物等;

⑤隧道事故车辆类型:包括小客车、大客车、小货车、大货车。

1)交通安全状况数据统计

通过对西汉高速公路、长万高速公路、京珠南高速公路韶关段进行调研,提取隧道路段事故数据,包括隧道长度、隧道交通量和事故率,初步统计结果见表 2.1。

表 2.1 高速公路隧道事故调研数据

按长度划分	高速公路名称	隧道名称	隧道长度 L /m	隧道年平均交通量 N/车	事故率 /(起·百万车千米$^{-1}$)
$L \leqslant 250$ m	西汉高速公路	双岭隧道	122	3 562 400	5.729 7
	长万高速公路	罗家湾隧道	150	2 847 000	1.838 1
	西汉高速公路	双水磨隧道	156	3 562 400	3.002 3
	西汉高速公路	纸坊隧道	195	3 562 400	1.202 6
	长万高速公路	柑子坪隧道	200	2 847 000	1.378 5
	京珠南高速公路	五龙岭隧道	200	4 745 000	2.107 5
	西汉高速公路	爱子坪隧道	209	3 562 400	1.120 2
	西汉高速公路	朱雀隧道	219	3 562 400	8.553 8
	西汉高速公路	许家城隧道	226	3 562 400	2.073 2
	西汉高速公路	良心隧道	243	3 562 400	8.681 7
250 m<L≤1 000 m	西汉高速公路	皇冠隧道	278	3 562 400	2.520 8
	西汉高速公路	观音山隧道	281	3 562 400	4.157 7
	西汉高速公路	油坊坪	285	3 562 400	4.103 9
	西汉高速公路	仙人崖隧道	291	3 562 400	1.605 3
	长万高速公路	三正隧道	336	2 847 000	0.820 6

续表

按长度划分	高速公路名称	隧道名称	隧道长度 L/m	隧道年平均交通量 N/车	事故率/(起·百万车千米$^{-1}$)
250 m<L≤1 000 m	西汉高速公路	木瓜园隧道	398	3 562 400	0.587 3
	西汉高速公路	唐家屋隧道	448	3 562 400	0.521 7
	西汉高速公路	黑虎垭隧道	471	3 562 400	0.496 6
	长万高速公路	柱山隧道右线	494	2 847 000	0.558 1
	长万高速公路	柱山隧道左线	515	2 847 000	0.535 4
	京珠南高速公路	旦架哨隧道	880	4 745 000	0.239 5
	京珠南高速公路	宝林山隧道	995	4 745 000	1.059 0
1 000 m<L≤3 000 m	长万高速公路	小垭口隧道右线	1 095	2 847 000	0.251 8
	长万高速公路	小垭口隧道左线	1 120	2 847 000	0.246 2
	西汉高速公路	关岭隧道	1 129	3 562 400	0.207 1
	长万高速公路	金竹林隧道	1 455	2 847 000	0.379 0
	西汉高速公路	香炉石隧道	1563	3 562 400	0.149 6
	京珠南高速公路	大宝山隧道	1 578	4 745 000	1.469 1
	长万高速公路	马王槽 2 号左线	1 620	2 847 000	0.170 2
	长万高速公路	马王槽 2 号右线	1 646	2 847 000	0.502 5
	京珠南高速公路	靠椅山隧道	2 977	4 745 000	1.345 1
L>3 000 m	西汉高速公路	朱家垭隧道	3 580	3 562 400	0.261 4
	西汉高速公路	良心隧道	3 650	3 562 400	0.576 8
	西汉高速公路	郭家山隧道	4 303	3 562 400	0.108 7
	西汉高速公路	秦岭 3 号隧道	4 930	3 562 400	0.949 0
	西汉高速公路	秦岭 1 号隧道	6 144	3 562 400	1.104 1
	西汉高速公路	秦岭 2 号隧道	6 145	3 562 400	0.609 1

2)交通事故时间分布特性

根据本次的事故调研统计资料,分析特长隧道 24 h 交通量与事故数量数据可以看出,24 h 内有两个事故高发时段:5:00—9:00、17:00—20:00。这两个时段占全天交通事故总量的 40%,分析其原因可知:

①疲劳驾驶是造成交通事故的主要原因之一。驾驶疲劳严重影响行车安全,容易导致交通事故,甚至车毁人亡。

②黎明和傍晚时分隧道内景观不良、光线暗淡,致使驾驶员的视力降低,极易导致注意力不集中,从而诱发交通事故。

③大货车比例较大,且平均速度远低于小汽车。大货车行驶严重影响小汽车的运行,超车和变道现象明显增多,车辆车速离散性增大,导致事故比例增多。

由于高速公路隧道与城市道路的交通量变化规律、照明条件不同,所以事故多发时段规律也存在一定的差别。

3)交通事故空间分布特性

为了方便统计隧道路段交通事故空间分布特性,将隧道按行驶方向划分为 5 个区段:隧道入口过渡段(入口外 100 m)、隧道入口段(入口内 100 m)、隧道中间路段、隧道出口段(出口内 100 m)、隧道出口过渡段(隧道出口外 100 m)。

根据高速公路交通事故调研数据,对隧道 5 个区段内的事故发生频数做进一步的对比,得出以下结论:

①洞口附近交通事故发生的概率较高;

②隧道中间路段交通事故发生的概率较低;

③与国外隧道交通事故空间分布规律近似。

4)交通事故气象分布特性

通常,当车辆的运行速度超过道路环境所容许的最大临界安全速度时,车辆发生滑动和侧翻的可能性大。在道路设计阶段,只考虑理想状态下车辆的运行速度,并未充分考虑雨、雪等恶劣气象条件下的临界安全速度。因此,依据恶劣气象条件所引发的临界安全车速的变化,建立各种恶劣气象条件下的临界安全速度,并在此基础上分析车辆发生事故的可能性。一般情况下,最大临界安全速度综合考虑车辆的操纵稳定性、紧急情况下的制动性等。其中,以操纵稳定性中的车辆抗侧滑为重要依据,故作为车辆安全行驶的判别依据。

5)交通事故形态分布特性

根据调研数据,对事故形态统计结果进行分析,可以得出以下 3 点结论:

①隧道路段撞壁、刮擦事故多发,占事故总数的 50% 以上;

②追尾事故多发,主要原因是路面湿滑和跟车距离过短;

③侧翻、失火事故比例较低。

6)交通事故车型分布特性

根据高速公路交通事故统计数据,隧道路段事故车型以大货车和小汽车为主,其中大型货车所占比例为 56.25%,小汽车所占比例为 42.18%,大客车和小货车所占比例较小。

2.2.2 公路隧道安全性等级划分

根据日本的隧道火灾安全等级以及我国公路隧道交通工程设计规范的隧道等级的划分方法,隧道安全性等级划分主要考虑隧道长度和交通量因素。因此,通过预测隧道事故率与隧道长度、交通量两者之间的关系,并根据一定的事故率标准,可以得到隧道的安全性等级标准。

1)隧道事故率与隧道长度、交通量的关系模型

（1）隧道长度与事故率之间的关系

分析表 2.1 中的隧道事故调研数据，可以发现当交通量保持不变时，隧道长度和事故率之间有良好的相关关系，用幂函数来进行拟合，即

$$I = 75.713x^{0.772} \tag{2.1}$$

式中　I——某路段的期望事故率，起/百万车千米；

　　　x——年平均交通量。

（2）隧道交通量与事故率之间的关系

交通量与交通流饱和度直接相关，而交通流饱和度会影响交通事故的频率和严重程度，也即隧道交通量与事故率之间存在密切的关系，如图 2.1 所示。

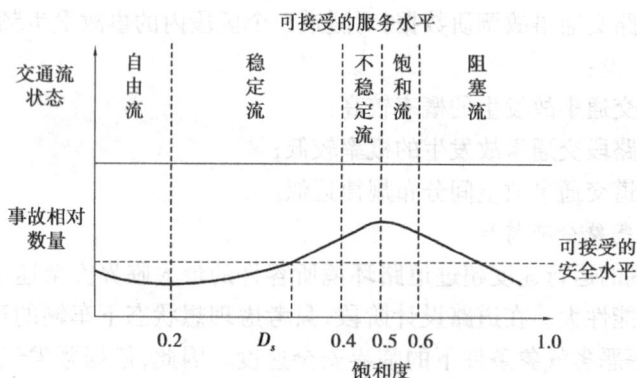

图 2.1　隧道交通量与事故率的关系

（3）隧道事故率与长度、交通量的拟合

当隧道长度、交通量均较小时，隧道事故率处于较低水平，随着长度或者交通量的增加，事故率增长速率较大，当隧道长度或者交通量继续增长时，事故率达到一个稳定状态，在较小范围内变化。因此，可采用指数和多项式组合模型来描述三者之间的相关关系，即

$$I = mL^n \times (aN^3 + bN^2 + cN + d) + e \tag{2.2}$$

2)隧道交通事故率标准

若 $I \leqslant 0.65$，则认为该路段安全性好；若 $0.65 < I \leqslant 0.80$，则认为该路段安全性一般；若 $I \geqslant 0.80$，则认为该路段安全性差，接近事故多发路段的标准，需要改善。另外，确定了适合我国实际情况的高速公路安全性事故率标准为 1 起/百万车千米。因此，参考高速公路事故率标准，以 0.65 起/百万车千米、0.80 起/百万车千米、1.00 起/百万车千米作为隧道路段交通事故率划分标准。

3)隧道安全等级标准

根据事故率标准与隧道长度、交通量之间的关系模型，以及隧道交通事故率标准，经过反算，可得到隧道安全性评价标准。将模型中交通量的单位转化为 veh/d，可得修正后的模型如下：

$$I = (1.085E - 6) \times L^{0.661} \times \left[-0.027 \left(\frac{365n}{10\ 000} \right)^3 + 0.360 \left(\frac{365n}{10\ 000} \right)^2 + \right.$$

$$\left. 42.096 \left(\frac{365n}{10\ 000} \right) - 41.620 \right] + 0.956 \tag{2.3}$$

2.2.3　公路隧道运营安全影响因素分析

公路隧道及隧道群运营安全涉及隧道工程、环境工程、管理工程、机电工程等多门学科，影响因素繁多且相互作用、影响和渗透，无法也没必要对诸多因素逐一进行分析。本研究选择公路隧道及隧道群运营安全影响较大的因素展开分析，如图 2.2 所示。

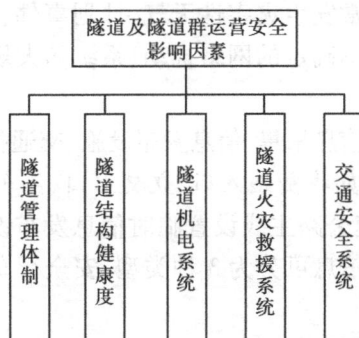

图 2.2　隧道及隧道群运营安全影响因素

1) 隧道管理体制分析

隧道管理体制的科学与否、效果如何，对隧道的运营安全状态产生重要影响，因此分析隧道及隧道群的管理体制，能为提高运营安全性提供重要依据。根据已有相关研究及隧道交通安全现状调研，初步构建公路隧道及隧道群的管理体制，如图 2.3 所示。

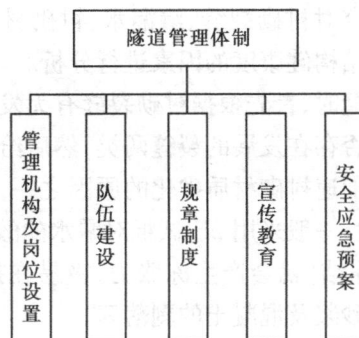

图 2.3　隧道管理体制

通过对国内隧道交通安全现状的调查分析可知，在隧道管理体制中存在机构设置不当、管理效率低下等问题，严重影响隧道运营安全性，进一步凸显提升管理体制工作效率的重要性。

管理机构及岗位设置要根据公路隧道路段管理的具体情况科学有效地设置,应做到落实责任,协作分工。为了保障管理效果,还应做好宣传教育工作,内容包括隧道交通法规、道德、安全知识、交通心理等内容,形式有影视宣传、广播宣传、报刊宣传等。隧道路段的封闭性和特殊性,决定了其必须加强生产事故应急预案的制订及应急能力的提升。

管理作为影响公路隧道运营安全的重要因素,是通过影响道路交通系统中人、车和路的可靠性来实现对道路交通系统整体可靠性的影响。下面从信息提供、管理执法方面分析各自对运营安全的影响机理。

(1)信息提供

公路在运营过程中会经常发生灾害性天气、计划事件、交通事件、紧急事件等,因此路网交通控制主要表现为不确定的网络扰动、系统的大规模非线性、离散的控制输入和严格的变量约束等。

借助于路网沿线布设的信息采集、信息发布设施、交通控制设施等,路网信息发布可在路网范围内的控制节点如收费站入口、立交出口、停车区、服务区设置可变信息板,或隧道接近段以外的高速公路主线设置临时信息发布设施。根据信息的类型,交通管理部门提供的交通管理信息可分为3种类型:安全行车控制信息、发生的事件类型信息、路径分流诱导信息。

(2)管理执法

管理执法主要是指交警、路政等交通管理部门为维护交通秩序、确保道路安全与畅通而依法对驾驶人、行驶车辆进行管理,以规范驾驶行为,杜绝各种非法改造、超重超载超限等非法车辆上路等。

2)隧道结构健康度分析

隧道及隧道群的运营安全与其结构健康度关系密切。公路隧道结构健康度反映隧道结构损伤或破损状态,因此可采用公路隧道的结构破损形态作为公路隧道健康度指标体系的候选指标。本研究对衬砌裂缝、渗漏水、衬砌材质劣化、衬砌背后空洞、衬砌变形以及涂料剥落等影响结构健康度的因素进行分析。

在判定公路隧道衬砌裂缝时,首先根据衬砌裂缝有无发展情况将衬砌裂缝分为存在发展的裂缝和无法确定是否存在发展的裂缝两类,然后给出不同情况的衬砌裂缝判定标准。公路隧道渗漏水是加速衬砌材质劣化的原因之一,如果渗漏水显示出强酸性时,衬砌就有严重劣化的危险,一般采用pH试纸对漏水的酸碱度作简易测定。在寒冷地区,如果衬砌背后的围岩冻结,就会产生冻胀力,极易在拱顶附近造成衬砌冻胀开裂,或造成混凝土骨料胀出、砂浆及混凝土的剥落等。

公路隧道建成后,由于多方面原因,在隧道上部衬砌背后出现了较大的空洞,空洞上部的岩石因某种原因与围岩分离并突然落下,就会冲击衬砌,可按照我国《公路隧道养护技术规范》的规定,采用基于空洞深度的判定标准,对隧道空洞进行评价。

3)隧道机电系统分析

机电系统的完善程度、工作状态直接影响隧道及隧道群运营安全状况。对系统运行状态的分析和评价有利于研究机电系统的运行,以便尽早发现问题、决策机会和确定合适的决策方案。通过对高速公路隧道机电系统进行切割,初步构建了高速公路隧道机电系统影响因素集。

4)隧道火灾救援系统分析

通过对公路隧道及隧道群火灾救援系统的分析,初步构建了高速公路隧道火灾救援影响因素集,其中隧道火灾检测与报警系统、消防灭火对策、消防设施及救援和控制策略在内的隧道火灾救援系统对隧道及隧道群的运营安全产生的影响较大。

对公路隧道火灾可运用事故树分析法 FTA 对其成因进行分析。隧道火灾探测报警系统由中央控制室内的集中火灾报警控制器、隧道内火灾探测器、手动报警按钮以及连接电缆、配线、接线盒及必要的附件组成。隧道消防灭火的基本思路就是要考虑隧道特殊的环境特点,隧道内发生火灾时控制灾情的方法基本上有两种,即断氧窒息法和降温法。根据发生火灾时的救援速度,人员的疏散能力以及车辆的运行能力,隧道的人行横通道间距、行车横通道间距等需要计算后科学考虑。

5)隧道交通安全系统研究

隧道交通安全系统是一个由人、车、路和环境组成的动态系统。系统中,驾驶员接收道路、环境信息,经过驾驶员判断,进而操纵车辆,如此循环往复,所有的外界影响因素都要在驾驶员处共同作用,可见驾驶员是整个道路交通安全系统的核心和关键。车辆的行驶过程是驾驶员处理各种信息的综合表现结果,其本质是与驾驶安全行为有关的动态信息处理过程,是一种动态交通信息系统。

(1)驾驶员

驾驶员交通特性是指驾驶员在交通环境中的心理、生理和行为特征,包括驾驶员在车辆运行过程中的驾驶倾向性和反应特性等。从驾驶员信息处理过程可知,驾驶行为与驾驶员的交通特性有着直接关系。因此,提取驾驶员在行车过程中与驾驶行为有关的几个交通特性指标:驾驶经验、驾驶员性格、驾驶员状态以及在一定环境下的驾驶员视认特性。

驾驶经验、驾驶员性格、驾驶员状态对驾驶行为的影响可用反应时间来表征,其长短一般取决于刺激的种类和强度、驾驶员自身的个体特性(包括素质、个性、年龄、性别、情绪等)、驾驶员的注意程度、客观环境的复杂程度等因素。

①驾驶经验。驾驶员驾驶技术熟练程度的不同会影响驾驶操纵行为,驾驶经验的评价指标如每年行驶公里数(单位:千米/年)和取得驾照时间(单位:年)。

②驾驶员性格。驾驶员按气质不同可分为胆汁质型、多血质型、忧郁质型、黏液质型 4 种类型。就年龄差异来讲,青年驾驶员驾车过程中确定的期望车速数值是所有驾驶员中确定的期望车速数值最高的一类群体,特别是年龄在 25 岁以下的驾驶员更是突出。根据这些差异,我们习惯将驾驶员的驾驶倾向性分为保守型、普通型和冲动型 3 类。

③驾驶员状态。在行车过程中反应时间起着重要作用,而驾驶员的状态可用以下两个指标来表征:

a.持续驾驶时间。根据国外的研究结果,不同年龄的驾驶员疲劳前后的反应时间不同。

b.酗酒状态。醉酒驾车或酒后驾驶是指在酒精或酒类饮品影响下控制及驾驶车辆。

④驾驶员视认特性。在隧道入口前,驾驶员一般很早就注意到了黑暗的隧道入口的存在,并且在接近隧道入口的过程中,黑暗的隧道入口在其视野范围内所占的比例越来越大,在隧道入口前某一点,黑暗的隧道入口完全占据了驾驶员的视野,可以认为,此时驾驶员视觉已完全进入暗适应状态,称此点为适应点。按隧道照明设计规范,适应点距隧道入口的距离 $d = (h - 1.5)/\tan 10°$,若取隧道入口空间高度为7.0 m,则 $d \approx 31.2$ m。根据暗适应理论可知,亮度折减率越小,暗适应时间越长。

(2)车辆

①单车条件。在隧道路段驾驶行为动态交互系统中,车辆作为操纵行为的载体,对驾驶行为具有重要影响,表现在车辆本身的机械性能和对交通信息的接受及管理功能,可分为两类:一类是在一定交通和道路条件下车辆的动态响应性能;另一类是车辆的信息接收和管理性能。

②多车条件。在一定交通行车环境中,车辆表现出不同的行车状态,因此,在实际交通流中,车辆的行车状态受周围车辆组成的交通行车环境的影响,选择车型组成及行驶车道、交通量、车速对交通行车环境进行描述。

(3)静态运行环境

交通事故的发生与静态运行环境特征具有内在、密切的联系,静态运行环境特征应满足运行安全的要求。因此,隧道路段静态运行环境特征也体现了运行安全性。隧道路段静态运行环境包括以下特性:

①隧道线形特性。一般来说,隧道线形设计要点主要包括以下几点:满足路线衔接的需要;避开不良路段;减少偏压及其他地质灾害的影响。

②路面抗滑过渡特性。隧道进出口的路面抗滑性能存在突变,造成这种突变的原因主要有:洞内外路面结构的不同;使用过程中摩擦、烟尘积聚造成洞口处抗滑性能差异;纵坡路段货车刹车产生的水滞留在隧道进出口,不易风干,导致抗滑性能下滑;洞外雾、雨、雪等气候环境造成的洞口附近抗滑性能的差异。

③照明过渡特性。隧道照明过渡用于消除或减轻驾驶员进出洞口时的"黑洞效应"和"白洞效应"。考虑隧道洞口环境亮度、设计速度、交通量三因素,将隧道按照明设计分为入口段、过渡段、中间段和出口段。

(4)气候事件

各种气候条件对驾驶行为的影响是显而易见的,气候条件可分为以下5类:雾、雨、冰、雪和风。隧道作为一个半封闭结构,气候条件对隧道路段运营安全的影响主要表现在隧道过渡区段,而在洞口各种气候条件的突然消失和突然出现对驾驶员的驾驶操纵是一个潜在的安全隐患。

①雾:通常采用能见度来表征雾、雨、冰、雪、风环境的等级强度。雾、雨、冰、雪、风

等恶劣环境使得隧道洞口附近能见度大幅度降低,影响标志标线视认性以及隧道线形和出入口的辨认。

②雨:降雨对行车安全的影响除了降水在视野中形成了干扰和影响了驾驶员的心理及生理反应外,主要是路表水膜的润滑作用造成"水膜溜滑现象",且车速越高,润滑作用越明显,路面抗滑能力越差。

③雪:雪对隧道路段的行车安全影响集中在洞口附近,包括影响驾驶员进洞的视线,积雪对阳光的强烈反射作用造成的雪盲现象,路面积雪使行车变得困难,被积雪覆盖的道路交通设施的安全性被弱化等。

④冰:对隧道的运营安全而言,隧道洞口路面结冰是运行安全的影响因素之一。结冰面积率为结冰面积占不结冰路面的比例(%)。

⑤风:风对隧道运行安全的影响主要来源于侧风的突然出现或消失。进入隧道时表现为侧风的突然消失,出隧道时表现为侧风的突然出现。因此,选用风速作为参数对风环境进行描述,表示风速的单位有 m/h 和 km/h。

2.3 PIARC 与欧盟标准分析和借鉴

2.3.1 评价方法

工程的风险评估方法有很多种,一般大致分为定性分析方法、定量分析方法以及半定量分析方法等。

①定性分析方法。该方法主要有专家调查法、头脑风暴法、德尔菲法、失效模型及后果分析法等。

②定量分析方法。该方法主要有场景分析法、层次分析法、模糊综合评估法、敏感性分析法、蒙特卡罗法、控制区间记忆模型、神经网络方法、风险图法等。

③半定量分析方法。该方法主要有故障树法、事件树法、影响图法、原因-结果分析法、风险评价矩阵法,以及各类综合改进方法,如专家信心指数法、模糊层次综合评估法、模糊事故树分析法、模糊影响图法等综合评估方法。

在进行隧道风险分析时,可根据所处的阶段、评估内容具体选择风险评估方法。由于目前我国具体的数据较为缺乏,常用的评估方法多为定性评估方法。根据对国内外现状的调研可知,PIARC 与欧盟各个国家最常用的是建立在工程风险评估基本体系上的场景分析方法。

2.3.2 公路隧道运营安全评价基本体系

1)PIARC 采用的风险评价体系

对公路隧道工程中存在的各种风险及其影响程度进行综合分析、对比排序的过程称为公路隧道风险评估。公路隧道安全风险评估基本体系一般包括风险辨识、风险估计和风险评价 3 个部分,其中风险辨识和风险估计关系比较密切,在风险评估过程有时不易简单分开,又可以统称为风险分析。

公路隧道风险分析是分析公路隧道在建设和运营过程中潜在事故的后果、顺序以及之间的相互关系,从而查明公路隧道系统薄弱环节并认识到可能的提高措施的一种系统方法。公路隧道风险分析一般包括风险辨识和风险估计两个部分。风险分析可采用定性或定量的方式或两者兼而有之,在采用定量分析方法的情况下,风险估计是对公路隧道事故概率及其后果(如死亡、受伤、财产损失、结构损伤以及环境损失等)和由此产生的风险值的估计。

公路隧道风险评价是基于风险分析的结果,根据制订的公路隧道工程风险分级标准和风险接受准则,对公路隧道建设和运营过程中的风险进行等级分析、危害性评定和排序的过程。对于风险评价而言,关键问题在于如何识别由于风险的不确定性带来的后果,同时如何处理决策者对于风险态度的不确定性。这就需要考虑直接的决策者(如业主、设计者、行业主管等)和潜在的决策者(如公众)的决策意见,决定给定的风险分析结果是否可以接受。

公路隧道风险控制是指为降低公路隧道工程风险损失所采取的处置对策、技术方案或措施等,包括风险处理和风险监测两个部分。风险处理是指根据公路隧道风险评价的结果,对风险采取合适的处置方案。风险监测是指采取适当的措施对公路隧道风险进行监测,并适时启动相关风险控制措施的过程。

公路隧道风险评估基本体系示意图,如图2.4所示。

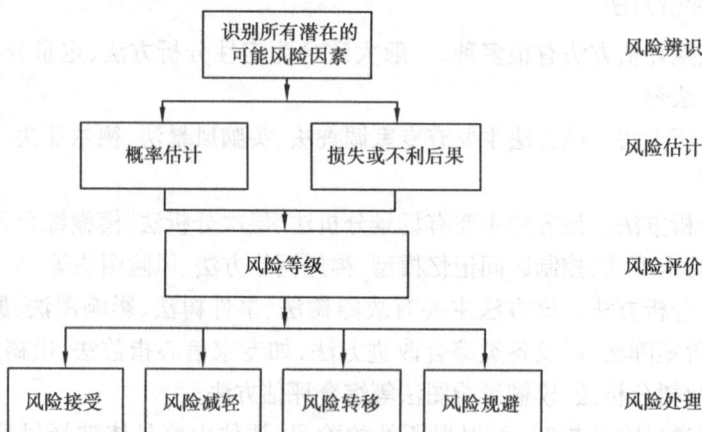

图2.4　公路隧道风险评估基本体系

2)我国目前主要的公路隧道运营安全评价体系

目前,我国虽然颁布了《公路项目安全性评价规范》(JTG B05—2015),但仍未对隧道安全性评价作出规范性要求,国内也没有形成较为规范的评价体系,常见的有层次分析法评价指标体系,如图2.5所示。

层次分析法评价体系是在综合分析公路隧道运行管理评价因素的基础上,经过调查研究分析,对影响因素进行必要的筛选,选取那些有直接影响的因素,删除影响甚微的指标,将影响公路隧道运行管理状况的因素加以分析和合理综合,最后提出了一个三层综合评价指标体系:第一层为目标层(公路隧道运行管理评价状况);第二层为准则层(土建结构状况、机电系统状况、运行管理体制、运行管理效果);第三层为方案层。

```
                                    ┌─────────────────┐
                              ┌─────│      洞口       │
                              │     ├─────────────────┤
                              │     │      洞身       │
                              │     ├─────────────────┤
                    ┌─────────┴──┐  │   防排水系统    │
                    │ 土建结构状况 ├──┤─────────────────┤
                    └────────────┘  │路面、人行道、栏杆│
                              │     ├─────────────────┤
                              │     │     内装饰      │
                              │     └─────────────────┘

                                    ┌─────────────────┐
                              ┌─────│ 中央控制管理系统 │
                              │     ├─────────────────┤
                              │     │   供配电系统    │
                              │     ├─────────────────┤
                              │     │  通风及其控制系统 │
                              │     ├─────────────────┤
                    ┌─────────┴──┐  │  照明及其控制系统 │
                    │ 机电系统状况 ├──┤─────────────────┤
                    └────────────┘  │  消防及其控制系统 │
                              │     ├─────────────────┤
                              │     │ 火灾检测与报警系统 │
                              │     ├─────────────────┤
                              │     │   防雷接地系统   │
                              │     ├─────────────────┤
                              │     │ 闭路电视监视系统 │
                              │     ├─────────────────┤
 ┌──────────┐                 │     │交通与环境体系监视系统│
 │公路隧道运营│                 │     └─────────────────┘
 │ 安全评价  ├──────┤
 └──────────┘                       ┌─────────────────┐
                              ┌─────│  机构及岗位设置  │
                              │     ├─────────────────┤
                    ┌─────────┴──┐  │   队伍建设      │
                    │ 运行管理体制 ├──┤─────────────────┤
                    └────────────┘  │   规程规章制度   │
                              │     ├─────────────────┤
                              │     │   宣传教育      │
                              │     └─────────────────┘

                                    ┌─────────────────┐
                              ┌─────│    交通安全     │
                              │     ├─────────────────┤
                              │     │    CO 浓度      │
                              │     ├─────────────────┤
                              │     │      VI        │
                    ┌─────────┴──┐  ├─────────────────┤
                    │ 运行管理效果 ├──┤    光照度      │
                    └────────────┘  ├─────────────────┤
                              │     │    噪声值      │
                              │     ├─────────────────┤
                              │     │   平均车流量    │
                              │     ├─────────────────┤
                              │     │   环境卫生      │
                              │     └─────────────────┘
```

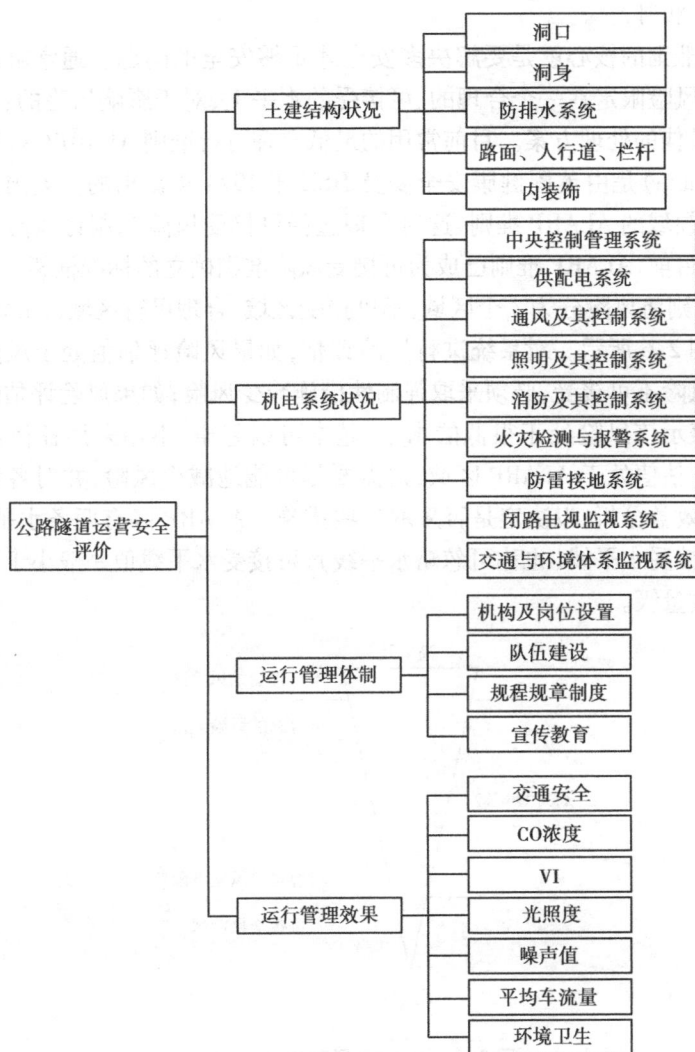

图 2.5　公路隧道运营安全评价指标体系

　　这种评价体系所关注的对象是安全影响因素本身,受方法局限性影响,人为干预各指标权重的现象较为突出,结论可靠性不高,而且由于未衡量隧道安全风险,对风险的后果判断不足。

　　鉴于 PIARC 隧道风险评价已经运行多年并取得了较好的效果,本节建议采用 PI-ARC 隧道安全评价体系,且相关参数的获取方式等均可以借鉴。

2.3.3　风险接受准则

　　风险接受准则表示在规定的时间内或系统的某一行为阶段内可接受的风险等级。它是风险分析以及制订减小风险措施的基础。因此,在进行风险分析时,风险接受准则应是预先给定的。

1）ALARP 准则

风险接受准则的核心就是要解决多安全才足够安全的问题。通常解决此问题的方法是将系统风险限定在一个合理的、可接受的水平上，对于影响风险的各种因素，经过优化，寻求最佳的处理方案。目前常用的最低合理可行准则 ALARP（As Low As Reasonably Practicable）是由英国健康安全委员 HSE 于 1974 年提出的。英国在法律中采用了风险决策领域的 ALARP 准则，这对合理选择可接受风险和制订风险处理方案具有重要意义。目前，ALARP 准则已成为可接受风险准则确立的标准框架。

ALARP 准则将风险分为 3 个区域：不可接受区域、合理可行区域（ALARP 区）和可接受区域，如图 2.6 所示。对系统进行风险评估，如果风险评估值处于风险不可接受区域，表示该风险不可接受，必须采取强制性措施减少风险；如果风险评估值处于风险可接受区域，表示该风险处于很低的水平，基本可以忽略，不用采用任何风险减少措施；如果风险评估值处于 ALARP 区域，则需要尽可能地减少风险，并对各种风险处理措施进行成本效益分析，以决定是否采取这些措施。ALARP 区有两条水平线，即可忍受水平线和可接受水平线（也称可忽略水平线），可接受水平线值一般小于可忍受水平线值 1~2 个数量级。

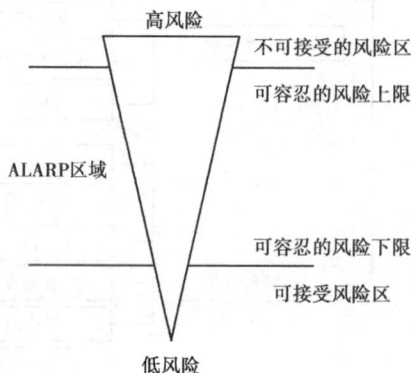

图 2.6 ALARP 风险接受准则

2）风险接受准则分类

在制订风险接受准则时，需要考虑人员伤亡、经济损失、环境损失、人员健康及社会公众影响等诸多可量化或不可量化的风险因素。根据工程风险后果，国内外基本上将风险接受准则分为三大类：安全风险接受准则（包括个人风险接受准则和社会风险接受准则）、经济风险接受准则和环境风险接受准则。

除此之外，部分文献还提到潜在风险和总风险，总风险考虑了各种风险的综合。

3）欧盟国家风险接受准则

（1）个人风险接受准则

个人风险接受准则是最早由荷兰住房规划和环境部提出的一种个人安全风险的评估与接受准则，该准则以人员伤亡数及其可能发生的概率为考核指标，见表 2.2。个人风险是指长期生活在某一特定场所的未采取任何防护措施的人员因遭受某种危害事故而导致死亡的概率。

表2.2 部分国家和地区个人风险可接受水平

国家或地区	使用范围	最大可接受风险/年个体死亡率	可以忽略不计的风险/年个体死亡率
英国	公众	10^{-4}	10^{-6}
荷兰	工厂	10^{-5}	
中国香港	工厂	10^{-5}	
加拿大	一般场所	10^{-4}	

荷兰主要用于确定危害装置、道路运输和机场的个人风险。个人风险水平位置被绘制成风险等高线图,以方便土地规划使用。如果个人风险高于10^{-6}/年,则应将其水平降低至符合最低合理可实现原则的水平。英国、德国等国家也将10^{-6}/年作为工人和公众广泛的可接受风险和可容忍风险之间的边界。

(2)社会风险接受准则

社会风险用于表示某种特定危害发生后,特定人群中遭受某个水平伤害的人数和频率之间的相互关系。社会风险更能反映风险源对当地的影响,而个人风险可认为是系统本身的特性,不受当地特性的影响。个人风险表示在某个特定位置个人的死亡概率,而社会风险主要描述整个区域内遭受死亡危害的人数情况,而不能具体在该区域内的哪个地点受到伤害。

社会风险通常用 F-N 曲线图来表示。F-N 曲线是一条各种风险事故所允许发生的限制曲线,目前在许多国家用来表达和限制风险,特别是危害装置的危险评估。

目前,国际上常用的社会风险接受准则是 F-N 曲线。F-N 曲线表示每年死亡人数大于 N 的概率,确定标准为

$$1 - F_N(x) < \frac{C}{x^n} \tag{2.4}$$

式中　n——风险极限曲线的斜率;

　　　C——风险极限曲线位置确定常数。

当 $n = 1$ 时,称为中性风险;当 $n = 2$ 时,称为风险厌恶。风险厌恶意味着,事故后果越严重,可接受风险就越低。大的事故具有更高的权重,即使多次发生的小事故所造成的死亡等于甚至多于一次大事故,社会对于造成死亡人数多的大事故更为关注。荷兰和丹麦即属于此类,而英国和中国香港则属于中立型。表2.3 给出了几个国家和地区的社会风险接受准则 F-N 曲线取值,如果被评价 F-N 曲线低于标准 F-N 曲线,认为风险是可以接受的;如果被评价 F-N 曲线高于标准 F-N 曲线,则不被接受。

(3)经济风险接受准则

一般交通事故造成的经济损失主要还是集中在车辆以及货物损失方面,只有小概率的火灾事故、危险品事故以及地震等事故会给隧道结构造成较大的损失。对于经济风险接受准则的制定可参考 F-N 曲线的制定原则,采用 F-D 曲线来表示经济损失与事

表 2.3 部分国家和地区社会风险接受准则 F-N 曲线取值表

国家或地区	N	C
英国	1	0.01
中国香港	1	0.001
荷兰	2	0.001
丹麦	2	0.01

故概率之间的函数关系,确定标准为

$$1 - F_D(x) < \frac{C}{x^n} \tag{2.5}$$

式中 n——风险极限曲线的斜率;

C——风险极限曲线位置的确定常数。

目前,国内外各个行业还没有统一的经济风险接受准则,仅有少数国家和行业有此方面的考核指标。例如,美国将个人风险接受准则与经济风险接受准则统一。

(4)环境风险接受准则

由于各种工程活动都是暴露在一定的环境中,各种活动都有可能对环境造成影响。因此,环境风险与社会风险和个人安全风险不同。目前,国内外还没有较为科学合理和完善的环境风险接受准则。

4)我国公路隧道运营风险接受准则

截至目前,国内外专门针对公路隧道运营风险接受准则的研究很少。本节确定公路交通行业的个人及社会风险接受准则工作的基本思路是:

①收集其他国家关于个人风险和社会风险可接受准则的相关数据。

②收集我国自然灾害(如地震、水灾、飓风等)和人为灾害(如交通事故、火灾等)造成的各种非正常死亡情况的有关资料,整理统计出相应的死亡率。

③收集我国政府及社会劳动保护组织对某些特定行业(如煤矿业、建筑业等)历史上发生事故的类别(如特大事故、重大事故等)划分依据。

④收集历史上和近期公路交通行业(特别是公路隧道)发生破坏性事故所造成的人员死亡数和伤亡率。

⑤分析对比上述资料,提出可接受人员伤亡率的建议。

⑥通过问卷调查的形式,咨询公路隧道行业相关专业人员和管理专家的意见。

⑦在此基础上,制订出较为合理的社会可接受的公路隧道行业人员伤亡准则。

(1)个人风险接受准则

通过我国历次全国人口普查公布的总人口数并通过公式拟合,可以得出 2000—2017 年各年份我国的人口总数。结合公布的道路交通事故死亡人数汇总可以看出,2000—2017 年交通事故死亡率以及全部事故率均呈下降趋势,自然灾害由于受每年气候的影响,有一定的变化,从已公布的数据来看,自然灾害造成的平均死亡率约为

2.0×10^{-6}，较之各类事故造成的死亡率要小得多。

从各国已制定的个人风险标准来看，可接受标准大多为 10^{-6}，可忍受标准一般从 $10^{-4} \sim 10^{-6}$ 不等。一般而言，人们对于自愿参加的活动的容忍度要大于非自愿参与的活动。因此，公众驾车或乘车参与道路交通及通过公路隧道属于一种中性偏非自愿的行为，驾车行为造成的事故率可作为可接受准则的边界。

另外，我国人口众多，幅员辽阔，部分行业事故或自然灾害造成的人员伤亡可能由于种种原因未能计入统计范畴。因此，从我国国情考虑，人口实际总死亡率会适当增加。

从前述统计资料可以看出，我国公路交通事故造成的公众死亡是所有事故中最主要的因素，约占总死亡人数的 79%，且道路事故死亡率在逐年下降。但是随着经济的发展，我国近几年机动车保有量在逐年上升，而且该趋势一直在延续。大量的新车新手上路，给道路交通安全带来巨大隐患。因此，未来一段时间内公路交通事故造成的人员死亡仍将是影响所有事故死亡率不稳定的主要因素。如果个人风险可接受准则定的过于严格，政府或者投资者付出的成本过高，该准则将会难以实行。因此，结合上述几条设置原则，确定我国公路交通个人风险的可接受标准与国际上常用的标准应该一致，即为 10^{-6}。对于可忍受标准，根据现状，建议我国交通行业的标准确定为 5×10^{-5}，则公路交通行业个人风险接受准则为可接受标准：1×10^{-6}；可忍受标准：5×10^{-5}。

（2）社会风险接受准则

确定社会风险接受准则是一个非常复杂的问题，它受政治、经济、公众心理、技术发展水平等因素的影响。本书仅以国际上常用的 F-N 曲线作为接受标准来进行研究，首先需要确定风险曲线的起点、终点、曲线斜率 n 以及常数 C。

参考国外的研究结果并结合我国国情，建议将我国公路隧道运营期 F-N 曲线斜率定为2。

根据公安部公布的交通事故年度统计数据，在有死亡发生的交通事故中，死亡人数大多在 $1 \sim 3$ 人，因此建议死亡人数的起点定为1。所有公路隧道运营事故造成的死亡人数都远小于500，建议我国风险忍受线死亡人员的截止线定为500。

结合英国、奥地利和荷兰的标准，考虑我国较高的事故率，本书建议 F-N 曲线忍受线的概率起点为 5×10^{-1}。

在确定社会风险接受准则下限（接受线）时，一般采用上限（忍受线）起点的 $1/100 \sim 1/1\,000$。接受线的制订一般均较为严格，且应具有一定的前瞻性，建议 F-N 曲线忍受下限的概率起点设为 10^{-3}。

根据以上参数绘制公路隧道运营社会风险接受准则 F-N 曲线，如图2.7所示。

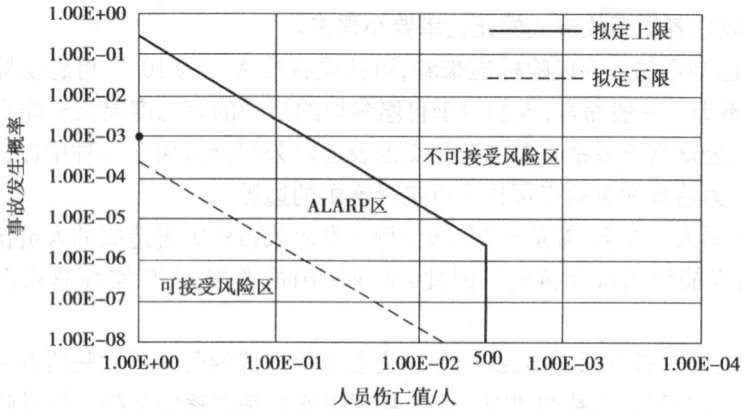

图2.7 公路隧道运营社会风险接受准则 F-N 曲线

（3）经济风险接受准则

一般交通事故造成的经济损失主要集中在车辆以及货物损失方面，只有小概率的火灾事故、危险品事故以及地震等事故会给隧道结构造成较大的损失。对于经济风险接受准则的制订可参考 F-N 曲线的制订原则，采用 F-D 曲线来表示经济损失与事故概率之间的函数关系，确定标准如式（2.2）所示。

参照国务院发布的《生产安全事故报告和调查处理条例》中经济损失的定义并作适当修正，将第一个等级的下限定为50万元并作为经济损失的起点。50 000万元作为经济损失的截止线，可以满足我国现有公路隧道运营造成损失的极限。F-D 曲线中上限起点概率的取值，参照 F-N 曲线中较为中性的边界，与生命损失不同，不再进行提高，C 取0.1，n 取2。最终建议的 F-D 曲线如图2.8所示。

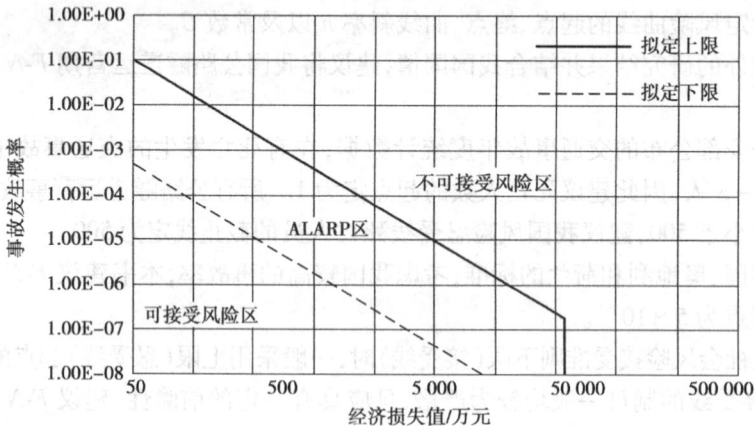

图2.8 建议的经济风险接受准则 F-D 曲线

（4）环境风险接受准则

我国《公路桥梁和隧道工程设计安全风险评估指南》中定义环境风险等级标准考虑了事故对环境的影响范围、影响人数，因此，考虑与国家标准的衔接，本书建议环境风险等级标准见表2.4。

表2.4　建议环境风险等级标准

等级	损失严重程度描述	恢复时间
1	涉及范围很小,无群体性影响,需紧急转移安置小于50人	6个月以下
2	涉及范围较小,一般群体性影响,需紧急转移安置50～100人	6个月～1年
3	涉及范围大,区域正常经济、社会活动受影响,需紧急转移安置100～500人	1～3年
4	涉及范围很大,区域生态功能部分丧失,需紧急转移安置500～1 000人	3～10年
5	涉及范围非常大,区域内周边生态功能严重丧失,紧急转移安置1 000人以上,正常的经济、社会活动受到严重影响	10年以上

考虑与社会风险 $F\text{-}N$ 曲线、经济风险 $F\text{-}D$ 曲线保持统一,在制订环境风险准则时,可采用环境风险接受准则 $F\text{-}T$ 曲线。以 $F\text{-}T$ 曲线图表现的环境风险接受准则的确定标准为

$$1 - F_T(x) < \frac{C}{x^n} \tag{2.6}$$

式中, C 和 n 与 $F\text{-}N$ 曲线、$F\text{-}D$ 曲线中的意义相同。

环境风险接受准则在表2.4的基础上,考虑以环境恢复时间来表示环境损失。在确定横轴风险损失时,参考社会风险的制订原则,考虑以第二个级别的环境损失起始点6个月作为横轴起点,为临时环境损失;以6 000个月(500年)作为截止线,为永久性的环境损失。建议的我国公路隧道运营环境风险接受准则 $F\text{-}T$ 曲线,如图2.9所示。

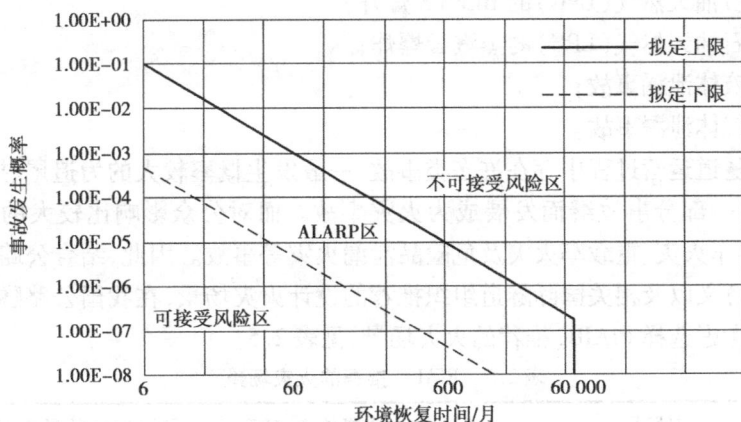

图2.9　建议的我国公路隧道运营环境风险接受准则 $F\text{-}T$ 曲线

2.3.4　公路隧道风险分析事故设计场景

1)隧道风险分析事故场景设计原则

选择合适的事故场景是公路隧道运营风险分析中的一个重要步骤,在选择公路隧道事故场景时,应遵循以下原则:

（1）合理可行性

选择的事故场景必须遵循合理可行的原则，能够被隧道建设、管理和使用各方所接受。为了达到必要的安全水平，各参与方必须支持（至少不反对）所选择的事故场景。如果选择那些具有极低可能性或极高后果的事故场景，势必需要设置过多的安全措施，从而导致过高的运营费用。

（2）具有测试隧道系统边界的功能

隧道事故场景设计的目的是测试该隧道安全水平是否足够高，安全措施是否得当。设计场景需要能够显示在各事故环境下隧道安全系统的运行性能，因此场景设计应具有测试隧道系统边界的功能。

（3）具有代表性

事故场景应具有代表性，事故大小和性质应各不相同。为了保证事故分析的效果，所选择的事故场景应不超过 10 个。

（4）具有可复制性

事故场景应具有可复制性，能够应用于不同的隧道，事故结果具有可比较性。

结合上述原则，荷兰提出公路隧道事故设计场景应包括：

①没有财产损失的交通流扰动；

②仅有财产损失的交通事故；

③有人员伤亡的交通事故；

④小型火灾（≈5 MW）；

⑤公共汽车火灾和小型卡车火灾（≈20 MW）；

⑥大型卡车火灾（装载油料，<300 MW）；

⑦液化石油天然气（LPG）的 BLEVE 爆炸；

⑧液化石油天然气（LPG）的蒸汽云爆炸；

⑨有毒液体泄漏事故；

⑩有毒气体泄漏事故。

在公路隧道运营过程中存在许多类事故，一般发生概率较大的为追尾、撞壁、侧翻等事故，其中一部分事故继而发展成为火灾事故。而对公众影响比较大的火灾事故中，又包含客车火灾、重载车火灾及危险品泄漏火灾等事故。因此，结合公路隧道运营风险评估的意义以及相关国际隧道组织推荐的设计火灾场景，在我国公路隧道运营风险分析中可考虑选择 PIARC 推荐的火灾场景，见表 2.5。

表 2.5 PIARC 推荐的火灾场景

火灾场景	最大热释放率/MW	隧道壁面的最大温度/℃
一辆小客车	2.5	400
一辆中型客车	5	500
2~3 辆小客车	8	—
一辆货车	15	700

续表

火灾场景	最大热释放率/MW	隧道壁面的最大温度/℃
一辆大客车	20	800
一辆重载货车	20～30	1 000
重载车或危险货物车(HGV 或 DGV)	100～120	1 200～1 400

2)设计火灾场景

火灾是典型的事故设计场景,每一种火灾场景均与特定的火灾相联系。公路隧道火灾场景应包括以下内容:选择场景的方针;阐述场景的目的;明确定义火灾参数(如热释放率-时间关系);火灾期间操作隧道通风系统时的交通状况;材料耐火测试方法的原则;规定材料、设备和结构的耐火性能以符合防灾策略的要求。

设计火灾场景一般可分为以下几种:以通风设计和评估为目的的火灾设计场景;以逃生分析为目的的火灾设计场景;以结构安全为目的的火灾设计场景;以隧道设备安全为目的的火灾设计场景;以隧道建设、重建、维修和维护为目的的火灾设计场景。对于公路隧道运营风险分析中涉及的隧道通风设计、运营和火灾疏散的事故设计场景,最重要的参数是隧道的长度和宽度、隧道内车辆的类型和数量(确定火灾荷载)、发生火灾时的交通状况(是阻塞还是畅通)、交通流模式(双向还是单向行驶)、隧道通风条件和在高温、烟气及毒性气体等火灾条件下人员逃生的可能性。

3)危险品运输事故设计场景

危险品运输泄漏事故属于发生概率小但危害极大的公路隧道事故。危险品在发生泄漏后会快速发展,并且产生大量的有毒物质,对隧道人员产生致命影响。因此,危险品泄漏事故会对隧道本身和人员安全产生巨大威胁。在危险品运输中,一些常见的危险品在事故设计场景中必须要充分考虑,其中最常见的就是汽油和液化石油气。表2.6 为 OECD 推荐的危险品运输事故设计场景。

表2.6　OECD 推荐的危险品运输事故设计场景

场景序号	场景描述	罐体容量	缺口大小/mm	物质泄漏速度/(kg·s⁻¹)
1	HGV 火灾(20 MW)			
2	HGV 火灾(100 MW)			
3	瓶装液化石油气的 BLEVE 爆炸	50 kg		
4	汽油池火灾	28 t	100	20.6
5	汽油 VCE 爆炸	28 t	100	20.6
6	氯气泄漏	20 t	50	45
7	罐装液化石油气的 BLEVE 爆炸	18 t		

续表

场景序号	场景描述	罐体容量	缺口大小/mm	物质泄漏速度/(kg·s⁻¹)
8	罐装液化石油气的 VCE 爆炸	18 t	50	36
9	罐装液化石油气的喷射火	18 t	50	36
10	氨水泄漏	20 t	50	36
11	罐装丙烯醛泄漏	25 t	100	24.8
12	瓶装丙烯醛泄漏	100 L	4	0.02
13	罐装二氧化碳的 BLEVE 爆炸（不包括毒气作用）	20 t		

4）事故设计场景

结合上述分析,结合我国公路隧道交通事故类型和特征,在公路隧道运营风险分析中,建议包含以下几种场景:一般交通事故、一般火灾事故、危险品泄漏事故和其他事故。

表 2.7 给出了建议的公路隧道运营风险分析中需要考虑的事故设计场景,在对具体隧道进行分析时,可根据具体情况选择合适的事故场景。

表 2.7　建议的公路隧道运营风险分析事故设计场景

序　号	设计场景	场景描述
1	一般交通事故	包括追尾、侧翻、相撞
2	一般火灾事故	小客车火灾:高峰火灾热释放率为 3 ~ 8 MW
		载重或公共汽车火灾:高峰火灾热释放率为 20 ~ 30 MW
		载重车火灾:高峰火灾热释放率为 100 ~ 120 MW
		其他火灾事故
3	危险品泄漏事故	汽油泄漏
		丙烷泄漏
		毒性气体或蒸汽扩散
		TNT 爆炸
		其他泄漏事故
4	其他事故	隧道结构坍塌、地震等

2.3.5　欧洲公路隧道运营最低安全标准

欧洲议会与欧盟理事会在 2004 年 4 月发布了强制性标准《欧盟公路隧道最低安

全标准》,通过预防可能发生威胁人的生命安全、环境和隧道设施的关键事件,以及通过提供事故保护,确保跨欧洲公路网隧道公路使用者的最低安全水平,适用于跨欧洲公路网内长度大于 500 m 的所有隧道,不论隧道已投入运行、正在建设还是处于设计阶段,如不能满足该标准要求,行政当局则有权力在隧道不满足安全条件时暂停或限制隧道运营。规定也指明行政当局必须确保执行下列任务:

①定期测试和检查隧道,草拟相关安全要求;

②落实紧急服务培训和配备的组织与操作方案(包括紧急响应计划);

③规定紧急情况下隧道立即封闭的程序;

④实施必要的风险降低措施。

上述几项任务均可在我国借鉴实施,其内容较多,归纳见表2.8。

2.3.6 我国公路隧道最低安全标准要求

结合我国隧道建设和运营情况,参考欧洲隧道最低安全标准要求,本节拟提出我国隧道最低安全标准,以确保运营隧道安全水平,当目标隧道低于此标准时,隧道运营应按相关规定受到限制,隧道运营单位应立即作出相应改善后再进入隧道风险评价程序。

1)隧道几何结构

①隧道及其通道的横断面几何结构、平纵面线形对安全性无重大影响。

②隧道内的纵坡不应高于设计规范的极限值。

③坡度大于 3% 的隧道内,有针对性的安全性改善措施。

2)疏散线路与紧急出口

①应按《公路隧道设计细则》提供发生故障或事故时的紧急通道,包括人行横通道、车行横通道、平行通道、直接通向地面的横通道、地下建筑的进出口通道。

②没有紧急通道的隧道内,应有对应的疏散措施和应急预案。

③车行横通道应与紧急停车带相邻布置,人行与车行横洞应使隧道使用者在发生事故或火灾时弃车逃离隧道并到达安全地点。

④车行横通道的设置间距宜采用 750 m,不应大于 1 000 m。长度为 1 000~1 500 m 的隧道宜设置一处车行横通道。

⑤人行横通道的设置间距宜采用 250 m,不应大于 500 m。长度为 500~750 m 的隧道宜设置一处人行横通道。

⑥人行横通道内应设置疏散指示标志,间距不应大于 20 m。

⑦隧道内设置有地下建筑时,地下建筑与隧道之间应有至少两个进出口通道。

⑧隧道紧急疏散路线应使用防火防护门等措施,以保证隧道使用者安全到达外部,以及紧急服务可进入隧道。

⑨在地理条件允许时,每个并行双洞入口段外部应提供中央分隔地(中间分界安全岛)横道,以保证紧急服务可进入每个隧道的直接通道。

表2.8　《欧盟公路隧道最低安全标准》(2004/54/EC)规定的隧道最低安全标准

最低要求摘要		交通量≤2 000 辆/车道		交通量>2 000 辆/车道			附加强制性实施条件或意见
		500~1 000 m	>1 000 m	500~1 000 m	1 000~3 000 m	>3 000 m	
双管或多管	第2.1条					*	强制性,如15 年预测显示交通量大于10 000 辆/车道
坡度≤5%	第2.2条						强制性,除非地理条件不允许
紧急走道	第2.3.1条 第2.3.2条	*	*	*	*	*	强制性,如没有避险车道,除非符合第2.3.1 条中的条件。在既没有避险车道,也没有逃生通道的现有车道内,应采取附加/强化措施
至少间隔500 m 的紧急出口	第2.3.3~2.3.9条	○	○	○	○	*	根据具体情况评价现有车道内的紧急出口设施
结构措施 — 至少间隔1 500 m 的紧急服务用的交叉连接	第2.4.1条	○/●	○/●	○/●	●	●	长度大于1 500 m 的双管隧道的强制性要求
每个人口外的中央分隔地横道	第2.4.2条	●	●	●	●	●	双管或多管隧道外部的强制性要求(如地理原件允许)
至少间隔1 000 m 的路侧停车带	第2.5条	○	○	○	○/●	○/●	长度大于1 500 m,无紧急车道的新双向车道中,取决于分析。对于新建隧道和现有隧道来讲,在长度大于1 500 m 的现有双向车道和现有隧道的宽度
易燃和有毒液体排水系统	第2.6条	*	*	*	*	*	强制性,如允许运输危险货物
结构的耐火性	第2.7条	●	●	●	●	●	强制性,如局部塌陷可造成灾难性后果

		条					说明
照明	正常照明	第2.8.1条	•	•	•	•	
	安全照明	第2.8.2条	•	•	•	•	
	疏散照明	第2.8.3条	•	•	•	•	
通风	机械通风	第2.9条	○	○	○	•	无控制中心向隧道双向的强制性要求
	(半)横向通风特殊措施	第2.9.5条	○	○	○	•	配有电话和2个灭火器。现有隧道允许最大间距为250 m
急救站	至少间隔150 m	第2.10条	*	*	*	*	
水源	至少间隔250 m	第2.11条	•	•	•	•	如不可用,则强制要求通过其他方式提供充足的水
路标		第2.12条	•	•	•	•	适用于为隧道使用者提供的所有安全设施(参考附录Ⅱ)
控制中心		第2.13条	○	○	○	•	可在一个控制中心内集中监督多条隧道
视频		第2.14条	○	○	○	•	如有控制中心,则为强制性要求
监控系统	自动事件检测和/或火灾检测	第2.14条	•	•	•	•	强制要求的隧道内至少有两个系统中的其中一个
隧道封闭设备	入口前的交通信号	第2.15.1条	○	○	•	•	
	隧道内至少每隔1000 m设置交通信号	第2.15.2条	○	○	○	⊙	如没有控制中心,且长度大于3000 m,则推荐使用

续表

最低要求摘要		条	交通量 ≤ 2 000 辆/车道		交通量 > 2 000 辆/车道			附加强制性实施条件或意见
			500~1 000 m	>1 000 m	500~1 000 m	>1 000~3 000 m	>3 000 m	
通信系统	紧急服务用收音机转播	第2.16.1条	○	○	○	●	●	
	隧道使用者用紧急收音机电报	第2.16.2条	●	●	●	●	●	如为隧道使用者转播收音机电报，且有控制中心，则为强制性要求
	避难所和出口扬声器	第2.16.3条	●	●	●	●	●	如逃生使用者在到达外部前必须在此等候，则为强制性要求
	紧急电源	第2.17条	●	●	●	●	●	确保必要的安全设备至少在隧道使用者疏散期间正常运行
	设备耐火性	第2.18条	●	●	●	●	●	应以维持必要的安全功能为目标

注：●对所有隧道的强制性要求；○非强制性要求；*强制性要求（有例外情况）；◎推荐。

3）排水

①允许运输危险品时,应设计排水系统以供易燃和有毒液体排放。排水系统应妥善设计和维护,以防火灾和易燃/有毒液体流到隧道内和隧道间。

②对于不能满足第一条要求或满足第一条要求实施成本过大的隧道,应依据相关风险分析决定是否允许运输危险品。

4）结构耐火性

所有隧道的主要结构应确保充分耐火极限。

5）照明

①隧道内应提供功能照明,以确保驾驶员白天和夜间在隧道内可获得适当能见度,以辨识隧道内环境及物体。

②隧道内应提供应急照明,以确保电源故障时隧道使用者能获得最低能见度,安全离开隧道。

③隧道内应提供疏散照明,以确保紧急情况下可引导隧道使用者步行撤离隧道。

6）通风

①通风系统的设计、施工和运行应考虑以下方面:

a.正常和高峰交通流条件下,道路车辆排放的污染物控制;

b.因事件或事故停止交通处,道路车辆排放的污染物控制;

c.发生火灾时的热量和烟雾控制。

②长度大于 1 000 m 的高速公路和一级公路隧道,长度大于 2 000 m 的二、三、四级公路隧道应设置火灾机械防烟与排烟系统。

③公路隧道通风方式的选择应综合考虑隧道平纵坐标、交通量、气象条件、地貌、经济性等因素。双向交通隧道设计风向宜与行车上坡方向较长方向一致,洞内气流组织方向不宜频繁变化,运营风速不应大于 8 m/s;单向交通隧道运营风速不宜大于10 m/s。

④须采取机械通风系统且不宜使用纵向通风的隧道内,应使用横向或半横向通风系统,以保证隧道运营通风与火灾排烟的需要。

7）紧急救援

①紧急救援应提供各种安全设备,特别是紧急电话和灭火器。

②紧急救援可由位于隧道侧壁的一个箱子组成,宜位于侧壁凹处。紧急救援应至少配备一部紧急电话和两个灭火器。

③紧急救援应位于隧道入口附近及隧道内。隧道的紧急救援间隔距离不应超过200 m。

8）供水

①隧道入口附近及隧道内的水源间距不应超过 250 m。如隧道无水源,应确认通过其他方式可为隧道提供充足的水。

②隧道消防供水宜采用高位消防水池供水的常高压供水系统;当无条件设置高位水池时,可采用稳高压供水系统。

表 2.9 《欧盟公路隧道最低安全标准》(2004/54/EC) 规定的隧道最低安全标准

最低要求摘要		隧道长度					附加强制性实施条件或意见
		500~1 000 m	>1 000 m	500~1 000 m	>1 000~3 000 m	>3 000 m	
结构措施	坡度≤3%	*	*	*	*	*	强制性,除非地理条件不允许
	紧急通道	*	*	*	*	*	强制性
	至少间隔 750 m 的车行横通道	○	*	*	*	*	长度大于 1 000 m 的并行隧道的强制性要求
	至少间隔 250 m 的人行横通道	*	*	*	*	*	长度大于 500 m 的并行隧道的强制性要求
	每个人口外的中央分隔地横道	●	●	●	●	●	并行隧道外部的强制性要求(如地理条件允许)
	易燃和有毒液体排水系统	*	*	*	*	*	强制性,如允许运输危险货物
	结构的耐火性	●	●	●	●	●	强制性,如局部塌陷可造成灾难性的后果
照明	正常照明	●	●	●	●	●	
	应急照明	●	●	●	●	●	
	疏散照明	●	●	●	●	●	
通风	机械通风	○	○	○	●	●	
	(半)横向通风特殊措施	○	○	○	○	●	无控制中心双向隧道的强制性要求

类别	要求						说明
紧急救援	至少间隔 200 m	*	*	*	*	*	配有电话和两个灭火器。现有隧道最大间距应为 200 m
水源	至少间隔 250 m	•	•	•	•	•	如不可用,应要求通过其他方式提供充足的水
交通标志与标线		•	•	•	•	•	应为隧道使用者提供的所有安全设施
监控系统	视频	○	○	○	○	•	如有控制中心,应为强制性要求
监控系统	自动事件检测和/或火灾检测	•	○	○	•	•	有控制中心的隧道内至少应有两个系统中的其中一个
隧道封闭设备	入口段前的交通信号	•	•	•	•	•	
紧急电源		•	•	•	•	•	为确保必要安全设备至少在隧道使用者疏散期间正常运行
设备耐火性		•	•	•	•	•	应维持必要的安全功能

注:●对所有隧道的强制性要求;○非强制性要求(有例外情况);*强制性要求(有例外情况);◎推荐。

9）交通标志与标线

隧道内所有安全设施都应使用满足《公路隧道设计规范　第二册　交通工程与附属设施》(JTG D70/2—2014)规定的标志与标线。

10）监控系统

①应在有监控系统的隧道内,安装视频监控系统及能够自动检测交通事故和火灾的系统。

②交通监控设施应具备隧道内交通信息、车辆运行状况、监视隧道交通运营状态的功能。

11）隧道封闭设备

①应在隧道入口联络通道前20～50 m处安装交通信号,以确保隧道在发生紧急情况下可封闭,宜可提供附加措施以确保遵守交通规则。

②在隧道入口无联络通道时,应在距隧道入口一个停车视距处设置交通信号灯。

12）电源与电路

①所有隧道都应有紧急电源,以确保隧道使用者疏散必要安全设备的运行。

②电气、测量和控制电路的设计应确保局部故障不会影响未受损电路。

13）设备耐火性

所有隧道设备的耐火水平应考虑技术可能性,以保证在发生火灾时具备必要的安全功能。

14）隧道最低安全要求

表2.9为本节建议的最低要求。

2.4　公路隧道运营风险定量分析方法

2.4.1　评价启动条件

由于运营隧道通车年限、安全水平、管理水平等参差不齐,如不设置安全风险评价启动条件,则管理单位和运营单位没有执行安全性评价的依据,对通车隧道等安全水平较好的隧道进行安全风险评价意义也不大,因此,有必要设置评价启动条件,使管理单位和运营单位有据可依。

根据我国隧道运营现状和专家意见咨询,本节拟规定如下评价启动条件:

隧道运营风险评价一般周期规定为3年,但在下列条件满足其一的情况下可启动评价程序:

①运营隧道范围内发生1起或以上交通执法部门认定的重特大交通事故时。

②运营隧道范围内的交通事故率(百万车事故率)高于本地区(一般以省级行政区域划分)隧道事故率的平均水平20%以上。

③运营隧道范围内的交通事故率(百万车事故率)高于本道路全线(一般以管理单位的管理范围划分)事故率的20%以上。

④运营隧道范围内发生过中等以上灾害(危化品泄漏、气象灾害、火灾、爆炸等)后。

⑤不满足安全最低标准要求的运营隧道,在经整改后,需启动安全风险评价。

2.4.2　基本方法选择

风险分析的方法一般可分为定性分析和定量分析两种。与定量分析方法相比,定性风险分析方法复杂性较低,应用较为简单、灵活,常用在没有有效定量数据的情况下,故应用范围较广。但定性分析方法主观比重比较大,对于复杂系统有时不能充分考虑系统各元素之间的相互联系。建设期的风险矩阵就属于定性分析方法(有的称为半定量分析方法)。定量风险分析方法则尝试通过一种综合的方式去构建一个系统所有可能的事件,该方法可以分析系统不同的场景和可能的结果并且辨识出相关影响。对于每一种不同的事件,通过确定影响事件发展的定量数据得出该事件的频率和后果并估计出可能的风险。使用定量风险分析的一大优点是风险分析的透明性,这使得复杂系统各元素之间的相互关系能够被更好地理解并实现。但另一方面,定量风险分析由于采用了量化的分析方法,在缺乏足够有效的定量数据、时间及费用的情况下,定量分析的效果将会受影响。定量风险分析方法的特点是高度复杂性。由于隧道事故特别是具有严重后果的火灾事故发生比例比较低,同时大量隧道内外的不确定性因素在影响事故的发生概率和后果,故对隧道风险进行定量分析是一件比较困难的事情。一些欧洲国家尝试采用 QRAM 方法对隧道危险品运输的风险进行分析,但由于隧道风险分析系统模型的复杂性,目前对于这些分析方法的研究还在继续。常用的隧道运营风险定量分析方法有基于场景的和基于系统的两种分析方法。

1)基于场景的分析方法

基于场景的分析方法是对一系列可能发生在隧道内的事故场景的概率和后果进行分析。基于场景的风险分析建立在每一个场景特定的指标上,比如对场景的频率、后果以及影响参数的描述。一个典型的基于场景的风险分析方法的应用实例就是对逃生通道的优化设计。因此,基于场景的风险分析方法需要对一类特定的问题进行详细调查,包括在必要的情况下对各种影响的相关性进行调查。

2)基于系统的风险分析方法

基于系统的风险分析方法则是通过运用系统的方法,对隧道整个完整系统的风险进行估计。因此,所有在系统中影响人员伤亡的事件或场景都需要被考虑进来。在基于整个系统的风险值(如期望值、F-N 曲线)调查的基础上,对整个隧道系统进行风险评估。

对比以上两种方法,前者侧重于对隧道某个特定问题的分析,而后者则是在隧道系统条件下对隧道的风险作出评判。但有时两种方法并不能严格地区分开来,需要将两者融合使用。本节将尝试在基于隧道场景设计的基础上,结合系统分析的方法,利用已有的相关资料,提出一套适用于我国的公路隧道运营风险的定量分析方法。

2.4.3　评价流程

公路隧道运营风险定量评价的目的,就是通过计算隧道运营期间可能发生事故的频率和后果估算出隧道的风险,并通过风险评价判定该隧道风险是否满足风险的可接受准则。隧道运营期风险评价一般应包括以下内容:风险可接受准则的制订;事故设计场景的选择;事故概率计算;事故后果(包括人员伤亡、结构损失以及环境破坏)计算;风险评价。公路隧道运营风险评价基本流程如图2.10所示。

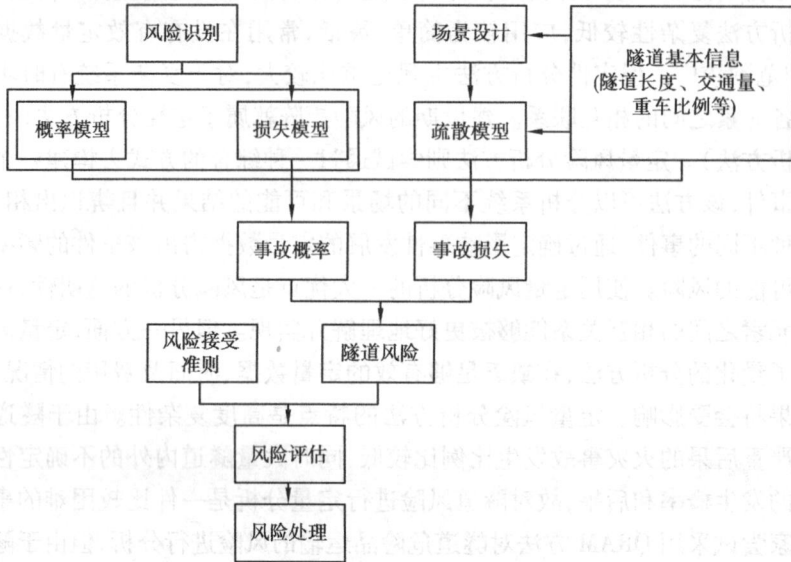

图2.10 公路隧道运营风险评价基本流程

公路隧道运营风险包括安全风险、经济风险和环境风险,而安全风险尤其是社会风险最受重视。公路隧道运营风险评价将根据公路隧道运营期间可能发生的风险事故的频率和后果估算出该隧道的风险,并通过风险评价判定隧道风险是否满足风险可接受准则。

一般情况下,可按如下流程评价目标隧道运营风险:

第1步:结合隧道基本信息,设定隧道运营风险评价采用的事故设计场景。

综合隧道基本信息,针对目标隧道可能的潜在主要风险设计事故场景。例如,对于危险品运输车辆较多的隧道可针对性地设计在隧道中部的车辆火灾、危险品泄漏以及危险品爆炸场景。

第2步:按第2.4.4节中的公路隧道风险概率分析方法计算隧道事故设计场景的风险概率和各种车辆发生事故的频率,从而得出各类事故场景的事故发生频率。

①计算风险概率时,可采用事件树分析方法,确定每种场景下对应的事故条件损失概率。通过对隧道运营事故基础概率和条件损失概率事件树分析,可得出各事故设计场景的事故发生概率(即风险概率)。

②通过式(2.7)计算目标隧道每年各类事故发生的频率:

$$F_i = P_i \times V_i \times N \times L \times 365 \tag{2.7}$$

式中 F_i——隧道内第 i 种车辆事故每年发生的频率;

P_i——隧道内第 i 种车辆事故每年发生的概率,次/(辆·km);

V_i——第 i 种车型占总交通量的比例,%;

N——平均日交通量,辆/天;

70

L——隧道长度,km。

③根据上述结论计算各类事故设计场景的事故发生频率。

第 3 步:结合人员疏散模型和隧道设计的疏散策略,计算隧道事故设计场景的后果(主要是人员伤亡,即社会风险),可根据隧道特点附加计算经济风险与环境风险。

根据目标隧道的隧道长度、车辆类型、设计时速、事故地点等因素,确定隧道发生事故后受影响人数(即疏散人员),建立事故发生后的隧道内阻滞和人员分布模型。

计算各类事故设计场景下的事故后果(即每类事故场景条件下的伤亡人数、经济损失、环境损失等,主要为人员伤亡人数),一般见表 2.10 所列。

表 2.10　公路隧道各种事故设计场景事故频率及后果统计表

事故设计场景	事故频率	期望死亡人数/人
小客车火灾	3×10^{-2}	0
载重车(重载)火灾	1×10^{-2}	3
⋮	⋮	⋮
TNT 爆炸	1.5×10^{-5}	160
⋮	⋮	⋮

第 4 步:根据上述两步得出的公路隧道各种事故设计场景、事故频率及后果统计,对照我国公路隧道的 *F-N*、*F-D*、*F-T* 图,分析隧道运营风险,进行风险评价。

将表 2.10 中的数据绘入相关的风险曲线,评价其风险是否可以接受。

第 5 步:对发现的风险提出风险处理对策。

对于不可接受的风险,则必须采取一定的风险处理对策。

2.4.4　风险分析概率模型

公路隧道风险评估概率分析中一个比较重要的因素就是特定的交通事故率。但是,相对于开放道路上的交通,目前各国(包括中国)对于隧道交通事故的统计数据相对较少,世界上仅有几个国家进行过较为完整的统计,火灾及危险品泄漏等的信息相对更稀少。由于隧道火灾事故数据较少,数据库不完善,隧道火灾事故的发生概率难以精确确定。重大火灾是一个低概率事件,但是像勃朗峰隧道和陶恩隧道这样的火灾事故一旦发生,后果将极其严重,会显著地改变人们对隧道的风险预期。

风险概率分析一般分为两部分:一是风险事故发生的基础概率;二是风险事故损失发生的条件损失概率。风险损失发生概率计算可通过以下几个步骤:

①选择各种典型事故设计场景;

②确定各种典型事故设计场景的基础概率;

③对基础概率进行修正得到修正基础概率;

④结合事件树分析,计算出各事故设计场景的损失发生概率。

1)基础概率

(1)一般交通事故概率

PIARC(1995)给出的公路隧道交通事故率见表2.11。隧道交通事故造成的人员死亡率大概为 $0 \sim 3$ 次/$(10^8$ 辆·km$)$，产生仅有财产损失的事故率为 $20 \sim 150$ 次/$(10^8$ 辆·km$)$。荷兰给出隧道的事故率为 200 次/$(10^8$ 辆·km$)$，有人员受伤的事故率为 20 次/$(10^8$ 辆·km$)$。

表2.11　PIARC 统计事故率

隧道类型	仅财产损失事故率 /[次·$(10^8$ 辆·km$)^{-1}$]	人员受伤事故率 /[次·$(10^8$ 辆·km$)^{-1}$]	人员死亡率 /[次·$(10^8$ 辆·km$)^{-1}$]
市区隧道	$40 \sim 150$	$10 \sim 50$	$0 \sim 3$
单向公路隧道	$30 \sim 80$	$0 \sim 15$	$0 \sim 1$
双向公路隧道	$20 \sim 100$	$0 \sim 20$	$0 \sim 2$

(2)火灾事故概率

隧道火灾发生频率一般和以下影响因素有关:交通量、单向或双向交通、隧道长度等。根据 PIARC (1999)统计的隧道火灾事故率如下:公路隧道火灾平均发生频率不超过 25 次/$(10^8$ 辆·km$)$;城市隧道的火灾发生频率比其他隧道高;所统计的隧道中只有40%没有发生过火灾;只有长隧道或交通量很大的隧道,或两者兼而有之的隧道事故发生频率会达到1次/月～1次/年不等。

法国统计的各类隧道火灾发生频率见表2.12。

表2.12　法国各类隧道火灾发生频率

火灾种类	火灾程度	火灾频率/[次·$(10^8$ 辆·km$)^{-1}$]
客车	一般火灾	$1 \sim 2$
普通货车	一般火灾	8
	对隧道造成部分破坏的火灾	1
	非常严重的火灾	$0.1 \sim 0.3$(估计)
运输危险品的货车	一般火灾	2(估计)
	卷入危险品的火灾	0.3(估计)

英国统计了 1992—2002 年所有道路车辆火灾事故率,车辆的火灾事故率从 1992 年的 7.5 次/$(10^8$ 辆·km$)$减少到 2002 年的 4.3 次/$(10^8$ 辆·km$)$,小客车的火灾事故率比总的车辆火灾事故率稍低,其他车辆的火灾事故率则在 2002 年减少到 4.7 次/$(10^8$ 辆·km$)$。

总体来看,重载车火灾发生频率较小客车要高,但低于 25 次/$(10^8$ 辆·km$)$,同时车辆火灾事故率有逐年下降的趋势。隧道车辆火灾与隧道车辆事故存在一定的关系,可用事故树表示,如图 2.11 所示。

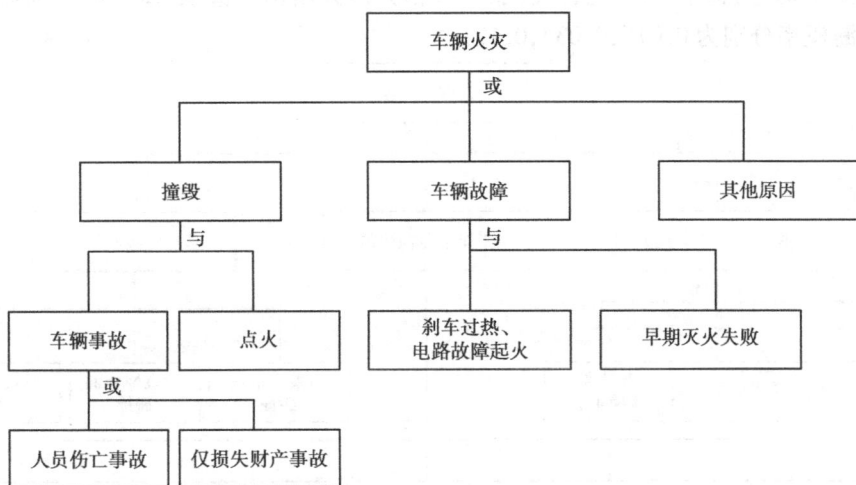

图 2.11　公路隧道车辆火灾事故树

(3)危险品运输泄漏概率

危险品道路运输事故率一般为 $10^{-6} \sim 10^{-8}$ 辆·km,但由于相关数据信息比较缺乏,且危险品种类较多,而针对具体某类危险品和具体运输途径的历史事故统计数据极少,因此研究者大多采用道路所有车辆的交通事故率数据作为参考。美国联邦公路局提供的不同道路类型的重型运输车辆事故率数据见表 2.13。

表 2.13　美国三大州重型运输车辆事故率

道路类型		重型车辆事故率/$[次·(10^{-6}辆·km)^{-1}]$			
		加利福尼亚州	伊利诺伊州	密歇根州	加权平均
乡村	双车道	1.07	1.94	1.33	1.36
	多车道(未划分)	3.38	1.32	5.90	2.79
	多车道(已划分)	0.76	2.98	3.52	1.34
	高速公路	0.33	0.29	0.73	0.40
城市	双车道	2.63	6.90	6.79	5.38
	多车道(未划分)	8.09	10.59	6.44	8.65
	多车道(已划分)	2.17	9.2	6.59	7.75
	单车道	4.10	16.38	5.02	6.03
	高速公路	0.99	3.62	1.74	1.35

危险品运输泄漏与车辆事故的关系可用事故树表示,如图 2.12 所示。根据美国联邦公路局的重型车辆运输事故信息库给出了美国三大州的重型车辆运输事故率和

危险品运输泄漏事故率,见表2.14,可作为危险品风险事故的基础概率。同时,危险品运输泄漏概率与危险品类型也有关,加拿大相关研究给出了液氯、LPG和汽油运输的条件泄漏概率分别为0.016,0.037,0.12。

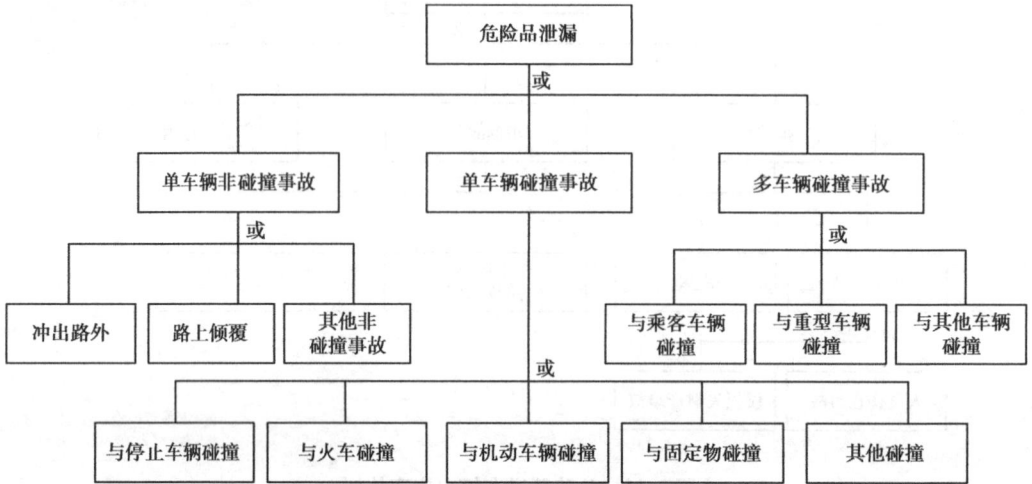

图2.12 公路隧道危险品运输泄漏事故树

表2.14 美国三大州的重型车辆运输事故率和危险品运输泄漏事故率

道路类型		重型车辆事故率 /[次·(10⁻⁶辆·km)⁻¹]	危险品运输 条件泄漏概率	危险品运输条件泄漏事故率 /[次·(10⁻⁶辆·km)⁻¹]
乡村	双车道	1.36	0.086	0.12
	多车道(未划分)	2.79	0.081	0.22
	多车道(已划分)	1.34	0.082	0.11
	高速公路	0.40	0.090	0.04
城市	双车道	5.38	0.069	0.37
	多车道(未划分)	8.65	0.055	0.48
	多车道(已划分)	7.75	0.062	0.48
	单车道	6.03	0.056	0.34
	高速公路	1.35	0.062	0.09

(4)其他事故的概率

其他事故如地震、蓄意破坏、结构坍塌等数据资料更少,需要做大量的统计资料后再进行分析研究。

2)修正基础概率

上一节中的概率均为国外公路隧道事故的基础概率,需要结合我国国情通过一定的系数调整使之适用于我国的公路隧道事故,修正概率的基本模型为:

$$p(h_i)_m = p(h_i) \times F_m \tag{2.8}$$

式中 $p(h_i)_m$——第 i 种风险事件修正后的基础概率；

  $p(h_i)$——第 i 种风险事件的基础概率；

  F_m——我国修正系数。

（1）一般交通事故

假定交通事故万车死亡率与交通事故率成正比，那么对于一般的交通事故率可通过式（2.9）修正：

$$p(h_{ai})_m = p(h_{ai}) \times F_{am} \tag{2.9}$$

$$F_{am} = \frac{F_{mc}}{F_{mB}}$$

式中 $p(h_{ai})_m$——第 i 种交通事故修正后的基础概率；

  $p(h_{ai})$——第 i 种交通事故的基础概率；

  F_{am}——我国交通事故基础概率的修正系数；

  F_{mc}——我国万车死亡率；

  F_{mB}——参考国家的万车死亡率。

根据统计数据，我国的万车死亡率要远大于欧美等国家。综合考虑我国与欧洲各国的交通状况、车辆质量、文化差异、人文素质等因素，并考虑与社会风险接受准则拟定的一致性，建议我国交通事故基础概率修正系数 F_{am} 取 5。

（2）火灾事故

对于公路隧道火灾事故，可通过式（2.10）得到修正后的基础概率：

$$p(h_{fi})_m = p(h_{fi}) \times F_{fm} \tag{2.10}$$

式中 $p(h_{fi})_m$——第 i 种火灾事故修正后的基础概率；

  $p(h_{fi})$——第 i 种火灾事故的基础概率；

  F_{fm}——我国火灾事故基础概率的修正系数。

公路隧道火灾大多是由车辆自身故障引起的，由交通事故（碰撞等）直接导致车辆发生火灾事故的概率很小，仅占到 6% ~ 7%，而我国由于相撞发生火灾的比例为 18.4%，较国外稍高。目前，在国内外汽车制造技术日趋成熟并接近的情况下，汽车由于自身的故障引发火灾的概率也日益接近。

结合一般交通事故基础概率的修正系数，火灾事故的修正系数下限可取 18.4% × 2 + 81.6% ≈ 2，上限取 5，则修正系数取值应为 2 ~ 5。考虑到我国国情，比如国内车辆疏于保养、部分自主车辆性能弱于合资品牌等因素，应适当提高修正系数，建议取 3 作为火灾事故基础概率的修正系数。

（3）危险品运输泄漏事故

对于危险品运输泄漏事故，可以通过式（2.11）得到修正后的基础概率：

$$p(h_{di})_m = p(h_{di}) \times F_{dm} \tag{2.11}$$

式中 $p(h_{di})_m$——第 i 种危险品运输泄漏事故修正后的基础概率；

  $p(h_{di})$——第 i 种危险品运输泄漏事故的基础概率；

F_{dm}——我国危险品运输泄漏事故基础概率的修正系数。

对于危险品运输产生的泄漏事故概率在国内没有足够的统计资料,在对危险品运输泄漏事故的风险评价中也多采用上述美国提供的资料作为基础资料。但考虑到我国国情,仍需采用一定的修正系数,建议选用火灾事故基础概率的修正系数3作为危险品运输泄漏事故修正系数。

通过上述分析,分别得到了我国公路一般交通事故、火灾事故和危险品运输泄漏事故的修正系数,汇总见表2.15所示。

表2.15 我国基础概率修正系数汇总表

事故场景	基础概率修正系数
一般交通事故	5
火灾事故	3
危险品运输泄漏事故	3

3)条件损失概率

在确定隧道风险基础概率或修正基础概率后,需要结合隧道条件损失概率来最终确定隧道风险概率。对于条件损失概率,事件树属于一种常用的分析方法。条件损失概率即在各种场景下的事件损失概率。

4)隧道火灾事件树

公路隧道火灾事件树如图2.13所示,事件树分支为:早期灭火是否成功,紧急通风是否失效。

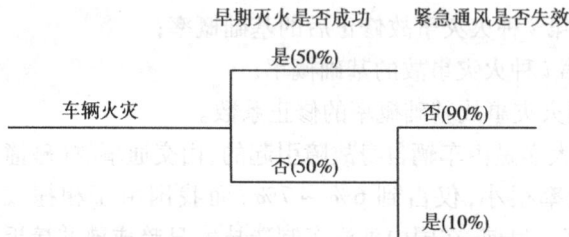

图2.13 公路隧道火灾事件树

5)隧道危险品运输事件树

公路隧道风险事故中,危害最大的是危险品(常用危险品分类见表2.16)运输泄漏事故。在确定危险品运输泄漏事故基础概率并进行修正后,需要结合事件树来分析各类危险品运输泄漏事故后出现不同伤害模型的条件概率,进而确定各种伤害模型所造成的各种后果。危险品在公路运输中发生事故后,泄漏往往是诸如火灾、爆炸和扩散的初始条件,各类危险品发生泄漏后产生的二次事故不仅与危险品本身的理化性质有关,还与其储存条件、点火时刻等因素有关。

表 2.16　危险品分类

危险品分类	危险品
第 1 类	爆炸品
第 2 类	气体
第 3 类	易燃液体
第 4 类	易燃固体、易于自燃的物质、遇水放出易燃气体的物质
第 5 类	氧化性物质和有机过氧化物
第 6 类	毒性物质和感染性物质
第 7 类	放射性物质
第 8 类	腐蚀性物质
第 9 类	杂项危险物质和物品

在 9 大类危险品中,爆炸性气体若液态储存且瞬时泄漏后立即遇到火源,则发生沸腾液体扩散蒸汽爆炸(BLEVE)或火球;若瞬时泄漏后遇到延迟点火或气体存储时泄漏到空气中遇到火源,则可能发生蒸汽云爆炸(VCE);如果遇不到火源,则将扩散到隧道中。可燃液体的主要危险为池火灾(Pool Fire)。上述危险品与伤害模型之间的逻辑关系如图 2.14 所示。

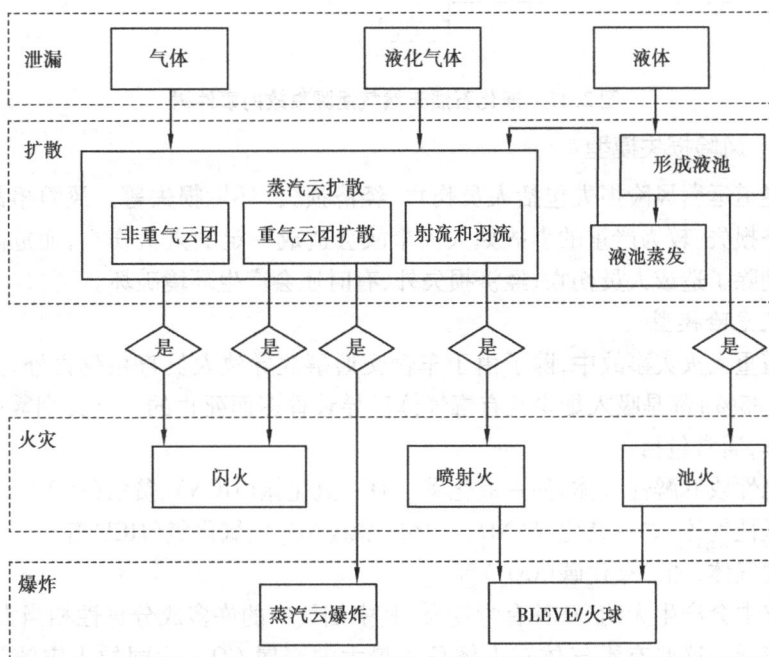

图 2.14　危险气体、液体与伤害模型之间的逻辑关系

根据上述分析可知,危险品运输泄漏事件树的分支事故主要分为喷射火、闪火、池火、VCE 爆炸和 BLEVE 爆炸。由危险品运输泄漏及泄漏事故之间的逻辑关系可知,危险品泄漏事件树的分支中主要分支包括是否持续泄漏、是否点燃、是否立即点燃、是否爆炸等。事件树分支事故的概率可以通过式(2.12)确定:

$$p(C)_{ij} = p(h_i)_m \times F_{ij1} \times F_{ij2} \times \cdots \qquad (2.12)$$

式中　$p(C)_{ij}$——第 i 种事故发生第 j 种损失后果的概率;

　　　$p(h_i)_m$——修正后的第 i 种事故的基础概率;

　　　$F_{ij1}, F_{ij2}, \cdots$——发生第 j 种损失后果的条件概率(条件 1、条件 2 等)。

在危险品运输中,汽油和液化石油天然气是两种最常见的危险品,其中汽油约占到总的危险品运输的68%。图 2.15 给出了液化石油天然气泄漏事故的事件树。

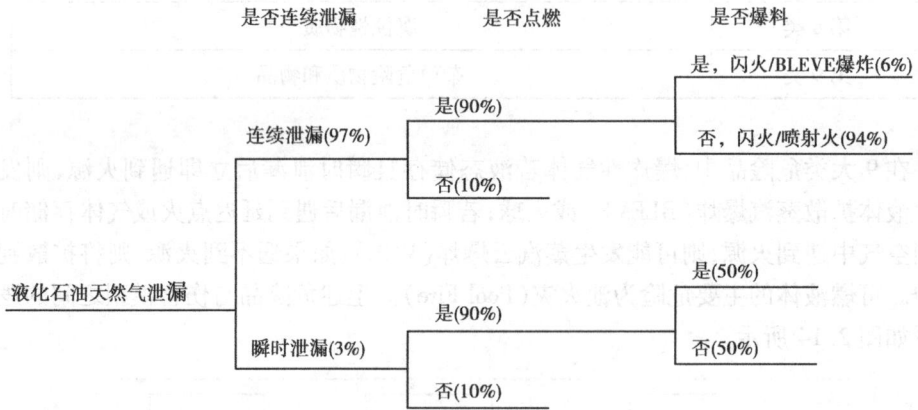

图 2.15　液化石油天然气泄漏事故的事件树

2.4.5　风险损失模型

公路隧道运营风险损失包括人员伤亡、经济损失、环境损失等。风险事故一般都会造成经济损失,较为严重的事故如火灾事故会造成一定的人员伤亡,而危险品运输泄漏事故则除了造成人员伤亡、经济损失外,有时还会产生环境破坏。

1)火灾危险模型

在隧道重大火灾事故中,除了由于车辆交通事故导致人员直接死亡外,大部分人员死亡(约85%)都是吸入烟尘及有毒气体后导致昏迷而死亡的。火灾烟雾中含有多种有害气体,通常包括:

①窒息性或麻醉性气体,如一氧化碳(CO)、氢化氰(HCN)、贫氧(O_2)等;

②刺激性气体,如一氧化氮(NO)、二氧化氮(NO_2)、氯化氢(HCl)等;

③其他气体,如二氧化碳(CO_2)等。

在火灾中会产生大约 20 种有毒物质,其中烟气中的许多成分毒性相当大,但一般浓度都比较低。这些有毒气体对人体危害最大的当属 CO。我国的火灾统计资料表明,在火灾死亡的人员中因 CO 气体窒息死亡的占半数以上,甚至高达 70%。因此,在判断火灾后果时需要考虑以下危害的综合作用:高温、高浓度 CO、高浓度 CO_2、贫氧、直接的热辐射等。

2）危险品运输泄漏后果模型

危险品在公路运输中发生泄漏事故后，通常会产生多种后果，如火灾、爆炸和有毒物质泄漏扩散等，这对人员、财产及环境具有不同程度的破坏作用。合理选择危险品运输泄漏事故后果模型对事故损失评价的准确性具有重要影响。危险品运输泄漏常见的后果模型见表2.17。

表2.17　危险品运输泄漏的后果模型

后果模型	具体后果模型
爆炸伤害模型	蒸汽云爆炸（VCE）伤害模型
火灾伤害模型	沸腾液体扩展蒸汽爆炸（BLEVE）伤害模型 闪火伤害模型 喷射火伤害模型
毒物泄漏扩散模型	瞬间泄漏扩散模型

3）损失模型

隧道运营期事故损失一般包括人员伤亡、结构损伤和环境破坏3种。目前欧洲国家公路隧道运营期风险损失分析主要是以人员伤亡（主要是死亡人数）作为评价结果，因此本标准的研究也侧重于对人员死亡数的估计。

（1）人员伤亡

在隧道火灾或危险品运输泄漏事故中，受伤人员比例并不和死亡人员比例一样随着距事故点的距离增加而减小。因此，在实际应用中一般只把事故死亡人数作为风险分析的评价值。在隧道风险分析事故设计场景中，火灾或危险品运输泄漏事故导致的人员伤亡需要通过建立疏散模型以及逃生标准来确定。

（2）结构损伤

一般而言，隧道结构属于承载结构，结构失效会对整个隧道产生严重后果。表2.18为隧道结构损伤的4种类别。

表2.18　隧道结构损伤的类别

分　类	结构损伤
1	隧道结构坍塌或者整体性破坏
2	内部附属土木结构包括路面破坏（非整体结构破坏）
3	受防护设备的损伤
4	未受防护设备的损伤（如照明灯具）

（3）环境损失

公路隧道危险品运输泄漏事故对环境的影响主要包括大气、水以及土壤的污染。

相对于生命安全与结构损伤,对于隧道事故造成的环境损失较难采用定量的评价指标。除了隧道火灾、危险品运输泄漏事故会对环境造成一定的污染外,其他货物也会对环境造成污染,比如大量的牛奶泄漏也会对隧道区域内的环境造成一定的污染。因此,一个完全定量的环境风险后果分析是非常复杂的,国外对于隧道事故的环境污染研究也大多处于定性研究阶段。

2.5　PIARC 公路隧道运营风险评价方法应用案例

公路隧道运营风险包括安全风险、经济风险和环境风险,而安全风险尤其是社会风险最受重视。本节按照 2.4.3 节提出的隧道安全风险评价的基本流程,选择一个高速公路隧道案例进行评价,给出目标隧道 A 的风险 *F-N* 曲线。

2.5.1　公路隧道 A 运营风险场景设定

1）隧道基本信息

（1）隧道概况

隧道 A 为双洞单向交通,设计时速 80 km/h。隧道左洞长 5 160 m,右洞长 5 650 m,两洞轴线相距 40 m。隧道夏季平均温度为 20 ℃。根据交通量预测,2024 年交通量为 22 700 辆/日。表 2.19 列出了隧道各种类型车辆的比例分配情况。

表 2.19　各种类型车辆实际所占比例

燃油类型	汽油车						柴油车				
车型	拖挂	大客	中货	轻货	中客	小客	集装	拖挂	大客	大货	中货	轻货
比例/%	0.156	0.297	2.423	6.453	8.128	43.772	0.547	13.645	6.127	10.513	5.173	2.766
合计	61.229%						38.771%					

（2）横洞布设情况

隧道 A 共设置车行横洞 7 处、人行横洞 7 处,见表 2.20。

表 2.20　横洞布设桩号表

	人　行	间距/m	车　行	间距/m
隧道起点:109 + 570 隧道终点:114 + 805	109 + 890	320（与起点）	110 + 200	630（与起点）
	110 + 590	700	110 + 980	780
	111 + 330	860	111 + 630	650
	112 + 030	800	112 + 380	750
	112 + 700	670	113 + 030	650
	113 + 370	670	113 + 710	680
	114 + 085	715（与终点）	114 + 480	325（与终点）

（3）通风方式

隧道 A 左洞采用两竖井、两斜井加射流风机调压的组合通风方式,右洞原设计采用单竖井送排式加射流风机调压的组合通风方式,后因施工原因变成全射流纵向通风。

（4）消防设施

隧道 A 全线敷设感温光纤。隧道每 50 m 设置一个消防箱,内置干粉灭火器两支、泡沫灭火器两支、消防栓 1 个,25 m 消防水管 1 条,水成膜灭火器 1 个。右线设置有 10 道防火水幕墙。

（5）监控系统

监控系统由中央控制子系统、交通监控信号灯子系统、照明子系统、通风系统、火灾报警系统、消防安全子系统、闭路电视系统、紧急电话和有线广播系统、可变情报板系统组成。在隧道洞口及车行横洞位置处设置交通信号灯。

2）事故场景设定

为了全面准确地分析隧道 A 的运营社会风险,假设隧道 A 在运营中不限制危险品运输车辆通行。考虑不利影响,以运营车辆在隧道 A 右线中部四号车行横洞位置发生事故为例进行分析。在本次风险分析中拟采用以下事故设计场景:车辆火灾、危险品泄漏等。

（1）车辆火灾

结合对公路隧道火灾事故的描述,拟采用下述设计场景:小客车火灾（5 MW）、载重汽车（空载）火灾（30 MW）、载重汽车（重载）火灾（100 MW）。火灾模型采用平方增长（无通风）模型。

（2）危险品泄漏

公路隧道风险事故中,危害最大的是危险品运输泄漏事故。在危险品运输中,汽油和丙烷（液化石油天然气）是最常见的两种危险品。因此,本次分析主要考虑运输汽油和液化石油天然气车辆发生泄漏后的风险。

（3）汽油泄漏

当运输汽油的车辆发生泄漏后,在适当的条件下会发生池火灾。根据泄漏后形成的汽油池大小,池火灾可分为小型、中型、大型等几种火灾。

（4）丙烷（液化石油天然气）泄漏

丙烷可用来代表液化气体类泄漏事故。丙烷泄漏后引起的常见事故有喷射火、闪火、池火、VCE 爆炸和 BLEVE 爆炸,其中 VCE 爆炸和 BLEVE 爆炸产生的危害最大。

2.5.2　公路隧道 A 风险概率

公路隧道事故风险概率分析一般分为两部分:一是风险事故发生的基础概率;二是风险事故损失发生的条件概率。

1）基础概率

（1）交通事故率

在前述 2.4.4 节中,修正后的我国高速公路交通事故概率为 2.5×10^{-8}。

（2）火灾事故率

我国客车火灾事故的修正基础概率为 6×10^{-8}，载重车（空载）火灾事故的修正基础概率为 2.4×10^{-7}，载重车（重载）火灾事故的修正基础概率为 3×10^{-8}。

（3）危险品运输泄漏事故率

危险品运输泄漏事故的基础概率取 4×10^{-8}，调整系数取3，则我国危险品运输泄漏事故的修正基础概率为 1.2×10^{-7}。

2）条件损失概率

在确定隧道风险基础概率或修正基础概率后，需要结合隧道条件损失概率来最终确定隧道风险概率。本节采用事件树分析方法来确定隧道风险事件的条件损失概率。

（1）车辆火灾事件树

公路隧道车辆火灾事件树分支可分为：早期灭火是否成功，紧急通风是否失效。图 2.16—图 2.18 分别给出了小客车、载重车（空载）与载重车（重载）的火灾事件树。

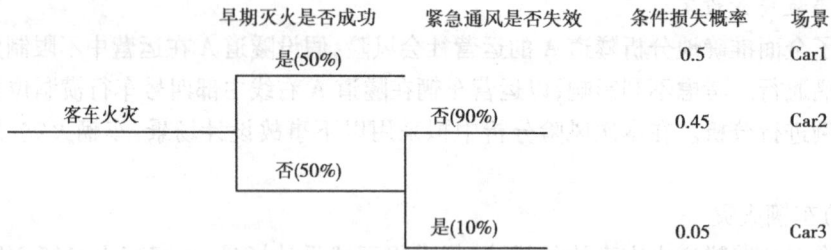

早期灭火是否成功	紧急通风是否失效	条件损失概率	场景
是(50%)		0.5	Car1
	否(90%)	0.45	Car2
否(50%)			
	是(10%)	0.05	Car3

图 2.16　小客车火灾事件树

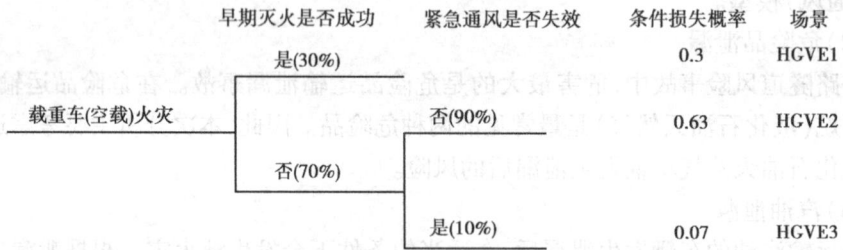

早期灭火是否成功	紧急通风是否失效	条件损失概率	场景
是(30%)		0.3	HGVE1
	否(90%)	0.63	HGVE2
否(70%)			
	是(10%)	0.07	HGVE3

图 2.17　载重车（空载）火灾事件树

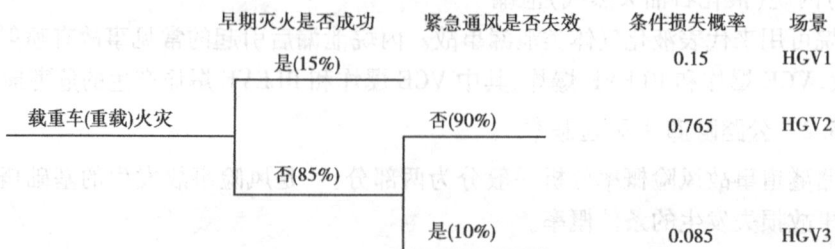

早期灭火是否成功	紧急通风是否失效	条件损失概率	场景
是(15%)		0.15	HGV1
	否(90%)	0.765	HGV2
否(85%)			
	是(10%)	0.085	HGV3

图 2.18　载重车（重载）火灾事件树

（2）危险品运输泄漏事故事件树

公路隧道危险品运输泄漏事故事件树分支可分为泄漏是否受限、是否点火等。图 2.19、图 2.20 分别为汽油和丙烷泄漏事故事件树。

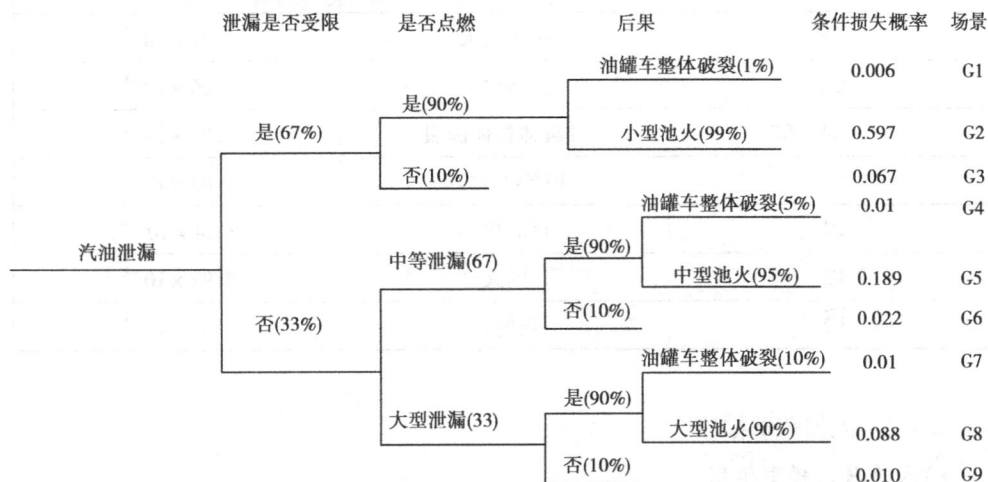

| 泄漏是否受限 | 是否点燃 | 后果 | 条件损失概率 | 场景 |

油罐车整体破裂(1%) 0.006 G1
是(90%)
小型池火(99%) 0.597 G2
是(67%)
否(10%) 0.067 G3

油罐车整体破裂(5%) 0.01 G4
是(90%)
中等泄漏(67) 中型池火(95%) 0.189 G5
汽油泄漏
否(10%) 0.022 G6
否(33%)
油罐车整体破裂(10%) 0.01 G7
是(90%)
大型泄漏(33) 大型池火(90%) 0.088 G8
否(10%) 0.010 G9

图 2.19　汽油泄漏事故事件树

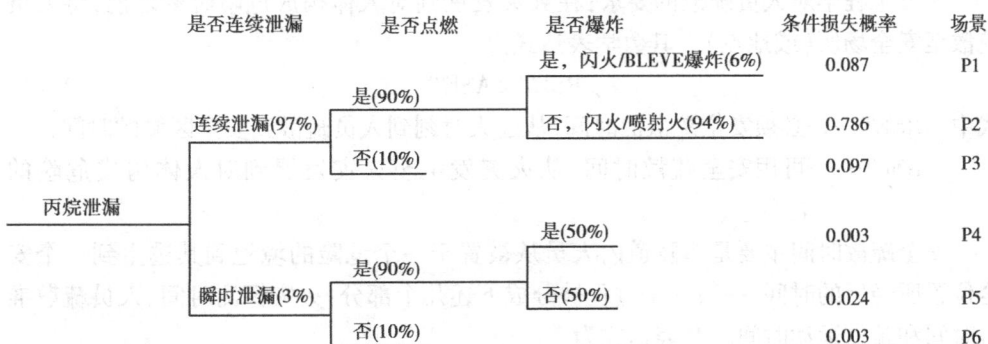

| 是否连续泄漏 | 是否点燃 | 是否爆炸 | 条件损失概率 | 场景 |

是，闪火/BLEVE爆炸(6%) 0.087 P1
是(90%)
连续泄漏(97%) 否，闪火/喷射火(94%) 0.786 P2
否(10%) 0.097 P3

是(50%) 0.003 P4
丙烷泄漏 是(90%)
瞬时泄漏(3%) 否(50%) 0.024 P5
否(10%) 0.003 P6

图 2.20　丙烷泄漏事故事件树

3）风险概率

通过对隧道 A 运营事故基础概率和条件损失概率事件树分析，可得出各事故设计场景事故发生的概率。部分事故设计场景虽然发生，但不对人体产生危害。表 2.21 列出了能够对人员产生危害的事故设计场景发生的概率。

表 2.21　隧道 A 事故率汇总表

场　景	后　果	概率/(次·辆$^{-1}$)
发生人员死亡交通事故率		2.5×10^{-8}
Car3	小客车火灾	3×10^{-9}
HGVE3	载重车(空载)火灾	1.68×10^{-8}
HGV3	载重车(重载)火灾	2.55×10^{-9}

续表

场 景	后 果	概率/(次·辆$^{-1}$)
G2	小型池火	7.16×10^{-8}
G5	中型池火	2.27×10^{-8}
G8	大型池火	1.06×10^{-8}
G1 + G4 + G7	油罐体整体破裂	3.09×10^{-9}
P1	BLEVE 爆炸	1.05×10^{-8}
P4	VCE 爆炸	3.24×10^{-10}
P5	闪火	2.92×10^{-8}
P2	喷射火	9.43×10^{-8}

2.5.3 人员疏散程序

1)人员疏散模型框架

(1)疏散时间模型

火灾工程学对人员疏散的要求:在火灾发展到对人体构成危险时刻之前,将人员疏散至安全场所(或地点)。其数学表达式为

$$RSET < ASET \tag{2.13}$$

式中 RSET——必须安全疏散的时间,从起火时刻到人员疏散到安全区域的时间;

ASET——可用安全疏散时间,从火灾发生至火灾发展到对人体构成危险的时间。

安全疏散时间主要是指隧道内人员从被置于一个危险的境地到其逃生到一个安全位置所经历的时间,一般这个过程被分成下述几个部分:火灾探测时间、人员疏散准备时间和疏散运动时间。其表达式为

$$RSET = T_{alarm} + T_{pre} + T_{move} \tag{2.14}$$

式中 T_{alarm}——火灾探测时间;

T_{pre}——人员疏散准备时间;

T_{move}——疏散运动时间。

人员疏散准备时间又包括认识时间和反应时间。T_{alarm},T_{pre}参数可由经验值标定,PIARC 建议隧道火灾时人员的逃生速度是 $0.5 \sim 1.5$ m/s,依次标定 T_{move}。

式(2.14)中表示的人员安全疏散时间可用图 2.21 表示。

(2)车队序列模型

建立车队序列模型的主要目的是识别事故设计场景中需要逃生的人员数量和位置。车队序列模型中的一个关键因素是事故发生后警报系统的激活时间,这将决定在这段时间内进入隧道的车辆数以及有多少车辆会受到火灾的直接威胁。

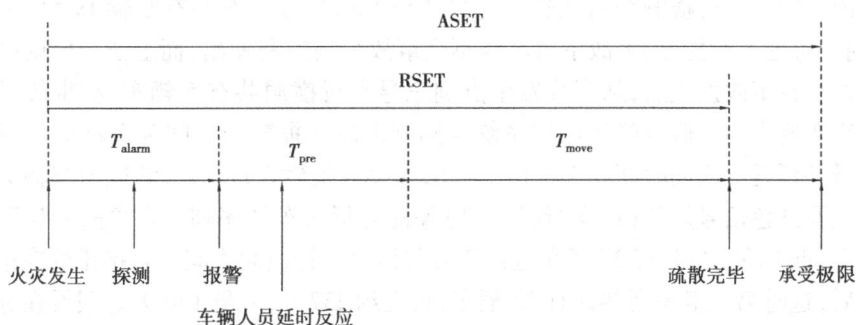

图2.21 人员安全疏散时间示意图

车队序列模型建立的基础是排队理论,但与隧道事件检测系统、警示标志、隧道封闭装置的设置有关,评价单位可根据具体情况建立相关模型。

(3)火灾烟气控制通风

在隧道发生火灾后,在人员疏散的过程中,应尽量保持隧道内具有良好的能见度。因此,在纵向通风隧道中,针对隧道火灾时的应急通风,PIARC 提出了以下通风建议,见表2.22。

表2.22 发生火灾情况下建议采取的通风操作

纵向通风	疏散阶段	灭火阶段
双向行驶的单洞隧道	禁止扰乱烟气层化 纵向气流速度相当小 在有烟区域射流风机不工作	避免烟气回流 较高的纵向气流速度 气流方向具有可变性
单向行驶的双洞隧道	正常的车流量:避免烟气"回流",与车流方向相同且足够大的 纵向气流速度;采取与双向行驶的单孔隧道相同的措施	

2)隧道火灾逃生条件

公路隧道火灾时烟气对逃生人员的影响主要是烟雾引起的能见度降低、有毒气体的毒性及高温热辐射。因此,在评价过程中,宜选择适用于有毒气体及高温相关逃生模型作为公路隧道火灾时人员逃生的判别条件,必要时,可通过适当的人员逃生仿真软件对隧道火灾逃生条件进行模拟分析。

3)疏散人员计算

在隧道运营风险分析中,首先需要确定发生隧道事故后受影响的人数,这与隧道长度、车辆类型、设计时速、事故地点等诸多因素有关。根据预测交通量,表2.23给出了隧道 A 预测的不同类型车辆(自然车)分布及各类型车辆估计平均载客数。

隧道 A 预测交通量是 25 879 辆/日自然车,设计时速为 80 km/h。因此,每分钟约有 9 辆车进入隧道,每辆车之间的间距约为 148 m。假设火灾事故发生在右线四号车行横洞口,此时隧道内共有 35 辆车,进口 2 810 m,事故上游共有车辆 19 辆,均匀分布在隧道内。四号车行横洞距右线隧道进口 2 810 m,事故上游共有车辆 19 辆,下游车辆 15 辆。考虑一般情况,事故下游车辆不受事故影响顺利驶出,而上游车辆则被阻滞在隧道内。在事故发生后,从事故发生点到三号车行横洞共有 5 辆车,在事故后方形成第一组车辆序列。假设隧道监控系统探测到事故并报警的时间为 2 min,车辆发现警报信号并延迟反应的时间为 1 min。因此,在事故发生 3 min 后,隧道内车辆会在事故发生点及红色信号灯处(即车行横洞口)停滞并形成车队序列。在事故发生至车辆停滞的 3 min 时间内,会有 27 辆车进入三号与四号车行横洞之间并直接排列在第一组序列之后,这时第一组序列共计有 32 辆车,长度约 237 m,人员 150 人。假设在逃生之前最近一个人距事故现场 10 m,则平均 1.51 m 有 1 个人。同样,可计算出事故上游各阻滞段车辆数及人员数。3 min 后,隧道内共阻滞车辆 46 辆,人员 217 人。其计算结果见表 2.24。

表 2.23   各类车型车辆估计平均载客数

车型	车辆数/辆	比例/%	长度/m	估计人数/人
集装箱、拖挂车、大货车	6 432	24.9	12	2
中货 + 轻货	4 353	16.8	6	1
大客车	1 662	6.4	12	30
中客	2 103	8.1	8	10
小客	11 329	43.8	4.5	3
加权平均			7.4	4.7

表 2.24   事故发生 3 min 后隧道内阻滞车辆及人员分布表

车行横洞	阻滞车队编号	车辆数/辆	人数/人	长度/m
四号	一组	32	150	237
三号	二组	5	24	37
二号	三组	5	24	37
一号	四组	4	19	30

4)疏散策略及疏散时间

(1)疏散策略

一般情况下,隧道内疏散有两种策略:一种是疏散人员全部逆行车方向疏散并进入车、人行横洞逃生;另一种是事故区段人员逆行车方向疏散,其余区段向距最近的车、人行横洞疏散。现在设计中多采用第二种疏散策略,因此风险分析中采用第二种疏散策略。

(2)疏散准备时间

在事故探测报警、车辆停滞后,疏散程序进入疏散准备阶段。人员疏散准备时间分为察觉时间和反应时间,根据发生事故类型、严重程度、距离火灾远近、个体反应等多个因素,所用时间差别也会比较大。因此,确定完全合理的时间是比较困难的。本节分别采用小客车发生火灾事故时人员的察觉时间和反应时间为 120 s 和 90 s。发生重载车火灾事故时,受火灾大小、严重程度的影响,人员的察觉时间和反应时间均会相应减少。而汽油池火灾时,隧道内人员很容易察觉到火灾,因此认为人员的察觉和反应基本都能在报警时间内完成,不再单独考虑疏散准备时间。丙烷的扩散由于需要一定的时间,隧道内人员很难在短时间内察觉到这种现象,因此采用了小客车的疏散准备时间。

根据上述分析,最终确定各类型事故人员疏散准备时间见表 2.25。

表 2.25　疏散人员的察觉时间和反应时间

场　　景	探测报警时间	疏散准备时间/s		开始逃生时间合计/s
		察觉时间	反应时间	
Car3	180	120	90	390
HGVE3	180	90	60	330
HGVE3	180	30	30	240
G2	180	0	0	180
G5	180	0	0	180
G8	180	0	0	180
G1 + G4 + G7	180	0	0	180
P1	180	120	90	390
P4	180	120	90	390
P5	180	120	90	390
P2	180	120	90	390

在疏散运动阶段,假设人员的平均逃生速度为 1 m/s。由此推测,第四组疏散人员疏散运动时间最长为 30/1 = 30 s,第三组、第二组疏散人员疏散运动时间最长为 375 s。而第一组疏散人员疏散运动时间最长为 340 s,最长疏散时间为 390 s + 340 s = 730 s。根据疏散策略可以得出火灾发生后任意时间隧道内的人员位置和总数。

2.5.4　风险后果

1)火灾

在车辆发生火灾后,会对人体产生高温、CO、CO_2 等危害。人员在疏散过程中是否逃生成功需要一定的逃生条件。在本案例分析中采用 Purser 毒性气体模型及 Crane 高温修正模型作为公路隧道火灾时人员逃生的判别条件。

在计算火灾事故中疏散逃生人员因 CO、CO_2 和高温造成的死亡时,首先对距离火灾最近的人员计算其危害值[累计值按 FED(Fractional Effective Dose,分级有效剂量)

计]。如果该人员逃生完毕,其 FED 值未到达死亡标准,则全部人员均逃生成功。如果 FED 值达到死亡标准,则需要对距离较远处的人员进行 FED 值试算,直到较远处人员完成逃生。则这个位置之后的人员均可以完成疏散逃生任务,而这个位置之前的人员将不能完成逃生过程而死亡。经计算,各类火灾死亡人数见表 2.26。

表 2.26　隧道 A 火灾死亡人数

场景类型	死亡人数/人
小客车火灾(5 MW)	无
载重车(空载)(30 MW)	无
载重车(重载)(100 MW)	3

2)危险品运输泄漏

(1)汽油泄漏事故后果

运输汽油的罐车发生泄漏事故后,在一定条件下,会发生池火灾。池火灾根据汽油池大小分为小型池火灾、中型池火灾、大型池火灾以及罐车整体破裂几种情况。其事故后果计算见表 2.27。

表 2.27　隧道 A 汽油泄漏事故死亡人数

场景类型	死亡人数/人
小型池火灾	9
中型池火灾	50
大型池火灾	150
罐车整体破裂	150

(2)丙烷泄漏事故后果

丙烷泄漏后的后果模型有沸腾液体扩展蒸汽爆炸(BLEVE)伤害模型、蒸汽云爆炸(VCE)伤害模型、闪火伤害模型、喷射火伤害模型等。假设运输丙烷的汽车为柱形槽罐车,罐车容量为 25 t。在车辆发生泄漏后,首先需要确定参与爆炸的丙烷质量,通过式(2.15)计算云团中的燃料:

$$W_f = 2FW \qquad (2.15)$$

式中　W_f——云团中燃料的质量,kg;

　　　W——泄漏的燃料的质量,kg;

　　　F——闪蒸系数。

根据相关模型计算,丙烷泄漏事故后果计算见表 2.28。

表 2.28 隧道 A 丙烷泄漏事故死亡人数

场景类型	死亡人数/人
BLEVE 爆炸	150
VCE 爆炸	188
闪火	113
喷射火	113

2.5.5 运营风险

1)隧道 A 的事故频率及后果

通过上述分析计算,得出了各事故设计场景发生的概率和后果。对于具体隧道每年各类事故发生的频率,可以通过下式计算得出

$$F_i = P_i \times V_i \times N \times L \times 365 \tag{2.16}$$

式中 F_i——隧道内第 i 种车辆事故每年发生的频率;

P_i——隧道内第 i 种车辆事故发生概率,次/(辆·km);

V_i——第 i 种车型占总交通量的比例,%;

N——平均日交通量,辆/天;

L——隧道长度,km。

对于危险品运输车辆占重载车辆的比例以及危险品运输车辆中各类危险品的比例,国内尚无完整的统计资料,国外的统计也不尽相同,在具体评价工作中可进行针对性调研。本案例以国外数据的中值即法国的 5% 作为我国危险品计算数据。对于危险品运输车辆中各类危险品的种类分布,也参考法国资料:运输汽油车辆比例取 30%,运输丙烷车辆比例取 1.6%。据此,表 2.29 给出了隧道 A 各类型车辆平均日交通量。

表 2.29 隧道 A 各类型车辆平均日交通量统计表

车辆类型	比 例	平均日交通量/(辆·天$^{-1}$)
小客车	0.438	5 667.5
载重车	0.249	3 221.9
危险品运输车辆	0.012 45	161.1
运输汽油车辆	0.003 735	48.33
运输丙烷车辆	0.000 199 2	2.58

结合隧道 A 各类型车辆平均日交通量以及各种事故设计场景发生的概率,可以计算出隧道 A 各类事故每年发生的频率。表 2.30 给出了有关隧道 A 各种事故设计场景事故发生的频率及后果。

表2.30 隧道A各种事故设计场景事故发生的频率及后果统计表

场 景	后 果	事故频率/每年	期望死亡人数/人
Car3	小客车火灾	3.25×10^{-2}	0
HGVE3	载重车(空载)火灾	1.03×10^{-1}	0
HGVE3	载重车(重载)火灾	1.57×10^{-2}	3
G2	小型池火	6.62×10^{-3}	19
G5	中型池火	2.09×10^{-3}	50
G8	大型池火	9.77×10^{-4}	150
G1 + G4 + G7	油罐体整体破裂	2.86×10^{-4}	150
P1	BLEVE 爆炸	5.16×10^{-5}	190
P4	VCE 爆炸	1.6×10^{-6}	113
P5	闪火	4.46×10^{-4}	113
P2	喷射火	1.85×10^{-5}	160

2)隧道 A 的 *F-N* 曲线

利用表2.30 的数据和2.3 节建议的我国公路隧道社会风险接受准则 *F-N* 曲线,可绘制隧道 A 的社会风险 *F-N* 曲线,如图 2.22 所示。

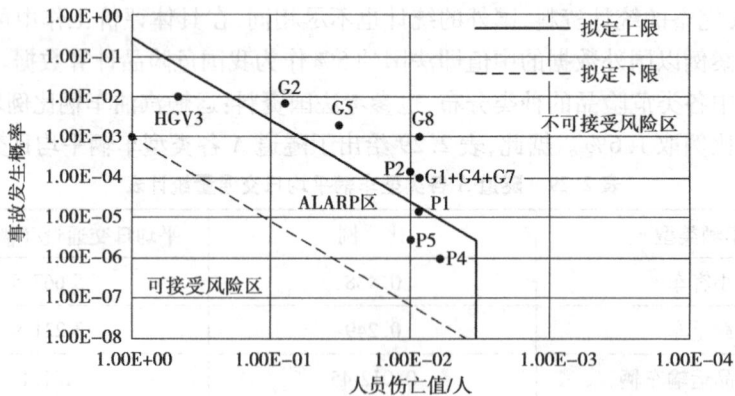

图 2.22 隧道 A 的社会风险 *F-N* 曲线

小客车火灾及载重车(空载)均未造成人员死亡,故未在图中示出。HGV3 为载重车(重载)火灾场景,其风险落在了 ALARP 区。而其余场景均为危险品运输泄漏造成的风险,除 P4、P5 场景外,均落在了不可接受区域。因此,对于隧道 A 而言,危险品运输泄漏事故造成的后果是不可以接受的,必须采取一定的风险控制措施。

2.6 公路隧道运营风险控制对策

隧道风险处理的基本对策可分为风险接受、风险减轻、风险转移和风险规避 4 类。

2.6.1 风险接受

风险接受是一种由隧道项目建设方自愿承担风险损失的策略。风险接受策略要求隧道项目业主及管理者对风险损失有充分的估计。

2.6.2 风险减轻

风险减轻措施的有效性需要结合不同隧道安全等级来分别考虑,可采用风险分析的方法验证各种措施的效果。

1）一般风险

对于一般风险,可采用一种或多种风险减轻措施。公路隧道运营风险的种类有很多,包括一般交通事故、火灾、危险品泄漏、爆炸、恐怖袭击等。在选用公路隧道运营风险减轻措施时,宜按照下列优先原则依次选用:

①减少事故发生概率的措施;

②让隧道内人员能够尽快报警,并且与管理中心联系;

③让隧道内人员自行扑灭前期火灾的措施;

④保证疏散人员安全及有效逃生的措施;

⑤方便隧道内消防人员灭火的措施;

⑥加强隧道事故处置预案的措施。

2）危险品泄漏风险

隧道运营时,由于危险品泄漏带来的后果往往是灾难性的,这样的风险经常处于不可接受区域,需要采取适当的措施来降低风险。为减小危险品通过隧道时带来的风险,宜采用下述方法:

①禁止全部或者部分危险品通过隧道;

②限制一次通过隧道的危险品数量;

③限制通行时间,尽量选择在车辆相对较少的时间段通过隧道。

在大多数情况下,除非绝对禁止危险品运输车辆通行,上述措施实施起来具有一定的难度。如果隧道禁止危险品运输车辆通行,这些车辆必然会选择其他通行路线,这样有可能给其他地区的人员的生命、财产以及环境等带来更大的风险。因此,在上述措施不适用时,需要采取一些常规的减轻风险的措施,例如:

①护送通过隧道数量较多的危险品运输车辆;

②设定最大的通行速度;

③各类车辆通过隧道时应保持足够的间距。

2.6.3 风险转移

风险转移是指通过付出一定的代价将隧道运营风险的后果转移给他方。风险转移并不是要完全消除风险,而是试图通过第三方的介入来减低自身的风险。保险就是风险转移最常见的形式。

2.6.4 风险规避

风险规避是指通过优化隧道设计或者隧道运营管理方案来制止隧道风险发生以及风险发生后可能产生的后果。风险规避可能在某种程度上会降低隧道运营收益。

第3章　高速公路隧道安全运营管理技术

3.1　概述

1)国内外研究概况

(1)国外公路隧道管理研究现状

欧盟国家于2004年提出关于隧道安全的法令,要求所有欧盟公路网中的隧道必须有一个统一、稳定的最低安全标准。欧盟安全委员会决定采用分步提高隧道安全性能的战略:中短期任务为委员会提出一个公路隧道最低安全标准来保障通行车辆的安全,此议案主要围绕技术和相关运营安全方面的设备、交通法规以及用户的信息沟通方面;中长期任务为发展多种交通运输模式,特别是多山地区,此议案的主要目标是防止恶性事故发生,确保人身安全,保护环境以及隧道设备的安全。议案的第二个目标是在事故发生的第一时间内作出营救决策,并为遇难车辆提供必要的营救设施,允许立即干涉隧道的使用,确保有效的应急服务,保护环境,降低材料损坏。

英国2007年1520号法案《道路隧道安全规定》(*The Road Tunnel Safety Regulations*)重点规定了国家级的安全组织与功能,包括以下几个方面:①安全管理行政机构:地方的安全管理行政机构由国家统一任命,全权负责隧道安全管理的各个方面,对于跨国隧道,协商后认定一个专有管理机构,行政机构有权对全国的所有新建或改建的隧道行使权利,他们有权停止或限制不符合安全要求隧道的运营。②技术检查机构:由国家任命,执行安全评估及检查,行政机构本身可以执行此权利,但是涉及隧道管理机构的不能被授权为技术检查机构。③隧道管理者:每条隧道都要有唯一的一个行政机关认可的隧道管理者,隧道可以由国有或私有实体负责管理。对于跨国隧道,要由两个行政机关都认可的同一管理者来运营。④独立的安全专员制度:此专员要由每条隧道的管理者提名,负责防御和安全保障措施,以确保车辆和管理员的安全。此专员只负责公路隧道安全问题,独立于其他事务之外。

挪威《道路隧道手册》对公路隧道运营作了相应的规定,其成果重点可以概括为以下几点:①由隧道的等级决定隧道内安全设备的规格,当要采取措施提高现有隧道的安全性时,那些需要提高安全性的路段应该使用与新建成的隧道相同的安全规格。②在所有等级隧道中建立高度障碍设施,高度障碍应该修建的足够坚固,以确保任何进入的车辆碰到它时,都能够感知到。③挪威公共道路管理局有责任为新建成的长度超过 500 m 的隧道安装无线电设备。对于长度不超过 500 m 的隧道,只有在进行了专门的评估后才能安装无线电设备。④挪威公共道路管理局有责任安装和运营必要的通信设备,其中包括联合双频紧急频道,这样可以确保每项应急无线电通信业务能在隧道内运营它们自己的系统。⑤公共道路理事会已经建立关于交通控制理念成本分析模型,该模型用来研究在隧道封闭的情况下通过相关的转向标志装置实施不同交通控制理念的成本效益。⑥法规所作出的建议是超过 500 m 的隧道归类为特殊火灾对象,在规划阶段必须制订预案并与当地的应急供电部门紧密配合。当准备应急预案时,也应该包括邻近的其他隧道,对于较短隧道简化应急预案应考虑与消防服务合作。⑦详细介绍了《道路隧道火灾保护管理程序指南》,该指南叙述了挪威公共道路委员会和消防部门之间的合作、风险分析的程序、演习中的责任和合作、应急预案和参与,也阐述了现存隧道的分级规定。⑧介绍了火灾和电气安全董事会(DBE)制订的关于隧道中消防安全的小册子。⑨危险品运输规定:所有的低交通量的常规隧道通常对危险品的运输开放。对城市隧道、海底隧道、长的混凝土(沉入建筑物下面的)隧道等,应作出特别地考虑。作为应急预案约束的一部分,危险品通过隧道时应进行评估,分析应包括隧道和替代路线的人身伤害和物质损失的计算和比较。约束的决定由公共道路委员会来决定。⑩具有详尽的机电设备运营维护技术要求,基于设备的大概寿命费用,建立运行设备的每个组成部分的寿命评估体系。⑪维护计划依据隧道安全等级确定。

美国高速公路联邦管理局 2006 年发布的《欧洲地下运输系统:安全、运营、应急响应》对公路隧道安全运营提出了以下 6 条推荐措施:①开发通用的、一致的、更加有效的视觉、听觉、触觉逃生路线标志;②制订以人为本的隧道应急管理指南;③开展火灾自动报警系统和智能视频事件检测系统的评价工作;④制订提升驾驶人对事件反应能力的设施设计标准;⑤利用风险管理的理论加强隧道的检查和维护;⑥推广 LED 诱导设施和车距确认设施在公路隧道中的应用。

日本制定的隧道行车管理相关法令以 1997 年《消防法》规定的危险品分类为依据。在日本《道路法》中规定:道路管理者为保证道路结构安全及防止交通危险,如有下列情形,应采取对区段道路禁止或限制通行的措施。具体情形为:①对于道路结构的破损、毁坏及其他可能导致交通事故的情形;②道路管理者为保证水底隧道的结构安全(类似水底隧道情况的规定也包括在内),及防止水底隧道发生交通事故,规定禁止、限制运输具有爆炸性及易燃性的物品及其他危险物的车辆通行。

(2)国外公路隧道事故后经验总结

欧盟根据正在运营的 20 座长隧道和特长隧道的测试结果及 MontBlanc 隧道与 Tauern 隧道的重大事故分析,提出了 8 条提高隧道运营安全的具体措施,并于 2002 年启动了欧洲隧道防火计划(UPTUN)。UPTUN 研究的主要目标是改善既有隧道的火灾安全状况,发展新的火灾探测、监控、减灾方法,包括人的反应研究和隧道结构的防护措施等,以及发展、验证、完善合理的火灾安全等级评估方法。

瑞典分析研究了 1974 年至今的所有隧道安全事故,提出降低隧道火灾风险和提高安全的 9 条措施:①驾驶考试中要包括一些特殊的问题,涉及道路用户在隧道中遇到故障、拥塞、事故或火灾时的表现;②当车辆起火时,强烈建议驾驶人设法驾车驶出隧道;③要严格控制重型运货汽车和运输危险品汽车的驾驶人的驾驶时间,相关政府部门要进行必需的投资;④对运输危险品的汽车驾驶人的指导,必须包含隧道内运输方面的内容;⑤要定期测验运货汽车和公共汽车驾驶人的关于隧道内车辆和设备的安全知识;⑥穿过隧道的危险品运输的规章要严格按照国际标准执行;⑦对于运输某些危险品,规章中要求采用护卫车辆或伴随车辆;⑧在一些情况下,可以禁止货运车辆在多车道隧道中超车;⑨为安全起见,当隧道内拥塞时请和前方车辆保持一定距离。

瑞士选择分析的欧洲隧道火灾有 3 起发生在奥地利隧道、1 起发生在法国和意大利交界隧道以及 3 起瑞士隧道火灾,即 Bozberg 隧道(单向行车隧道)火灾和两起 St. Gotthard 隧道(双向行车隧道)火灾。分析中比较关注的问题是在这些火灾中隧道用户的表现。评论中提到瑞士隧道火灾中涉及人的表现问题应吸取以下教训:①如果没有被其他车辆阻挡,驾驶人应尽量向出口靠近;②警察和隧道用户都没有用已有的逃生口疏散,这个问题要通过更明确地标注出逃生线路、应急灯以及更详尽的隧道现有装置资料来得以解决;③大多数隧道用户都待在他们的车里,直到询问消防员后才撤离;④不要等待救援队,乘客的迅速自救往往是最有效的;⑤驾驶人的 U 形转弯常导致混乱和危险,因此除非警察、消防员或隧道员工要求,否则不要进行 U 形转弯;⑥若烟雾在隧道中突然蔓延,关注于驾驶的人可能会意识不到危险。

1999 年春发生在法国和意大利交界的蒙特—布拉克隧道和奥地利陶恩隧道的灾难性火灾,使得人们更加关注安全问题,尤其是人为因素——一方面是指隧道用户的行为因素,另一方面是指隧道运营方、消防人员、警察以及救援人员的行为因素。世界道路协会(PIARC)隧道运营技术委员会(C5)新增加了一个工作组——公路隧道安全的人为因素工作组(WG3)。该委员会曾向 PIARC 所有的成员国发出了一份调查问卷,收到的问卷回执来自下列 13 个国家:澳大利亚、比利时、加拿大、法国、德国、荷兰、挪威、日本、葡萄牙、西班牙、瑞典、瑞士和英国。通过调查结果,得到关于驾驶员通行隧道行为指导方面的如下结论:目前为止没有国家在驾驶考试中涉及用户在公路隧道灾害事故中的应对行为;没有国家书面建议驾驶人在驱车通过公路隧道时发现自己车内冒烟或失火时该如何正确处理;只有少数国家提到过关于公路隧道中的最佳行为的信息或建议,并且收集了一些驾驶人错误行为的具体数据;少数国家的公路当局不得不从几起严重的公路隧道事故中收集数据。

2）国内研究概况

（1）国内公路隧道运营安全管理研究现状

为了提高我国高速公路隧道运营管理水平，我国有一部分学者和隧道管理机构针对管理角度对隧道运营进行了探讨，其成果主要集中在两个方面：一是隧道火灾的通风、交通疏导、应急救援研究；二是对隧道养护管理进行规范化。

国内公路隧道运营安全管理研究的主要成果有：

①马俊峰（交通部公路科学研究院）2006年较概括地介绍了运营管理的事件管理策略、隧道管理机构及管理制度、机电设施的养护与维护。

②陈光明（湖北省交通规划设计院）等2006年介绍了沪蓉西国道主干线乌池坝隧道的火灾中防灾排烟原则、救援组织计划，针对火灾发生的不同位置提出不同的通风方式和人员逃生路线。

③夏永旭（长安大学）等参考日本防火设施技术等级对我国公路隧道按照隧道长度和交通量划分为5个安全等级。

④重庆交通委员会主编的《公路隧道养护技术规范》（JTG H12—2015），从土建结构、机电设施、其他设施和安全管理4个方面对养护作业进行了规定。

⑤香港运输署总运输主任张展鹏先生在"2002年国际隧道研讨暨公路建设技术交流大会"上所作的《创新隧道运营管理模式，提高成本效益》发言，介绍了香港的隧道应急救援管理情况，香港的隧道内都装有完善的监控系统，一旦发生事故，反应时间不能超过2 min，救援人员应在10 min内赶到现场，事故清理、疏通的时间不能超过10 min，有媒体、舆论的介入监督隧道事故的处理是否及时。

（2）国内公路隧道事故后经验总结

招商局重庆交通科研设计院有限公司蒋树屏研究员在对猫狸岭隧道（全长2 × 3 590 m，双洞四车道）火灾事故调查后给出的营运安全建议为：为了预防隧道火灾，应高度重视交通法令、法规的宣传、教育和交通管制；隧道一旦发生火灾，消防部门、交通警察应与公路部门一道及时有效地搞好减灾和救援工作；应加强防灾、减灾演习，3个月进行一次小演习，6个月进行一次中演习，12个月进行一次大演习，使人员和设备常处于一种戒备状态；洞内有关设施的标志应醒目，尤其是消防箱的标志。

香港理工大学的J. S. M. Li和W. K. Chow通过对香港的两起隧道火灾事故的调查分析，提出的营运安全建议为：公路隧道安全有效的运营，取决于隧道管理人员在紧急事故期间对交通情况进行连续监视和控制的能力；消防演习不可能完全接近实际火灾的情况，为使管理人员熟悉紧急工况时的撤离程序以及对系统的操作，演习频率宜至少每月一次；应对管理人员进行连续的专业培训，不仅要培训撤离程序，还要培训火灾的机理以及火灾中人可能发生的行为；建议在LPG（Liquefied Petroleum Gas）车辆火灾事故中不使用水喷雾系统灭火，因为水喷雾系统不仅不能有效控制火灾，反而会促使其扩大。

此外，交通运输部西部交通建设科技项目管理中心组织实施的相关科研项目有：

交通运输部公路科学研究院、新疆生产建设兵团交通局开展的《应急物资运输组织保障技术研究》，从应急物资运输体系与运行机制研究、应急物资运输保障机制研究、应急物资运输系统研究 3 个方面进行研究工作，提出了应急物资保障措施与政策建议；交通运输部规划研究院、交通运输部公路科学研究院、交通运输部科学研究院、西南交通大学开展的《公路货运车辆超限超载运输治理关键技术研究》，从治超行政组织体系、法律法规体系、经济调节体系、市场监管体系、工程技术体系、网络监管体系进行研究工作，提出合理的治超体系构建建议；由陕西省公路局、西南交通大学、招商局重庆交通科研设计院有限公司等单位开展的《秦岭终南山特长公路隧道关键技术研究》，介绍了建立防火分区、人员逃生及车辆疏散方法、风流组织方法、网络通风计算、风机布置原则、风流控制原则、风机控制策略等内容的特长公路隧道防灾救援设计方法，将系统工程理论引入公路隧道安全管理，建立秦岭终南山特长公路隧道安全检查体系，隧道机电系统中引入"功能位置"概念，提出"双履历表"、维护项目矩阵及故障分析方法的公路隧道机电维护闭环控制体系；《乌鞘山特长公路隧道建设与运营安全控制技术研究》进行了特长公路隧道施工安全监管研究、特长公路隧道运营模式与管理系统研究；《高速公路螺旋型曲线隧道营运安全控制技术研究》进行了螺旋型曲线隧道营运安全性评价研究、螺旋型曲线隧道营运防灾技术研究、螺旋型曲线营运安全控制技术研究；《公路隧道智能联动控制技术研究》进行了公路隧道联动控制流程及控制方案研究、公路隧道运营状态自动检测及识别技术研究、公路隧道联动控制与联网控制系统平台技术研究；通过查询公安部、教育部、863 项目管理中心项目研究成果，未发现专门针对高速公路隧道营运安全管理技术的相关研究。

3）存在的问题

综合国内外的研究情况，存在以下几点问题：

（1）运营管理政策单一，缺乏针对不同类型隧道的分类管理思想

目前公路隧道采用企业化运作，虽然取得了一定的成效，但是受到"重建设、轻管理"传统思想的影响和资金等因素的制约，还存在着诸如运营管理费用高、养护管理不便、智能化水平不高、易发生事故、追究责任难等问题。究其产生的原因，缺乏分类管理是最根本的原因，目前我国对公路隧道基本上沿用同一种管理政策，不同的公路隧道之间的差异没有真正体现在管理政策上。

（2）隧道交通异常自动检测技术类型应用比较单一，异常状态识别率较低

公路隧道交通异常自动检测技术在国内有一些研究，但未见到应用的实例，在国外有较多这方面的成果报道，但是各种交通异常检测方式的优化组合应用甚少。

（3）公路隧道事故事前防范和实时预警工作缺乏

目前国内对公路隧道（尤其是高速公路隧道）交通安全管理的研究基本上是针对交通事故，从驾驶员、车辆、交通环境 3 个方面展开，研究角度侧重于从单个运输企业和车辆的事故防范，缺乏从宏观角度评估驾驶员、车辆、交通环境安全状况和对策方案的研究，因而交通安全管理的对策一般都属于事后管理型，这样就无法实现通过有效

的事故预防和预警,减少交通事故灾害的发生概率和减轻灾害损失程度。

(4)公路隧道及隧道群应急管理中政府与非政府组织职能界定不清

公路隧道及隧道群应急管理涉及面广,仅靠一两个部门的努力改善具有很大的局限性,虽然各级政府和有关运营单位对公路隧道安全和应急救援的重要性有所认识,但是由于职能界定不清,应急救援的后评价及改善措施难以落实。

3.2 公路隧道分类管理技术

3.2.1 国内外公路隧道分类方法及分析

1)日本公路隧道设置防火设施设计的隧道分类方法

日本在研究高速公路隧道防火设施时,根据隧道的长度和交通量将公路隧道划分为 AA,A,B,C,D 5 个等级(图3.1)。这种划分方法考虑了隧道长度和交通量,作为营运安全管理分类方法的不足是对交通量低的特长隧道或刚开始通车运行、交通量未达到饱和的隧道,此种分类方法不适合,原因是对新建隧道其交通量未达到饱和的隧道的营运安全要求与其交通量达到饱和时所需要的营运安全要求差异性大。

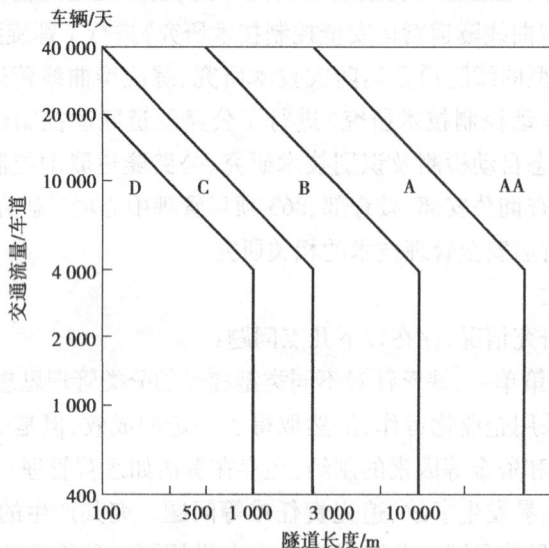

图3.1 日本公路隧道防火设施设计的隧道分类方法图

2)挪威适合主干道路网的隧道分类方法

挪威在进行高速公路隧道几何设计时,通过隧道长度、交通量、隧道洞口断面,将公路隧道分为 A,B,C,D,E,F 6 个等级。隧道长度分为 0.5,2.5,5.0,7.5,10.0,12.5 km 6 个等级(图 3.2);交通量一般采用预测后的第 20 年年平均日交通量[AADT(20)],分为 300,5 000,7 500,10 000,15 000 辆/天 5 个等级;隧道洞口断面分为 T5.5,T8.5,T9.5,2 × 8.5,2 × 9.5 共 5 种断面形式(图 3.3、图 3.4、图 3.5)。此种隧道分类方法作为营运安全管理分类方法的不足是不适合于隧道长度低于 500 m 的隧道,分类设计时 500 m 以下的隧道未作考虑。

高速公路隧道安全运营管理技术

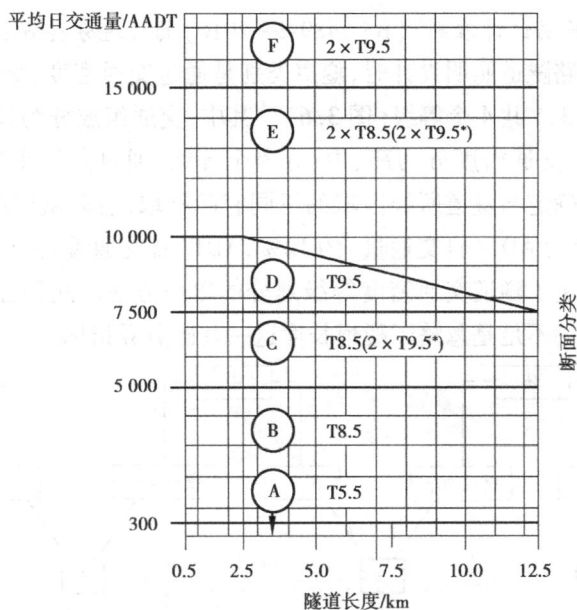

图 3.2　挪威路网主干道隧道适用的分类方法图

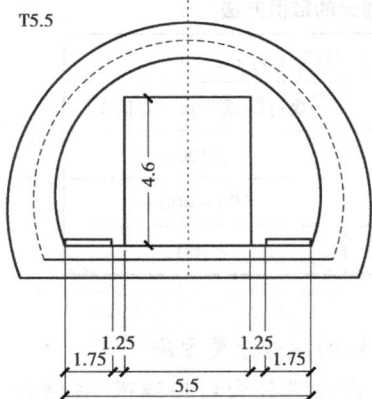

图 3.3　常见的公路隧道 T5.5 断面形式简图　　图 3.4　常见的公路隧道 T8.5 断面形式简图

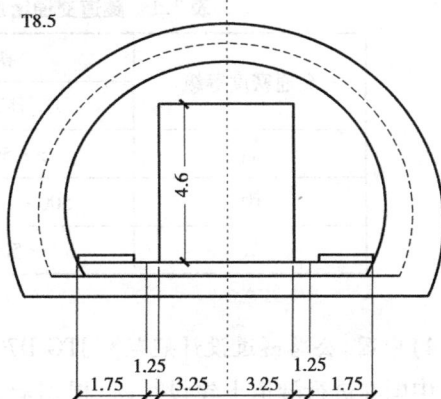

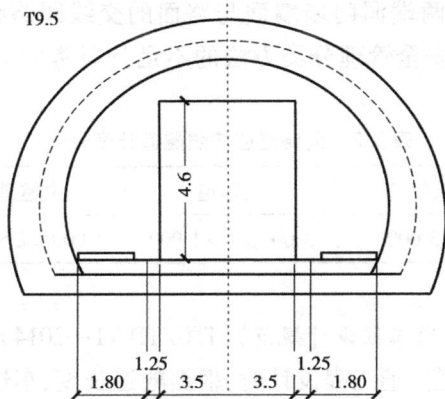

图 3.5　常见的公路隧道 T9.5 断面形式简图

3)英国《道路照明设计准则》(BS 5489-2—2016)的隧道分类方法

英国在进行公路隧道照明设计时,隧道类别是通过交通密度、交通组成来确定的,公路隧道分为1,2,3,4 共4 个等级(图3.6)。其中,交通组成分为只有机动车通行和混合通行两种形式;交通密度分为高、中、低3 个等级,通过高峰小时交通量来反映。高峰小时交通量的确定与隧道所处区域的不同有两种取法:非城区取为 ADT(日交通量)的10%,城区取为 ADT(日交通量)的12%,ADT(日交通量)的取值由隧道规划文件获取。表3.1 给出了隧道交通密度等级划分的数值方法。此种分类方法作为营运安全管理分类方法的不足是忽略了隧道长度这一基础分界指标。

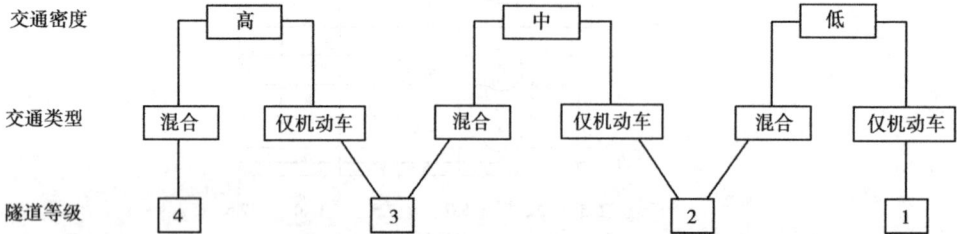

图3.6　英国《道路照明设计准则》中的隧道分类方法图

表3.1　隧道交通密度等级划分的数值方法

交通密度等级	高峰小时交通量/(辆·h^{-1})	
	单行隧道	双行隧道(单一方向)
高	>1 500	>400
中	500 ~ 1 000	100 ~ 400
低	<500	<100

4)中国《公路隧道设计规范》(JTG D70—2014)的隧道分类方法

中国在进行隧道土建设计时,根据隧道长度将隧道分为特长隧道、长隧道、中隧道、短隧道4 个等级;隧道长度分为500,1 000,3 000 m 3 个等级,其具体划分情况见表3.2。其中,隧道长度指两端洞门墙墙面与路面的交线同路线中线交点间的距离。此种分类方法作为营运安全管理分类方法的不足是只考虑了隧道长度这一基础分界指标。

表3.2　公路隧道按照隧道长度分类

分　类	特长隧道	长隧道	中隧道	短隧道
长度/m	$L > 3\ 000$	$3\ 000 \geqslant L > 1\ 000$	$1\ 000 \geqslant L > 500$	$L \leqslant 500$

5)中国《公路隧道交通工程设计规范》(JTG/TD 71—2014)的隧道分类方法

中国在进行公路隧道交通工程设计时,根据隧道长度、车道数和隧道交通量3 个因素将公路隧道划分为 A$^+$,A,B,C,D 5 个等级。此种分类方法作为营运安全管理分类方法的不足是未考虑长度小于 100 m 的隧道和交通量小于 1 000 辆的隧道情况,如图 3.7 所示。

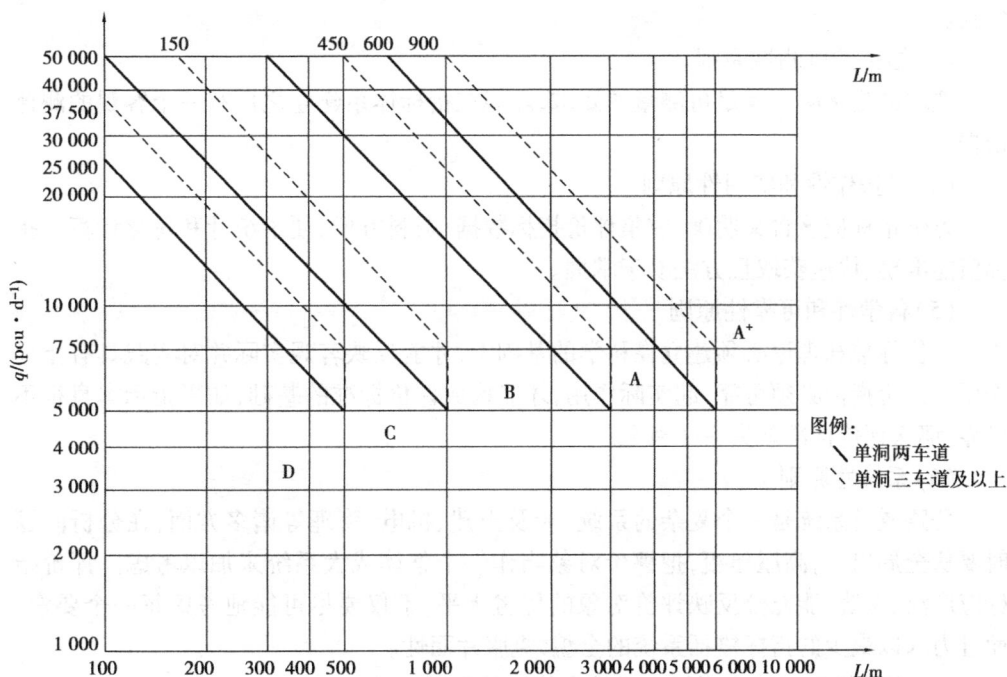

图 3.7　中国《公路隧道交通工程设计规范》中的隧道分类方法图

3.2.2　公路隧道安全等级评价体系

1)安全等级评价指标选取原则

一般来说,公路隧道安全等级评价指标范围越宽,指标数量就越多,则方案之间的差异就越明显,有利于判断和评价,但确定指标的大类和指标的重要程度也越困难,处理和建模过程也越复杂,因而歪曲方案的本质特性的可能性也越大。公路隧道安全等级评价指标体系要全面地反映所要评价的系统的各项目标要求,尽可能地做到科学、合理且符合实际情况,并基本上能为有关人员和部门所接受。为此,制订评价指标体系需在全面分析系统的基础上,首先拟订指标草案,经过广泛征求专家意见、反复交换信息、统计处理和综合归纳等,最后确定系统的评价指标体系。

建立公路隧道安全等级评价指标体系时,一般应遵循以下原则:

(1)目的性原则

对公路隧道安全等级评价的目的在于分析公路隧道整体及各子系统的安全性能,从而发现存在的问题与不足,有针对性地提出今后的发展方向与整改措施,最终达到降低隧道运营中的事故发生率、减少事故所造成的损失的目的。

(2)指标间的独立性

为了得到隧道的综合安全等级,需要将各专项指标加权求和;同样,为了得到隧道内某专项的安全性能,需要将影响该专项的各指标加权处理。因此,各指标间的独立性十分重要,指标间应尽量避免包容、耦合关系,对隐含的相关关系,应在评价中以适当的方法消除,否则就会给权重的确定带来不必要的困难,并可能造成综合评价的失真。

(3)指标的可测性原则

选取的指标必须满足可测量的要求,才能在指标体系建立之后有一个客观的测评依据。

(4)可操作性和实用性原则

评价指标应该含义明确,收集评价指标数据、资料方便,便于统计和量化计算。指标值能准确、快速获取且方法易于掌握。

(5)科学性和可靠性原则

评价标准和理论必须建立在科学的基础上,才能反映客观实际并对实践具有指导作用。评价指标必须可靠、起实际作用,才能构成评价标准的基础,如果指标本身很不可靠,那么评价标准就失去了意义。

(6)系统性原则

公路隧道系统是一个复杂的系统,涉及土建、机电、管理等诸多方面,在分析问题时要从全局出发,高屋建瓴,把评价对象当作一个整体或大系统来加以考虑。评价指标应广泛、系统,能充分反映评价对象的优劣水平,不仅要尽可能地考虑每一个要素,而且力求以最少的指标概括系统的全貌,克服片面性。

(7)定性指标和定量指标先后结合使用的原则

定量指标有利于进行准确、科学、合理的评价。对于有些难以量化的内容,采用定性的评价指标,既可用数学模型使评价具有客观性,又可弥补单纯定量评价的不足及数据资料本身存在的问题。

(8)评价指标具有可比性

建立评价体系时,应考虑隧道运营管理的发展过程,选取在一段时间内统计上通用的指标,同时指标尽量选用相对值,这样既便于同一隧道不同时期的指标进行比较,又便于同一时期不同的隧道进行比较。

(9)指标设置要有重点、有层次

重要指标可以设置的细密些,次要指标可以设置的稀疏些,以简化工作。指标的层次性为衡量方案的效果和确定指标的权重提供方便。指标个数的多少应以说明问题为准,同时保证指标的公正性。

2)公路隧道重要度

(1)基本思想

综合考虑隧道在路网中的功能、地位与作用,考虑当地的地理与环境特征,采用等效安全度的理念,以隧道土建结构、交通特征及运营管理为参数,将隧道土建与隧道机电有机地联系起来,达到宏观上指导隧道建设与运营管理,实现投资高效、安全节能的目的。

（2）重要度的概念

可从用途、功能、地理特征这 3 个方面来考察，其表示隧道在路网中的地位与作用，隐含着对建设规模与运营管理水平的要求。

（3）评价指标

根据对公路隧道分类的主要影响因素分析的结论，按照隧道运营应满足安全、环保、节能与高效的要求，采用下述参数作为分类指标。

①反映隧道重要度的指标。以 Z 表示隧道的重要度。以用途、功能、地理特征作为评价指标。用途表现在隧道是军民两用还是民用，功能体现在隧道是位于国家主干线上还是位于一般道路上，地理特征体现在是山岭隧道还是水下隧道，这 3 个方面共有 8 种情况，即

Z_1——一般道路网中的民用山岭隧道；

Z_2——一般道路网中的民用水下隧道；

Z_3——国家主干线网中的民用山岭隧道；

Z_4——国家主干线网中的民用水下隧道；

Z_5——一般道路网中的军民两用山岭隧道；

Z_6——一般道路网中的军民两用水下隧道；

Z_7——国家主干线网中的军民两用山岭隧道；

Z_8——国家主干线网中的军民两用水下隧道。

A. 反映隧道在路网中的功能、地位与作用的指标。用两个指标来反映，以 G_1 和 G_2 分别表示国道网中的隧道和地方道路网中的隧道，以 D_1 和 D_2 分别表示军民两用隧道和民用隧道。

B. 反映工程所在地的经济、地理与环境特征的指标。用两个指标来反映，以隧道所在地区人均收入与全国平均收入的比值为 E 反映工程所在地经济指标，以 F_1，F_2 分别表示山岭隧道和水下隧道反映工程所在地地理与环境特征。

我们可采用专家评议法对以上 8 种隧道的重要度进行评价。由于该评价结果一旦被接受，就可以运用到今后所有隧道重要度的评价中，因此专家组成员的选取非常重要。专家组应由国内从事公路隧道、交通工程研究的资深专家组成，成员总数以 20 位左右为宜。

②反映隧道土建结构特征的指标。这些指标包括隧道长度、单洞车道数和隧道的接线特征。隧道长度和单洞车道数分别用 L 和 N 表示。隧道的接线特征类别主要有以下几种：

以 M_1 表示桥梁接隧道接路段，M_{11} 表示桥梁接隧道再接下坡路段，M_{12} 表示桥梁接隧道再接上坡路段；M_2 表示桥梁接隧道接桥梁；M_3 表示桥梁接隧道接隧道，M_{31} 表示桥梁与连续隧道相接，M_{32} 表示桥梁与毗邻隧道相接；M_4 表示路段接隧道接路段，M_{41} 表示下坡接隧道再接下坡，M_{42} 表示上坡接隧道再接下坡，M_{43} 表示下坡接隧道再接上坡，M_{44} 表示上坡接隧道再接上坡；M_5 表示路段接隧道接桥梁，M_{51} 表示下坡接隧道接桥

梁，M_{52}表示上坡接隧道接桥梁；M_6表示路段接隧道接隧道，M_{61}表示下坡接隧道再接隧道，M_{62}表示上坡接隧道再接隧道。

③反映隧道交通特征的指标。这些指标包括隧道断面年平均日交通量Q、设计速度V、重型车比例P、交通组织（单向交通J_1、双向交通J_2）。

④反映隧道运营管理特征的指标。危险品通行方式：禁止通行T_1、限时引导通行T_2、无限制T_3。

（4）隧道重要度分类标准

根据以上分类思想，将隧道分为3类，如图3.8所示建议的阈值范围如下：

第一类隧道：$F > 5 \times 10^7$ m. Veh./d 的公路隧道；

第二类隧道：3×10^7 m. Veh./d $\leqslant F \leqslant 5 \times 10^7$ m. Veh./d 的公路隧道；

第三类隧道：$F < 3 \times 10^7$ m. Veh./d 的公路隧道。

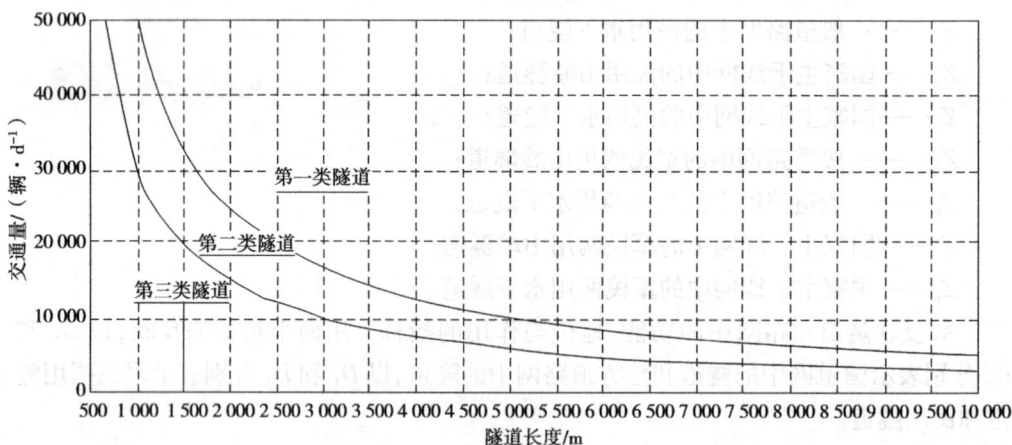

图3.8 基于隧道重要度的隧道分类图

3）安全等级评价指标

本节在对影响公路隧道安全等级的因素较全面分析的基础上，根据评价指标体系的建立原则，初步列出了公路隧道安全等级评价的备选指标集U。

公路隧道安全等级综合评价指标集$U = \{U_1, U_2, U_3, U_4, U_5\} = \{$土建结构，机电系统，运营管理，交通环境，隧道重要度$\}$。

土建结构备选指标集$U_1 = \{U_{11}, U_{12}, U_{13}, U_{14}, U_{15}, U_{16}, U_{17}, U_{18}, U_{19}, U_{110}, U_{111}, U_{212},$ $U_{113}\} = \{$平曲线半径，纵向坡度，隧道洞口接线环境，路面摩擦系数，洞门结构，隧道孔数，隧道长度，隧道内壁，车道数，车道宽度，紧急停车带布设间距，横通道布设间距，防排水系统$\}$。

机电系统备选指标集$U_2 = \{U_{21}, U_{22}, U_{23}, U_{24}, U_{25}, U_{26}, U_{27}, U_{28}, U_{29}, U_{210}, U_{211}, U_{212},$ $U_{213}\} = \{$通风及其控制系统，照明及其控制系统，供配电系统，交通与环境检测系统，火灾检测与报警系统，消防系统，交通控制与诱导系统，通信系统，闭路电视监控系统，紧急电话系统，广播系统，中央控制与管理系统，防雷接地系统$\}$。

运营管理备选指标集 $U_3 = \{U_{31}, U_{32}, U_{33}, U_{34}, U_{35}, U_{36}, U_{37}, U_{38}, U_{39}, U_{310}, U_{311}, U_{312}\} =$ {日常管理,隧道内设施的养护维修,机构与岗位的设置,规章制度的制定,巡逻方案,应急预案,危险品运输车辆管理,信息发布,救援设施与队伍,隧道管理人员培训,宣传教育,限速管理}。

交通环境备选指标集 $U_4 = \{U_{41}, U_{42}, U_{43}, U_{44}, U_{45}, U_{46}, U_{47}, U_{48}, U_{49}, U_{410}, U_{411}, U_{412}, U_{413}, U_{414}\} =$ {交通组织,交通量,大型车比例,平均运行速度,平均运行速度差,气候状况,CO 浓度,照明亮度,可吸入颗粒物 PM_{10} 浓度,等效声级,隧道内能见度(VI 浓度),道路与隧道洞口 3 s 运行速度行程内的线形一致性,隧道洞口接线环境,相邻隧道的间距}。

隧道重要度备选指标集 $U_5 = \{U_{51}, U_{52}, U_{53}\} =$ {用途,功能,地理特征}。

3.3 公路隧道日常安全管理技术

3.3.1 公路隧道群车速管理

1)隧道行车特点调查与结论分析

(1)调查情况简单介绍

为了更好地研究隧道群行车特点,便于制订高速公路隧道车速管理方案,对国内某典型隧道群进行了车速调查,调查地点的选取如图 3.9 所示。调查内容包括隧道群同一时段不同位置的地点车速变化情况、不同车型车速情况。调查车型主要分为重型车与非重型车,车型分类标准见表 3.3。选取的典型隧道群基本情况:隧道 1 为分离式上下行隧道,左洞长 1 578 m,右洞长 1 603 m;隧道 2 长 300 m;隧道 3 长 150 m。隧道1 与隧道 2 之间的距离(桩号差)为 804 m,隧道 2 与隧道 3 之间的距离(桩号差)为 117 m。此典型隧道运营时间较短,交通量较小,约为 53 辆/h,可认为此隧道群的车速变化只受隧道群环境影响,不受其他车辆的速度干扰。隧道群限速 80 km/h。

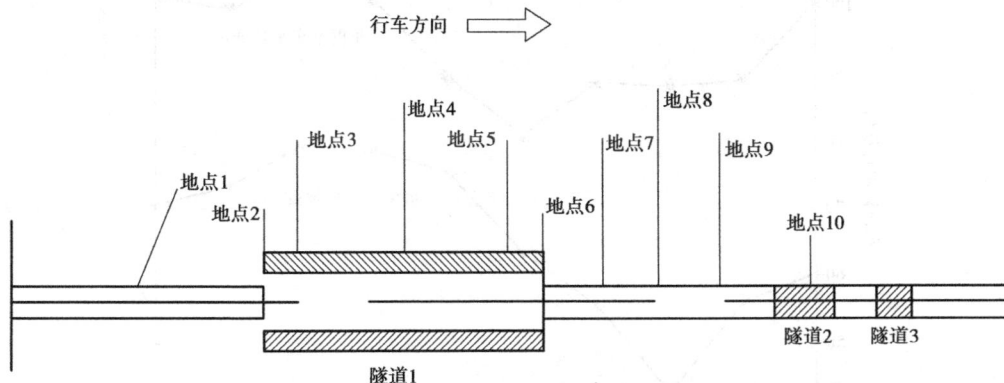

图 3.9　某典型隧道群车速调查地点选取示意图

表3.3　隧道群车速调查车型分类标准表

车型分类	重型车	非重型车
车型描述	主要指大货车、罐车和中型货车、大客车	其他车辆,包括小汽车、面包车、中小型客车、小货车

（2）调查结论

将以上10个测点的数据按照上述处理方法整理后,其结果见表3.4。

表3.4　同一时段不同位置车速调查样本特征值汇总表

测点位置	重型车平均速度/($km \cdot h^{-1}$)	非重型车平均速度/($km \cdot h^{-1}$)	重型车比例/%
1	60.2	100.7	30.00
2	56.3	89.1	40.00
3	42.7	87.9	26.00
4	55.5	88.6	16.00
5	63.5	80.7	20.00
6	75.4	89.5	10.00
7	78.5	100.4	15.00
8	79.3	105.0	22.00
9	73.2	99.4	18.00
10	70.5	101.2	20.00

利用上述整理数据,采用 MATLAB 6.5 绘制相关平均车速变化曲线如图3.10所示。

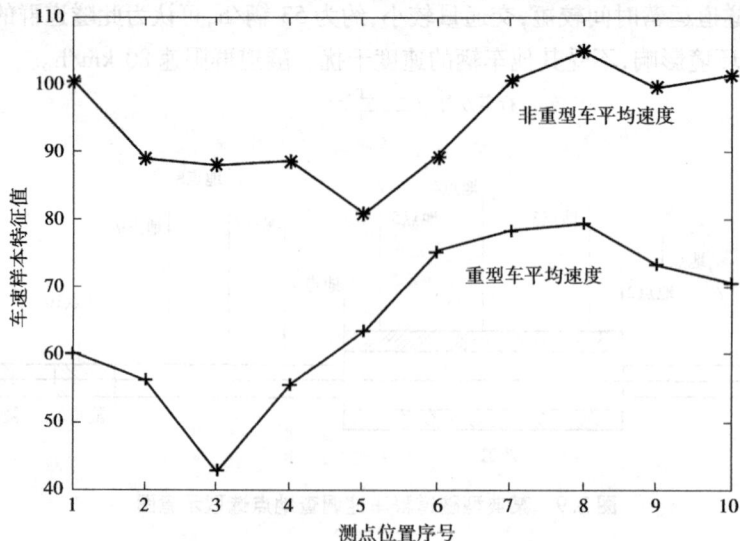

图 3.10　某典型隧道群同一时段地点车速随测点位置变化曲线图

从图 3.10 可以得出以下结论：

①重型车与非重型车在隧道群中的运行特性基本上符合"进隧道减速、出隧道加速"的规律。

②重型车与非重型车车速变化曲线基本相同。

③测点 2 到测点 4 存在减速和加速过程的原因是驾驶员在隧道中行驶，存在"暗适应"的作用，导致速度下降，经过一段时间的适应，驾驶员习惯了隧道亮度，有加速的趋势。

④测点 5 到测点 6 存在加速过程的原因是在出洞口时，由于"明适应"和驾驶员的"逃逸心理"，产生加速的趋势。

⑤测点 8 的车速高于测点 1 的车速，验证了前述所得结论即测点 5 到测点 6 有加速趋势。一般情况下，由于驾驶员的"逃逸心理"作用，隧道与隧道之间的路段的速度可认为是高于高速公路普通路段的车速。

⑥测点 1 到测点 4 的车速变化规律与测点 9 到测点 10 的车速变化规律的相似性，验证了隧道车速管理中可按照一个长隧道进行管理的结论的正确性。

2）隧道有效限速措施研究

隧道群进行车速管理的主要目的是使隧道内的交通流达到均衡、同一的目的，为了实现这一目标，许多交通平抑措施应用于车速管理。对于交通平抑措施实施效果的相关总结如下，见表 3.5。

表 3.5　交通平抑措施实施效果表

国　家	交通平抑措施	效　果
英国	震动带	交通速度平均值下降 40%
德国	限速平台、车道弯曲、车道变窄、限宽门	交通事故发生率没有显著变化，交通事故造成的伤害减少 50%
澳大利亚	各种措施	交通事故减少 50%，交通量减少 30%，车辆行驶速度下降 25%
荷兰、法国	限速凸起、车道障碍	交通事故减少 30%~60%

（1）驾驶员主观车速判断误差的讨论

隧道车速管理主要通过限速标志和震动带来达到在隧道洞口减速进洞的目的，但是通过实际调研发现，车辆进入隧道的速度明显大于隧道的限速值。这就有必要对隧道限速标志的效果进行探讨，以更好地使驾驶员车速控制在要求的标准车速之下。

车辆进入隧道速度大于隧道的限制值的原因除了限速值设置的不合理外，还与驾驶员对车速判断的方式有很大关系。在高速公路上行驶的驾驶员通常情况下对车速的判断并非基于车速表，而是根据驾驶员的主观经验和行车比较效仿来进行判断。在进入隧道区域前，驾驶员在高速公路上长时间行驶，往往对车速的判断不准，刘哲义曾对高速公路上行驶的驾驶员做过"车速减半试验",试验过程简要叙述为首先要求驾驶员按照车速表指示为准,将车速提高到某一规定值,然后要求驾驶员按照一般看到减速标志时的操作方式将车速减少至规定值的一半,试验结果见表 3.6。

表 3.6　车速减半试验结果

规定车速	32	48	64	80	96
减半车速	16	24	32	40	48
实际车速	22.1	33.8	43.7	52.6	61.3
判断误差	6.1	9.8	11.7	12.6	13.3

通过表 3.6 可以看出,当车速改变时,驾驶员主观感觉的车速差异总比客观速度差异大,随着速度的提高,对车速的判断误差也加大。

驾驶员对车速的判断除了与车速值相关外,还与车速的保持时间长短有着密切关系,杜坤等人曾经进行车速保持时间与车速判断误差关系试验,试验过程简要叙述为驾驶员以 100 km/h 行驶不同距离,通过车速表读取主观判断减速到 60 km/h 的实际车速值,试验结果见表 3.7。

表 3.7　车速判断试验结果

试验条件	估计车速为 60 km/h 的实际车速	误差/%
100 km/h 保持 5 s 后减速	66.7 km/h	11
100 km/h 保持 30 km 后减速	75.7 km/h	26
100 km/h 保持 60 km 后减速	80.1 km/h	32

通过表 3.7 可以看出,驾驶员主观感觉的车速差异总比客观速度差异大,随着行驶时间的提高,对速度的判断误差也在不断加大。

(2)隧道前有效限速措施的建议

基于以上分析,可以得出驾驶员主观车速误差判断与速度值的大小、速度值的保持时间长短有关。在限制的手段上可以考虑从以下两个方面提高限速效果、减少实际车速与限速标准值之间的绝对差,减少行驶车速的保持时间。组合限速措施可以描述为在隧道限速标志前设置减速震动带,提醒驾驶员减速行驶,隧道限速标志数量从 1块提高到 3 块,分别在隧道前 500 m、1 km、2 km 前设置,达到限速的目的。

3)隧道临时养护施工区段的速度管理技术研究

高速公路隧道养护,有时需要封闭部分车道进行维护作业,这种作业信息需要通过可变情报板予以显示,以起到诱导交通流的作用,这造成隧道行车信息量的突变,需要驾驶员减速通过养护区域。根据人机工程学的原理,驾驶员的视野范围为正前方左右各 60°的范围,而正前方 10°以外 20°以内为驾驶员的交通信息瞬间识别视野。根据我国公路设计车辆尺寸及隧道的断面形式,可以计算出驾驶员的瞬间视野为 28.36 ~

57.15 m,一般计算时取为 30 m。人的视觉信息处理速率为 2.7 ~ 7.5 bit/s,考虑驾驶员的行车安全性和隧道的特点,一般取值为 3 bit/s。

(1)人机工程学中信息量的计算公式

根据人机工程学原理,若信息源 s 中含有 n 个相互独立的不同信号,某个信号 s_j 出现的概率为 P_j,则信息源 s 中的总信息量为

$$H(s) = -\sum_{j=1}^{n} P_j \log_2 P_j \tag{3.1}$$

式中　$H(s)$——信息源 s 中包含的总信息量,bit/s;

　　　　P_j——信息源 s 中信号 s_j 出现的概率。

(2)驾驶员信息量分析及计算

临时养护施工区段的驾驶员接收的信息主要包括作业区出入口信息、车道宽度信息、封闭车道数信息、养护施工区段隔离设施信息、大型车对车流的影响信息、途经作业区车流间的相互影响信息、施工人员对车辆的影响信息、施工机械对车辆的影响信息、安全施工有关措施对车辆的影响信息。

①作业区出入口信息的计算。作业区出入口是指封闭车道供养护作业车辆和人员进入的地方,作业区出入口一般设置于作业区的端部(分为头部、尾部两个位置)和作业区中部。出入口位于作业区端部,作业车辆可以通过自然的分合流点出入作业区,对车辆影响较小,概率取为 1;当出入口位于作业区中部时,出入口和未封闭车道形成 T 形交叉口,车辆出入易与其他车辆形成交通冲突,对车流影响较大,概率取为 0.01。

②车道宽度信息的计算。临时养护施工作业占用一部分车道,作业区段车道宽度有所改变,若作业区车道宽度小于 3.5 m,概率取 0.01;大于 3.5 m,概率取 1。

③封闭车道数信息的计算。在实际中影响作业区的通行能力和车速的是封闭养护作业区车道后通车的车道数,因此封闭车道信息用开放车道信息予以体现。开放车道信息的概率 = 开放车道数/原有车道数。

④养护施工区段隔离设施信息的计算。主要是指通行车道和施工作业区的隔离,一般分为安全锥、分隔墩、隔离墙 3 种。其中,安全锥和分隔墩高度较矮,对途径驾驶员的心理影响较大,计算信息量时概率取 0.01;作业区利用隔离墙分隔时,途经驾驶员感觉安全,概率值取 1。

⑤大型车对车流的影响信息的计算。在维护作业区段,大型车的通行严重影响着其他车辆的运行,用大型车流量比率作为计算概率。

⑥途经作业区车流间的相互影响信息的计算。以车头时距表征车辆间的行车距离,设安全行车距离所对应的车头时距为 δ,利用车头时距小于 δ 的概率作为计算概率。

⑦施工人员对车辆的影响信息的计算。驾驶员在隧道中行驶,已习惯了无人干扰的驾驶环境,养护人员的出现对驾驶员将造成影响,此概率可通过出现在行车道上的工作人员数乘以行车道上的工作时间与总人员数乘以总工作时间的比值表示。

⑧施工机械对车辆的影响信息的计算。施工机械一般都在作业区封闭范围内作业，虽然对交通的正常通行不造成影响，但是出现在驾驶员视野中，给驾驶员造成严重的心理压力，当作业区内有 1 台施工机械出现在驾驶员视野内时，取 0.01，则整个施工机械总信息量为暴露在驾驶员视野内的施工机械信息量的总和。

⑨安全施工有关措施对车辆的影响信息的计算。在作业区范围内一般设置施工标志、警示灯等安全辅助措施，每有一项其信息量概率取为 0.01，分组累加计算安全施工有关措施的信息量。

(3)临时养护施工区段的营运安全推荐车速计算

$$v = \frac{L}{\alpha t} \tag{3.2}$$

式中　v——临时养护施工区段的营运安全推荐车速，m/s；

　　　L——驾驶员瞬间视野，m；

　　　t——驾驶员处理视野内全部信息需要的时间，s；

　　　α——驾驶员信息响应时间系数，根据经验一般取 2.5 s。

根据式(3.2)，将信息量公式及有关参数代入后，可得临时养护施工区段的营运安全推荐车速(km/h)的计算公式：

$$v = \frac{3.6 \times L}{\alpha \times \dfrac{\sum\limits_{i=1}^{n} H_i}{\eta_{\max}}} = \frac{1.44 \times L \times \eta_{\max}}{\sum\limits_{i=1}^{n} H_i} \tag{3.3}$$

式中　$\eta_{\max}$——驾驶员的信息处理能力。

(4)临时养护施工区段的营运安全推荐车速计算简单算例

假设隧道中某一临时施工现场如图 3.11 所示，已知隧道限速为 100 km/h。施工作业类型为路面养护，作业区长度约 100 m，作业区出入口为头部，养护作业占用部分车道，采用安全锥进行隔离，可通行车道宽度大于 3.5 m，作业区前方设有道路施工标志和导向标志及警示灯。作业区内有 2 台施工机械，共有施工人员 10 人，其中有 8 人长期出现在作业行车道上，持续时间大约 12 h，该处实测交通量为 400 辆/h，大型车比例约为 40%。假设车头时距小于 δ 的概率为 0.03。

图 3.11　某隧道临时施工现场图

算例计算过程如下：

第一步：计算作业区信息量，见表 3.8。

第二步：临时养护施工区段的营运安全推荐车速计算。

$$v = \frac{1.44 \times 30 \times 3}{2.106} \text{ km/h} \approx 62 \text{ km/h} \tag{3.4}$$

表3.8　作业区信息量计算表

信息类型	计算公式	信息量
作业区出入口信息	$-1 \times \log_2 1$	0
车道宽度信息	$-1 \times \log_2 1$	0
封闭车道信息	$-0.5 \times \log_2 0.5$	0.5
养护施工区段隔离设施信息	$-0.01 \times \log_2 0.01$	0.066
大型车对车流的影响信息	$-0.4 \times \log_2 0.4$	0.529
作业区车流间的相互影响信息	$-0.03 \times \log_2 0.03$	0.152
施工人员对车辆的影响信息	$-0.4 \times \log_2 0.4$	0.529
施工机械对车辆的影响信息	$2 \times (-0.01) \times \log_2 0.01$	0.132
安全施工有关措施对车辆的影响信息	$3 \times (-0.01) \times \log_2 0.01$	0.198
作业区信息量汇总		2.106

(5)临时养护施工区段的运营安全推荐车速的发布

临时养护施工区段的运营安全推荐车速的发布必须借助设置在隧道外的可变情报板。在进行运营安全车速发布之前需要进行发布方案的选优。目前隧道前设置的可变情报板的控制方式有两种:一种是人工控制,一种是自动控制。人工控制是监控人员根据自己掌握的交通、气象、有无施工作业等信息,结合自己的经验,制订相应的诱导方案,在监控软件上直接编辑信息,如"前方道路施工,请减速慢行",有了上述临时养护施工区段的运营安全推荐车速的计算结果,可以更好地指导驾驶员行车,可在监控软件上直接编辑"前方施工,推荐车速为62 km/h",发布到可变情报板上。在人工控制模式下,可以看出进行临时养护施工区段的运营安全推荐车速的计算,更有利于隧道安全行车。现在较少采用的自动控制型可变情报板,其工作原理为通过隧道沿线布置的视频车辆检测器和洞外气象检测器上传的数据进行计算,软件自动生成交通控制方案,并结合人工输入的施工信息及运营安全推荐车速方案,通过软件算法自动选取最优方案,通过可变情报板进行诱导指令发布,其发布过程如图3.12所示。

(6)自动控制型可变情报板控制方案原理研究

①方案1的推荐车速计算方法。通过车辆检测器获取的控制方案,其计算原理可简要概括为利用车辆检测器上传的平均速度和流量计算出交通密度(交通流量、密度、速度的关系如图3.13所示),再根据交通密度计算出安全车头时距,在此基础上反算临时养护施工区段的运营安全推荐车速。

利用自动控制型可变情报板的软件,根据车辆检测器上传的实时数据,自动进行推荐车速的计算步骤如下:

第1步:计算交通密度。

$$K = \frac{Q}{V_S} \tag{3.5}$$

式中 K——交通密度；

　　Q——交通量；

　　V_S——平均地点车速。

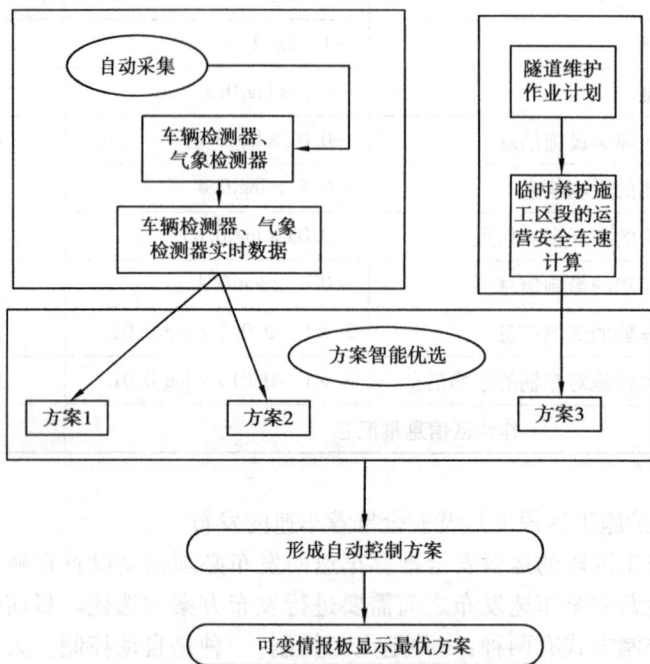

图 3.12　自动控制型可变情报板控制方案的发布过程示意图

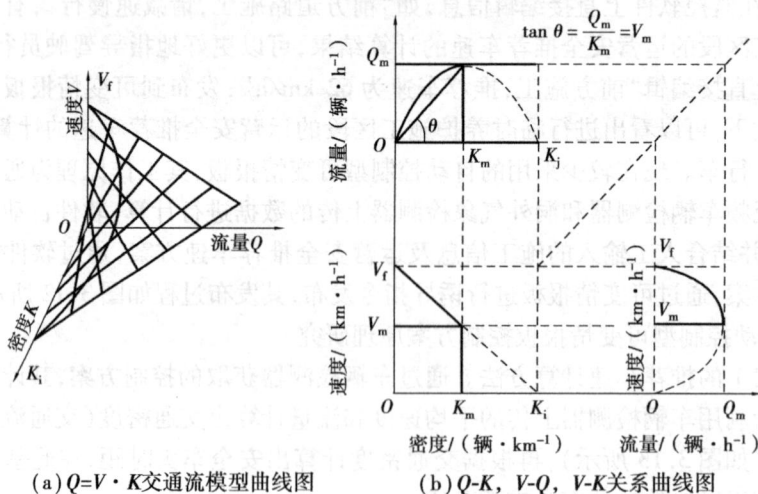

(a) $Q=V \cdot K$ 交通流模型曲线图　　　　(b) $Q\text{-}K$, $V\text{-}Q$, $V\text{-}K$ 关系曲线图

图 3.13　交通流基本参数关系图

第 2 步：计算车头间距。

$$d_n = \frac{1\,000}{K} \tag{3.6}$$

式中　d_n——计算车头间距。

第 3 步:保持此平均车头间距所需的速度确定为推荐运营安全车速。

根据式(3.6),可计算推荐营运安全车速:

$$d_n = L + \frac{v}{3.6} \times t + \frac{v^2}{2 \times \varphi \times g \times 3.6 \times 3.6} \tag{3.7}$$

式中　v——推荐运营安全车速,km/h;

　　　φ——路面摩擦系数;

　　　g——重力加速度,一般取值为 9.8 N/kg。

②方案 2 的推荐车速的获取。一般都是由管理人员根据经验预设参数的区间对应的安全车速推荐值,气象检测器传递的数据与预设区间相比较,得出推荐车速。

③方案比选。基于最不利原则,推荐方案中最小的车速为最终控制推荐车速。

推荐方案车速 = min{方案 1 车速,方案 2 车速,方案 3 车速}

3.3.2　危险品管理

1)危险品分类

在进行隧道危险品管理研究之前,需要对隧道运营安全分类进行科学分析。综合考虑不同地区的经济条件、隧道特征、交通特征、运营特征与环境特征,建立隧道运营安全分类的判别函数,通过隧道分类判别函数的数值分区与图表两种形式,建立高速公路隧道运营安全分类体系,如图 3.14 所示。

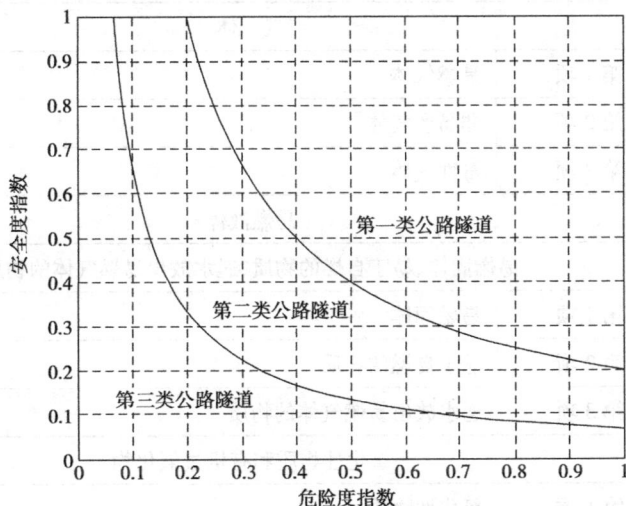

图 3.14　高速公路隧道运营安全分类区间图

隧道综合分类判别函数的定义为

$$F = a \times S_p \times P \tag{3.8}$$

式中　a——分类调节常数,通过国内典型隧道验算,本节建议取 3;

　　　F——隧道分类判别函数;

　　　S_p——安全度指数;

　　　P——隧道危险度指数。

判别函数计算值后的隧道运营安全分类区间的划分如下:

第一类公路隧道:$F \geq 0.6$。

第二类公路隧道:$0.2 \leqslant F \leqslant 0.6$。

第三类公路隧道:$F \leqslant 0.2$。

高速公路隧道运营安全分类区间可用图3.14表示。

我国对于危险品分类是在参考国际 ADR 分类的基础上制定的,主要包括《危险货物分类和品名编号》(GB 6944—2012)和《危险货物品名表》(GB 12268-2—2012)两个标准,其中最能指导高速公路隧道及隧道群危险品车辆管理的是《危险货物分类标准》,将危险品按其具有的危险性分为9类、16个项别,见表3.9。

表3.9 我国《危险货物分类和品名编号》中的危险品分类

类 别	项 目	描 述
第一类		爆炸品
	第1项	有整体爆炸危险的物质和物品
	第2项	有迸射危险,但无整体爆炸危险的物质和物品
	第3项	有燃烧危险并有局部爆炸危险或局部迸射危险或这两种危险都有,但无整体爆炸的物质和物品
	第4项	不呈现重大危险的物质和物品
	第5项	有整体爆炸危险的极端不敏感物品
第二类		气 体
	第1项	易燃气体
	第2项	非易燃气体
	第3项	毒性气体
第三类		易燃液体
第四类		易燃固体、易于自燃的物质、遇水放出易燃气体的物质
	第1项	易燃固体
	第2项	易于自燃的物质
	第3项	遇水放出易燃气体的物质
第五类		氧化性物质和有机过氧化物
	第1项	氧化性物质
	第2项	有机过氧化物
第六类		毒性物质和感染性物质
	第1项	毒性物质
	第2项	感染性物质
第七类		放射性物质
第八类		腐蚀性物质
第九类		杂项危险物质和物品

2) 危险品监管

1953 年,联合国经济和社会理事会(Economic and Social Council,ECOSOC)通过了创建"联合国危险货物运输专家委员会(UNCETDG)"的决议,后者由经选举的 22 个国家代表组成,我国于 1988 年以成员国正式身份加入该组织。1956 年,UNCETDG 编写出版了《关于危险货物运输的建议书·规章范本》(又称"橘皮书")。欧洲经济委员会(ECE)与国际运输委员会制定了《国际公路运输危险货物欧洲协议》(ADR)等有关的危险货物包装及运输管理法规。1999 年 10 月,ECOSOC 讨论通过了增设化学品分类及标签全球协调系统专家委员会(UNCGHS&TDS),再分别下设危险品运输专家分委员会和化学品分类及标签全球协调系统专家分委员会,每两年召开一次的委员会大会和每半年召开一次的分委员会会议负责制定、修改有关危险品及包装的国际规章。

近年来,随着社会各界对危险品运输监管重要性的认识,《危险化学品安全管理条例》(2013 年 12 月)、《中华人民共和国安全生产法》(2014 年 12 月)、《危险化学品包装物、容器定点生产管理办法》(2002 年 10 月)和《危险化学品包装物、容器产品生产许可证实施细则》(2016 年 10 月)、《特种设备安全监察条例》(2003 年 6 月)等一系列法律法规颁布实施,确立了我国危险品包装安全监管体系的法律基础。

国家质量安全主管部门及行业管理部门为了规范危险品包装产品的质量和使用,完善安全监管体系,制定了《危险货物运输包装通用技术条件》(GB 12463—2009)、《危险货物包装标志》(GB 190—2009)、《公路运输危险货物包装检验安全规范》(GB 19269—2009)等一系列 50 余个国家强制性标准,涵盖各类危险品包装产品性能、标签、进出口检验检疫、仓储物流过程以及相应的检测技术。

此外,商检和包装主管部门还制定了《危险货物及危险货物包装检验标准基本规定》(GB/T 19459—2004)等近百个行业、推荐性标准,作为国家强制性标准的有力补充。

目前,国内危险品包装实行生产许可证制度,即所有的危险品包装生产企业必须获得生产许可证后方可生产和销售。《危险化学品包装物、容器产品生产许可证实施细则》中明确规定了目前实施生产许可证管理的有金属桶、金属罐、塑料包装、复合包装、各类罐体、纸容器、木容器、玻璃容器 8 个类别的产品。

3) 危险品运输管理

根据我国《危险货物分类和品名编号》(GB 6944—2012)和《危险货物品名表》(GB 12268-2—2012)的危险品分类而建立的危险品分组制度,分为 A,B,C 3 个分组:

A 组:除第一类、第二类、第三类、第四类危险品之外的危险品。

B 组:第一类第一项、第二类第一项、第二类第三项、第四类第一项、第四类第二项危险品之外的危险品。

C 组:第一类第二项、第一类第三项危险品之外的危险品。

根据上述介绍的隧道运输分类方法和危险品编组方法制定的规定为:

第一类公路隧道可通过 A 组危险品,需限时引导车护送通行。

第二类公路隧道可通过不属于 A 组而属于 B 组的危险品,需限时引导车护送通行,对于 A 组危险品可自由通行。

第三类公路隧道可通过不属于 B 组而属于 C 组的危险品,需限时引导车护送通行,对于 B 组危险品可自由通行。

其中限制通行时段的确定方法:需要隧道运营管理者对具体隧道交通量时变规律进行调查,结合危险品上报情况,根据交通量低的时段分布情况和危险品编组中各类危险品的规模,具体确定通行时段。

3.3.3　公路隧道分类等级划分

公路隧道安全等级划分的目的是可以按照隧道安全级别科学、合理地配备相应的安全设施、管理措施和事故预防措施,既能保证隧道运营安全性,又能节约建设成本和运营成本。一般来说,经济投入与隧道运营安全性的关系如图 3.15 所示。初期,随着隧道安全设备经济投入的增加,隧道运营安全性会随之增加,当达到某一高度时,安全设备的经济投入就不会对隧道运营安全性有提高作用。

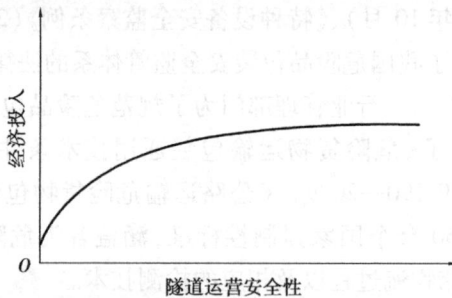

图 3.15　安全设施经济投入与隧道运营安全性的关系

实际上,公路隧道安全等级划分标准不仅与隧道长度、交通量相关,还与隧道的防火规模、隧道内是否有主动灭火设施有关。同时隧道长度在安全等级划分中起到了与交通量大小同等重要的作用,为了说明隧道长度在安全等级划分中的作用,下面将引入隧道洞内"消防盲区"的概念。

众所周知,隧道洞内发生火灾后,由于有害废气物将快速充满隧道洞内各处角落,被困人员在洞内生存的有效时间仅有 6 min。在这仅有的"黄金 6 min"时间内,若隧道洞内无主动灭火设施,根据隧道长度情况,洞内可能存在"消防盲区"。

假设隧道两端均预设消防车,消防车从发生火灾时刻起,以速度 V(km/h)同时从两端向洞内行驶,"黄金 6 min"时间内,消防车最多可以达到隧道洞内的距离合计为 $0.2V$ km,消防车在此时间内未能达到的地方则称为消防盲区,长度为 $(L-0.2V)$ km,如图 3.16 所示。当隧道长度 $L>0.2V$ km 时,隧道洞内存在消防盲区,安全等级降低;当隧道长度 $L\leq0.2V$ km 时,隧道洞内无消防盲区,安全等级较高。对于隧道单方向设有消防车的情况,消防盲区的长度为 $(L-0.1V)$ km。

隧道入口　　　　　　　　　　　　　L　　　　　　　　　隧道出口

消防盲区

0.1V　　　　　　　　　　　0.1V

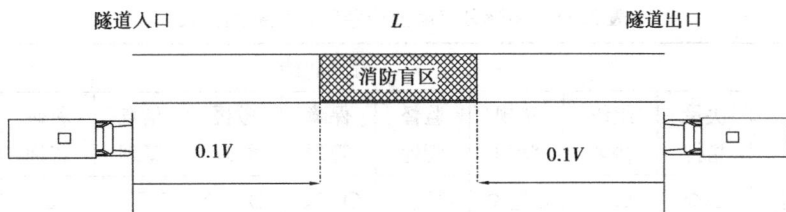

图 3.16　公路隧道消防盲区示意图

基于以上分析,本节将综合考虑交通量、隧道长度、是否有消防盲区、是否设有消防车及隧道防火规模等因素,确定公路隧道安全分级标准,从高到低分为 Ⅰ,Ⅱ,Ⅲ,Ⅳ,Ⅴ 共 5 个安全等级,见表 3.10。

表 3.10　公路隧道分级标准

安全分级	Ⅰ 级	Ⅱ 级	Ⅲ 级	Ⅳ 级	Ⅴ 级
安全等级函数 F /(m·veh·d^{-1})	$F \geqslant 1 \times 10^8$	$1 \times 10^8 > F \geqslant 5 \times 10^7$	$5 \times 10^7 > F \geqslant 3 \times 10^7$	$3 \times 10^7 > F \geqslant 1 \times 10^7$	$1 \times 10^7 > F$
隧道长度 L/m	$L \geqslant 10\ 000$	$10\ 000 > L \geqslant 3\ 000$	$3\ 000 > L \geqslant 1\ 000$	$1\ 000 > L \geqslant 500$	$500 > L$
消防盲区	有	可能有	无	无	无
消防箱	有	有	有	有	有
消防车	两端配置	根据需要配置	无	无	无
主动灭火	配置	根据需要配置	无	无	无
防火规模	$\geqslant 20$ MW	20 MW	20 MW	20 MW	20 MW

注:表中安全等级判别函数 $F = N \cdot L$(m·veh/d),其中 N 为隧道断面交通量,veh/d;L 为隧道长度,m。

3.4　公路隧道应急管理体制

3.4.1　公路隧道应急管理思路

根据高速公路隧道应急管理思路,通过对管理层次——决策层、管理层、操作层的划分,全面分析高速公路隧道各类应急管理方式和各项任务及相关职能,包括决策责任、组织、执行和协助工作的分工,可以清楚地了解政府行为和非政府行为这一对二元因素的相互关系,确立其中的主要方面,并可以获得进行各方面要素整合优化的理想途径。

1)隧道应急管理职能划分

高速公路隧道应急管理职能应包括决策指挥、组织协调、法规管理、监督管理、保险管理、救援管理、信息管理、投资管理、科研咨询、宣传教育等,按照政府部门与非政府部门划分职能,见表 3.11。

表 3.11　高速公路隧道应急管理职能划分表

机构		管理职能								
		决策指挥	组织协调	法规管理	监督管理	保障管理	救援管理	信息管理	科研咨询	宣传教育
政府部门		○◇	○◇	○□◇	○□◇	○□◇	○□◇	○□◇	○	○□◇
政府部门	咨询机构	☆	☆	☆	☆	☆	☆	☆	○□◇	☆◇
	保险公司			◇☆	☆	◇☆	◇☆	☆		◇
	媒体			◇☆	□◇☆			☆		○◇☆
	运营单位	○□◇☆	○□◇☆	◇	◇☆	○□☆	○□☆	○□☆	◇☆	○□◇☆
	其他社会组织				☆	☆	☆			☆◇

注:表中符号定义○表示负责,□表示组织,◇表示执行,☆表示协助。

高速公路隧道应急管理任务包括物资管理、交通运行状态管理、重要决策及其执行过程管理、经济与社会效益管理、机构和部门管理、协调管理以及灾害信息管理、减灾科技成果管理等。其具体执行实施见表 3.12。

表 3.12　高速公路隧道应急管理任务的实施表

管理任务	管理层次		
	决策	管理	执行
物资管理	★	★▲	★▲
机构和部门管理	★	★▲	★▲
交通流运行状态管理	▲	▲	▲
应急决策及其执行过程管理	★	★▲	▲
经济与社会效益管理	★	★▲	★▲
协调管理以及灾害信息管理	★	★▲	★▲
减灾科技成果管理	★	★	★▲

注:表中符号定义★表示政府行为,▲表示非政府行为。

2)隧道应急管理体制框架

高速公路隧道突发事件,特别是重大突发事件,需要广泛动员各种组织和力量参与,需要统一指挥、统一行动,需要各个方面相互协作、快速联动,需要有技术、物质、资金、舆论的支持和保障,需要有法律和政策的依据。高速公路隧道应急管理基本框架就是通过组织、资源、行动等应急管理要素整合而形成的一体化系统。

3.4.2　基于应急全过程的公路隧道应急管理职能划分

高速公路隧道应急管理全过程由制订应急依据、完善预案计划、应对事件处置和恢复交通运营 4 个主要环节组成,如图 3.17 所示。应急管理层次可以划分为决策层、管理层(职能管理层和执行管理层)、操作层。应急管理实施主体可分为政府行为和非政府行为,如图 3.18 所示。

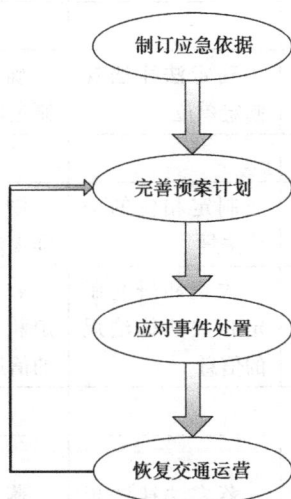

图 3.17　高速公路隧道应急管理全过程

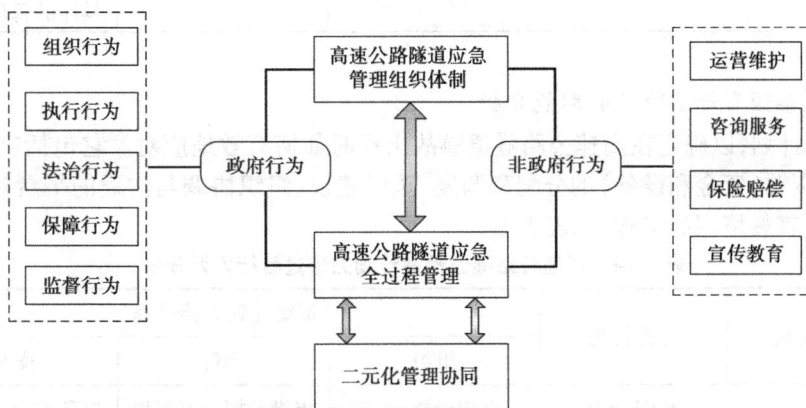

图 3.18　高速公路隧道应急管理体制基本框架图

1)制订应急依据阶段的职能分析

制订应急依据的目的是实现预控。预控是指为消除高速公路隧道事故出现的机会或者减少事故造成的影响的一切活动。针对高速公路隧道的应急管理,应制订高速公路隧道应急处置依据(政府主管部门),并确定相应等级的实施措施(由运营单位实施),其出发点是使高速公路隧道应急管理工作有法可依、有利于管理工作的标准化,见表 3.13。

表 3.13　高速公路隧道应急依据制订过程行为划分表

管理层次	二元行为	应急依据制订过程		
		法律法规	规范标准	实施细则
决策层	政府行为	确定法律法规制定的种类	确定规范标准制定的种类	
	非政府行为			
职能管理层	政府行为	确定法律法规制定单位	确定规范标准制定单位	批准实施细则
	非政府行为			
执行管理层	政府行为	制定相应的法律法规	制定相应的标准规范	制定和落实实施细则
	非政府行为	收集和研究制定相关法律法规的信息	收集和研究制定相关标准规范的信息	协助制定实施细则
操作层	政府行为			执行实施细则
	非政府行为	落实法律法规有关规定	落实标准规范有关规定	落实实施细则有关规定,制定本管理范围的更加具体的管理规程

2）完善预案计划阶段的职能分析

作出计划,以确定在高速公路隧道事故出现时如何有效地应对。它包括应急预案的制订、资源(资金和设备)的分配和调度、队伍建设、组织协调与沟通的平台建设(通信保障)、宣教培训的实施,见表 3.14。

表 3.14　高速公路隧道预案计划完善过程行为划分表

管理层次	二元行为	预案计划完善过程		
		组织	物资	技术
决策层	政府行为	机构设立	审批救援物资规划	信息整合与决策
	非政府行为			
职能管理层	政府行为	职能配置	制订并细化救援物资规划	制订技术发展与应用计划
	非政府行为			
执行管理层	政府行为	岗位设置、队伍建设	救援计划制订与落实	批准相关技术研究立项工作
	非政府行为			

管理层次	二元行为	预案计划完善过程		
		组织	物资	技术
操作层	政府行为	协调组织救援开展	救援物资调拨	确定研究单位
	非政府行为	定岗定人	储存、运输、使用与回收	进行相关研究、提供技术应用平台

充分准备是高速公路隧道安全管理的一项主要原则。其主要措施有:利用现代通信信息技术建立信息收集网络,加强信息分析整理,依靠专家、技术和知识提高风险信息分析能力,以争取早期预警和正确决策;组织制订应急预案,并根据情况变化随时对预案加以修改完善;就应急预案组织模拟演习和人员培训,设立风险类别和等级,建立预警系统;与政府部门、社会救援组织和医院等部门订立应急合作计划,以落实应急处置的设施使用、技术支持、物资设备供应、救援人员等事项,为应对突发事件做好准备。

3)应对事件处置阶段的职能分析

应对事件处置阶段是指高速公路隧道事故出现后,通过各种措施控制和降低事故损失的行为,包括许多重要环节,如事故评估、事故预警、安全诱导、紧急救援、应急处置、后勤保障、媒体引导等。

及时应对是高速公路隧道应急管理的又一重要原则。其主要措施包括进行预警提示、启动应急计划、提供紧急救援、紧急疏散车辆、评估事故程度,见表3.15。这是考验应急能力的关键阶段、实战阶段,尤其要解决好以下几个问题:一是要提高快速反应能力,反应快,意味着损失就少,经验表明建立统一的指挥系统有助于提高快速反应能力;二是要为一线应急人员配备必要的装备设施,以提高危险状态下的应急处置能力;三是要加强车流的诱导,因为人们在灾害和危机情况下通常会不听从指挥,不服从管理,如不顾一切地挤向出口和车行横洞,最终因交通堵塞而无法脱险。

表 3.15 高速公路隧道应对事件处置过程行为划分表

管理层次	二元行为	预案计划完善过程		
		预测预报	应急处置	媒体引导
决策层	政府行为	事故发布决策	决策预案启动等级	
	非政府行为			
职能管理层	政府行为	事故情况研判与上报	指挥预案实施	
	非政府行为			
执行管理层	政府行为	事故预测信息汇总与分析,根据规定进行上报	预案执行	授权媒体发布事故信息
	非政府行为	收集事故预测相关信息,进行事故信息预测,根据规定进行上报	执行预案中相关职责	及时发布事故信息

续表

管理层次	二元行为	预案计划完善过程		
		预测预报	应急处置	媒体引导
操作层	政府行为	组织协调救援	指挥救援行动	
	非政府行为	提供事故预测相关信息,并根据规定,进行上报	开展具体救援工作	

4)恢复交通运营阶段职能分析

恢复交通运营阶段是指通过各种措施,恢复正常的行车秩序。它包括事故评价、事后设施检查与维护,见表3.16。

表3.16 高速公路隧道恢复交通运营过程行为划分表

管理层次	二元行为	恢复交通运营过程		
		事故评价	事后设施检查与维护	恢复交通
决策层	政府行为	事故评价决策		恢复交通决策(重大事件)
	非政府行为			恢复交通决策(非重大事件)
职能管理层	政府行为	确定事故评价原则	建立设施检查评定原则	
	非政府行为			
执行管理层	政府行为	确定评价内容	确定检查内容与维护方法	
	非政府行为			
操作层	政府行为	选择评价机构		
	非政府行为	实施事故评价	实施设施检查维护作业	执行恢复交通操作

在高速公路隧道事故得到有效控制后,应积极开展各项善后工作以尽快恢复正常的状态和秩序。其主要措施包括启动恢复计划,修复或更换被毁设施,尽快恢复正常行车秩序,进行事故评估管理等。事后评估应分析应急管理的经验和教训,为今后应对类似事故奠定新的基础,也有助于制度和管理创新,化危机为契机。

3.4.3 公路隧道应急联动体系

高速公路隧道应急事件管理既然是在协同管理体制指导下建立的,隧道突发事件应急联动体系的建立需要政府有关主管部门设置专门的或非常设行政机构,通过有效整合资源对隧道突发事件的预防和控制形成的一整套机制。其目的在于提高政府对隧道突发事件的指导和协调能力,提高隧道运营机构的预见能力与救助能力,及时而有效地处理隧道突发事件,快速恢复正常运营状态。隧道事件的复杂性与严重性,使隧道运营机构面临突发事件时,需要政府有关主管部门进行有效地协调与统一指挥,从而将事件的危害降到最低限度。

1)隧道异常事件分类

收集整理近年来国内外公路隧道事故的情况,归纳分析得到隧道异常事件的类型主要有以下 4 种:

①火灾。隧道内因为车辆追尾、易燃物品泄露、引擎过热甚至人为破坏等各种原因起火燃烧。

②交通事故。车辆因为各种原因发生对撞、追尾、擦撞、翻覆等事故,有人员伤亡或车辆受损现象。

③危险品泄漏。危险品的种类繁多,若在隧道内发生火灾、爆炸、泄漏等重大事故,势必造成人员、财产、隧道结构、路面等极大的损害。

④自然灾害事故。隧道所处区域地质环境复杂,有可能因为降雨等原因引发自然灾害,危及隧道的土建结构和正常运营。

2)隧道异常事件等级划分

根据公路隧道各类运营事故的性质、危害程度和涉及范围,将公路隧道运营事故分为 4 个级别:Ⅰ级(特别重大)、Ⅱ级(重大)、Ⅲ级(较大)和Ⅳ级(一般),见表 3.17。

表 3.17 高速公路隧道及隧道群异常事件等级

事故级别	火灾或者爆炸事故	化学品泄漏事故	车辆交通事故	自然灾害引发事故
Ⅰ级(特别重大)	泄漏汽油的油罐车	发生化学品泄漏,交通完全中断,造成重大人员伤亡	死亡和失踪人员30 人以上	①死亡和失踪人员30 人以上;②对隧道构造物的结构造成完全破坏;③造成交通完全中断
Ⅱ级(重大)	卡车或者公共汽车	发生化学品泄漏,交通长时间(2 h 以上)中断,造成人员伤亡	①死亡 3 人以上;②重伤 11 人以上;③死亡 1 人,同时重伤 8 人以上;④死亡 2 人,同时重伤 5 人以上;⑤财产损失 6 万元以上;⑥对隧道构造物的结构造成严重破坏	①死亡 3 人以上;②重伤 11 人以上;③死亡 1 人,同时重伤 8 人以上;④死亡 2 人,同时重伤 5 人以上;⑤对隧道构造物的结构造成严重破坏;⑥交通中断

续表

事故级别	火灾或者爆炸事故	化学品泄漏事故	车辆交通事故	自然灾害引发事故
Ⅲ级(较大)	货运汽车	发生化学品泄漏,严重影响交通,威胁车辆和人员安全	①死亡1~2人; ②重伤3人以上10人以下; ③财产损失3万元以上不足6万元; ④对隧道设施造成的损坏情况较重; ⑤影响车辆通行情况较为严重	①死亡1~2人; ②重伤3人以上10人以下; ③对隧道设施造成的损坏情况较重; ④影响车辆通行情况较为严重
Ⅳ级(一般)	小客车		①重伤1~2人; ②轻伤3人以上; ③财产损失不足3万元; ④对隧道设施造成的损坏情况较轻; ⑤轻微影响交通	①重伤1~2人; ②轻伤3人以上; ③对隧道设施造成的损坏情况较轻; ④轻微影响交通

3)基于隧道分类的预警启动条件

高速公路隧道及隧道群预警级别对应上面的异常事件分类级别也划分为4个级别:Ⅰ级(特别严重)、Ⅱ级(严重)、Ⅲ级(较重)和Ⅳ级(一般),依次用红色、橙色、黄色和蓝色表示,等级数越小,表示灾害危险性越大。

(1)Ⅰ级预警启动条件

第一类公路隧道通过第一类、第二类、第三类、第四类危险品车辆时,实行Ⅰ级预警。

(2)Ⅱ级预警启动条件

①第二类公路隧道通过第一类第一项,或第二类第一项,或第二类第三项,或第四类第一项,或第四类第二项危险品车辆。

②隧道结构属于B类破损或属于A类破损并将出现恶劣气候对隧道结构产生进一步破坏。

(3)Ⅲ级预警启动条件

①第三类公路隧道通过第一类第二项或第一类第三项危险品车辆。

②隧道结构属于A类破损并将出现恶劣气候对隧道结构产生进一步破坏。

(4)Ⅳ级预警启动条件

①交通量大于通行能力,隧道交通流为间断流。

②隧道交通流为自由流但隧道内已发生车辆故障或交通事故。

其中,隧道结构破损 A 类、B 类的划分标准,见表 3.18。

表 3.18　隧道结构破损监测结果评定标准

监测部位	监测内容	结果评定	
		A 类	B 类
洞口	山体有无滑坡、岩石有无崩塌的征兆;边坡、护坡道等有无缺口、流涌水、沉陷、塌落、变形、位移等	存在滑坡的初步迹象,尚未危及交通	山体开裂、滑动,岩体开裂、失稳,已危及交通
	护坡、挡墙有无裂缝、断缝、倾斜、鼓肚、滑动、下沉或表面风化、泄水孔堵塞、墙后积水、周围地基错台、空隙等	存在此类异常情况,尚未妨碍交通	护坡、挡墙等产生开裂、变形、移位等,可能对交通构成威胁
洞身	墙身有无开裂、裂缝	墙身存在轻微的倾斜或下沉等,尚未妨碍交通	由于开裂、衬砌存在剥落的可能,对交通构成威胁
	结构有无倾斜、沉降、断裂	墙身存在轻微的倾斜或下沉等,尚未妨碍交通	通过肉眼观察,即可发现墙身有明显的倾斜、下沉等;或洞门与洞身连接处有明显的环向裂缝,有外倾的趋势,对交通构成威胁
	混凝土钢筋有无外露	存在轻微的外露现象,尚不妨碍交通	混凝土保护层剥落,钢筋外露,受到锈蚀,对交通构成威胁
衬砌	衬砌有无裂缝、剥落	在拱顶或拱腰部位,存在裂缝,尚不妨碍交通	衬砌开裂严重,混凝土被分割形成块状,存在掉落的可能,对交通构成威胁
	衬砌表层有无起层、剥落	存在起层、剥落,并有压碎现象,尚不妨碍交通	衬砌严重起层、剥落,对交通构成威胁
	墙身施工缝有无开裂、错位	存在此类异常现象,尚不妨碍交通	接缝开口、错位、错台等引起止水板或施工缝砂浆掉落,发展下去可能妨碍交通
	洞顶有无渗漏水	存在漏水,尚不妨碍交通,但影响隧道内设备的安全	洞顶大规模漏水,已妨碍交通
路面	路面上有无塌(散)物、油污、滞水、结冰;路面有无拱起、沉陷、错台、坑洞、开裂、溜滑	存在此类异常现象,尚不妨碍交通	路面出现严重的拱起、沉陷、错台、裂缝、溜滑以及结冰,已妨碍交通

续表

监测部位	监测内容	结果评定	
		A 类	B 类
人行道、检修道	道板和铺装层有无破损、缺失,栏杆和护栏有无破损、缺失	道板局部破损,栏杆锈蚀,尚未妨碍交通	道板损坏多处,栏杆损坏变形,已妨碍交通
排水设施	结构有无破损;边沟盖板是否完好;沟管有无开裂漏水;排水沟(管)、积水井等有无淤积堵塞、滞水、结冰	存在此类异常现象,尚未妨碍交通	由于结构破损或杂物堵塞,截水沟、排水管(沟)淤积、滞水,已妨碍交通
墙体、装饰层	有无变形、破损,有无漏水、脏污	存在此类异常现象,尚未妨碍交通	存在严重变形、破损、漏水、污染,已妨碍交通
交通标志	有无变形、破损、缺损、脏污	存在此类异常现象,尚未妨碍交通	存在变形、破损、缺损、脏污,已妨碍交通

4)隧道应急联动体系

(1)构建原则

高速公路隧道应急联动体系的构建原则概括起来有以下几个重要原则:

①公共利益最大化原则。任何体系的活动和结构,都是为了实现特定的目标而服务的。应急联动体系也不例外,应急联动体系是以减少隧道事件损失,最大限度地维护国家和人民生命财产安全为根本目标,这一目标决定了组织结构形式。

②依法原则。其内涵可以阐述为两个方面:依法设立和依法行政。从依法设立的角度来讲,隧道应急联动体系必须通过政府权力机关立法或行政立法权的行政机关立法,通过立法,规定应急联动体系中的机构设置、权利与职责,实现统一管理,保证指令畅通,以便发挥逐级授权、依次分工、分级负责、充分发挥下级的能动性与创造性的功效。明晰的权责体系,有利于责任事故的追究,有利于绩效突出的单位和个人依法给予表彰。从依法行政的角度来讲,隧道应急联动体系在突发事件时,应急联动中枢决策系统拥有非常大的权限,必须使其联动机制主体、内容和程序合法,才能保证突发事件有条不紊地处置。

③有利于资源整合利用原则。正常情况下应由交通主管部门在隧道运营管理单位设立常设机构、隧道应急联动联络办公室,由隧道营运安全管理者代表负责,通过赋予其办公室的权威性对其他联动单位进行协调、指导、监督工作。

④有利于科学决策的原则。高效率的应急管理必须以高效率、高质量的决策为前提。为了科学决策,必须注重交通信息的收集与管理、相关部门的意见沟通与行动的协调。

⑤有利于现代信息技术应用的原则。现代信息技术使不同部门、机构的信息数据共享成为可能，从而大大提高信息传递的速度。只有充分利用现代信息技术，才能在第一时间内完成应急联动单位的组织与协调工作，提高事件的处置效率。

（2）功能分析

隧道异常事件的发生具有不确定性和复杂性，需要时时作好异常事件处置的准备。一般情况下，异常事件都具有一定的警兆，可将其处置过程划分为3个部分：预警期、异常事件处置期、交通运营恢复期。因此，应急联动体系的功能也可依次划分为三大功能。

①预控功能。其发挥依靠高效的隧道异常事件预警系统。预警系统主要包括信息监测系统、信息收集与处理系统、自我评估与判定系统、预警信息确认与通报系统。预警系统的功能发挥主要体现在以下两点：一是在异常事件发生前，灵敏而又准确地捕捉到与异常事件发生相关的、具有一定联系的信号，通过应急机制尽可能早地将其扼杀在摇篮之中；二是当异常事件的发生已无法避免时，快速建立应急联动中枢决策系统，组织应急事件的处置，使事件的损失控制在最小范围内。

②应急处置功能。在异常事件的初期阶段，根据预警启动条件，应急联动体系的中枢决策系统就要迅速强制干预，利用其权威制定和执行带有强制性的决策。组织和协调有关联动单位进行现场救援，根据异常事件的复杂性和严重性，迅速找出问题的根源，把握目前状况和评估可能产生的后果，决策参与救援的单位、部门、人数、救援物资的调配，使事件的损失尽可能地控制在最小范围。同时加强交通诱导信息的发布，迅速掌控交通流。

③交通恢复功能。根据有关预案，进行隧道设施和结构的修复及作好交通恢复运营的准备，待准备工作结束后，由隧道营运机构安全管理者代表发布恢复交通运营指令，恢复正常交通。

（3）组织架构设计

按照隧道应急联动体系的构建原则和功能，运用系统组织学原理，适宜将隧道应急联动体系设计成网络式动态联动组织。它依托于从中央到地方按照行政区域设立的常设应急管理机构的基础上，以应急法律法规为结合点的动态连接体，以由政府交通安全主管部门授权的应急联动联络办公室负责统筹协调、组织与联动单位的救援行动，从而形成一个网络式组织结构，如图3.19所示。

（4）应急联动体系职责匹配

政府行政应急常设机构是行政区域内的突发公共事件的最高决策机构，是针对行政区域内可能突发的各种公共灾害事件特征而成立的针对性非常强的政府部门，机构内配有来自不同部门和研究机构的专家学者作为顾问，机构内的成员大多数来自权力部门或突发事件处置的对口部门，具有比较强的权威性和权力。其主要职责是：制定行政区域内预警应急管理部门的行动指导方针，在比较大的范围内调拨物资、人力资源，处理大范围的协调工作，在工作中遵循"把握全局、制定战略、掌握资源、明确措施、强力监督"的原则。

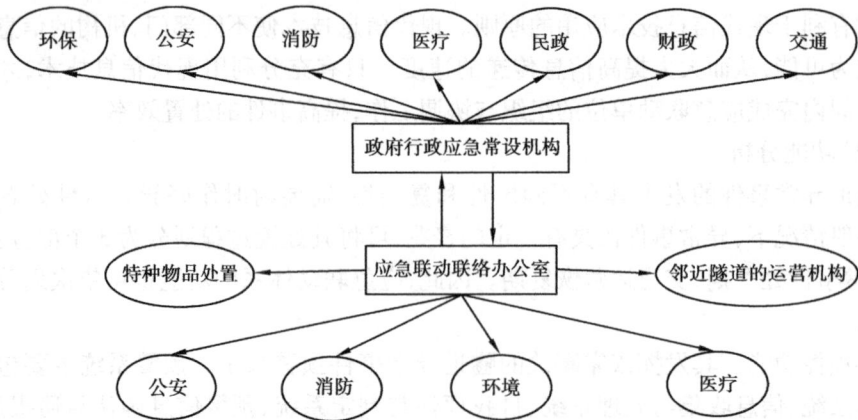

图 3.19　高速公路隧道应急联动体系网络式组织结构图

联动单位的主要职责:常态下注意随时与本级或上级应急管理部门、应急联络单位保持信息沟通,参与本部门相关的预案制订,组织本部门参加预案的演练、评估、修订工作,非常态下接受本级或上级应急管理部门统一调配,在第一时间进入现场进行紧急救援,如公安部门到达现场后,主要负责交通和运输管理,消防部门主要是与隧道运营单位有关人员一起扑灭火灾,控制火灾现场。

隧道应急联动联络办公室的主要职责:常态下密切关注本部门的安全运行状态,监督设备和结构的安全检查工作,制订本部门预案,进行预案的演练、评估、修订工作,组织和协调与联动单位的联合演练;在异常事件发生后,第一时间进行初期处置,并根据上报级别,向政府行政应急常设机构进行报告,组织现场救援管理工作。

(5)隧道管理者代表制度

英国 2007 年颁布的《The Road Tunnel Safety Regulations 2007》法案最突出的亮点是独立的安全专员制度:此专员要由每条隧道的管理者提名,负责防御和安全保障措施,以确保车辆和管理员的安全。此专员只负责公路隧道安全问题,独立于其他事务之外。在借鉴英国先进管理经验的基础上,提出有中国特色的隧道管理者代表制度。

管理者代表结合高速公路隧道及隧道群营运安全分类,由政府主管部门进行任命,管理者代表不等同于隧道运营机构的最高负责人,而是主要负责营运安全管理的具有政府工作人员性质的应急联动联络办公室最高负责人。具体任命规则如下:第一类公路隧道管理者代表由省交通主管部门任命并报交通运输部批准;第二类公路隧道和第三类公路隧道管理者代表由地(市)交通主管部门任命并报省交通主管部门批准;管理者代表应熟悉隧道运营管理业务,责任心强,身体健康。

管理者代表的职责根据隧道所处区域不同分别进行如下界定:非跨省区域隧道管理者代表,是隧道日常管理与应急管理的全权代表,对隧道的安全运营负有主要责任;跨省区域隧道管理者代表,是隧道日常管理的全权代表,对隧道设施的正常运营负有主要责任。需由隧道所跨区域协调指定另一应急管理者代表负责发生隧道运营灾害时的减灾与救援组织及协调。

高速公路隧道安全运营管理技术

3.4.4　防灾减灾救援预案

1) 防灾减灾救援保障体系

(1) 组织机构

为了保障隧道发生突发异常事故时的应急处理能力,需建立高速公路隧道突发事件应急处置组织体系,框架如图 3.20 所示。隧道应急指挥部要按照"集中统一、政令畅通、指挥有力、条块结合、资源共享"的原则,认真负责地开展应急处置工作;各部门成员应服从领导,按照既定预案和现场机动处理的原则积极响应,确保在应对突发公共事件时形成紧密对接、上下贯通、高效有序的应急运作机制。

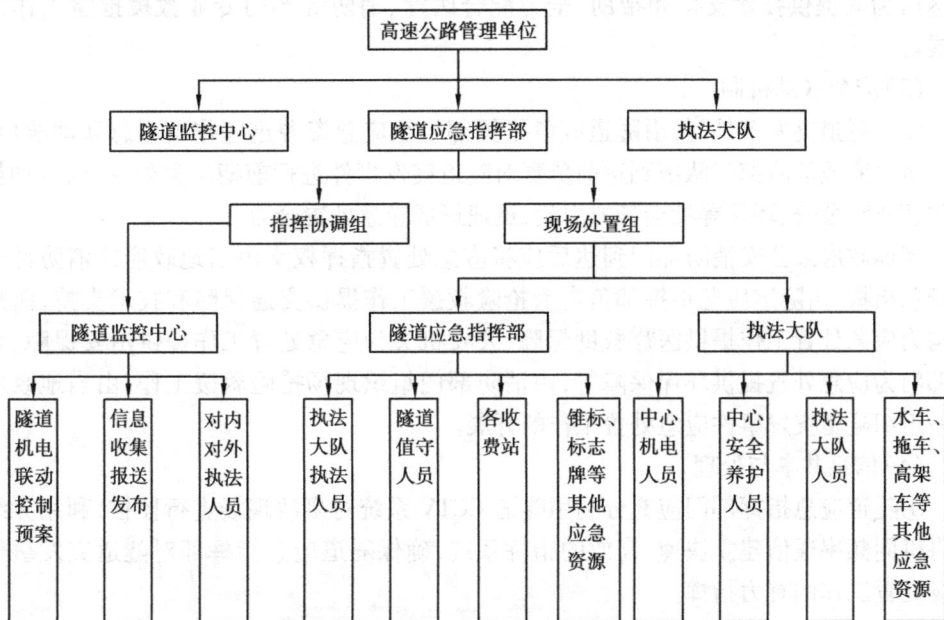

图 3.20　高速公路隧道突发事件应急处置组织体系框架图

(2) 工作机构及职责

高速公路管理单位和高速公路执法大队是高速公路隧道突发事件应急管理工作的领导机构,由执法大队成立高速公路隧道突发事件应急指挥部(以下简称"隧道应急指挥部")。隧道应急指挥部全面负责高速公路隧道突发事件应急管理工作,指挥协调隧道突发事件应急处置工作。

①隧道应急指挥部指挥协调组。在隧道应急指挥部负责人或其授权应急指挥人员到达前负责隧道突发事件的初期处置,同时负责各类突发事件信息的收集、整理、报送和发布。积极做好现场处置人员与指挥部的联系沟通以及对外协调工作。

②隧道应急指挥部现场处置组。其分为交通组织疏散小组和应急救助抢险小组,在隧道应急指挥部的统一指挥下负责事故现场的交通组织及疏散、应急救助和在保障自身安全的前期下开展抢险工作。

③交通组织疏散小组。在隧道突发事件发生后,根据事故性质和影响范围立即制订交通管制方案并组织实施,划定警戒区域;当发生隧道火灾等严重事故时,应阻止洞

外车辆进入洞内,组织疏散洞内的车辆驶离洞外,组织隧道内滞留人员有序疏散和撤离;指挥相关收费站适时关闭或开启车道实施交通管制措施,为各类应急救助抢险队伍顺利到达现场提供交通保障。

④隧道应急指挥部应急救助抢险小组。在隧道突发事件发生后,监控人员应迅速启动隧道机电系统联动控制方案,机电人员赶赴隧道现场配电室及机房,使隧道机电系统设施设备运行正常,为整个应急救助抢险工作提供保障;应急救助抢险小组应组织力量疏散滞留在隧道内的驾乘人员,同时调用水车、清障车、隧道消防器材等应急资源,在保障自身安全的前提下开展救助抢险工作;在医疗、消防等专业救援抢险部门到达后为其提供技术支持和帮助,全力配合医疗、消防等部门专业救援抢险工作的开展。

(3)应急联动机制

发生隧道突发事件时,由隧道应急指挥部组织应急资源迅速作出应急联动响应,在当地政府或消防部门队伍到达前负责对隧道突发事件进行前期应急处置,同时动员消防、医疗、公安、环保等社会各方力量,迅速形成应急处置合力。

当地政府或公安消防部门到达后应将应急处置指挥权交由当地政府或消防部门现场总指挥,由隧道应急指挥部负责为抢险救援工作提供交通保障和技术支持,医疗机构为应急处置工作提供医疗救助保障,公安机关为应急处置工作提供治安保障,环保部门为应急处置提供环保保障等,由消防部门组织现场抢险救援工作,由当地政府统一组织隧道突发事件应急处置工作的开展。

(4)信息共享与处理

①隧道应急指挥部门应充分利用隧道 CCTV 系统对事故现场进行监控,利用无线对讲机同频率通信建立快速、高效的指挥系统,确保隧道应急指挥部对隧道突发事件现场处置工作的有力指挥。

②信息处理。隧道监控中心作为隧道应急指挥部的信息中心,应按照信息监测运行机制的要求,及时收集处理各类信息,同时做好隧道突发事件信息的后续上报工作,不间断地报告处置现场的新进展,为上级决策提供信息保障。

③隧道监控中心要积极保持与应急处置联动单位的信息互通,将隧道现场的实时监控信息传递给现场处置单位指挥人员,同时收集现场处置的最新进展,保障现场处置工作的信息共享和畅通。

④在隧道应急指挥部的统一指挥下,隧道监控中心应及时、准确、对外统一口径地发布相关信息。

2)防灾减灾救援分区

根据异常事故在隧道发生的位置不同,划分不同的防灾减灾救援分区。按照《公路隧道设计规范 第一册 土建工程》(JTG 3370.1—2018),对于长隧道、特长隧道($L > 1\,000$ m),救援区分为 3 类:隧道入口段、中间段和出口段;中隧道(500 m $< L \leqslant 1\,000$ m),救援区分为两大类:隧道入口段和出口段;短隧道不划分救援分区。

3)典型隧道事故防灾减灾救援预案制订

(1)火灾爆炸事故的防灾减灾预案

隧道火灾爆炸事故的防灾救灾预案可分为人员疏散、人员救治、交通控制、通风照明、消防灭火和交通恢复6个部分,各部分之间的相互作用框架流程如图3.21所示。

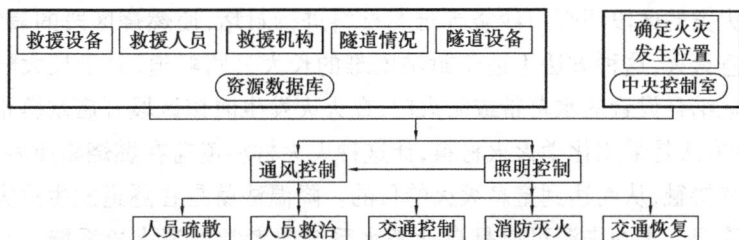

图 3.21　火灾爆炸事故的防灾减灾预案框架流程图

①通风照明。通风照明在隧道火灾爆炸事故救援过程中发挥着非常重要的作用,主要用来控制烟雾的扩散、排除和提供新鲜的空气。一般情况下,通风控制预案应满足以下要求:提供防止烟流逆流或向正常隧道扩散的最小风速;尽快排出隧道内的烟雾;为逃生提供新鲜空气;为消防人员灭火提供新鲜空气。

②人员疏散和人员救治。人员疏散是指在隧道火灾爆炸事故发生过程中如何引导隧道内司乘人员逃生。隧道管理站根据隧道报警、摄像机确认,根据火灾发生地点和性质,应启动交通控制、通风照明等措施,并在保证人员安全疏散的前提下,尽可能地疏散车辆。隧道使用人员如发现其他车辆起火,应打开警告灯,如可能应尽量将自己的车辆按照次序开出隧道;根据隧道车道控制标志引导通过车行横洞驶入隧道另一洞(如果隧道另一洞开辟为双向行驶),将车辆开到或推到紧急停车带或最外侧车道并关闭发动机(给消防、救援等车辆尽可能地让出内侧车道);立即离开车辆;如果隧道管理人员没有采取措施,应立即采用隧道设施或手机报警;如果需要和可能,给受伤的人予以帮助;使用车辆自带的灭火器或隧道的设施扑灭火灾;如果火灾不能扑灭,应尽快根据疏散标志、标志灯等引导离开火灾地点或隧道。隧道使用人员如发现隧道设施起火,将车停在远离火灾点的安全地带(一般指紧急停车带内),并通过隧道设备或手机报警;如果火灾较小,隧道使用人员可使用自带的或隧道内的灭火器灭火。

③交通控制。其措施主要包括在一般情况下保证隧道交通正常通行,火灾情况下尽快疏散社会车辆、并引导人员逃离、组织人员救援。交通控制应满足以下要求:根据火灾爆炸事故发生地点及隧道内设备配置情况来确定,由于隧道长短不一、设备配置不一、人行和车行横洞数量不一,针对不同的隧道有不同的交通控制措施。

隧道发生火灾后,首先应关闭所有隧道,并以有利于人员和车辆疏散为原则。交通控制措施中应考虑消防灭火人员以及救援人员的路线。对于隧道内人员的幸存来说,有效逃离是一个关键问题。着火以后在出现烟尘堵塞之前,靠近着火点的人员能够进行逃离的时间非常有限,逃生的黄金时间在10 min以内。因此,隧道内发生火灾,关键是让隧道内的人员逃离火灾现场,争取逃离时间。逃离时间也就是需要逃离隧道的时间,由两部分组成,即反映时间和移动时间,这就要求火灾检测时间尽可能地短。

④消防灭火。隧道消防灭火的基本思路是要考虑隧道特殊的环境特点,隧道内发生火灾时控制灾情的方法基本上有两种,即断氧窒息法和降温法。当隧道内发生火灾时,各种方法应相互配合使用,并结合隧道的防火分区进行考虑。断氧窒息法:一种方法是在发生火灾的区段两端用沙袋等难燃材料进行封堵,使燃烧区段的氧气失供,氧气耗尽后窒息灭火,这种方法不适于封堵困难的长大公路隧道,对于长大隧道一般采用与防火分区结合设置的水幕带或防火门,在火灾发生时该区段开启水幕带或关闭防火门;另一种方法是采用化学灭火材料,让这种灭火材料覆盖在燃烧物质表面,隔断可燃物与空气的接触,从而达到窒息灭火的目的。降温法就是在隧道发生火灾时采用水或空气进行降温。水的来源可以是自动洒水系统或者常规消火栓系统。空气主要是通过隧道的通风组织供给。由于水或空气的冷却作用,使得燃烧没有足够的热量加以维持,从而达到灭火的目的。

据以上所述,火灾爆炸事故的防灾减灾预案系统示意图如图3.22所示。

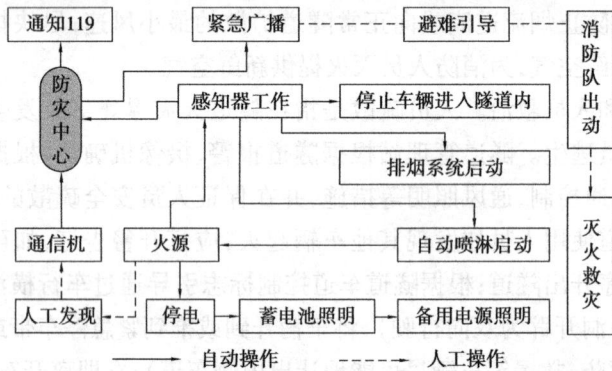

图3.22 火灾爆炸事故的防灾救灾预案示意图

隧道发生火灾后,首先要封闭隧道进行交通管制,所有车辆只出不进;其次根据火灾发生的位置,对被围困人员进行疏解营救,同时按照公路隧道火灾模式下的通风组织原则,对风机实施控制。其中,风机控制顺序:先调整火灾隧道风机,再调整非火灾隧道风机;控制策略:调整射流风机(风机正反转,正常风机从运行—停止—反转需要8~10 min,目前利用反转技术,从运行—停止—反转只需30 s);控制目标:以火灾区风速控制为主。

对于特长隧道,随着火灾发生在隧道内位置的不同,人员援救措施随之不同。当隧道发生火灾时,火区下游人员自行驾车由隧道出口快速撤离隧道;火区上游被围困人员需根据火灾区段划分选择逃离方式。对于特长隧道火灾发生的地点距离隧道上游进口较长的情况,可将火区上游划分为3个火灾区段:一是火区附近段,距离火灾发生地点500 m区域,在此区域被围困的司乘人员选择弃车逃生,通过人行横通道进入非火灾隧道撤离;二是火区较近段,距离火灾发生地点500~1 000 m区域,在此区域被围困的司乘人员选择弃车逃生和驾车逃生的混合逃生方式;三是火区较远段,距离火灾发生地点大于 1 000 m 区域,在此区域被围困的司乘人员选择驾车逃生,通过邻近的车行横通道进入非火灾隧道撤离。

在具体的隧道火灾上游区段划分时,区域范围可根据人行横通道和车行横通道的位置进行适当调整,一般可将最邻近 500 m 和 1 000 m 处的人行横通道和车行横通道作为区段划分的分界点。

根据以上分析,下面对 3 种情况(火灾发生地点距上游隧道入口处的距离 500, 1 000 及 1 000 m 以上)的隧道火灾通风和人员救援模式进行分析。

a.情景一(火灾发生地点距上游隧道入口 500 m,疏散示意图如图 3.23 所示)。

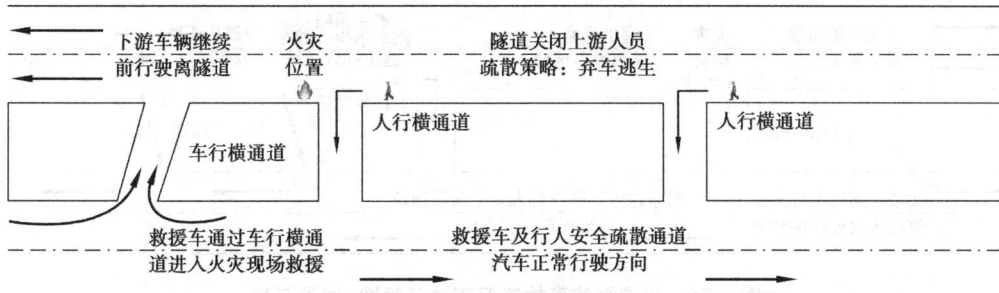

图 3.23 火灾爆炸事故工况疏散示意图(情景一)

此时火灾发生的地点距离隧道上游出口较近。火灾发生后,为了尽量使有毒气体通过最短的途径排出,在起火阶段,隧道内风速应控制在 1 m/s 以下;在人员疏散阶段,隧道内风速应控制在 2 m/s 以下;在消防人员进入火灾现场灭火阶段,隧道内风速应控制在大于 2.5 m/s。

火灾发生地点下游车辆可正常驶离隧道,因为上游火灾影响区距离较短且离火灾发生地点较近,所以被围困人员疏散采用弃车逃生的策略,救援车辆通过对向内侧车道驶入火灾发生地点进行救援。同时对向车道进行交通控制,外侧车道车辆可以正常通行,开辟内侧车道为救援车辆和行人安全疏散通道。

b.情景二(火灾发生地点距上游隧道入口 1 000 m,疏散示意图如图 3.24 所示)。

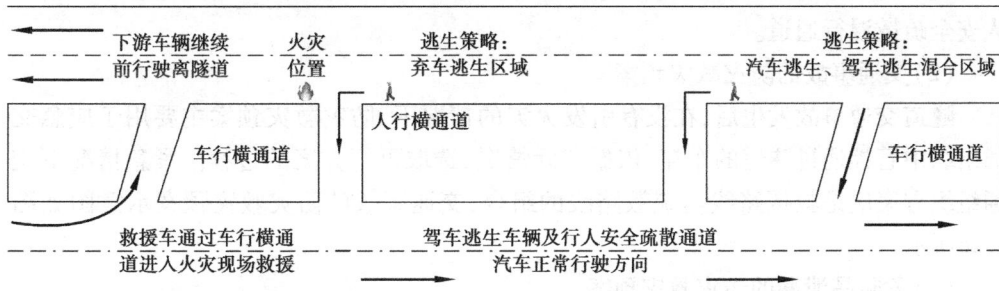

图 3.24 火灾爆炸事故工况疏散示意图(情景二)

此时火灾发生的地点在隧道中部附近。在火灾发生起始阶段,隧道风速控制在 1 m/s 以下;在人员疏散阶段,隧道内风速应控制在 2 m/s 以下;在消防人员进入火灾现场灭火阶段,隧道风速应控制在大于 2.5 m/s。

火灾发生地点下游车辆可以正常驶离隧道。上游火灾影响区域内的被围困人员根据火灾分区分别进行不同的疏散策略,距离火灾发生地点 500 m 区域内,被围困的司乘人员选择弃车逃生,通过人行横通道进入非火灾隧道撤离;距离火灾发生地点 500 ~ 1 000 m 区域内,被围困的司乘人员选择弃车逃生和驾车逃生的混合逃生方式。救援车辆通过对向内侧车道驶入火灾发生地点进行救援,同时对向车道进行交通控制,外侧车道车辆可以正常通行,开辟内侧车道为逃生车辆和行人安全疏散混行通道。

c.情景三(火灾发生地点距上游隧道入口 1 000 m 以上,疏散示意图如图 3.25 所示)。

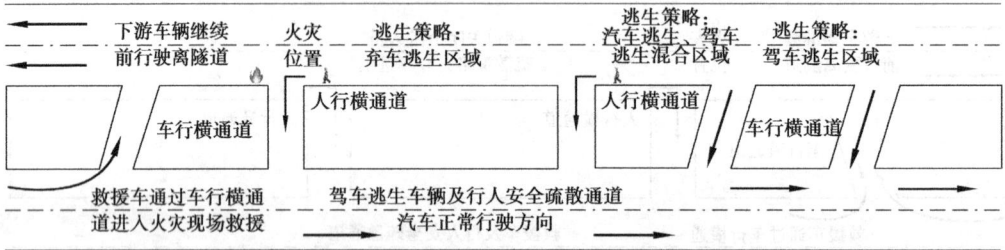

图 3.25 火灾爆炸事故工况疏散示意图(情景三)

此时火灾发生地点距离隧道下游出口较近。在起火阶段,隧道内风速控制在 1 m/s 以内;在人员疏散阶段隧道内风速应控制在 2 m/s 以下;在消防人员进入火灾现场灭火阶段,隧道内风速应控制在大于 2.5 m/s。

火灾发生地点下游车辆可正常驶离隧道。上游火灾影响区域内的被围困人员根据火灾分区分别进行不同的疏散策略,距离火灾发生地点 500 m 区域内,被围困的司乘人员选择弃车逃生,通过人行横通道进入非火灾隧道撤离;距离火灾发生地点 500 ~ 1 000 m 区域内,被围困的司乘人员选择弃车逃生和驾车逃生的混合逃生方式;距离火灾发生地点大于 1 000 m 区域,被围困的司乘人员选择驾车逃生,通过邻近的车行横通道进入非火灾隧道撤离。救援车辆通过对向内侧车道驶入火灾发生地点进行救援,同时对向车道进行交通控制,外侧车道车辆可正常通行,开辟内侧车道为逃生车辆和行人安全疏散混行通道。

(2)交通事故的防灾减灾预案

隧道交通事故发生后,在没有引发火灾的情况下,防灾救灾预案主要用于应急交通组织中管控通过隧道的车流,依据实际情况,选取可行方案的过程。紧急情况下交通组织方案应是救援路线与疏散路线的组合,交通事故的防灾救灾预案示意图如图 3.26 所示。

(3)危险品泄漏的防灾救灾预案

当危险品在隧道内发生泄漏时,应立即封闭泄露现场,对进出口隧道车流进行交通管制,对隧道内被困的司乘人员进行避难引导,同时通知防灾救援部门进行救援。危险品泄露防灾减灾预案示意图如图 3.27 所示。

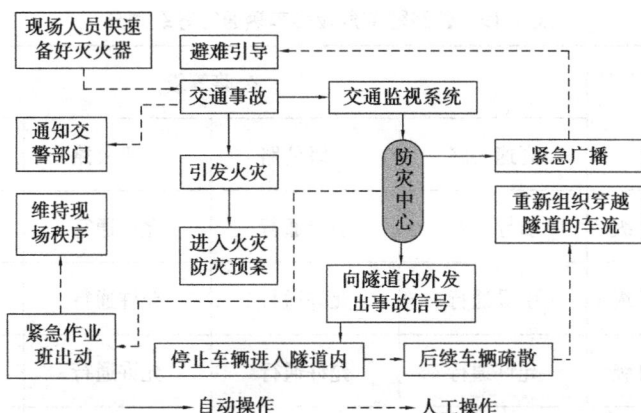

图 3.26　交通事故的防灾减灾预案示意图

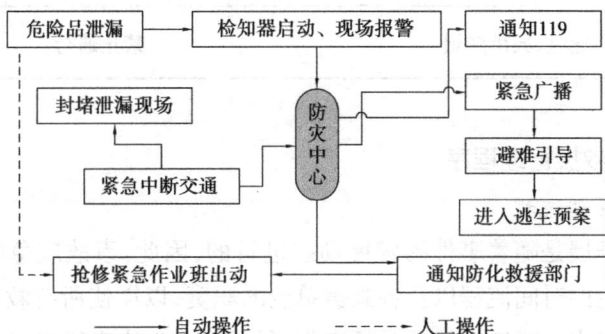

图 3.27　危险品泄漏的防灾减灾预案示意图

　　由于隧道危险品事故抢险救灾的困难性,许多国家都对危险品车辆能否通行隧道进行了专门规定。目前,我国尚未对危险品车辆隧道运输作出明确规定,但在相关法规中对危险品公路运输有一些规定。《危险货物道路运输规则》(JT/T 617—2018)规定:运输爆炸物品、易燃易爆化学物品,应事先报经当地公安部门批准,按指定路线、时间、速度行驶。《危险化学品安全管理条例》(国务院令第 344 号)规定:通行公路运输危险化学品的车辆,不得进入危险化学品运输车辆限制通行的区域。《中华人民共和国道路交通安全法》规定:机动车载运爆炸物品、易燃易爆化学物品及剧毒、放射性等危险物品,应当经公安机关批准后,按指定的时间、路线、速度行驶,悬挂警示标志并采取必要的安全措施。上海市政府在 2017 年 1 月颁发的《上海市危险化学物品安全管理办法》明确规定在夏季高温期间的上午 10 时至下午 4 时禁止危险化学品运输。

　　从保证隧道安全运营的角度考虑,应完全禁止危险品车辆通行隧道。由于经济活动的需要,又要求允许或减缓对危险品车辆的限制。虽然各国的相应措施有所差别,但都是带有限制性的允许通行。因此,考虑公路等级和隧道等级的划分情况,从经济、安全、社会等方面综合权衡,在兼顾可操作性的情况下,提出我国危险品运输车辆通行隧道的风险管理基本措施:允许通行、限时且由引导车护送通行(有隧道管理站时)和禁止通行,见表 3.19。

表3.19　公路隧道危险品车辆通行等级划分

隧道分级		公路等级			
		高速公路	一级公路	二级公路	三级公路
单体隧道及隧道群	Ⅰ级	引导通行	引导通行	允许通行	允许通行
	Ⅱ级	引导通行	允许通行	允许通行	允许通行
	Ⅲ级	允许通行	允许通行	允许通行	允许通行
	Ⅳ级	允许通行	允许通行	允许通行	允许通行
水下隧道、海岸隧道、城市隧道		禁止通行			

3.4.5　应急救援管理程序

1）应急救援管理流程

救援行动的开展是随着事件的发展动态进行的,因此,事故应急救援程序的拟定必须依据灾害发生的时间流程以及各救援单位的职责,以期使所有救灾单位都能发挥高效的应急处理能力。隧道事故的救援工作可按图3.28的流程实施。

2）应急响应管理程序

应急响应程序是应急预案的核心内容,是检验应急救援综合能力的集中体现。结合我国应急救援单位的构成及其职责,将隧道突发事故的应急救援程序共分为7个阶段,每一阶段再细分为所需信息、决策过程、行动方案3个处置步骤,这3个处置步骤的目的是针对各救援单位在执行每一阶段任务时可能面临信息不足、无法立即决策等问题,提供必要的应变处理原则,以期使每一个救援单位在采取任何行动前都能掌握充分的信息。

应注意的是,隧道各类突发事件往往是相互交叉和关联的,某类突发事件可能和其他类别的事件同时发生,或引发次生、衍生事件,应具体分析,统筹应对。因此,现场指挥及管理单位的应急策略并非一成不变,应视现场灾害的演变而灵活运用,以有效地指挥调度救援行动。

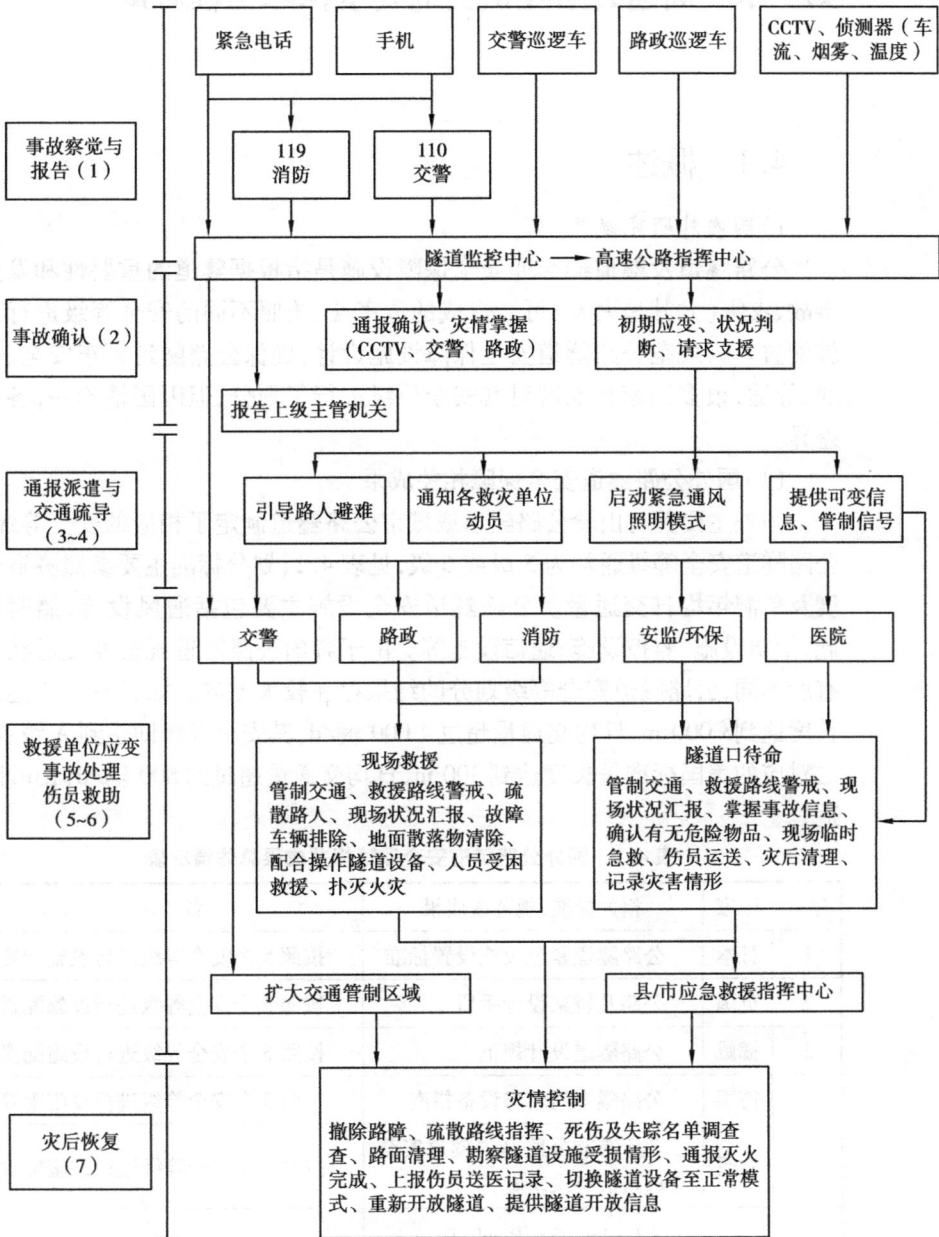

图 3.28　隧道事故应急救援管理流程

第4章 高速公路隧道交通安全保障工程对策

4.1 概述

1）国内外研究概况

公路隧道及隧道群交通安全保障设施是指根据隧道的重要性和发生事故、灾害（尤其是火灾）可能造成的危害性，按照不同的安全等级进行设施配置。为规范公路隧道安全保障设施设计，确保公路隧道行车安全、畅通、舒适，很多国家和地区对其安全等级进行了划分，但因国情不一，各有差异。

（1）国外公路隧道安全保障相关成果

国外主要针对山岭公路隧道或城市公路隧道制定了相应的安全等级，公路隧道安全等级通常为5级或6级，见表4.1，划分标准主要参照隧道长度及单洞年均日交通量。公路隧道安全设施主要包括通风设施、照明设施、消防设施、监控设施、通信设施等。由于各国公路隧道规模及交通状况有所不同，公路隧道安全等级划分的结果存在较大差异。如日本公路隧道长度达到3 000 m、日均交通量超过4 000 辆/d，其安全等级即达到A级；与之对应的美国标准是长度达到300 m、日均交通量超过约800 辆/d(山岭隧道)。

表4.1 国外公路隧道安全保障相关成果总体情况表

序号	国家	相关标准、规范或成果	备 注
1	日本	公路隧道紧急设施设置标准	按照5个安全等级进行设施配置
2	英国	公路及桥梁设计手册	按照5个安全等级进行设施配置
3	挪威	公路隧道设计规范	按照6个安全等级进行设施配置
4	德国	公路隧道运营与设备指南	按照5个安全等级进行设施配置
5	欧盟	关于跨欧公路网内隧道安全设施最低要求法案	按照5个安全等级进行设施配置
6	美国	《Design for Road Tunnels, Bridges and Other Limited Access Highways》(2008 年版)	按照6个安全等级进行设施配置
说明	均按照交通量与长度进行安全分级并进行安全保障设施配置，分级标准各不相同		

（2）国内公路隧道安全保障相关成果

我国相关标准、规范从交通工程角度对公路隧道安全保障设施作出了规定和要求，但在防火安全方面考虑不足（主要是因为我国尚未发布实施公路隧道消防技术规范）。我国一些省、市还制定了地方标准。此外，大陆和台湾学者对此课题也进行了深入研究。

我国台湾公路隧道安全等级划分主要参照日本研究成果；我国云南公路隧道安全等级划分主要借鉴欧盟研究成果。从既有的相关研究资料看，仅有我国上海公路隧道安全等级划分标准明确提出适用于水下隧道。

2）存在的问题

课题组研究人员结合多年高速公路隧道设计与管理经验，认为隧道安全保障设施应从方案设计、设备选型、控制网络结构、信息智能处理、环保节能等方面进行分析总结，综合考虑环境、交通、节能、控制、设备使用寿命等多方面的问题进行设计和施工建设。

①设计阶段存在的问题：从系统功能划分上看，存在功能缺失、弱化或不合理，系统功能不能持续改进的问题；从系统设计方法上看，大多数设计是在同类图纸上复制修改，与具体情况结合不紧密，与运营需求相脱节，导致系统功能有效性不足，利用率较低。

②机电设备选型方面存在的问题：在初步设计、技术设计、招标文件编制中一般都不涉及设备选型，只给出性能、参数等技术指标，业主对设备的实际性能及其对隧道环境条件的适应性缺乏了解，对设备购置缺乏约束性与可控性。

③机电系统网络结构与控制模式方面存在的问题：针对当前国内隧道机电系统主要应用的集散式控制模式和分布式现场总线控制模式的选择，存在模式选择的不合理性问题。

④隧道监控信息系统存在的问题：缺乏管理需求与信息资源的有效结合，导致交通信息资源的浪费，直接造成信息分析处理弱化及联动控制功能的缺失，最终影响系统整体功能的发挥。

⑤电力保障与节能方面存在的问题：存在因线路停电、供配电设备故障、UPS蓄电池馈电等原因导致隧道内照明供电中断问题。

⑥隧道消防系统设计存在的问题：公路隧道防火标准缺失，隧道消防设计、建设、管理程序混乱。

4.2 公路隧道交通状态识别技术

4.2.1 公路隧道交通异常类型及特点

公路隧道交通异常可分为货物洒落、车辆故障、交通挤塞、交通事故、火灾和一氧化碳超标6种类型，每种异常的特点各不相同。

（1）货物洒落

从交通运输上讲可以预防，从隧道运营管理上讲难以预防（进入隧道前有装载品检查站,但无法对物品属性进行检查或装载规范性检查不仔细)或不可预防(进入隧道前无装载品检查站)。当装载物为易燃易爆有毒易污染物品时,无论交通量大小,都会造成严重危害;当装载物为非易燃易爆有毒易污染物品时,若交通量足够小,不会造成大的附带危害,当交通辆较大时,可能造成交通拥挤或交通事故。该异常无先兆但后果可通过闭路电视监视系统检测。

(2)车辆故障

车辆故障无先兆,可通过闭路电视监视系统检测。一般故障可将车拖到紧急停车带,花一段时间即可修理好,对交通不会造成太大的危害;严重故障需拖车拖走,在未离开行车道前,可能引发追尾,因此该异常后果可能造成交通拥挤或交通事故。

(3)交通挤塞

交通挤塞可分为周期性交通拥挤和偶发性交通拥挤。该异常有先兆,可通过反映交通流特性的参数(交通量、平均速度、占有率)检测拥挤、预测拥挤发生的时间,也可通过可变信息板、可变限速标志、匝道控制机、设在进入隧道前的交通信号灯等调节交通流,延缓拥挤发生的时间或避免严重拥挤的发生。在隧道内发生交通拥挤,后果比较严重,可能引发交通事故,同时使运营环境恶化,对通风不利,后果可通过闭路电视监视系统检测。

(4)交通事故

交通事故包括单车事故和多车事故。单车事故一般因为操作不当(如车速过快、照度不足看不清障碍物等)或机械故障造成;多车事故除具有单车事故的原因外,更重要的原因是对车辆间的侧向间距或纵向间距估计不足。无论单车事故或多车事故,都可能造成火灾或交通堵塞。机械故障造成的事故属于偶发事故,没有先兆,因为操作不当发生的事故有一定的先兆性,所以其后果可通过闭路电视监视系统检测。

(5)火灾

发生火灾的原因比较复杂,一般由交通事故引起,个别由机械故障引起,检测手段有闭路电视监视系统、火灾自动检测系统、手动火灾报警按钮、紧急电话等隧道报警设施和现场知情者报警,但一般没有先兆。

(6)一氧化碳超标

一氧化碳超标有先兆,可通过环境检测设施检测隧道内的环境质量,也可通过检测的交通信息推测一氧化碳是否超标。该异常的后果严重程度取决于隧道长度和平均运营速度,对于较短的隧道,由于在隧道内的运行时间较短(不大于 20 min),一般不会造成严重后果,但对于特长隧道,则可能造成隧道使用者短时间内不适。

4.2.2　公路隧道交通信息采集技术

公路隧道交通信息的内容很广泛,包括交通流运行信息、车辆运行信息、交通设施运行信息、突发交通事件信息四大部分。从时间属性上说,交通信息又可分为历史信息、实时信息和预测信息三大类。在诸多交通信息中,交通速度和交通流量是实现交通控制和交通诱导的两种重要的基础交通信息,这两种交通信息的自动采集是实现交通系统智能化的关键,本节提到的交通信息主要指这两种交通信息(包括实时的、历史的和预测的信息)。

交通信息自动采集主要有车辆检测器技术、车辆定位检测技术、自动车辆识别技术等方法。

1)车辆检测器技术

交通车辆检测器是交通管理系统的主要组成部分之一,是交通流信息的主要采集设备。我国大规模使用车辆检测器是近十多年的事情。车辆检测器的种类很多,分法各异。最具代表性的分法是按检测器的工作方式及工作时的电磁波波长范围,将检测器划分为三大类:磁性车辆检测器、波谱车辆检测器和视频车辆检测器。

2)车辆定位技术

自 20 世纪 50 年代由美国国防部建立罗兰 C(Loran C)系统以来,无线电定位技术得到了广泛的重视,特别是全球卫星定位系统(GPS/GLONAS)的出现,极大地促进了该技术的应用。从理论上讲,无论采用何种系统,如果某一终端能够同时接收多个来自已知位置的无线电信号,那么均可通过相对位置矢量的解算确定该终端的当前位置信息。

从目前发展情况来看,可用于移动车辆定位的主要方法有 GPS 定位、GLONASS 定位、GNSS 定位、组合定位(如 GPS/GLONASS,GPS/DRS,GPS/INS 等)、GSM 定位、北斗星卫星导航定位、地图匹配(Map Matching)技术、信号杆 SP(Signal Pole)、无线电确定卫星服务 RDSS(Radio Deciding Star System)。

3)自动车辆识别技术

自动车辆识别技术(Automatic Vehicle Identification,AVI)是将一种小的电子标签装置在车窗上,标签中有一个微型无线电发射器,它可发射出车辆自身特征信息码,在道路两侧装有高灵敏度的天线及终端识别器,终端识别器能识别车辆自身特征信息码,并将信息送入计算机进行处理后可得出流量、空间平均速度、行程时间和车辆分类。目前最主要的一种实现方式是利用射频(或微波)技术使车载电子标签和车道天线进行无接触双向数据交换。这种方式具有抗干扰能力强、不受天气影响、体积小、结构灵活、电子标签可读可写等优点。当然,采用视频检测车牌的方法也是一种 AVI 技术。

4.2.3　公路隧道交通状态间接检测法

1)检测原理

交通异常间接检测主要应用环形线圈等感应器检测设备,检测采集交通流参数,分析判断交通异常事件的发生。交通异常间接检测的原理主要通过监测隧道交通流参数(交通量、速度、占有率)的变化情况,进行交通异常状态的识别来检测判断隧道内是否发生了交通异常事件。

公路隧道交通状态可分为顺畅、拥挤两大类。顺畅指平均行驶速度不明显低于隧道规定的最高速度限制的交通状况;拥挤指平均行驶速度明显低于隧道规定的最高速度限制的交通状况。交通拥挤可分为常发性交通拥挤和偶发性交通拥挤,根据交通量的大小,交通拥挤又可分为一般性拥挤和严重性拥挤。图4.1和图4.2分别给出了常发性交通拥挤和偶发性交通拥挤情况下交通流的3个基本参数变化过程。

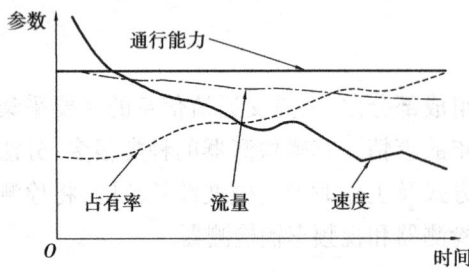

图4.1 常发性交通拥挤的状态模式　　　图4.2 偶发性交通拥挤的状态模式

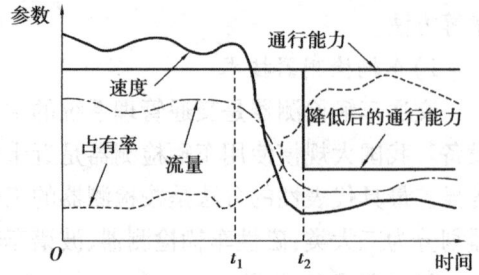

由图4.1和图4.2可知,常发性交通拥挤是由于该路段通行能力小于上游通行能力,并且交通需求超过了道路通行能力而产生的拥挤,从不拥挤到拥挤需要一个过程,因此拥挤前后的交通流3个参数(交通量、速度、占有率)的变化是连续的;偶发性交通拥挤是突发交通异常事件造成道路通行能力暂时下降而引起的,因而反映拥挤前后交通流3个参数的变化呈不连续状态,并且前后的差值随事件的严重性而增大。无论是常发性交通拥挤还是偶发性交通拥挤,都表现为车流密度的渐增、车速的降低,从而导致交通流量的减少。

交通异常间接检测系统通过隧道沿路设置的交通检测器动态采集各路段区域的交通流参数数据(交通量、速度、占有率),通过一定的检测算法进行交通异常情况识别,当发现符合交通异常事件的交通流参数时,发出交通异常事件警报。整个交通异常间接检测流程如图4.3所示。

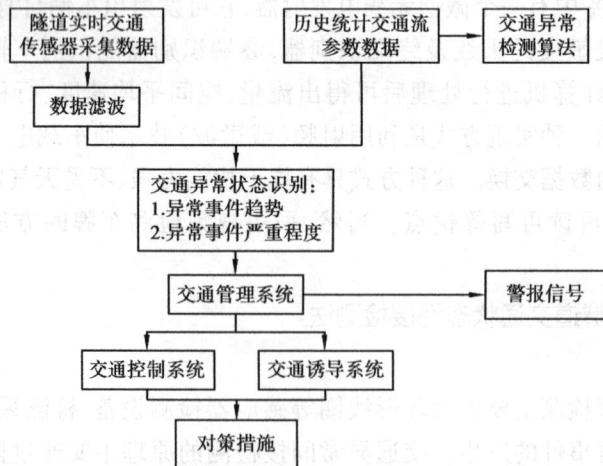

图4.3 公路隧道交通异常间接自动检测流程图

2)统计算法

统计算法是将实时交通信息与预测数据进行比较,采用时间序列数据,该算法可以模拟实际的交通运行模式,也能预测数值的变化范围。与预测交通流相比,交通流中任何非期望的变化都被视为异常。该算法的一个优点是在运用算法之前不必收集大量数据。HIOCC 算法、ARIMA 算法、SDN 算法、SSID 算法都属于这种算法。

（1）HIOCC 算法

HIOCC 算法是由 TRRL 开发的,它与 PATREG 算法联系紧密。HIOCC 算法的一个前提条件是:如果有事故发生,交通要么停止,要么减速。该算法本身的特点,适用于轻微交通拥挤情况,一旦事故发生其计算性能肯定会下降。工作人员在长为 2 mi(3.219 km)的路段上进行了 18 个月的检测,从检测站的数据可以看出:该算法对 11 起事故检测到了 10 起,出现了 130 次误报,其中 7 起与交通流没有明显的减速相关,由于慢速行驶的车辆导致了 1/3 的误报。

（2）ARIMA 算法

ARIMA(Auto Regressive Integrated Moving Average)算法用来计算 95% 的置信区间内的短期交通占有率,通过采用先前 3 个时间间隔中的观测数据预测交通流情况,如果交通流情况超出了模型预测的范围,系统就发出报警。该算法在中等及严重拥挤的交通中效果明显,但在轻微拥挤的交通中略显不足。由于算法的模拟性能过于简单,因此不能用来计算复杂的交通行为。该算法每天都假设处于稳定状态,根据现场的一组数据对参数进行设置,变化的交通流、气候条件、施工及其他变量都会降低这种算法的性能。由于这些局限,ARIMA 算法不常用,人们正在尽力完善它的不足之处。这些改良措施包括对数据点和多元时间序列模型进行测试,而不是采用单一变量的装置。

（3）SND 算法

SND(Standard Normal Deviate)算法是 1994 年 TTI 开发的。这种算法采用简单的统计分析来测算标准差,就是当前控制变量减去平均值,然后除以标准差。控制变量的平均值和标准差由历史数据决定。如果占有率计算出的 SND 超出了预先设置的临界状态,就会发出警报。该算法的关键是临界状态的设置以及检测器的分布间距,也是制约该算法的因素。

（4）SSID 算法

SSID(Single Station Incident Detection)算法采用 T 形统计测试来分析每个检测器的临时占有率的差值。对前 10 min 的占有率取平均值,这样就可以计算出标准差。T 形测试就是在平均值附近找到一个置信区间,如果最新平均值与最大允许平均值的比值大于 1.015 或者是最新平均值与先前平均值的差值大于标准方差的 75%,就发出警报。人们使用 SSID 算法在 Minneapolis 高速公路上进行了测试,但综合效率不高。

3）模式识别法

模式识别法是交通异常检测中使用较多的方法。它利用感应环式车辆检测器收集车道占有率、交通密度、交通速度等交通信息,通过这些检测信息,按照设计的算法,鉴别出异常数据模式,识别潜在的交通事故。模式识别法要求预置临界状态,超出临界状态的任何交通状况被识别为异常事故。

常见的模式识别算法包括 California 算法、APID 算法、PATREG 算法等。

（1）California 算法

California 算法是交通异常检测中最早开发的算法之一，是比较其他算法的基础，现已发展成为一个系列的加利福尼亚算法。尽管 California 算法非常直截了当，但要对数据采集的临界点进行大量计算，对于大型路网，要分别计算不同几何线性公路的临界分离点；此外，该方法很简单（考虑因素较少），因此检测精度和效率较差。

（2）APID 算法

APID（All Purpose Incident Detection）算法是 Compass 软件的组成构件，曾用在 Toronto's ATMs 中。APID 算法结合了几种 California 算法，同时采用了压力波测试和持久度测试的技术方案。该算法的期望是采用平滑的占有率作为观测变量，以降低误报率。算法的期望是能在各种条件下提供准确的数据，因此也被称为"全目标算法"。该算法在交通量较大时，准确度较高；在交通量较小时，作用不大。离线的测试表明：事故检测率 DR 达到了 66%，检测时间 TTD 达到了 2.55 s，误报率 FAR 为 0.05%，但该算法从没在线运用过。

（3）PATREG 算法

PATREG（Pattern Recognition）算法是 1979 年英国道路研究室（TRRL）开发的，这种算法设计的初衷是将其与密集车道占有率算法（HIOCC）结合使用。该算法在中小流交通中准确度较高。自 20 世纪 80 年代以来该算法没有取得新的进展。

4）人工智能算法

人工智能检测算法主要通过神经网络和模糊逻辑两种算法进行交通事故检测。

人工神经网络算法是 20 世纪 80 年代由 California 大学的学者们发现，并采用人工神经网络算法来检测事故发生的概率称作 California 算法。在 90 年代早期，California 大学就开始筹建用于 AID 算法的神经网络。在 Orange 县城进行的测试表现出比 California 算法更好的性能。从 California 观测站收集的 800 组数据可以看出，该算法要优于 California 算法，0.075% 的误报率意味着每 11 h 才有一次误报。

模糊逻辑算法不会给出有或者没有事故的明确信号，它只会指出事故的可能性。当数据遗失或不完整时，可用该算法来粗略的推理。这种算法可作为 California 算法的一种补充。尽管早期的测试让人鼓舞，但它不能给出确切的结果。模糊逻辑算法需要广泛的测量以便定义出逻辑临界状态。该算法还需要进行大量的研究工作以便完善发展并进行应用验证。

此外，随着计算机技术的发展，人工免疫系统、支持向量机算法等一系列人工智能算法都在高速公路隧道交通异常事件检测中得到了研究和应用，从而大大提高了交通事件的检测效率与效果。

5）AID 算法性能评估指标

常见的事件检测算法的评价指标主要有 3 个，即检测率、误报警率和平均检测时间。

（1）检测率

检测率是指使用某种事件检测算法时,在一定时间内,所检测的实际发生事件数与发生事件总数的比值,即

$$TR = DR \times \frac{100\%}{S} \tag{4.1}$$

式中　TR——检测率;

　　　DR——正确报警次数（即实际发生事件且事件检测算法报警）;

　　　S——实际发生的事件数。

现有事件检测算法在交通负荷较大时,检测率一般能达到 80% ~100%。

（2）误报警率

误报警率计算公式:

$$FAR = FN \times \frac{100\%}{DN} \tag{4.2}$$

式中　FAR——误报警率;

　　　FN——错误报警次数;

　　　DN——无事件期间算法测试是否报警的次数。

在保证报警率较高的情况下,误报警率较高也一直是事件检测算法中存在的一个大问题。检测率在 80% 以上时,现有算法的误报警率一般也在 30% ~70%。

（3）平均检测时间

平均检测时间是指在一定时间内,从事件发生到被算法检测到的时间平均值,即

$$MTD = \frac{1}{n} \sum_{i=1}^{n} \left[TI(i) - AT(i) \right] \tag{4.3}$$

式中　MTD——平均检测时间;

　　　$TI(i)$——被算法检测到的事件 i 实际发生的时间;

　　　$AT(i)$——算法检测到事件 i 报警的时间;

　　　n——算法检测到的真实事件数。

4.2.4　公路隧道交通状态直接检测法

1）检测原理

交通异常直接检测包括人工现场巡查和 CCTV 视频检测两种方式,由于我国目前建设的高速公路隧道一般安装了电视监控摄像机,CCTV 视频检测已经基本取代人工巡察,使管理人员可以在监控中心监视隧道洞内的交通运行情况。随着模式识别、数字图像处理和计算机视觉技术的发展,视频交通异常检测系统将大量应用于交通管理领域,成为智能交通系统准确可靠的数据来源。间接检测主要应用环形线圈等感应器检测设备,检测采集交通流参数,分析判断交通异常事件的发生。

对于特长隧道,公路隧道交通异常检测可根据隧道区段分为隧道出入口、隧道洞内两部分,每部分区段分别采用不同异常组合检测类型。在隧道出入口 200 m 范围内采用无盲区的直接与间接相结合的交通异常自动检测;在其他洞内段落,根据危险潜

势分析,分别采用以下 4 种组合类型:CCTV 检测、CCTV + 间接检测、CCTV + 间接检测 + 有盲区的视频事件检测、CCTV + 间接检测 + 无盲区的视频事件检测。

2)CCTV 视频检测

CCTV 视频交通异常检测系统的工作原理是利用隧道内布设的摄像机采集视频图像,从图像序列的变化中选取目标信息进行计算处理,对车辆移动轨迹进行分析,然后根据图像处理算法产生交通异常事件(包括车辆停驶、交通拥堵、交通碰撞、抛洒物等异常交通行为)报警信息,这些信息随即被传送到交通管理中心的管理器上,原理如图4.4 所示。

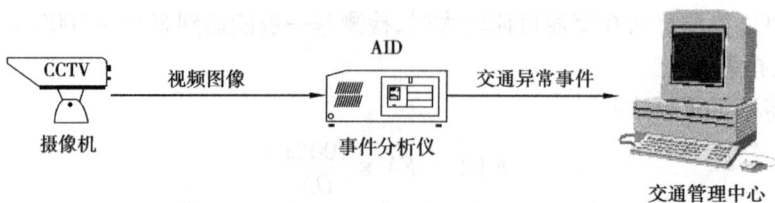

图4.4　隧道交通异常视频自动检测系统原理

视频检测系统核心组成部分由前端系统、通信传输系统和中心系统三大部分构成,如图4.5 所示。图中,多路摄像机信号通过视频分配器分别分配给交通异常检测仪及监控矩阵。交通异常检测仪可以看作是一个网络设备,支持通过网络的 H.264 格

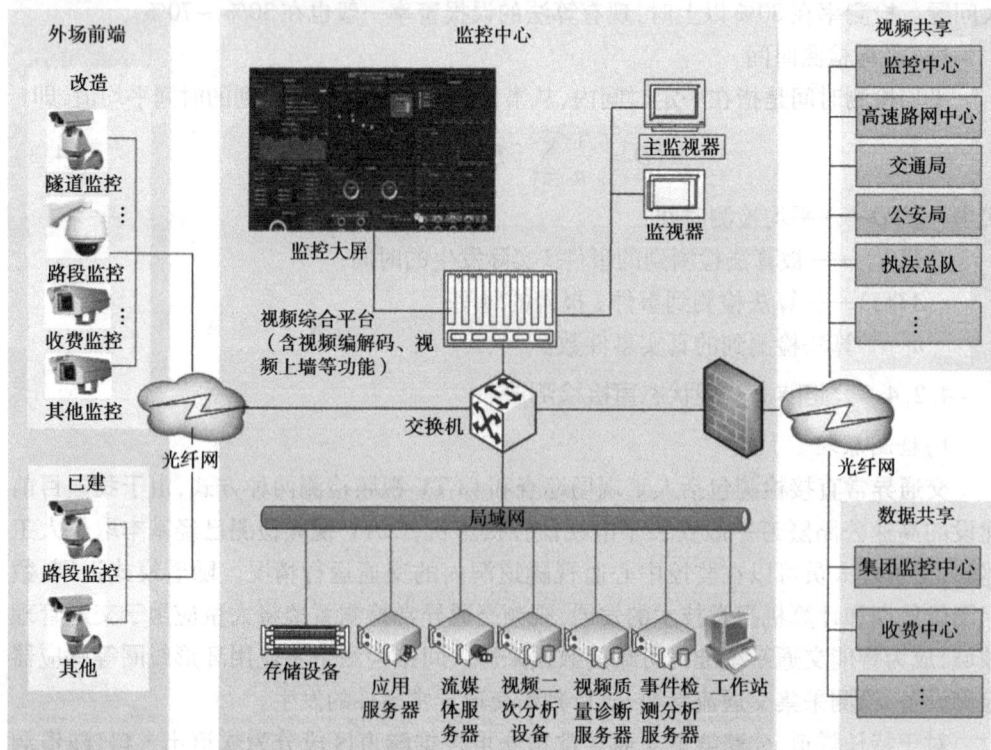

图4.5　公路隧道交通异常视频自动检测系统构成图

式的视频流的输入,同时也可通过模拟通道输入视频信号。交通异常检测仪和后台服务器通过网络进行通信,同时后台服务器可通过网络对交通异常检测仪主机的工作模式和相关参数进行设置,并可对其工作状态进行实时监控。视频信号还可通过视频矩阵切换器进行处理,然后在电视墙上分屏显示。

3)有盲区的视频事件检测与无盲区的视频事件检测

我国目前建设的高速公路隧道洞内 CCTV 视频监控设备安装间距一般为 150 ~ 200 m。摄像机布设间距大于摄像机的有效监控范围,称为交通异常视频检测盲区,如图 4.6 所示。调整摄像机布设间距,排除摄像机监控范围以外的死角,使隧道全区域内都在视频监控的有效范围内,称为无盲区的视频事件检测。

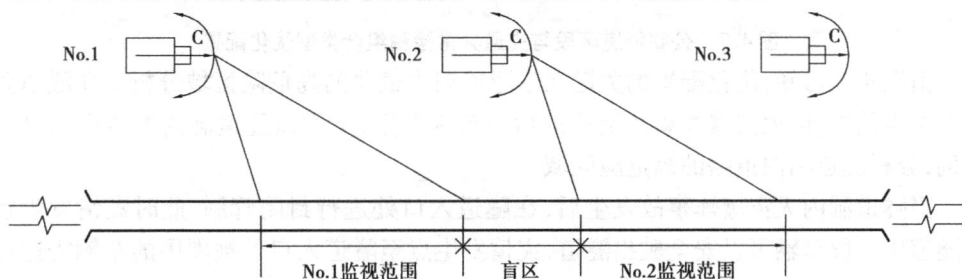

图 4.6　摄像机布设位置与监视盲区示意图

4.2.5　公路隧道交通状态识别系统设计

1)隧道区段与交通异常检测类型优化配置模型

公路隧道交通异常检测优化配置问题实际上是一个复杂的系统决策问题,涉及各种各样的影响因素:一方面,隧道管理者要尽可能地完全监视隧道内车辆的运行情况,对整个隧道区段布设无盲区交通异常检测设备,杜绝检测"死角";另一方面,政府部门对公路隧道的建设以及交通异常检测设施配置,投入大量资金进行建设和运营管理,要考虑检测设备布设的经济性,节约运营成本。整个优化配置过程涉及隧道管理者和政府部门相互之间自上而下的、呈递阶结构的联合决策行为。

因此,为了实现公路隧道交通异常检测优化配置的目标,不仅要对公路隧道区段进行危险程度潜势分析,还要充分考虑各种交通异常检测方式的协调组合,即在公路隧道交通运营过程中,按照各种交通异常检测方式的技术经济特点,形成有机结合、配置合理的交通异常检测综合体。

根据隧道的不同区段及洞内道路的潜势分析,交通异常检测组合类型与隧道区段及洞内道路危险程度协同,可通过"四种隧道区段,四种异常检测类型"的配套模式进行优化配置,如图 4.7 所示。"四种隧道区段"即将公路隧道划分为隧道出入口、洞内高危险区段、洞内一般区段曲线道路、洞内一般区段直线道路;"四种异常检测类型"是对应四种隧道区段划分的,分别为 CCTV 视频检测、CCTV 视频检测 + 交通异常间接检测、CCTV 视频检测 + 交通异常间接检测 + 有盲区的视频事件检测、CCTV 视频检测 + 交通异常间接检测 + 无盲区的视频事件检测。

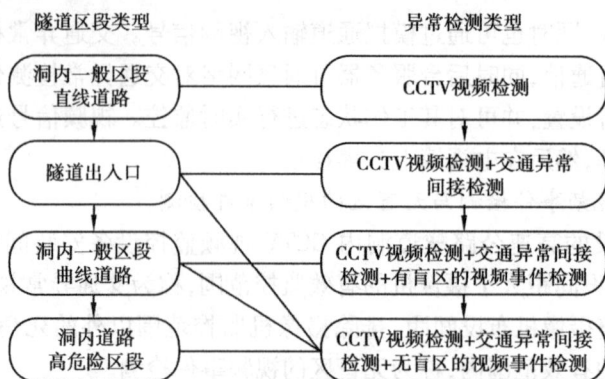

图4.7 公路隧道区段与交通异常检测组合类型优化配置

由图4.7可知,优化配置的关键在于隧道洞内道路的高危险区域分析。在隧道各类安全事故中,以火灾爆炸事故造成的后果最为严重,下面以隧道洞内发生火灾事故为例,分析隧道洞内道路的高危险区域。

当隧道洞内火灾爆炸事故发生后,在隧道入口处进行封闭管制,此时灾情发生点至隧道出口段车辆可以安全驶出隧道,灾情发生点至隧道入口处被围困的车辆需进行救援。高危险区段分析的重点就是从灾情发生时到封闭隧道入口时,被围困的车辆数最大化,并且达到隧道人员安全疏散能力的临界值。在此区域段内,被围困的车辆越多,对司乘人员的救援就越困难。

(1)隧道洞内围困车辆数求解模型

在隧道内火灾事故发生后,事故发生点至入口处行驶的车辆陆续停车排队而集结形成密度高的队列。如图4.8所示,设隧道长度为L,正常交通时交通量、车速、密度分别为Q_1辆/h、V_1 km/h、K_1辆/km,灾情发生时交通量、车速、密度分别为Q_2辆/h、V_2 km/h、K_2辆/km,疏散交通量、车速、密度分别为Q_3辆/h、V_3 km/h、K_3辆/km,灾情发生位置位于距隧道出口洞口L_1处,W_1为排队车辆向隧道入口方向延长的速率,发生异常后T_1 h管理者发现异常并采取控制措施关闭隧道进行人员安全疏散,经T_2 h后疏导完被围困人员。由于灾情发生时采取的救灾措施是弃车逃生,因此$Q_3 = 0$,$V_3 = 0$,$K_3 = 0$。

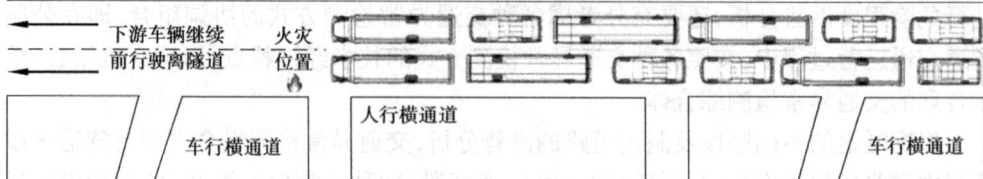

图4.8 隧道内火灾发生位置示意图

①隧道内被围困车辆的排队长度为:

$$L_q = T_1(V_2 + W_1) \tag{4.4}$$

$$W_1 = \frac{Q_1 - Q_2}{K_1 - K_2} \tag{4.5}$$

高速公路隧道交通安全保障工程对策

②隧道内累计被围困的车辆数：

$$N = K_2 T_1 (V_2 + W_1) \tag{4.6}$$

③人员安全疏散时间。当隧道内发生火灾事故时，被围困人员的疏散策略：火区下游人员自行驾车由隧道出口快速撤离隧道；火区上游人员需根据火灾区段划分选择逃离方式。下面将对驾车逃生和弃车逃生两种逃离方式所需要的人员安全疏散时间进行分析。

a. 弃车逃生人员安全疏散时间：

$$T_p = \frac{Q_p}{n \times S \times v_p} \tag{4.7}$$

式中　T_p——灾情发生后对选择弃车逃生人员进行安全疏散的时间；

　　　Q_p——隧道内选择弃车逃生的被围困人员总数，计算时可根据火灾发生区段被围困车辆类型、数量以及载客率进行计算；

　　　n——从灾情发生点到选择弃车逃生的火灾区段范围内人员求生横通道的个数；

　　　S——每一个人员求生横通道的横向面积；

　　　v_p——人员求生横通道的平均通过速度，人/（m² · min）。

b. 驾车逃生车辆安全疏散时间：

$$T_c = \frac{Q_c}{n \times v_c} \tag{4.8}$$

式中　T_c——灾情发生后对于选择驾车逃生的车辆进行安全疏散的时间，同样为了保证被疏散司乘人员的安全，需满足 $T_c \leqslant 10\ \text{min}$；

　　　Q_c——隧道内选择驾车逃生的车辆总数，计算时可根据火灾区段划分内被围困车辆组成进行计算；

　　　n——从灾情发生点到选择弃车逃生的火灾区段范围内车行横通道的个数；

　　　v_c——每个车行横通道的平均疏散速度，车/min。

④被围困人员安全疏散时间临界条件。根据数据统计分析，当隧道火灾事故发生后，隧道内的温度在较短时间内会迅速升高，可供被围困人员逃生的黄金时间为 10 min，过了此时段因为隧道内被围困人员存活率几乎为 0，所以弃车逃生人员安全疏散时间和驾车逃生车辆安全疏散时间均需小于等于 10 min，即 $T_p \leqslant 10\ \text{min}$，$T_c \leqslant 10\ \text{min}$。

根据以上分析可知，隧道火灾爆炸位置高危险区域有以下两种情况：

a. 交通流量小，T_1 h 内，车辆排队长度 $L_q < (L - L_1)$，则高危险区域段 L_w 如图 4.9 所示。

A 处：火灾事故发生地点至隧道入口处的距离等于 L_q，隧道内被围困车辆以及司乘人员达到了最大值，火灾爆炸事故发生地点若越靠近隧道进口位置，则被围困车辆及司乘人员数将减少。

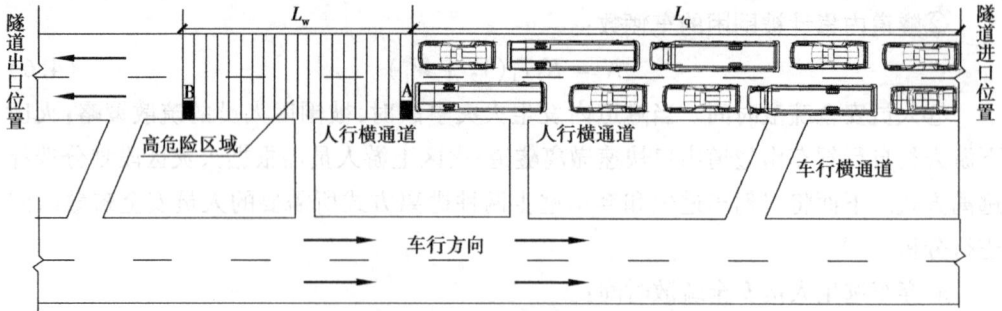

图 4.9　隧道内火灾爆炸事故高危险区域段(1)

B 处:达到满足救援司乘人员的临界值 $T_p = 10$ min, $T_c = 10$ min,此时火灾爆炸事故地点若越靠近隧道出口,被围困人员数不变,而可供司乘人员逃生的人行横通道数增多,将增加隧道人员疏散能力。

b. 交通流量大, T_1 h 内,车辆排队长度 $L_q \geqslant (L - L_1)$,则高危险区域段 L_w 如图4.10所示。

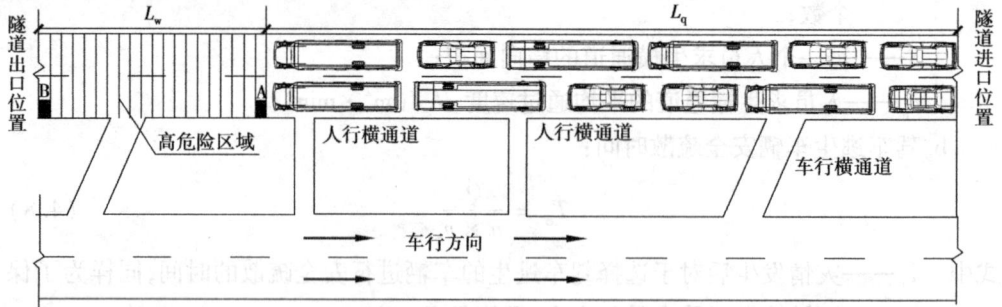

图 4.10　隧道内火灾爆炸事故高危险区域段(2)

A 处:达到满足救援司乘人员的临界值 $T_p = 10$ min, $T_c = 10$ min,此时火灾爆炸事故地点若越靠近隧道出口,被围困车辆及司乘人员数将增加,从而降低被围困人员逃生的概率。

B 处:隧道出口处,由以上 A 处分析可知,火灾爆炸事故地点越靠近隧道出口,造成的被围困人员越多,直到隧道出口处达到最大值。

当隧道内火灾事故发生地点距离隧道上游最近的竖井距离小于最小安全距离 l_s 时,隧道内火灾爆炸事故高危险区域段距离为 $l_q + l_s$。

由以上分析可知,在隧道交通流量可观测的情况下,确定隧道内高危险区域段的关键在于确定该时段内人员安全疏散的速率以及选择驾车逃生车辆安全疏散的速率,从而保证被围困人员能在允许安全时间内从人行横通道逃出。驾车逃生的疏散速度,根据可供选择车行横通道的个数以及每个车行横通道的疏散速度求解,下面主要对选择弃车逃生的司乘人员的安全疏散性能进行分析。

隧道内发生火灾事故后,围困人员能否安全疏散取决于两个特征时间:一是火灾发展到对人构成危险所需的时间,即可用安全疏散时间 ASET(Available Safe Egress

Time)。二是人员疏散到安全区域的时间,即必需安全疏散时间 RSET(Required Safe Egress Time)。如果围困人员能在火灾达到危险状态之前全部疏散到安全区域,便可认为该隧道的防火安全设计对于火灾中的人员疏散是安全的。常用的人员安全疏散准则如图 4.11 所示。

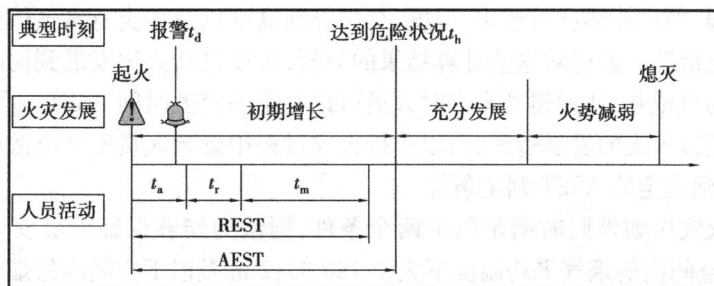

图 4.11　火灾发展与人员疏散的时间线

图中 ASET 表示可用安全疏散时间,即火灾中的烟和热的影响直接作用于人,而使人失去了正常的行为能力的时间或人群不发生恐慌的心理忍耐时间。RSET 表示需要的安全疏散时间,即从火灾发生开始到隧道中所有人员疏散至安全场所的时间。它包括报警探测时间、人员准备疏散时间、人员疏散运动时间。由于隧道的纵向尺寸比横向尺寸大得多,所以火焰及烟气沿纵向的蔓延需要相对较长的时间,这也使得隧道内各个位置的可用安全疏散时间 ASET 是关于位置参数的函数,因此考虑隧道人员必需安全疏散时间 RSET 时应结合不同位置情况,即

$$\text{RSET}(x) < \text{ASET}(x) \tag{4.9}$$

其中 x 表示位置参数。基于以上特点,在进行隧道人员安全疏散判断时,RSET(x)不是单值,应是位置 x 处最后一个人(这里的人包括该位置初始人员及疏散过程中进入该位置的人员)离开该位置的时间,而 ASET(x)也是位置 x 处达到危险状态的时间。

● 必需安全疏散时间 RSET。

必需安全疏散时间 RSET 是指起火时刻起到人员疏散到安全区域的时间。紧急情况下人员全部疏散完毕的时间可分为报警探测时间、人员响应时间、人员疏散行程时间,即

$$\text{RSET} = T_{\text{alarm}} + T_{\text{rsep}} + T_{\text{move}} \tag{4.10}$$

式中　T_{alarm}——报警探测时间;

　　　T_{rsep}——人员响应时间;

　　　T_{move}——人员疏散行程时间。

报警探测时间为火灾开始到人员知道火灾之间的时间段,它与探测和监控系统的性能有关。在隧道中主要为车辆火灾,火灾发展比较快速,较易被发现。预警时间假定为探测时间 60 s。

当火灾探测系统报警后,疏散人员意识到有火情,但并不会马上急于疏散,而是先通过获取信息进一步确认是否真的发生了火灾,然后再采取相应的行动。这就必然要经历一个火灾确认然后再作出反应的时间,也就是人员响应时间。确认阶段的时间长

短与很多因素有关,随着建筑物的类型、人员特性、建筑物内的报警及管理系统类型的不同而变化。推荐探测到火灾后发出录音警报信息,减少响应时间为 120 s。

- 可用安全疏散时间 ASET。

利用火灾模拟技术,可以计算火灾发展过程中的各种特征参数,从而再现火灾的整个发展过程,如计算热释放速率、温度、烟层界面高度以及各类有毒气体的体积分数随时间的变化情况。通过对这些计算结果的分析,可以判断火灾发展到何时会对人员的安全疏散构成威胁,从而得到火灾时人员可以利用的疏散时间 ASET。同时,利用火灾模拟软件模拟火灾的发展过程,可以分析火灾过程中影响人员安全疏散的几个关键参数,从而得到确定的 ASET 判定条件。

在隧道火灾中如果同时满足以下两个条件,则认为能够保证人员安全地进行疏散:2 m 以上空间内的烟气平均温度不大于 180 ℃;2 m 及以下空间内的烟气平均温度不超过 100 ℃,且可视度不小于 10 m。

运用火灾模拟模型计算火灾发展过程中各参数的变化情况,当火灾发展到使上述任一条件不成立时,则认为人员在这种环境中疏散是危险的,从而确定可用的人员安全疏散时间 ASET。

隧道内供氧不足,可燃物燃烧产生了大量的浓烟,并沿着隧道纵向迅速蔓延,由于隧道内原有空气的稀释和隧道壁的传热作用,烟气温度随着离火源距离的增加而不断降低,而能见度的降低效果则不明显,烟气中能见度为 10 m 的前锋蔓延速度比温度为 100 ℃ 的前锋蔓延速度要大得多。因此,人员的安全疏散主要考虑行车道内 10 m 能见度为影响因素。

- 人员安全疏散过程的主要影响因素。

总体来说,影响人员安全疏散的因素主要包括以下几点:隧道内人员密度、移动速度;逃生人员在火灾现场中的行为、心理以及对隧道逃生通道的熟悉程度;隧道内部的结构、布局是否合理,疏散标志及事故照明系统能否有效地引导人员疏散。

(2)隧道内人员密度分析

人员密度是决定隧道内人员在疏散通道中的群集迁移时间、流动速度和疏散出口宽度及人流量的重要依据。通常情况下,当疏散通道空间人均占有面积为 $S = 0.28$ m²/人时,则该通道空间就可能出现人流迁移流动的危险事故;当人均占有面积为 $S = 0.25$ m²/人时,则会出现人体前后紧贴而相互挤推。在此应急情况下,就会在疏散通道中发生室内人员相互阻塞、踩踏、堆叠而伤亡的事故。

综上,在隧道内安全疏散通道中,为确保疏散人流迁移流动的安全性,必须控制其人均占有最小面积为 $S = 0.28$ m²/人。

(3)隧道内人流迁移移动速度分析

人的步行速度也和人员密度有关,如果人与人之间的空隙较大,人可以以正常的步伐快速行进;反之,则越来越慢。各种情况下的标准总结于表 4.2。

高速公路隧道交通安全保障工程对策

表4.2 各种人员密度在队列中的流动情况

分类	人均面积/m²	人与人之间的距离/m	队列的流动情况
A	>1.2	1.2	受轻微限制
B	0.9~1.2	1.1~1.2	受限制
C	0.7~0.9	0.9~1.1	受限制
D	0.3~0.7	0.6~0.9	严重受限制
E	0.2~0.3	0.6	不可能
F	<0.2	—	不可能

步行者的密度一旦接近临界值,即8人/m²,人与人之间几乎不会剩下多少空隙,在这种情况下可以看到震动波在人群中的运动,它使每个人本能地横向移动,最多可达3 m。对生还者的调查结果还显示:由于人群密集,人的呼吸较为困难,窒息是致人死亡的首要原因,而挤压、踩踏次之。

当人流在疏散通道中自由流动时,通道中的人员密度则为0.5人/m²,人能以1.25 m/s的平均行走速度行进在走道上;当人流在疏散通道中滞留流动时,通道中的人员密度则为2人/m²,其滞留流动速度为0.74 m/s。当人员密度达到4或5人/m²时,就无法移动,相当于挤满了人的电梯间,若需要精确计算可参考下列公式:

$$V = 1.4(1 - 0.226D)\qquad(4.11)$$

式中 V——人员的步行速度,m/s;

D——人员密度,人/m²。

资料表明,人流在疏散通道中出现危险的极限密度为3.6人/m²。人员密度超过此值,就会造成疏散中的危险,步行速度与人流密度的关系见表4.3。

一般长、特长隧道设计时,将人员疏散速度取为1.5 m/s。

表4.3 步行速度与人流密度的关系

人流密度/(人·m⁻²)	实测步行速度/(m·s⁻¹)	公式计算步行速度/(m·s⁻¹)
1.0	1.3	1.1
1.5	1.0	0.9
2.0	0.7	0.76
3.0	0.5	0.45
4.0	0.35	0.13
5.0	0.23	—

(4)隧道横通道的疏散能力分析

由于横通道的宽度小于隧道的宽度,大批人员拥到门口必定会受到阻挡,因此人群通过门的时间计算比较复杂。工程上采用移动速率的概念来表征人群通过门的难易程度。移动速率是指单位时间单位门宽度所通过的人员的数目。

研究表明,在某一通道或线路中的人员流速还取决于通道的宽度,这里所说的宽度指的是有效宽度。有效宽度定义为实际的宽度减去疏散时并未使用的墙边距离,对于横通道以及隧道来说,每侧的边界层取 0.15 m,则人行横通道的有效宽度为 1.7 m。

根据消防工程学中实测统计的数据,单股人流在平地的疏散通行能力为 43 人/(m·min),按照《公路隧道设计规范 第二册 土建工程》(JTG 3370.1—2018)2 m 宽的人行横通道的疏散能力为 129 人/min,根据香港 KCRC 计算疏散口疏散能力为 65 人/(m·min),则按照规范 2 m 宽的人行横通道的疏散能力为 130 人/min。

参考国内外其他资料,本节将横通道的平均通过率取为 40 人/(m·min)。

2)检测器的布设建议

影响检测器间距的因素主要有期望的检测时间、交通量及车流的平均速度,当异常发生时,下游将形成扩展波,上游将形成冲击波,冲击波将向异常地点的上游发展,其强度取决于异常的严重性、横向位置、环境与几何条件。

设交通量为 Q_1 辆/h,车流平均速度为 V_1 km/h,以下标 1 代表异常发生前,下标 2 代表异常发生后,两个相邻检测站间的间距为 L_d m,异常发生时离上游检测站的距离为 x m,异常发生后 T_d s 冲击波和扩展波传播到上游和下游检测站,根据交通流理论,冲击波波速为 V_w,即

$$V_w = \frac{Q_1 - Q_2}{\dfrac{Q_1}{V_1} - \dfrac{Q_2}{V_2}} \qquad (4.12)$$

对单车道情况,若车辆抛锚,则车道将完全堵塞,设阻塞密度为 K_j,则式(4.12)可写作

$$V_w = \frac{Q_1}{\dfrac{Q_1}{V_1} - K_j} \qquad (4.13)$$

异常车的前导车在 T_d 内的行程为:

$$X_1 = V_1 \times \frac{T_d}{3.6} \qquad (4.14)$$

当 $V_w < 0$ 时,将形成阻塞,冲击波以 V_w 的速度相对于车行道向上游传播,在 T_d 内的行程为:

$$X_2 = V_w \times \frac{T_d}{3.6} \qquad (4.15)$$

当 $V_w \geqslant 0$ 时,将不形成阻塞。

无论算法采用单截面法还是双截面法,只要上游或者下游检测站检测到交通流参数的变化,算法都将对异常作出响应,最不利的情况是异常车位于两个相邻检测站的中间,从而检测站间隔最大值为:

$$L_d = 2 \times \max(X_1, X_2) \qquad (4.16)$$

以某双洞四车道隧道计算行车速度 80 km/h、设计交通量 35 601 辆/d 为例。考虑高速公路上发生交通事件的感应时间 $T_d = 120$ s,交通流量 $q = 1\,175$ veh/h/lane(计算

时高峰小时系数取 0.12,方向不均匀系数取 0.55),平均车速取 $v = 60$ km/h,令阻塞密度 $K = 120$ veh/km,则发生事故堵塞时该车道的冲击波波速 V_w 为:

$$V_w = \frac{Q_1}{\dfrac{Q_1}{V_1 - K_j}} = \frac{1\,175}{\dfrac{1\,175}{60 - 120}} \text{ km/h} = -11.7 \text{ km/h} \tag{4.17}$$

$$X_1 = V_1 \times \frac{T_d}{3.6} = 60 \text{ km/h} \times \frac{120 \text{ s}}{3.6} = 2\,000 \text{ m}$$

$$X_2 = V_w \times \frac{T_d}{3.6} = -11.7 \text{ km/h} \times \frac{120 \text{ s}}{3.6} = -390 \text{ m}$$

环形线圈检测器合理的布设间距为 $L_d = 2 \times \max(X_1, X_2) = 780$ m,考虑隧道内车行横洞距隧道洞口及车行横洞之间的距离基本上为 750 m 左右。因此,可考虑一期以车行横洞为分界点设置检测器,环形线圈检测器分别设置在隧道出入口及车行横洞,如图 4.12 所示。

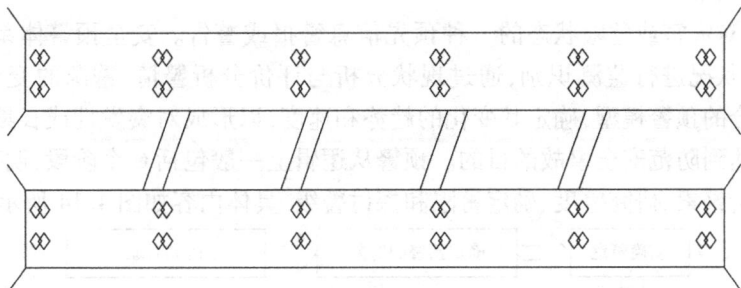

图 4.12 环形线圈检测器布设

二期根据实际运行效果增加视频信号。为了保证交通基本检测参数的完整性及准确率,建议采用直接检测与间接检测相结合的布置方案,如图 4.13 所示。

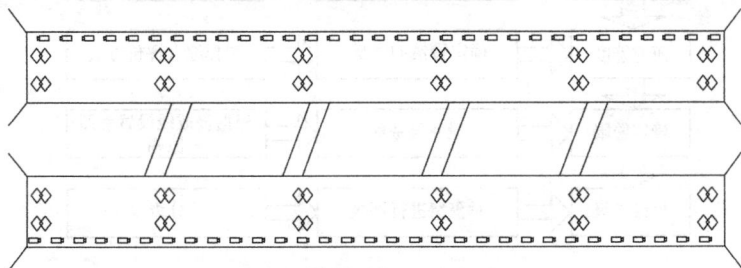

图 4.13 直接检测与间接检测相结合

4.3 公路隧道安全预警技术

4.3.1 预警原理、目的、内容与系统框架

1)预警原理与目的

公路隧道运营安全预警的原理是在系统非优理论中“非优思想”的指导下,研究系统中“非优”与“优”的演化规律,以及如何有效调控的预警预控方法,其是通过对现有

系统信息的判读和分析来实现对其未来安全状况的预测与评估,并针对未来可能出现的不安全状况采取相应对策防止各种安全事故的发生,从而保证公路隧道的运营安全。在数据的采集与分析过程中,由于公路隧道运营安全的影响因素众多且关系错综复杂,所采集到的系统信息中不可避免地存在伪信息和信息噪声,因此将以信息论为基础,采用适当的方法来处理信息、转化信息,把握信息运动的规律,滤除伪信息和信息中的噪声,使原始信息转化为可用于预警管理的有用信息。

公路隧道运营安全预警的最终目的是预控,因此控制是预警的落脚点。现有公路隧道运营安全管理体系中所采用的方法基本为控制论中的反馈控制法,如根据隧道运营环境的发展变化情况,对其安全管理对策进行相应调整。但单纯的反馈控制往往使隧道运营安全管理成为被动应战,要争取主动,就必须把控制论中的反馈控制与前馈控制结合起来,对公路隧道运营过程中的各类风险进行复合控制,以便及时把握机会,尽早化解风险。

2)预警内容

预警是对灾害或危险状态的一种预先信息警报或警告。安全预警体系是对环境中的不安全状况进行监测识别,通过现状分析与评价分析警情、警源的变化,利用定量、定性结合的预警模型,确定其变化的趋势和速度,以形成对突发性或长期性警情的预报,从而达到防范安全事故的目的。预警从逻辑上一般包括6个阶段:明确警意、寻找警源、分析警素、研究警度、确定警限和探讨警级,具体内容如图4.14所示。

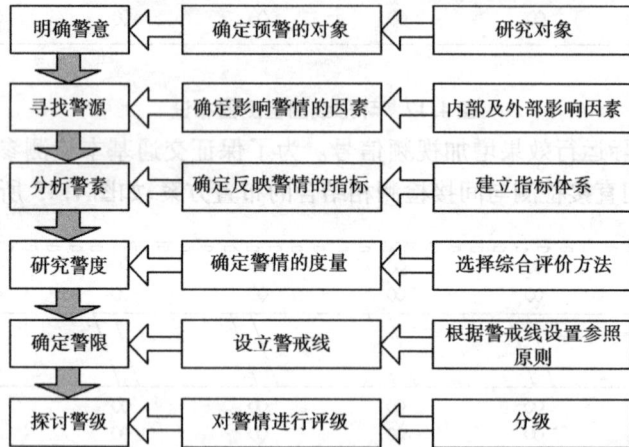

图4.14 预警逻辑过程

公路隧道运营安全预警管理理论将公路隧道运营中的交通事故、自然灾害、隧道病害等纳入研究框架,揭示隧道运营活动各种现象的发生机制,并讨论隧道运营安全事故的内在发展规律与预警预控对策。

3)系统框架

公路隧道运营安全预警管理系统是根据公路隧道运营安全管理活动的状态,确定隧道运营安全状态(分为安全、准安全、准危险、危险4种),并由此作出相应对策的管理活动。它是对隧道运营安全状态进行监控、预测与警告,并在确认处于危险发生的状态下,采用规定的组织方法干涉和调控,使之恢复正常状态的管理活动。

由于公路隧道运营管理过程中,针对不同指标的监测频率差别较大,如隧道结构病害的监测,其频率较小,一般 1 年监测 1~2 次;而针对交通指标和运营环境的监测,其频率很高,一般要求做到实时监测。因此,公路隧道运营安全预警管理体系应根据指标监测频率的不同,将预警指标分为长期预警指标(1 个月~1 年)、短期预警指标(1 天~1 周)和瞬时预警指标(0~1 h)三类。从长期、短期和瞬时 3 个方面进行预警管理,其主要是综合考虑长期和短期预警信息来对隧道瞬时预警信息进行修正,然后针对所得到的瞬时预警信息来进行应急对策的决策分析,最后根据所得到的最终瞬时预警信息和决策分析结果来进行预警信息的发布。由此便构成了完整的公路隧道运营安全预警管理体系,其基本构成如图 4.15 所示。

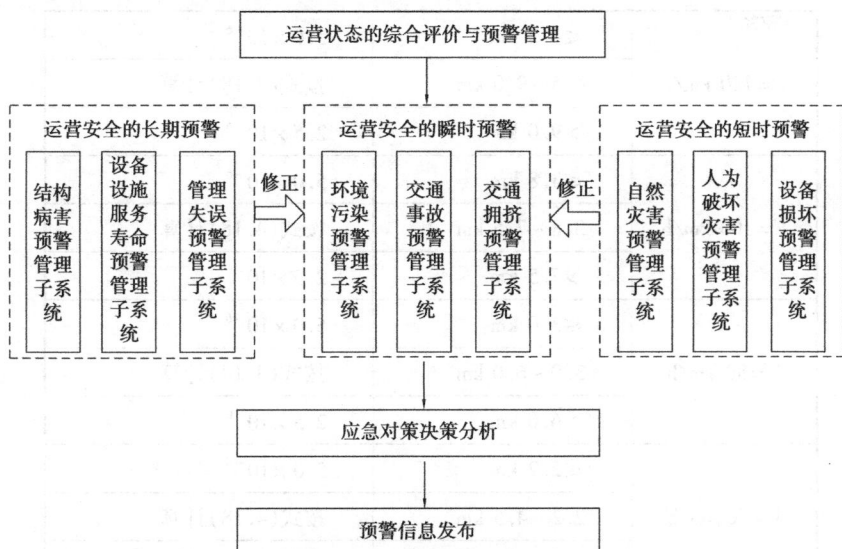

图 4.15　预警管理系统框架图

4.3.2　公路隧道运营环境灾害预警

1)预警内容

公路隧道运营环境优劣通过空气中 CO,VI,NO_2 等有害气体的含量来反映,当其含量超过《公路隧道设计规范　第二册　交通工程与附属设施》(JTG D7012—2014)规定值时,可称为运营环境灾害。

运营环境灾害的预警内容按交通运营工况分类,包括正常工况、阻塞工况、维修工况及火灾与毒气泄漏工况共 4 种情形的有害气体超标预警;按预警参数分类,主要包括 CO 超标预警、VI 超标预警及 NO_2 超标预警。

2)预警原理

根据隧道交通量、交通构成与运行速度,预测废气排放量;根据隧道内的实时空气质量,预测隧道内未来的空气质量;根据相关标准要求及交通工况,进行隧道内空气质量预警。

3）预警参数与方法

独立隧道采用最大浓度法，公路隧道有害气体含量采用总量控制法，即按照在隧道内的滞留时间与有害气体浓度之积进行控制。对预警参数，CO，VI 的参数取值按照《公路隧道通风设计细则》执行，NO_2 可采用作者的研究结果，按照表 4.4 和式（4.18）确定。

$$NO_{2允} = \frac{0.187\,5V_设}{L} \tag{4.18}$$

式中　$V_设$——设计速度，km/h；

　　　L——隧道长度，km。

表 4.4　$NO_{2允}$ 浓度建议值

$V = 120$ km/h	≤4.5 km	5.0×10^{-6}
	4.5~9.0 km	按式（4.18）计算
	>9.0 km	2.5×10^{-6}
$V = 100$ km/h	≤3.8 km	5.0×10^{-6}
	3.8~7.5 km	按式（4.18）计算
	>7.5 km	2.5×10^{-6}
$V = 80$ km/h	≤3.0 km	5.0×10^{-6}
	3.0~6.0 km	按式（4.18）计算
	>6.0 km	2.5×10^{-6}
$V = 60$ km/h	≤2.2 km	5.0×10^{-6}
	2.2~4.5 km	按式（4.18）计算
	>4.5 km	2.5×10^{-6}
$V = 40$ km/h	≤1.5 km	5.0×10^{-6}
	1.5~3.0 km	按式（4.18）计算
	>3.0 km	2.5×10^{-6}

4.3.3　公路隧道安全预警系统设计

1）预警目标

公路隧道交通安全预警技术的研究目标是在对公路隧道交通安全状况进行预测和评价的基础上，分析预测和评价结果，从而得出该公路隧道交通安全所处的状态，为及时采取有效的预防措施提供理论依据。

从我国的公路隧道交通安全现状分析，国民经济的高速发展固然可能带来交通事故率的提高，但交通事故的发生、发展有其固有的规律，许多密切相关的内在因素是导致事故的根本原因。因此，根据我国交通安全的实际特点，分析其内在规律，研究制定道路交通安全对策,完善公路隧道交通安全预警系统,是遏制事故、改善交通安全的重要途径。

2)预警参数

安全预警系统体系主要包括两大部分,即隧道交通安全预测和交通安全评价。通过预测可以发现在现有的交通基础条件下,未来的交通安全发展状况与趋势;而评价主要是对现有交通安全情况的一种分析。由此可见,预测和评价是安全预警系统的两大模块。

预警指标的构建在遵循一般原则的基础上,还应充分考虑以下五大原则:

(1)综合性原则

要求预警指标要有高度的概括性,能够及时准确、敏感地抓住道路交通状态的信息。

(2)独立性原则

要求预警指标之间既有一定的相关性,又要具有相互的独立性。根据具体情况对预警指标作相关性检验。

(3)因果性原则

在反映道路交通状态的本质要素被确定以后,指标体系的设计还应进一步研究各指标之间的逻辑关系。

(4)定量性原则

通过对指标之间的函数关系的定量识别,力求使每一个指标能够以精确的数量来进行计算、表达和操作,对一些定性的指标进行规范化、权重化处理,使其定量化,从而大大增强指标体系的可操作性。

(5)阈值识别原则

构建一个完整的指标体系还要确定指标的差别原则,尤其要判别指标的初值、等分类原则、临界阈值等,以达到对道路交通状态等级进行划分的要求。

预警系统的构建关键在于指标的选取及临界值的设定,评价公路隧道交通安全发展态势的指标有很多,但有些指标反映的内容是一样的,有些指标的数据很难收集,因此要对指标进行筛选,用适当的指标尽可能全面地评价公路隧道交通安全发展态势,当隧道交通安全发展偏离正常轨道时能够从指标值与临界值之间的比较体现,并及时发出警报。

因此,本节重点在于公路隧道交通事故异常预警。由于车辆故障产生的事故隧道管理者难以预警,管理者可预警的主要是隧道尾撞交通事故及单车对障碍物的碰撞。

3)系统构成

(1)隧道交通安全预警系统框架

按照安全预警系统构建的原则和要求,结合其在实际工程中的应用特点,提出了隧道交通安全预警系统框架,如图4.16所示。

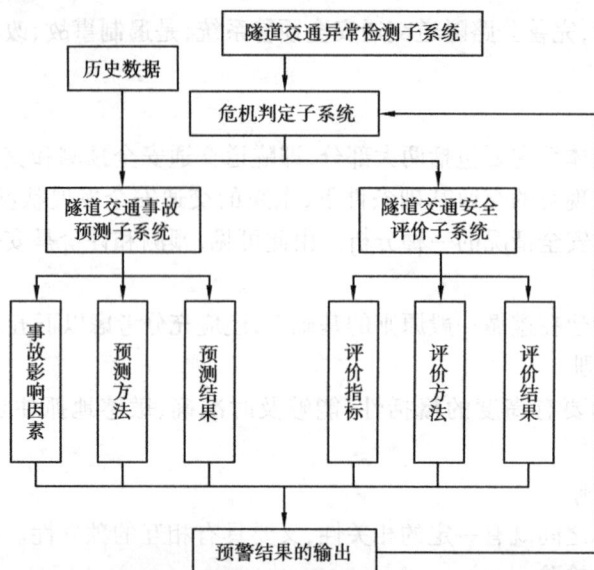

图 4.16　隧道交通安全预警系统框架图

隧道交通安全预警系统包括 5 个子系统:隧道交通异常检测子系统、危机判定子系统、隧道交通事故预测子系统、隧道交通安全评价子系统和预警结果的输出。该系统的总体构建思路:首先对隧道交通安全状况进行初步分析;然后利用历史数据及隧道交通异常检测数据来预测未来的隧道交通发展趋势,同时对现有的隧道交通安全状况进行分析评价,形成隧道交通安全预警知识库,结合预警指标得到隧道交通安全的预警结果;最后利用预警结果对危机判定子系统进行分析,按照实际情况进行修改和完善。

①隧道交通异常检测子系统:该子系统利用隧道内的检测设施对隧道内各种交通及环境信息进行检测,并发现各种异常信息。

②危机判定子系统:该子系统主要完成对隧道交通安全状况的初步分析,确定影响隧道交通安全的主要因素。

③隧道交通事故预测子系统:该子系统根据已确定的影响隧道交通安全的主要因素,从历史指标数据库中提取数据,通过选取合理的预测方法,得到预警指标未来时段的预测结果。预警指标的预测是进行预警的前提,这一步预测的有效性直接影响最终预警结果的有效性。因此,也可根据具体的实际情况选用合适的模型进行指标预测,只要方法得当,并不会影响整个预警系统功能的实现。

④隧道交通安全评价子系统:该子系统将利用原始数据,依据确定隧道交通安全评价指标体系建立的原则,分析确定隧道交通安全评价指标,选用合理的评价方法,评价隧道当前的交通安全状况。

⑤预警结果的输出:预警结果的输出又称为报警,该子系统将预警指标的预测结果作为输入,并据此调用相应预警知识库中的文件进行推理,得到报警结果,从而得到隧道交通安全运行所处的等级。根据所处的等级,采取相应的预防对策。

（2）警限区间设置

警限值的设定是建立预警系统的重要环节,当预警指标值偏离正常水平超过警限值时,就表明警情出现。国内应用比较成熟的是用系统化方法进行分析,所谓系统化主要是指根据各种合并的客观原则进行研究,主要有多数原则、半数原则、少数原则、均数原则、众数原则、负数原则和参数原则等,根据每一种原则确定一个警限值,之后根据各种原则确定的警限值加以综合平均,最后加以适当调整求出各指标的警限值。另一种方法是利用数理统计中的区间估计来确定单个指标的预警警限,区间估计一般假设指标处于各个预警状态区域的概率服从正态分布或 t 分布,用样本平均值来代替总体均值,用样本方差代替总体方差,根据各项指标处于不同区域的概率要求（置信度）,求出各区域的区间估计值（置信区间）,以区间估计值作为各项指标的警限值。

为了区分警兆的大小,可将每一指标的警限区间按"危险程度"分为 5 个等级,称为警度。给"很安全"赋值为 1,"很危险"赋值为 0,中间再分为"较安全""一般""较危险"3 个等级,并作如下赋值,见表 4.5。

表 4.5　警度界限区间

危险程度	很危险	较危险	一般	较安全	很安全
区间赋值	0～0.2	0.2～0.4	0.4～0.6	0.6～0.8	0.8～1

其中,0.2,0.4,0.6,0.8 均为临界阈值,即当指标值或子块综合评价值跨越其中之一时,警度就发生了变化。

（3）指标规范化处理及所属区间的确定

指标规范化处理及所属区间将指标分为两类:定量指标和定性指标。其处理方法如下:

①定量指标处理:一般采用线性插值法处理,以正向指标为例加以说明。

a. 根据历史经验或实际调查结果为依据,分别确定为"很安全"和"很危险"的值为 A 和 B。

$$f(x,A,B) = \begin{cases} 1, x \leqslant A \\ \dfrac{B-x}{B-A}, A < x \leqslant B \\ 0, x > B \end{cases} \quad (4.19)$$

b. 作函数。

c. 将指标值 x_0 代入上述函数中,得到 $f(x_0,A,B)$,即为指标 x_0 的评价值。

d. 考查 $f(x_0,A,B)$ 在 $[0,1]$ 中的位置,确定 x_0 的警度。

②定性指标的处理:采用问卷调查或专家评价的方式统计出同意该指标所属警限区间的人数比重,分别为 A,B,C,D,E,然后用中值模型计算出定性指标的综合评价值。中值模型公式为:

$$Y = 0.1A + 0.3B + 0.5C + 0.7D + 0.9E \quad (4.20)$$

其中,Y 为综合评价值,0.1,0.3,0.5,0.7,0.9 分别是 5 个警度的中值。最后看该定性指标的综合评价值落入的警度区间,就可判断其危险程度。指标块和某个地区的隧道交通安全警度评价,可采用 AHP 层次分析法确定每一级指标的权重,再采用线性综合加权的方法求出指标块的警度计算值及其对应的区间,最后对整个评价体系进行加权综合得出总警度评价值。

4.4 公路隧道安全保障设施设置

4.4.1 公路隧道出入口彩色抗滑路面

在隧-桥-隧相接的桥隧群密集路段,铺装桥面抗滑薄层,解决该路段由于干湿交替加车辆刹车易引发事故的问题。例如,白马—羊角隧道间郭溪沟中桥桥面铺设抗滑薄层,羊角—大湾隧道间猫儿沟大桥桥面铺设抗滑薄层,如图 4.17 所示。

图 4.17　隧道出入口铺装抗滑层

1)主要性能要求

(1)树脂黏结强度

黏结剂要有足够的黏结强度,不但与基材混凝土或沥青牢靠黏结,还要与彩色陶瓷颗粒有非常好的黏结性(树脂不可能完全包裹彩色颗粒的情况下)。

(2)固化干燥速度

彩色路面施工不可能长时间封闭道路,要求施工周期短,胶黏剂必须干燥快,还得具备合适的使用期,以方便施工操作。

(3)强度上升速度

彩色路面施工完毕,通常很快就要通车,以减少封闭道路和影响交通的时间,这就要求黏结剂强度短时间达到使用要求。

(4)抗冲击韧性

车辆行驶的震动以及路面的轻微变形,要求黏结不能是脆性材料,否则很容易开裂、爆裂和脱落。

（5）户外耐候性

彩色路面位于户外,要求材料有很好的耐腐蚀性、耐候性及耐温差性,否则材料会老化失去原有的优良性,从而降低彩色路面的使用寿命。

2）施工工艺要求

（1）施工准备

①确保施工路面平整、干净,没有任何污染物,没有路面病害。

②清理路面灰尘和障碍物。

③可使用适当填充料修补路面深坑或小洞（空）。

④使用适当清洁剂清理路面油污或污积,然后用水冲洗,等待完全干燥后才可施工。

⑤施工前,必须确保路面是干燥的,潮湿的路面可以用热压缩空气机吹干路面,特别是冬天环境,必须加热路表面,并加速树脂凝结。

⑥在施工范围用牛皮胶纸或胶带封边,然后量度施工范围面积,以便计算树脂施工用量。

⑦路面最佳施工温度为 15～35 ℃。

⑧新铺的沥青路面应在至少通车 6 周后方可进行彩色防滑路面施工。

（2）施工顺序

①在路面的铺装施工结束后。

②设置标线路面清扫。

③按设计图纸要求划基准线。

④放线定位。

⑤经监理工程师检查后进行施工。

⑥地表处理及清洁。

⑦周边贴好胶纸。

⑧用专用工具在需要彩化的路面上均匀摊铺环氧树脂系胶结剂。

⑨根据设计要求撒布彩色防滑骨料。

⑩回收多余彩色骨料。

3）施工方法

①到达现场后,首先考虑路面的宽度、交通等因素,充分运用标志、交通锥、路栏等安全设施。根据标线施工的推进,管理好现场施工地段,以保证施工安全。

②设置标线的路面表面应清洁干燥,无松散颗粒、尘灰、沥青、油污或其他有害物质。

③按设计图纸要求测量,画基准线、放线定位,经监理工程师同意后进行施工。

④为了确保标线施工质量,所用涂料应采用达到技术标准的产品。

⑤涂料使用注意事项按《技术使用说明书》操作。

⑥施工采用手工施工方法（见《标线施工顺序》）。

⑦标线的宽度、虚线长及间隔、双标线的间隔,应按《道路交通标志和标线》（GB

5768—2009）和业主要求规定办理。

⑧所有标线应平顺、顺直、光洁、均匀及外观精美,漆膜厚度符合图纸要求。

⑨有缺陷的、施工尺寸不正确的或位置错误的标线均应清除,路面应修补,材料应更新并请监理工程师认可重新补划。

⑩施工应在白天进行,雨天、温度低于 0 ℃时应暂时停止施工。

⑪标线施工时应有交通安全措施,设置足够的警告标志、信号和交通路标等防护和诱导设施。

⑫在材料硬结以前阻止车辆及行人在作料区内通行,保护路面标线不受任何损害。

4.4.2 公路隧道洞口减光

1）现状与问题分析

隧道照明与交通安全、公路建设与维护的运营成本都有密切关系。随着高速公路的飞速发展,公路隧道的建设规模日益扩大,从驾驶员心理、生理特性出发来考察隧道的照明质量问题越发重要。隧道照明设计是从驾驶员的视觉特性出发,满足驾驶员交通安全的视觉信息采集的需要,提高驾驶上的安全性和增加舒适感为前提,进而降低运营成本。

现行的《公路隧道照明设计细则》(JTG/T D70/2-01—2014)对高速公路、一、二、三、四级公路新建隧道和改建山岭隧道的设计提供了一定的依据。

公路隧道照明的核心问题在于解决隧道内白天照明的视觉问题。隧道照明一般分为基本照明和加强照明。基本照明主要用于解决车辆行驶于隧道内部的照明问题,加强照明用于解决车辆进出隧道时的"暗适应"和"明适应"问题,防止因"黑框效应"或"白框效应"导致视觉信息不足而出现交通事故。对于毗邻隧道,由于隧道间的距离很近,驾驶人员在驶出前一隧道时经历了"明适应"过程,短时间内又要经历后续隧道入口处的"暗适应"过程,给驾驶人员带来较大的心理压力,从而产生一定的安全隐患。毗邻隧道照明设计必须解决好其所特有的视觉问题,才能创造出良好的视觉环境,从而更有利于隧道行车安全和照明节能。

隧道照明节能的关键在于如何处理公路隧道照明节能效果和隧道行车安全之间的矛盾,即在满足公路隧道行车安全所需的照明需求基础上,尽可能地降低隧道照明的能源消耗。机动车通过隧道可以分为 3 个阶段:驶入、通过和驶离隧道。通常情况下,车辆驶入隧道时人眼从明视觉向中间视觉过渡,车辆在隧道内行驶时人眼处于中间视觉,驶离隧道时又从中间视觉向明视觉过渡。因此,在进行隧道照明设计时应充分考虑这一特点,使人眼的视觉响应得到平稳过渡。隧道照明一般分为出入口的加强照明和车辆行驶于隧道内部的常规照明。对于毗邻隧道而言,隧道长度较短,隧道间距离较近,出入口段的加强照明相对于单条长隧道而言所占的比重更大。因此,通过采取适当措施降低毗邻隧道洞口对加强照明的要求,可有效降低隧道出入口加强照明的电能消耗达到隧道照明节能的目的。

2)隧道照明安全节能方法

隧道照明安全节能的关键问题是隧道照明节能和交通安全的矛盾,即如何在保证隧道交通安全的基础上,尽可能地降低隧道照明的能耗。研究表明,每千米隧道其加强照明的总功率约占整个隧道照明功率的70%,而入口段加强照明的总功率又占了加强照明总功率的60%~70%。因此,隧道群照明安全节能的关键在于变隧道洞口处的加强照明为中间照明,或减弱对隧道洞口加强照明的要求来达到照明安全节能的目的。

根据《公路隧道照明设计细则》(JTG/T D70/2-01—2014)规定,隧道入口段亮度可按下式计算:

$$L_{th1} = k \times L_{20}(S)$$
$$L_{th2} = 0.5 \times k \times L_{20}(S) \qquad (4.21)$$

式中 L_{th1}——入口段 TH_1 的亮度,cd/m^2;

L_{th2}——入口段 TH_2 的亮度,cd/m^2;

k——入口段亮度折减系数(无量纲);

$L_{20}(S)$——洞外亮度,cd/m^2。

公路隧道照明一般分为入口段照明、过渡段照明、中间段照明和出口段照明。隧道入口段与过渡段照明是隧道照明用电最多的段落,且隧道入口段亮度的取值同时决定了隧道过渡段的照明标准。隧道入口段照明亮度标准 L_{th} 由隧道洞外亮度 $L_{20}(S)$ 决定,根据《公路隧道照明设计细则》(JTG/T D70/2-01—2014)的规定,对于设计车速为60 km/h 的公路隧道,L_{th1} 分别取值为 30 cd/m^2 和 270 cd/m^2 时,隧道照明电耗相差高达9倍。因此,通过采取相应措施降低隧道洞口亮度,从而降低隧道入口段照明亮度取值标准,可带来非常显著的节能效果,最终达到降低入口段灯具照明功率的目的。日本东京湾海底隧道在设计中,曾对隧道入口段亮度不同情况下的两种照明方案耗电情况进行过详细比较:同等条件下,隧道入口段亮度 $L_{20}(S)$ 分别取值为 4 000 cd/m^2 和6 000 cd/m^2 时,则隧道照明设备费相差34%,隧道照明年耗电量相差30%。因此,采取各种措施,降低隧道入口洞外亮度,可有效减少毗邻隧道加强照明的耗电量,甚至变加强照明为中间照明,达到隧道照明节能的目的。

3)洞口减光方法

在工程实际中,隧道洞口减光措施包括在路基两侧种植常青树、采用削竹式洞门形式、大幅坡面绿化、洞口设置遮光棚或棚洞等。在隧道照明设计过程中应因地制宜,综合利用各种隧道洞口减光措施,达到隧道照明节能的目的。

(1)遮光棚

根据遮光棚上部结构选材的不同,可分为钢筋混凝土结构、钢结构、钢筋混凝土框架与钢拱架组合结构、钢筋混凝土环形框架与纵向连接钢管组合结构等形式。实际中应根据高速公路隧道所处的地理位置、环境条件、洞门形式、洞口地形及人文环境等的不同,因地制宜,选用不同形式的遮光棚,以便充分发挥各种不同形式遮光棚的功能。

①钢筋混凝土结构遮光棚:指上部结构采用钢筋混凝土结构,可以根据需要和功

能的不同,采用环形结构、封闭结构、矩形框架结构等形式。钢筋混凝土结构遮光棚适用于隧道洞口地形较陡峻,需要防碎落的地段,如图4.18所示。钢筋混凝土结构遮光棚可分为明洞镂空式结构和明洞镂空镶嵌遮光板材结构两种,其优缺点分别见表4.6和表4.7。

图4.18　钢筋混凝土明洞镂空遮光棚工程案例

表4.6　钢筋混凝土明洞镂空式遮光棚的优缺点

序　号	优　点	缺　点
1	有效控制隧道洞内的亮度,优化行车环境	车辆行驶压迫感较强,光线的调节能力较差
2	能够进行洞内外空气交换,空气质量较好	不能够遮风、挡雨、阻雪,行车环境受外界环境条件影响大
3	耐久性能好,维修养护工作量小,运营成本低	紧急情况下逃生救援困难

表4.7　钢筋混凝土明洞镂空镶嵌遮光板材遮光棚的优缺点

序　号	优　点	缺　点
1	有效控制隧道洞内的亮度,优化行车环境	车辆行驶压迫感较强,光线的调节能力较差
2	可以起遮风、挡雨、阻雪的作用	隧道内空气质量较差,可能导致通风运营成本增加
3	抗腐蚀能力强,耐久性能好,维修养护工作量小	紧急情况下逃生救援困难

②钢结构遮光棚:指上部结构采用钢结构骨架,其上铺设遮光板材。钢结构遮光棚适用于隧道洞口间地形较为开阔,不需要进行防碎落的地段。其优缺点见表4.8。

表 4.8　钢结构遮光棚的优缺点

序 号	优 点	缺 点
1	施工方便、工期短、养护维修方便;挡雨、阻雪能力强,通风透气性能好	遮光板材的正常使用寿命为 5～10 年,较遮光棚主体结构的使用寿命短,需要定期更换遮光板材
2	连接隧道群时,紧急情况下逃生、救援方便;隧道通风设计不需要考虑遮光棚段的影响	钢结构拱架宜生锈,隧道施工前应对钢材进行防锈处理
3	照明设计可以将遮光棚与隧道作为一个整体进行设计,节省成本	运营期间也应该定期对钢构件进行防锈、除锈维护,后期维修养护工作量大

③钢筋混凝土框架与钢拱架组合结构遮光棚:指遮光棚下部采用钢筋混凝土框架梁柱结构,上部采用钢拱架结构的组合结构形式,如图 4.19 所示。该遮光棚适用于地形开阔,不需要进行防碎落,需要跨越沟谷的地段。其优缺点见表 4.9。

图 4.19　钢筋混凝土框架与钢拱架组合结构遮光棚工程案例

表 4.9　钢筋混凝土框架与钢拱架组合结构遮光棚的优缺点

序 号	优 点	缺 点
1	跨越能力大,灵活方便,通透性好,视野开阔,适应性强等	钢结构拱架宜生锈,隧道施工前应对钢材进行防锈处理
2	现场施工速度快,通风透气性能好,紧急情况下,逃生、救援方便	运营期间也应该定期对钢构件进行防锈、除锈维护,后期维修养护工作量大
3	通风照明设计可以将遮光棚与隧道作为一个整体进行设计,节省成本	结构挡雨、阻雪效果差,遮光棚段行车环境受洞外环境影响较大

④钢筋混凝土环形框架与纵向连接钢管组合结构遮光棚:指遮光棚骨架由横向钢

筋混凝土拱形结构组成,纵向采用钢筋混凝土纵梁及钢管连接的结构形式,沿遮光棚两侧种植藤本植物进行生态遮光,如图4.20所示。该遮光棚适用于地形开阔,不需要进行防碎落,南方雨水充沛、四季常青的地段。其优缺点见表4.10。

图4.20　钢筋混凝土环形框架与纵向连接钢管组合结构遮光棚工程案例

表4.10　钢筋混凝土环形框架与纵向连接钢管组合结构的优缺点

序　号	优　点	缺　点
1	施工工艺简单,可利用天然植被进行减光、遮光,减少对公路周围环境的影响与破坏	适用范围受地域条件限制较大,减光性及遮光性受外界因素影响较大,很难达到适时精准控制
2	隧道照明设计可以将遮光棚与隧道作为一个整体进行设计,有利于节省成本	维修养护周期短,需要根据外界环境条件不定期地对藤本植物进行人工修剪、维护
3	遮光棚段及隧道内空气质量好,隧道通风设计不需要考虑遮光棚段的影响	遮光棚段行车环境受洞外环境条件的影响大;紧急情况下逃生、救援困难

大量工程实践证明:遮光棚的应用符合高速公路隧道安全、节能、环保的发展理念。合理设置遮光棚、因地制宜地选择遮光棚的结构形式、合理控制遮光棚的设置规模,能有效改善高速公路隧道行车环境,提高行车安全性,降低交通事故和运营成本。

(2)棚洞

棚洞结构是一种新颖的、适合于沿河傍山路段的结构形式,可以最大限度地适应原生地形,减少运营期间地质灾害的发生,确保交通安全,且其使工程构筑物与自然环境、地形和谐统一,可最大限度地保护生态环境。对于毗邻隧道而言,因地制宜的棚洞结构可适当削减隧道洞口亮度,或直接将两毗邻隧道相连,减弱隧道洞口加强照明强度,达到隧道照明节能的目的。

目前国内公路界对公路棚洞的分类及命名较为模糊,有根据棚洞外侧结构划分的,如悬臂式、柱式、墙式与刚架式;也有根据棚洞建成后的建筑样式划分的,如通透式、整体式。结合我国公路结构如挡土墙、桥梁、隧道的分类方法,公路棚洞按照棚洞横断面形状进行分类较为合理、直观。

①拱形棚洞:棚洞主体结构横断面为拱形的棚洞。其上部两侧均为拱形,由基础、拱形结构、防排水层、上部及侧部回填、植草绿化组成。拱形棚洞有封闭拱形(明洞)和开口拱形两种形式。在地形受到限制,洞口存在较大长度的偏压时,采用传统隧道洞口施工法势必造成洞口边坡高,或路线在一单斜陡坡地形线下展开,没有回填反压条件,采用拱形棚洞结构与隧道洞口衔接,对边坡进行防护,可减小边坡防护工程数量和边坡高度。

②半拱形棚洞:棚洞主体结构横断面为半拱形的棚洞。其山侧为拱形,外侧为斜拉式或直立柱平顶,由棚洞基础、斜柱或斜边墙、平板、半拱形结构、防排水层、上部及侧部回填、植草绿化组成,如图 4.21 所示。半拱形棚洞考虑景观、白天照明、节省工程造价等原因,一般在临河侧设置较为美观、面积较大的开口,开口大小根据棚洞限界高度、棚洞高度综合确定。

图 4.21 半拱形棚洞工程案例

半拱形棚洞分为半拱斜柱棚洞和半拱直柱棚洞两种形式。

a. 半拱斜柱棚洞:当公路采用路基方案建设时,在边坡土层及强风化岩层厚度大、自然坡相对较缓时,设计边坡坡度较缓而边坡高度较高。采用棚洞方案,棚洞结构需结合边坡防护承担较大的水平推力,而临河(沟)侧不深,路基宽度适当,在此条件下采用半拱斜柱棚洞可与环境协调,并可保证棚洞与边坡的稳定。

b. 半拱直柱棚洞:当山区公路通过沿河陡坡路段时,路基地质条件往往较好,因此应尽量不削坡并少开挖,使公路建设影响范围小。采用棚洞方案建设时,设计边坡坡度较陡,边坡高度较高,棚洞结构需承担的水平推力较小,在此条件下采用半拱直柱棚洞较好。

山区高速公路建设中,当路线布置在沿河或傍山路段时,受山区 V 形地形的影响,路线布置困难,路基边坡较高,公路建设对周围环境破坏较大。为了节约投资,减少征地,在整体式路基段半幅设置棚洞,由于中央分隔带宽度有限,受棚洞建筑限界及内轮廓的限制,棚洞采用半拱直柱形式与建设条件最吻合。

③框架形棚洞:棚洞主体结构横断面为矩形的棚洞,由棚洞基础、直柱、平板、边

墙、防排水层、上部及侧部回填、植草绿化组成。

框架形棚洞考虑景观、白天照明、节省工程造价等原因,一般在临河侧设置较为美观、面积较大的开口,开口大小根据棚洞限界高度和棚洞高度综合确定。临河侧主要采用直柱或直墙,靠山侧采用连续边墙。

按照框架形棚洞临河侧形式及外侧直柱与上部平板的不同连接方式,可将框架形棚洞分为框架封闭棚洞、框架开口棚洞和棚架3种形式。框架开口棚洞及框架明洞外侧直柱、边墙与上部平板采用固接,棚架外侧直柱与上部平板采用简支连接。

a. 框架封闭棚洞:在城市通道中运用较多,施工可采用一般模板,不需要采用全断面模板台车施作,工艺简单。将其运用于公路隧道洞口和公路沿河傍山路段,可减小隧道洞口边仰坡高度,缩小隧道洞口开挖范围。与拱形明洞相同,框架封闭棚洞也常常在路基靠山侧边坡高度较大,另一侧有一定的边坡,但高度不大。利用明洞及其回填反压对边坡进行防护,可减小边坡防护工程数量和边坡高度。对于滑坡公路路段,框架封闭明洞与抗滑桩相结合处治更有利于山区公路的运营安全。

b. 框架开口棚洞:适用于山区公路隧道进出口,特别适用于山区公路沿河傍山单斜地形路段。

c. 棚架:在山岭重丘区建设一般地方公路或高等级公路,公路有时沿河傍山,在很高的陡坡下通过;而山坡自身稳定性差,常有掉块、滚石等危及公路运营安全。因此,为了恢复傍山段自然环境,往往修建一定长度的棚洞结构,使车辆通过该路段时安全得到保障,如图4.22所示。

图4.22 棚架形棚洞工程案例

对于毗邻隧道而言,因地制宜的棚洞结构可适当削减隧道洞口亮度,或者直接将两毗邻隧道相连,减弱隧道洞口加强照明强度,达到隧道照明节能的目的。

(3)棚洞和遮光棚适用性分析

综上所述,棚洞和遮光棚均可实现隧道洞口减光的目的,然而其适用范围和对象却有所不同。

棚洞均为钢筋混凝土结构,承压防灾能力强,适合沿河、傍山路段,可最大限度地减少运营期间地质灾害的发生,确保交通安全,同时可最大限度地适应原生地形,使工程构筑物与自然环境、地形和谐统一,可最大限度地保护生态环境。对于毗邻隧道而言,棚洞则适合于山体稳定性差、存在地质灾害风险的路段。

与棚洞结构相比,遮光棚结构抗灾能力相对较差,然而其形式相对较多(钢结构、混凝土结构及钢结构与钢筋混凝土组合形式等),工程成本相对较低,适用范围较棚洞广,更加适合于地质灾害风险较小的毗邻隧道段,通过遮光棚对毗邻隧道出入口光照强度进行调节,实现隧道洞口减光,变隧道洞口加强照明为隧道中间照明,最终达到隧道照明节能的目的。

4)遮光棚在毗邻隧道中的应用研究

(1)设置遮光棚的作用

隧道之间设置遮光棚,可将隧道群与遮光棚作为一个整体进行设计,有利于降低工程造价,节省隧道运营成本,减少隧道出入口的阳光直射,降低隧道出入口的亮度,为驾驶人员提供视觉调整时间,从而降低事故发生率,同时减少隧道长期运营的能耗。除此之外,遮光棚对改善行车环境、保证行车的稳定性和安全性方面也有突出贡献。

①缓和光线直接照射,防眩晕。在出洞口和入洞口的适当范围内,驾驶员视线范围内亮度变化因遮光棚的设计较为均匀缓和, 减少光线的直射,降低洞内外光线亮度差别,具有防眩晕的功能,同时也能让驾驶员在较短的时间内适应出洞的光线变化,达到遮光效果,保证行车的稳定性和安全性。

②保护环境的功效。遮光棚的封闭设计在一定程度上能够降低行车时高速公路景观区及沿线附近居民区的噪声,同时也能缓和驾驶员进入隧道时的心理紧张感,且能做到与洞口周边的景观协调。遮光棚采用封闭式设计,能有效阻止雨雪直接落至行车道路面,保护隧道路面的清洁,有利于提高行车安全性,减少日常养护维修工作量。

③对隧道的保护功能。作为隧道的洞门,它是隧道唯一外露的部分。在隧道洞口周围地形平缓、周围边仰坡稳定、不需要防碎石坠落的地方,可采用钢结构遮光棚作为隧道洞门,起到隧道标志的作用;在隧道洞口周围地形陡峻、需要设置防碎石坠落的地方,可采用钢筋混凝土结构遮光棚作为隧道洞门。

④改善行车环境,减少交通事故:影响汽车行驶的不利气象条件主要有雨、雪、雾、风等,此类不利气象条件下车辆行车安全受到极大威胁,交通事故率大大增加。

a.雨雪天气。雨雪天行车,路面的附着系数较晴天干燥路面上明显减小,车辆附着力明显下降。高速行驶的车辆进出隧道过程中,由于路面附着系数发生急剧变化,车辆进出隧道的行驶速度稍有变化(加速或减速),车辆就容易打滑,失去控制,从而酿成车祸。而封闭式透光构造遮光棚既可减少雨雪对路面基层的侵蚀,延长使用寿命,也能降低雨雪引起的车辆滑移,保证行车安全。

b.风力作用。风力对行车的影响主要来自横风,尤其是对高速行驶的车辆。横风对箱形汽车如面包车、大型客车、帆布篷货车等影响较大(此类车辆的整体重心较高,侧向面积较大),而重量轻的小汽车同样也容易受到横风的影响。而且,横风的作用是随车速的提高而加剧的。汽车从隧道驶出的瞬间,或驶向风力贯穿的桥梁、高路堤等路段时,往往会突然遭到强横风的袭击。另外,在山区行车,往往会遇到突如其来的山风,时间短而风力强,吹动车辆偏离行车路线。由于风速和风向的非连续变化,驾驶员会感到汽车发飘。而由横向强风引发的交通事故主要有:车辆偏离车道,冲向路边护栏或中央分隔带,发生侧翻;偏离行驶路线,用转向盘校正方向时被后面的车辆追尾等。封闭式透光构造遮光棚则可有效减弱风力的作用,改善行车环境,减少因横向风的作用引发的交通事故。

（2）隧道群不同连接形式下遮光棚适用性分析

①隧道群遮光棚方案的选择。毗邻隧道洞口减光的目的在于减弱隧道洞口对加强照明的需求,变隧道洞口加强照明为隧道中间照明,同时实现改善隧道行车环境,保证行车安全的目的。封闭式遮光棚的遮阳减光效果较好,既可降低雨雪引起的车辆滑移,也能减少雨雪对路面基层的侵蚀,延长使用寿命。因此,对于毗邻隧道洞口减光设施,建议采用封闭式遮光棚结构。

②隧道群不同连接形式。根据毗邻隧道连接形式的不同,可将毗邻隧道分为两种类型:一种是"隧-桥-隧",毗邻隧道之间通过桥梁相连接;另一种是"隧-路-隧",毗邻隧道之间通过常规道路相连接。毗邻隧道之间不同连接形式下所使用的遮光棚结构形式也有所不同,此外毗邻隧道所处地形、地理状况及气候特征也对其所采用的遮光棚形式提出了不同的要求。

a. 隧-桥-隧。此种连接形式下,毗邻隧道之间通过桥梁相连接,遮光棚安装空间有限,因此所能采用的遮光棚结构形式也受到相应限制。此外,为了应对隧道之间桥梁段横风对车辆安全行车的影响,以及雨雪天气下遮光棚的承压问题,同时考虑桥梁本身的承重能力,"隧-桥-隧"连接形式下所采用的遮光棚方案对其承压能力、结构的稳定性和结构重量提出了特殊要求。综合考虑不同遮光棚构造的特点及其适用范围,建议采用"钢筋混凝土环形框架与纵向连接钢管"组合结构遮光棚方案,通过在结构上铺设遮光板达到减光、遮风、挡雨、阻雪的目的。

b. 隧-路-隧。此种连接形式下,毗邻隧道之间通过常规道路相连接,所采用的洞口减光方案与隧道所处位置的地理地形特征、气候状况等因素有关。如毗邻隧道处于沿河傍山路段,则可考虑采用棚洞结构将毗邻隧道连接起来,既可以起到隧道洞口减光、遮风、挡雨、阻雪的作用,又可以最大限度地保护生态环境,使工程构筑物与自然环境、地形和谐统一,同时可以最大限度地减弱地质灾害对隧道安全行车的影响。然而,棚洞结构较遮光棚方案工程建设成本高,工程前期需进行详细的方案论证和社会经济效益分析,不同遮光棚的结构形式适用性分析见表4.11。

表4.11　不同遮光棚的结构形式适用性分析

毗邻隧道连接形式	遮光棚功能需求	所采用的遮光棚形式
隧-桥-隧	有强风贯穿,有防碎落要求	建议采用钢筋混凝土环形框架与纵向连接钢管组合结构
	挡雨阻雪	建议采用钢结构形式

续表

毗邻隧道连接形式	遮光棚功能需求	所采用的遮光棚形式
隧-路-隧	高路堤路段,有强风贯穿	建议采用钢筋混凝土环形框架与纵向连接钢管组合结构
	有防碎落要求	建议采用钢筋混凝土框架与钢拱架组合结构
	依山傍河,有地质灾害风险	建议采用棚洞结构
	挡雨阻雪	建议采用钢结构形式

遮光棚的应用符合高速公路隧道安全、节能、环保的发展理念。合理设置遮光棚,因地制宜地选择遮光棚的结构形式,合理控制遮光棚的设置规模,能够有效改善高速公路隧道行车环境,提高行车安全性,降低交通事故和运营成本。

4.4.3 隧道出口震荡标线工程

震荡标线是一种目前国际上发达国家使用比较普遍,具有国际先进水平的高新技术产品。它的外形呈凹凸形,基底加突起部分高度为 5 ~ 7 mm。震荡标线具有抗污染、白度好、耐碱性好、耐久性好、耐磨性好、柔韧性好、耐候性强、振感强烈、雨夜照常反光和提示效果极佳的特点,使用寿命一般可达 6 年以上,且用途相对集中,总体投资不大。

震荡标线通常制成点形、条形等,车子经过会有"轰隆"声,对驾驶员有很好的警示和提醒作用,因此也称为噪声标线。其相比于减速道路钉(铁质)所产生的声音又要轻柔很多。震荡标线一般都含有玻璃珠,在夜间有很好的反光作用,而凸起部分也不会受雨天的影响,有其他较多标线无可比拟的优势。

在特长隧道出口增设震荡标线和抗滑薄层,可减少部分车辆盲目加速和路况不熟导致的追尾和侧翻事故。设置原则是抗滑薄层 50 m,隧道内 20 m,隧道外 30 m;震荡标线 6 组,隧道内 3 组,隧道外 3 组,如图 4.23 所示。例如,白云隧道、白马—羊角隧道群、黄草岭—武隆隧道群等。

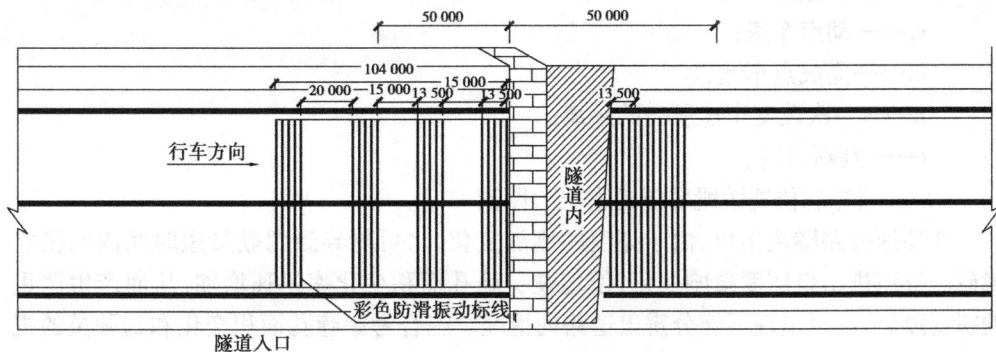

图 4.23 隧道出口防滑震荡标线平面布置图

4.4.4　隧道出口提示标志工程

科学合理地设计、设置交通标志,对保障隧道群交通安全尤为重要。如何充分发挥交通标志对隧道群交通安全的保障作用,提高驾驶员视认毗邻隧道群出口交通标志的准确率,减少交通事故的发生,是需要重点考量的难点。

根据实际调查发现,许多驾驶员不能有效地利用毗邻隧道群交通标志的主要原因如下:驾驶员没有注意到交通标志,由于标志与背景区别不明显,或道路线形影响驾驶员视线,导致驾驶员不能发现标志;交通标志设置离隧道出口距离太近,驾驶员的操作距离或反应时间不够;低信息量的标志较多,造成牌面空间的浪费,同时缺乏一些重要的交通信息指示;没有整体考虑,前后相邻交通标志的间距太近,导致驾驶员无法有效认识并及时处理标志信息。

1)毗邻隧道群交通标志横向位置设置

出于安全考虑,毗邻隧道群交通标志至少距路肩 50 cm,其最大值为:

$$d = I \tan \beta$$

式中　d——最内侧车道到交通标志的横向距离;

　　　I——驾驶员读完标志后到标志的距离;

　　　β——消失点与路侧标志的夹角。

2)毗邻隧道群交通标志纵向位置设置

(1)标志设置的前置距离

要使驾驶员能够有效地利用交通标志传递的信息,必须保证驾驶员读完后的距离大于可操作距离,此条件为 $I > m$。实际中:除安置在门架上的标志外,其他标志的设置一般与驾驶员的正前方视线斜偏一定角度;从交通标志获得信息后对所驾车辆实施操作,主要为在行车辆变换车道及改变车速。因而,理论上,驾驶员有效利用交通标志传递信息的条件为:

$$D \geqslant (n-1)L + (v_1^2 - v_2^2)2a + v_1 t - 1 \tag{4.22}$$

式中　$(n-1)L$——变换车道所必需的距离;

　　　$(v_1^2 - v_2^2)2a$——减速或改变方向所必需的距离;

　　　n——车道数;

　　　v_1——动点车速;

　　　v_2——完成点车速;

　　　L——一次改变车速所需的距离;

　　　t——判断时间。

(2)交通标志位置距毗邻隧道群出口距离

在高速公路隧道出口,由于亮度的剧烈变化,将可能导致驾驶员短时间内的视觉障碍。隧道进出口照度急剧变化,使驾驶员瞳孔面积变化率迅速增加,从而产生严重的视觉障碍,甚至出现不能分辨出道路的情况。综合考虑瞳孔面积变化和驾驶员的视觉惰性,毗邻隧道群出口驾驶员的视觉障碍时间取 0.25 s。车辆从隧道出口到标志位置之间有下式成立:

$$S = S_1 + S_2 + S_3 \qquad (4.23)$$

式中　S——交通标志设置位置距隧道出口的有效距离；

　　　S_1——交通标志的可视距离；

　　　S_2——发现点到读点之间的距离；

　　　S_3——隧道口到发现点之间的距离。

试验研究表明隧道出口一定距离内加速度变化一般不大于 $0.5 \, \mathrm{m/s^2}$。交通标志可视距离为：

$$S_1 = \frac{v}{3.6} + \left[\frac{h^2 + \left(\frac{B}{2} \right)^2}{\tan\left(\frac{a}{2} \right)} \right]^{\frac{1}{2}} + m \qquad (4.24)$$

式中　v——从开始识读标志至标志位置之间的平均速度；

　　　h——标志高度；

　　　B——道路宽度；

　　　a——视野界限，取 $15°$；

　　　m——驾驶员的可操作距离。

研究表明，对于普通简单信息视认反应时间 $0.2 \, \mathrm{s}$ 足矣，因此 S_2 行驶时间可取 $0.2 \, \mathrm{s}$，即 $S_2 = 0.2v$。由瞳孔面积变化速度与行车安全的关系和驾驶员的视觉惰性分析可知，$S_3 = 0.25v$。

第5章　高速公路隧道机电设施施工及养护安全技术

隧道工程具有施工周期长、环境影响大、不可预见风险因素多、施工技术复杂、投资巨大等特点,再加上公路隧道相比其他隧道具有断面更大、形状扁平等不利因素,因此公路隧道是一项高风险的建设工程。

随着国家经济的快速发展,我国高速公路、高等级公路、省道及县级公路路网不断完善,隧道的数量也与日俱增。公路隧道的大规模建设与施工、运营安全技术和管理研究的相对滞后带来了隧道事故的频发,其安全问题已成为国内外专家共同关注的焦点。从近年来我国隧道运营过程中发生的各类事故情况看,其中包括为数不少的由于隧道设备养护施工及相关维护作业直接或间接引发的各类事故。

公路隧道内机电设施涉及机、电、自控等多个技术领域,具有大型复杂系统的工程特点,即设备部件多、分布区域狭长、系统复杂、技术集成度高、运行要求安全可靠等。高速公路隧道机电系统主要包括闭路电视监视、交通与环境检测、交通控制与诱导、照明及照明控制、通风及通风控制、通信、紧急电话、广播、火灾检测与报警、消防、消防救援、中央控制与管理以及供配电等子系统。

由于系统设备多、结构技术复杂等,维护频率较高,高速公路隧道机电系统定期维护、检测和保养是公路养路管理部门日常工作中的一项重要内容,然而隧道内设备养护维护施工作业场地狭窄、机械和人员高度密集,环境恶劣、交叉作业和高处作业多,施工危险性大,同时也会对过往车辆的正常通行带来干扰,一旦由于施工作业引发高速公路隧道交通事故,轻则造成交通大面积拥堵,疏导困难;重则导致车毁人亡,或者引发施工人员伤亡等其他次生灾害,这些问题在长大公路隧道及隧道群中将更为突出。如何确保施工安全、采取科学合理的施工技术和施工组织,制订科学有效的交通疏导方案、缩短车道封闭时间、保障道路通行以及特殊条件下的交通管制与事故应急等是长期困扰运管部门的难题,也是一个亟待解决的重要课题。

5.1 概述

1) 国外研究现状

国外高速公路起步较早,目前已进入稳定的运营管理阶段,社会机构的分工十分明确,特别是有非常专业的各类承包商承担隧道的实际养护业务,管理机构的设置较为精简。目前采用的维护模式主要为管理单位只负责使用的机电系统,所有的维护工作全部外包给专业的维护公司,尽可能地使设备维护快速而方便。

在机电设备维护安全管控方面,欧洲发达国家早已运用 GIS 来进行设备管理,将设备的定位信息、作业状态、空间分布等纳入了管理的范畴。目前已实现了从设备数据的综合处理到全面使用计算机管理的过渡,即实现了设备管理的全面计算机化。瑞典、意大利等国结合 3S 技术(RS,GIS,GPS)已研制出动态的设备管理信息系统,并已在欧洲各国投入使用。2004 年,日本长崎大学的 Mituhiro FUJII 根据日本道路协会的《公路隧道管养手册》,基于 GIS 平台开发了公路隧道病害管养系统。

在交通机电系统的维护方面世界各国对此异常重视,也积累了较多的经验。从各国的隧道及地下工程使用过程中的经验看,采取的机电维护养护管理基本模式为:

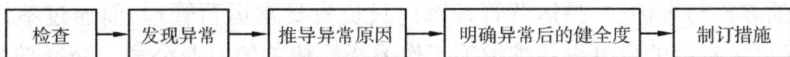

检查 → 发现异常 → 推导异常原因 → 明确异常后的健全度 → 制订措施

即采用早期发现及时维护的养护管理模式。

① 美国。美国《铁路交通隧道与地下建筑物检查方法、程序》中,介绍了对北美、欧洲和亚洲共 47 个运输中介机构的铁路隧道检查方法的调查,详细分析了其中 5 个调查方法。该报告主要介绍这些铁路交通隧道和地下建筑物检查方法及程序,对机电设备的维护标准进行了简要介绍。

美国在随后 2004 年出版的《公路和铁路交通隧道检查手册》与上面版本相比较:除介绍了隧道的检测方法和程序外,该手册将一些隧道缺陷分为轻度的、中度的和严重的 3 个等级,并给出了其定量或定性的判定标准。根据联邦公路管理局的桥梁检测培训手册中的结构状态分级标准,该隧道手册建立了隧道结构的状态分级标准,将隧道结构单元的状态分为 0 ~ 9 共 10 级。与上一版本一样对机电设备介绍较简单。

② 日本。

a. 技术研究与交流方面。日本隧道界以日本隧道协会为中心,由铁道、公路、电力、地下铁道等行业组成隧道维护养护管理委员会,进行有关隧道维护养护管理技术的研究,引进和普及技术,提出建议、组织情报和技术交流等。

b. 维护机构设置方面。日本高速公路的维护管理是把全国分为 11 个区域,大约每 60 km 设一管理事务所,进行检查、调查、维护作业等维护管理业务,以保证沿线设备的良好状态,提供安全而舒适的道路空间。此外,在长大隧道,有的设置专门的管理所。在管理局等内设交通管制室和用以收集、提供情报、进行交通和交通控制的控制室,进行设备的 24 h 的运转监视。

日本隧道的养护管理采用 5S 方法。5S 是日本企业率先实施的现场管理方法,即整理(Seiri)、整顿(Seiton)、清扫(SeiSO)、规范(Seiketsu)和素养(Shitsuke)。各 S 的要义分别为:分开处理、定量定位、清洁检查、立规立法和守纪守法,目的是改善现场、降低消耗、提高效率和提高质量。

③法国。法国从管理角度为了保证隧道设备的维护保养,要求所有设备按照有效的法国国家法规的要求配置到常规控制程序中:通过协议机构必须配备到常规周期性控制机构的电气设备——《劳工法》第四章和 14-11-88 号法令。

- 单独防护设备:19-03-93 法规。
- 灭火器:《劳动法》第 R232.12.21 条和 04-11-93 法规。
- 独立的安全照明区:《公共建筑规章》第 1 册第 8 章 EC20 条。
- 火灾探测系统:《劳工法》第 R232.12.18 条以及 04-11-93 法规。

在 20 世纪 80 年代,法国国营铁路公司(SNCF)还制订了铁路隧道养护标准,标准中包含了铁路隧道机电设备的检查方法、状态评价方法、例行维护方法。

2)国内研究现状

目前国内机电设备的养护与维护一般有以下两种情况:一是由运营管理部门独立完成日常的养护与维护;二是运营管理部门只负责日常运营管理,而通过签订服务合同,将技术要求较高的机电设备维护等工作委托给相关的专业公司。交通部为规范隧道的养护管理工作,对原来的《公路养护技术规范》中隧道的内容修改完善,于 2003 年发布了《公路隧道养护技术规范》(以下简称《规范》),《规范》是公路隧道的养护及其管理的技术依据和行为准则,对隧道的养护管理工作提出了具体要求,规定了检查和维护工作的种类、内容和频率等,可以说,为我国的隧道养护水平的提高起到了很大的作用。

对于建设期高速公路机电工程质量的检验评定已经有了部颁标准——《公路工程质量检验评定标准(第二册机电工程)》(JTG F80/2—2004),对于运营期的机电系统,交通部也于 2005 年颁布了《公路机电系统维护技术指南》,为保持公路机电系统良好的运营状态提供了技术指导。同时,在高速公路机电系统技术状况评定、故障智能诊断、设备预防性维护、设备使用寿命预测和故障成因及控制措施等方面均有一定的研究;在高速公路机电系统维护信息化管理方面,北京、浙江、广东、山东、上海、福建等地相继建立了适应本地机电系统维护管理模式的信息化管理平台,为科学、合理、高效地对机电设备进行管理打下了基础。

2006 年,西部交通科技项目湖南雪峰山特长公路隧道关键技术研究之子课题五:"特长隧道综合管理系统研究",其中对隧道设备管理与养护模式做了相关研究。此研究针对当前国内交通机电设备的维护工作现状,运用设备管理理论的相关理论为科学指导,吸收设备管理理论先进的管理理念、科学的分析方法,总结以往交通机电维护管理方面的经验,针对长大公路隧道的特点,系统地对维护业务进行梳理、创新,建立科学的维护管理体系,将机电系统维护业务从编目体系、任务体系、故障管理、设备管理、库存管理等多方面进行划分,规范相应的作业流程和方法,以促进机电设备维护管理工作的规范化和高效化。

3) 主要研究内容

对于山区公路隧道群机电设备施工及维护安全管控技术研究,首先应通过实地调研明确我国隧道机电施工及维护安全现状、相关制度、安全管理等,并结合相关文献提出隧道机电施工及维护安全管理方法。基于调研隧道机电事故数据,提出相应的隧道交通机电施工及维护安全问题解决的思路,并建立合理的安全评价体系,以及通过研究典型隧道机电施工安全保障措施与事故救援体系来改善隧道机电施工及维护作业安全。

本节围绕隧道机电设备安装工艺流程,从从业人员、机电设备、施工环境、安全管理因素几个方面,规范隧道机电设备安装和维护过程中的安全作业行为。具体研究内容包括:

①机电设备施工及维护标准化管理体系构建。为提高公路隧道机电施工及维护安全水平,合理规范公路隧道机电设备施工安全保障工程的实施工作,本章节在调研现有机电施工及维护管理制度的基础上,进一步研究机电设备施工及维护标准化管理方法,构建标准化管理体系。

②机电设施维修作业风险等级与施工安全评价。以工程风险理论为基础,研究适合于山区公路隧道及隧道群机电施工及维护作业安全风险分析、风险管理的理论框架,提出隧道机电施工及维护安全风险评估方法。结合相关安全生产规范与隧道安全评价指标体系的建立原则,提出相应的安全评价指标体系。

③典型机电设备施工安全管理制度编制。根据典型隧道机电安全事故,剖析事故产生的原因,提出相应的事故预防与事故救援方法,并编制典型机电设备施工安全管理制度,指导隧道机电设备施工,从而保障施工安全。

5.2 公路隧道机电施工及维护作业风险评估

随着我国国道和高速公路网的迅速建设,公路隧道越来越显示出穿山越岭的优越性,随之而来的公路隧道施工项目增多,其安全问题也逐渐显露出来。公路隧道施工不同于其他生产形式,兼顾建设工程施工和矿山生产,具有其自身独特的安全生产特点。在现有的施工条件下,没有系统的安全生产保证体系,因此,急切需要建立和健全隧道施工安全偏差或设备损坏;现有分析检测结果的方法不一致。现有的可用来证明结果的概念、检测工具的测量原理以及操作的可靠性没有达到用户所要求的程度;完成检测是一个多步骤的过程,取决于计算机算法与最终作决策人的经验,这时计算机算法和人的经验就对结果起着绝对性的作用;目前还没有如何诊断、分析、识别缺陷三维大小的推荐做法。每个在线监测机具供应商为了各自的商业利益,都是在自己的公司内部采取保密的方法对检测结果进行解释和评价。现在还没有任何一种被公认的方式对人为因素所产生的解释错误进行评价,这种资源上的不共享在一定程度上也阻碍了内检测技术的进一步发展。

5.2.1 公路隧道施工安全风险评估研究方法

目前,常用的隧道施工安全风险评估研究方法有核对表法、专家调查法、情景分析法、层次分析法、模糊综合评价法、风险指数矩阵法。接下来就对上述几种研究方法作简单介绍。

1)核对表法

核对表法是一种常用和有效的风险识别方法,它主要是用核对表来作为风险识别的工具,实质上就是把经历过的风险事件及其来源罗列出来,写成一张核对表。该方法利用人们考虑问题的联想习惯,在过去经验的启示下,对未来可能发生的风险因素进行预测。该方法的优点在于使风险识别工作变得较为简单,容易掌握;缺点是没有揭示出风险来源之间的相互依赖关系,对指明重要风险的指导力度不够,且受制于某些项目的可比性,有时不够详尽,没有列入核对表上的风险容易发生遗漏,应设计出核对表的典型样式。

2)专家调查法

专家调查法(包括德尔菲法)是在专家个人判断和专家会议方法的基础上发展起来的一种直观预测方法,特别适用于客观资料或数据缺乏情况下的长期预测,或其他方法难以进行的技术预测。专家调查法或称专家评估法,是以专家作为索取信息的对象,依靠专家的知识和经验,由专家通过调查研究对问题作出判断、评估和预测的一种方法。专家调查工作流程:首先,通过对需求分析确定工作目标;在调查工作中,应注重专家评判基础、调查因子、专家组成等关键内容;对调查的信息与内容进行初步判定有效与否、反馈需求分析是否发生偏差、判断是否需要重新开展需求分析或是调查工作。专家调查法是比较科学的,其主要特点是有助于专家发表独立的见解,不受其他相关因素的干扰;用数学手段分析所有调查对象的成果,综合归纳成集体思维成果。此方法在工程技术研究领域得到广泛应用,尤其针对数据缺乏、新技术应用评估等工作,具有相当的优势,并且与其他调查方法配合使用,就能取得更好的效果。

3)情景分析法

情景分析法是由荷兰皇家壳牌集团(Royal Dutch/shell)于20世纪60年代末首先使用基于脚本的战略规划,并获得成功,同时该公司的沃克(Pierre Wack)于1971年正式提出的。它是根据发展趋势的多样性,通过对系统内外相关问题的系统分析,设计出多种可能的未来前景,然后用类似于撰写电影剧本的手法,对系统发展态势作出自始至终的情景和画面的描述。当一个项目持续的时间较长时,往往要考虑各种技术、经济和社会因素的影响,可用情景分析法来预测和识别其关键风险因素及其影响程度。情景分析法对以下情况是特别有用的:提醒决策者注意某种措施或政策可能引起的风险或危机性的后果;建议需要进行监视的风险范围;研究某些关键性因素对未来过程的影响;提醒人们注意某种技术的发展会给人们带来哪些风险。情景分析法是一种适用于对可变因素较多的项目进行风险预测和识别的系统技术,它在假定关键影响因素有可能发生的基础上,构造出多重情景,提出多种未来的可能结果,以便采取适当措施防患于未然。

4) 层次分析法

层次分析法是一种定性与定量相结合的决策分析方法。它是一种将决策者对复杂系统的决策思维过程模型化、数量化的过程。运用这种方法,决策者通过将复杂问题分解为若干层次和若干因素,在各因素之间进行简单比较和计算,就可得出不同方案重要性程度的权重。运用层次分析法主要是通过分析复杂问题所包含的因素及其相互关系,将问题分解为不同的要素,并将这些要素归并为不同的层次,从而形成多层次结构;在每一层次按某一规定准则对该层元素进行逐对比较后建立判断矩阵,通过计算判断矩阵的最大特征值及对应的正交化特征向量,得出该层要素对于准则的权重;在此基础上计算出各层次要素对于总体目标的组合权重,以得到不同要素或评价对象的优劣权重值,为决策和评价提供依据。层析分析法常常被运用于多目标、多准则、多要素、多层次的非结构化的复杂地理决策问题,特别是战略决策问题,具有十分广泛的实用性。层次分析法的优点是将人们的思维过程数学化、系统化,以便于接受,应用这种方法时所需的定量信息较少,但要求决策者对决策问题的本质、包含的要素及相互之间的逻辑关系掌握十分透彻。

5) 模糊综合评价法

模糊综合评价法是模糊数学中最基本的方法之一,该方法是以隶属度来描述模糊界限的。由于评价因素的复杂性、评价对象的层次性、评价标准中存在的模糊性、部分定性评价指标难以定量化等一系列问题,使得人们在描述客观现实经常存在着"亦此亦彼"的模糊现象,其描述也多用自然语言来表达,如"优、良、中、差""很好、好、一般、差、很差"等。自然语言最大的特点是它的模糊性,而这种模糊性很难用经典数学模型加以统一度量。因此,建立在模糊集合基础上的模糊综合评判方法,从多个指标对被评价事物隶属等级状况进行综合性评判,它把被评判事物的变化区间作出划分,一方面可以顾及对象的层次性,使得评价标准、影响因素的模糊性得以体现;另一方面在评价中又可以充分发挥人的经验,使评价结果更客观,符合实际情况。模糊综合评判可以做到定性和定量因素相结合,是系统评价中常用的方法,特别适用于多因素或多目标的系统。其优点是:数学模型简单,容易掌握,对多因素、多层次的复杂问题评判效果比较好,是别的数学分支和模型难以代替的方法。不足之处在于:在使用此方法之前,需要用其他方法确定评价指标的权重,因此通常和其他方法配合使用,运用较复杂。

6) 风险指数矩阵法

风险指数矩阵法又称为 $R = P \times C$ 定级法,常用于定性的风险估算,该分析法是将决定危险事件的风险的两种因素,即危险事件的严重性和危险事件发生的可能性,按其特点相应地划分为不同等级,形成一种风险评价矩阵,并赋以一定的权值,以定性衡量风险的大小。该方法操作简单方便,能初步估算出危险事件的风险指数,并能进行风险分级。风险指数矩阵分析法的风险评估指数通常是主观确定的,定性指标有时没有实际意义,风险等级的划分具有随意性,有时不便于风险的决策。风险指数矩阵法只能定性不能定量评价,一般不单独使用,常和其他评价方法结合使用。

5.2.2　公路隧道机电施工及维护安全评价体系与方法

1)安全评价指标体系的建立原则

隧道施工安全评价体系的建立应遵循以下原则:

(1)科学性原则

科学能揭示事物发展的规律,作为人们改造世界的指南,建立隧道施工安全评价因素体系,也必须能反映客观实际以及事物的本质,其能反映出影响企业安全的主要因素。隧道施工过程中事故的发生以及施工过程中的安全状态具有绝对的确实性,这就要求对其评价的指标具有科学性和客观性,评价指标必须通过客观规律、理论知识分析获得,形成知识与经验的互补,任何人为的凭主观性确定的指标都是不可取的,科学性还必须保证评价指标的概念和外延的明确性,对一些模糊性指标,即使无法做到其外延明确,也必须保证其概念明确,不至于混淆。因此,只有坚持科学性原则,获得的信息才具有可靠性和客观性,评价的结果才有效。

(2)系统性与全面性原则

安全分析方法和安全分析模型的建立是以系统理论为基础的,评价指标体系的建立也应遵守系统性原则。系统性原则包括以下几个方面:

①目的性。建立评价指标体系的目的是对隧道施工的安全状况进行评价,以达到安全施工的目的,围绕这个目的就必须建立反映评价系统特征的指标体系,然后进行优化和控制。

②整体性。评价指标之间、评价指标和安全评价整体结果是一个有机的综合体,安全评价不是单个评价指标的简单集合,评价指标及其功能、评价指标之间的关系必须服从安全评价整体目标和功能,安全评价的结果才能反映整体性。

③层次结构性。评价结构有多种,但是,在理论和实践中应用最多的是层次结构。评价指标体系由一定层次结构的评价指标组成,在层次结构中,各个评价指标表达了不同层次评价指标的从属关系和相互作用关系,从而形成一个有序、系统的层次结构,使评价指标层次结构更好地反映系统安全评价的功能。

④相关性。要对评价指标体系内部的指标属性进行相关性分析,相关性分析为纵向和横向之间的关系,要使评价指标的相互关系明了、准确,从而建立评价指标之间的结构,达到合理评价的目的。

⑤实用性。评价指标体系的确定要反映同现有历史阶段的科学技术水平、经济状况、工业发展水平相适应的状态,要有较强的可操作性。任何夸大超越或严重落后于国家现有经济发展水平的指标体系都是不合理的,同时,因为企业自身生产特点的特殊性,要根据自身企业的特点确定自己的评价指标体系。所以,不应千篇一律地照搬别的企业的指标体系。

⑥全面性。对企业安全现状的评价是一种全面性的多因素的综合评价,为了保证这一点,选取的因素应具有代表性。选取时应从评价对象的各方面着眼,尽管最后确定的评价因素不一定很多,但选取初始时,被选因素一定要多一些、全面一些,以保证有选取余地。

（3）单元划分与合成原则

在隧道施工过程中的不同位置空间，其中的自然环境、危险物质、设备、设施、人员因素等均不相同，因此直接对整个隧道进行安全评价是困难的，必须根据其功能划分为不同的单元进行评价，从而使得包含于同一单元内的每种灾害模式各自的致灾环境在该范围内具有较大的相似性。在每一单元系统获得评价结果后，采用某一种合成方法进行合成，得出评价值。

（4）可量化原则

为了便于比较，评价因素应当量化。在采用广义多指标评价时，必须采用定性指标和定量指标相结合的原则，只采用隧道施工定性分析而忽略定量分析显然是不全面的，隧道施工安全既包括安全技术又包括安全管理，即具有技术和管理的双重性，评价对象比较复杂，其中有些因素（尤其是管理因素难以量化）。但是，任何事物的发展过程都是质变和量变的统一，事物的质是要通过一定的量表现出来的。因此，评价因素应尽可能量化，安全评价实现定性分析是基础，定量分析是目标。只有量化了，才能揭示事物的本来面目。

（5）稳定性原则

建立评价因素体系时，选取的因素应是变化比较有规律性的，那些受偶然因素影响大起大落的因素就不能入选。

（6）可考核性原则

安全评价的目的是要对近一个评价周期内的安全工作进行考核、评价，了解安全管理的现状及系统的安全状态，并对下一个时期的安全工作进行部署。因此，安全评价指标体系的建立除了要符合几个原则之外，还应符合可考核性原则。还需要指出的是上述各项原则并不是孤立的，而是相互联系并且在评价指标体系中体现的，也只有明确具体的评价对象，对生产的过程和管理方法进行分析，才能具体体现这些原则。

（7）可行性原则

建立的评价因素体系应能方便数据资料的收集，能反映事物的可比性，做到评价程序与工作尽量简化，避免面面俱到，烦琐复杂。只有具有可行性，评价的实施方案才能比较容易地为企业的安全部门所接受。

2）隧道机电施工及维护安全评价指标体系的建立

评价指标体系的选择和确定是评价研究内容的基础和关键，直接影响评价的精度和结果。根据《中华人民共和国安全法》《公路隧道施工技术规范》《公路工程施工安全技术规程》及《爆破安全规程》等法律、法规、规范和对隧道施工的安全状况调查、分析的基础上，从系统的角度把公路隧道施工分为安全管理、环境条件、爆破作业及爆破器材、出碴与洞内运输、施工通风、个人防护、施工用电、施工设备及设施等公路隧道施工安全生产条件必需的基本条件和指标。

根据国家有关安全法规、条例、标准和规定，以《施工企业安全生产评价标准》和《建筑施工安全检查标准》为基础，将隧道施工的安全评价分为 5 大方面（即准则层），24 个评价指标，其递阶层次结构如图 5.1 所示。

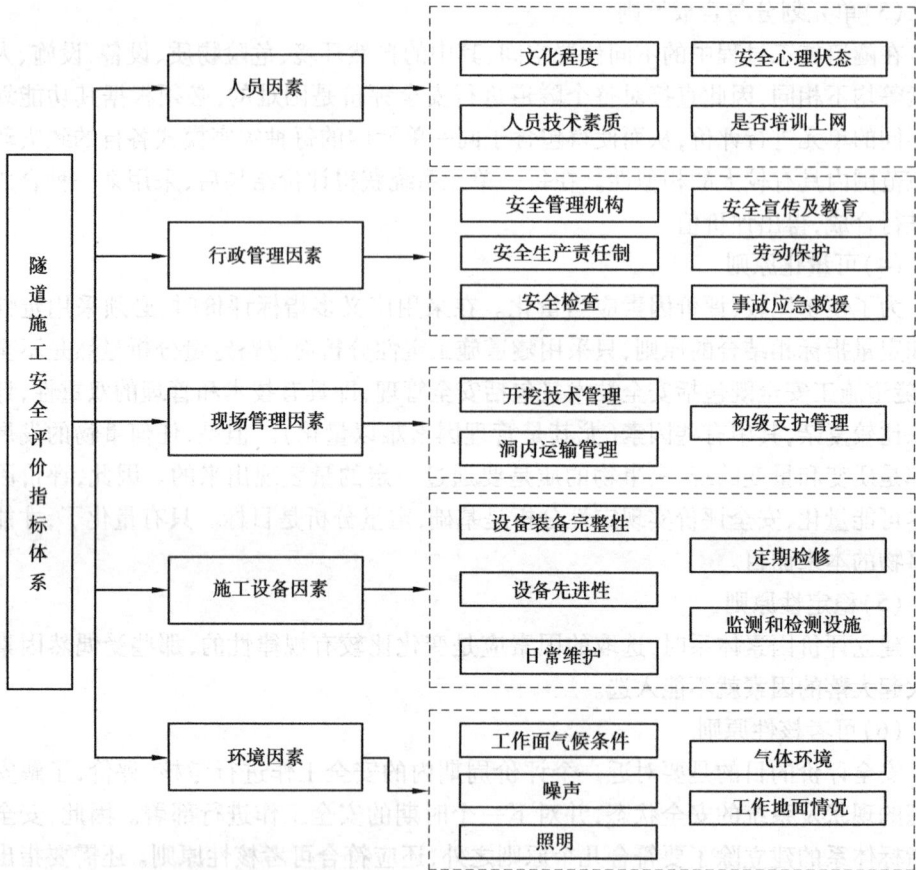

图 5.1　隧道机电施工及维护安全评价指标体系

在安全评价过程中需要合理确定各因素权重。合理确定和适当调整因素权重，体现了系统评价中各因素轻重有度、主次分明，更能增加评价因素的可比性。确定权重的方法有很多，如定性的德尔菲法、定量数据统计处理的主成分分析法以及定性定量相结合的层次分析法在评价因素体系中，每个因素对实现系统评价目标和功能的重要程度各不相同。权重表示各因素的相对重要程度，或表示一种效益替换另一种效益的比例系数。可见，权重是综合评价的重要信息，应根据因素的相对重要性，即因素对综合评价的贡献确定。

定性与定量相结合的层次分析法确定各层因素的权重值一般可分为 4 个步骤：

①分析系统中各因素的关系，建立描述系统功能或特征的递阶层次结构。

②选择合理的标度，将同层因素间对上层某因素重要性进行评价，构造两两判断矩阵。

③解判断矩阵，得出特征根和特征向量，并进行一致性检验。

④得出各层因素的权重。

3）隧道机电施工安全改进模糊综合评价法

模糊评价法是应用模糊变换原理和模糊数学的基本理论——隶属度或隶属函数来描述中介过渡的模糊信息量。隧道机电施工安全评价设计因素复杂，单纯利用模糊评价法很难客观地得出合理的参考值，因此本节在模糊评价法的基础上进行了改进，提出改进模糊综合评价法。首先考虑与评价事物相关的各个因素，浮动地选择因闭值，作比较合理的划分，再利用传统的数学方法进行处理，从而科学地得出评价结论。

改进模糊综合评价法主要分两步进行：首先按每个因素单独评判，然后再按所有因素综合评判。

（1）建立模糊综合评价因素集和评价集

将安全评价的项目划分为 Q 个评价单元（$q = 1, 2, \cdots, t$）。可将评价结果划分成若干个等级，如"很好""较好""一般""较差""差"等。

设评价因素集为 $U = \{U_1, U_2, \cdots, U_m\}$；评价集为 $V = \{V_1, V_2, \cdots, V_n\}$。

（2）建立权重集

为反映各因素的重要程度，对各个因素赋予一相应的权数 a_i。由各权数组成因素权重集：$A = \{a_1, a_2, \cdots, a_m\}$；各权数 a_i 满足归一性和非负性条件：$\sum\limits_{i=1}^{n} a_i = 1, a_i \geq 0$。

（3）单因素模糊评价

首先对 U 集中的单因素 U_i（$i = 1, 2, \cdots, m$）作单因素评价，从因素 U_i 着眼确定该事物对抉择等级 V_i（$i = 1, 2, \cdots, m$）的隶属度 r_{ij}，则得出第 i 个因素 U_i 的单因素评价集为 $r_i = (r_{i1}, r_{i2}, \cdots, r_{in})$，它是评价集 V 上的模糊子集。则各单因素的隶属度行组成评价矩阵 $\boldsymbol{R}$，

$$\boldsymbol{R} = \begin{bmatrix} r_{11} & r_{12} & \cdots & r_{1n} \\ r_{21} & r_{21} & \cdots & r_{2n} \\ \vdots & \vdots & & \vdots \\ r_{m1} & r_{m2} & \cdots & r_{mn} \end{bmatrix} \tag{5.1}$$

（4）改进模糊综合评价

在确定了模糊矩阵 R 和模糊向量 A 时，则可作模糊变换来进行综合评价：

$$B = A \cdot R = (b_1, b_2, \cdots, b_n) \tag{5.2}$$

为了改进评价，可将各单元集合起来进行二级评价，即

$$B' = (A_1, A_2, \cdots, A_i) \cdot (B_1, B_2, \cdots, B_i) \tag{5.3}$$

再由 $S = \sum\limits_{i=1}^{n} b_i \cdot c_i$ 得到综合模糊评价结果，其中 C 为评价结果划分的区间值。

应用改进模糊综合评价对公路隧道施工安全的各因素进行多层次综合评价，能得到定性和定量的评价结果，定量结果对应相应的定性结果，得到的结果直观、科学、合理、可靠。公路隧道施工系统各因素的影响直接决定公路隧道施工的安全状况，为了保证系统的安全性，必须了解并掌握系统中各因素的安全状态。对该系统各个单因素和整体的综合评定，可在了解系统各个因素的安全状况的同时，掌握系统整体安全

状况。

5.3 公路隧道机电设备施工安全管理

5.3.1 公路隧道机电设备施工及维护的基本内容

1)隧道机电设备分类及维护

公路隧道机电系统主要具有以下功能:

①安全性:系统能保证交通正常营运,最大限度地发挥运输效率。

②可靠性:系统局部设备故障不影响其他设备功能发挥,关键设备有必要的冗余措施。

③可控性:系统收集的交通、环境、语言、视频等信息能得到充分利用,据之合理诱导交通流,并进行有效控制。

④经济性:系统投资少、性价比高,同类设备运转平衡;控制方案,除能保证正常运营外,还必须节能,运营费用省。

⑤稳定性:系统可长期(在设计周期内)稳定运行。

公路隧道机电设备主要是指为隧道营运服务的相关机电设备,本文按照功能划分为供配电系统、通风系统、照明系统、监控系统、消防及救援系统和交通工程设施六大组成部分,其中,监控系统又是由许多个子系统构成的。图5.2为公路隧道机电设备的系统结构图。

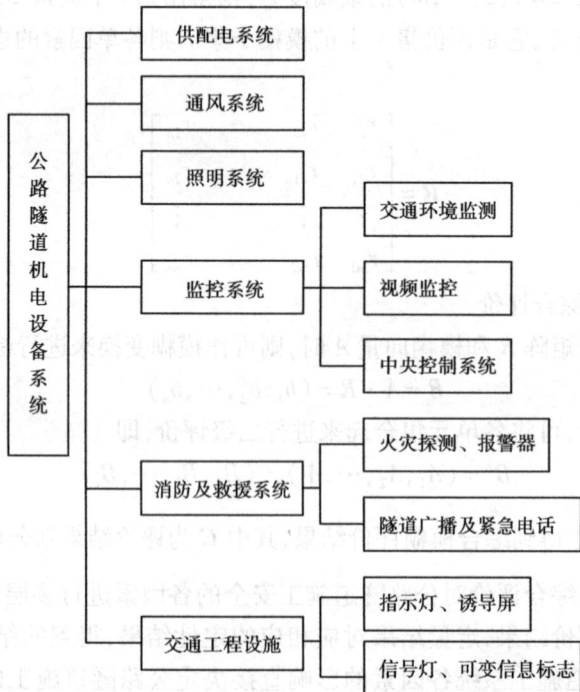

图5.2 公路隧道机电设备的系统结构图

（1）供配电系统

公路隧道内设置有通风、照明、控制、消防报警等设备，为确保隧道运营的高度安全、高稳定性等要求，必须保证各种设备 24 h 无间断供应电源，即能可靠正常供电，又能紧急供电。可见，供配电子系统是隧道机电工程的关键系统，属于一类负荷。它一旦出故障，整个隧道机电系统也将陷于瘫痪，因此该子系统运行的好坏，直接关系到整个隧道能否正常营运。

供配电子系统中的设备种类繁多，主要包括五大类：高压配电设备、电力变压器、低压配电设备、供电线路和电源。

①高压配电设备包括高压开关器柜（包括隔离开关、高压断路器、负荷开关和熔断器）、高压互感器、高压避雷器和高压母线。

②电力变压器在高速公路隧道中多选用三相变压器，是供配电子系统中的关键设备。

③低压配电设备包括开关刀、低压熔断器、电流互感器、低压断路器和接触器。

④供电线路包括电缆线路、电缆托架及支架和接地装置。

⑤电源包括交流稳压电源（即市电），不间断电源（UPS）以及柴油发电机组。

在高速公路隧道中多选用三相变压器，是供配电子系统中的关键设备。

根据上述描述，本文主要列出了为隧道用电设备服务的常用供配电及辅助设备，如图 5.3 所示。

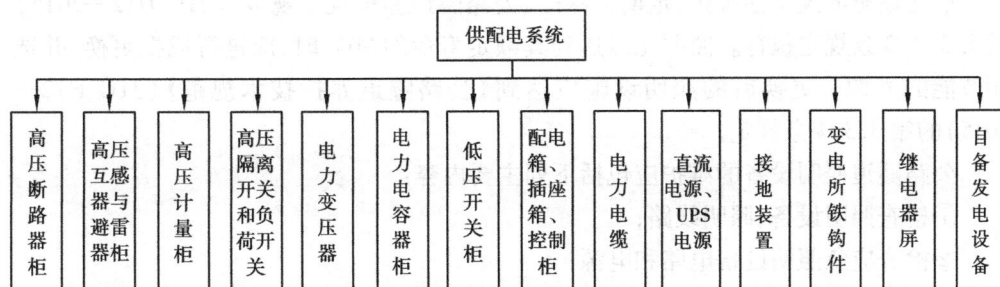

图 5.3 公路隧道供配电系统构成图

另外，现代高速公路隧道的变电所通常都配备有电力监控系统，即采用遥控、现代通信和计算机技术来统一指挥、检测全系统的正常运行和施工处理等工作。电力监控系统一般对变压器、UPS 和配电柜三类设备提供日常维护、故障分析、警告管理和历史数据分析等功能，为机电管理系统提供了完善的运行状态和维护数据。

（2）通风系统

通风系统的功能是降低隧道内 CO，NO_x 等汽车排放的废气浓度，保障用路人健康，降低隧道内烟尘浓度，维持较佳的能见度，以确保行车安全；当隧道发生火灾，能有效控制烟雾扩散速度及方向，并排除浓烟，保障路人逃生及救灾作业的进行。通风子系统目前主要包括轴流风机、射流风机及其配套设备，离心风机暂未使用，但有可能在今后的工程中使用，故也列出，通风启动及控制箱放入供配电设备。

通风设备应按各种设备的操作规程和养护要求进行,并使主要性能指标,如风速、推力、功率、噪声及防护等级等符合产品说明书的要求。《规范》要求进行通风设备养护时,应根据隧道交通流量和通风能力,对交通进行必要的组织和限制。

(3)照明系统

照明系统是为了确保驾驶者在行驶隧道时,能获得与邻接道路(隧道外)相同的行车安全与舒适程度。驾驶人在进/出隧道时会因光线急剧变化产生"黑洞效应",为避免此效应影响行车安全,隧道照明设计起着关键的作用。照明子系统主要包括灯具、托架、标志及信号灯、洞外路灯和照明线路等为隧道营运提供照明服务的设备,如图5.4所示。照明配电及控制箱放入供配电子系统,未包含在隧道照明子系统中。

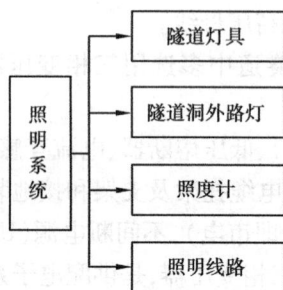

图5.4　公路隧道照明系统

照明设施的经常性维护、定期检修按《公路隧道养护技术规范》(JTG H12—2015)的第3.3.3条规定执行。照明光源达到其额定寿命的90%时,应进行成批更换,并选用节能的光源。更换后的照明设施应达到《公路隧道养护技术规范》(JTG H12—2015)的第3.3.4条规定。

公路隧道照明设备的维护应包括下列主要内容:

①检查照明设备、照明线路;

②检查应急照明设备电路和电源;

③清扫和维护灯具;

④隧道照明应参照《公路隧道养护技术规范》(JTG H12—2015)的有关规定执行。

隧道内的照明不同于高速公路,车辆通过长大隧道时,白天和黑夜的视觉环境变化不同;另外,隧道内的环境相对恶劣,灯泡、反光器和透光罩等器件极易黏附烟尘和老化,使通光量迅速下降。因此隧道内灯具的维护有其特殊的要求:

①必须确保隧道照明满足隧道各段所需的亮度,因此亮度是灯具维护的一个重要指标;

②保养灯具和更换灯泡要在一定的高度下进行,在日常交通条件下维护非常困难,封闭行车道又会造成严重的交通堵塞,这就要求维护工作必须在最短的时间内完成。

(4)监控系统

监控设备包含7个功能子系统,由于监控设备的内容较多,在养护规范中只列出了隧道监控较常用的设备。把监控子系统的功能子系统按设备列出如图5.5所示。

高速公路隧道机电设施施工及养护安全技术

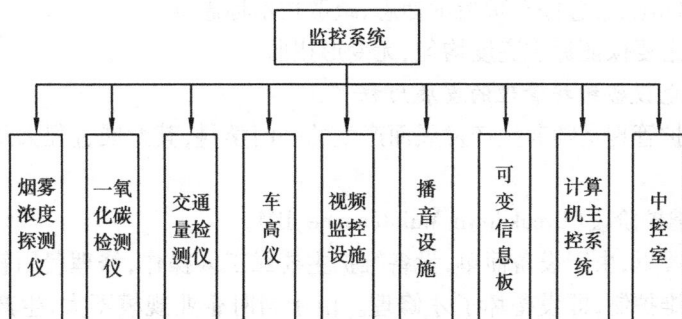

图5.5 公路隧道监控系统

隧道监控设备的维护应包括下列内容：检查一氧化碳浓度、烟雾透过率等环境检测装置及风机的控制性能与功能；检查照明系统及其控制功能；检查火灾报警装置性能和功能；检查车辆超高检测器和交通信号设备的工作状态；检查设备的防锈、线缆与接插件的连接、螺栓的紧固等；检查广播和分区广播工作状态；检查视频监控相关设备工作状态。其维护应符合《公路隧道养护技术规范》（JTG H12—2015）的要求。

（5）消防及救援系统

公路隧道由于建筑结构复杂，环境封闭，一旦发生火灾，很多车内人员无法自行逃生，尤其是在隧道中部发生火灾，问题更为突出，往往会造成惨重的人员伤亡和重大的经济损失，后果难预料。因此建立消防与救援子系统主要用于预防隧道火灾和进行必要救援，包括火灾报警装置、紧急电话、消防设施、横通道等设备，如图5.6所示。

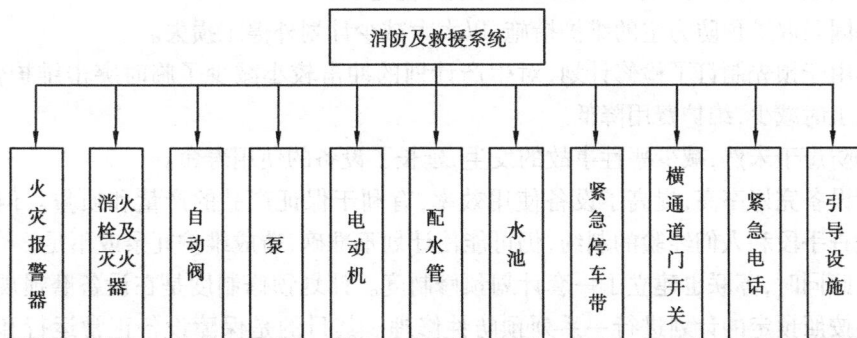

图5.6 公路隧道消防与救援系统

由于消防与救援设备在未发生火灾时，是不运行的，因此很难发现其故障。另外，消防与救援设备的标志应保持完好、醒目，以便发生火灾时能帮助被困人员清楚辨认。消防与救援设备日常检查主要是对隧道内消防设备、报警设备、洞外消防设备的外观进行巡视，及时处理设备的异常情况。其他项目的检查内容可参考《公路隧道养护技术规范》。

（6）交通工程设施

设备包含隧道内交通信号灯、可变信息板及各种指示标志，如紧急电话指示标志、行人横洞指示标志、紧急停车带指示标志、疏散指示标志等。

日常维护中要保证标志亮度均匀,无变形扭曲。

2)隧道机电设备维护管理的发展历程

设备的维护管理是随着生产发展而产生的一门学科,其发展过程大致可分为4个阶段:

(1)事后维护阶段(Breakdown Maintenance,BM)

在这个阶段里,由于设备简单,设备维护主要靠工人操作,修理费用较少。设备主要是实行事后维护制,即设备坏了才修理。由于当时企业规模不大、生产力水平不高设备维护主要靠经验,设备修理只能实行事后修理。随着工业生产的逐渐发展,结构复杂的设备大量的投入使用,设备修理难度不断增加,技术要求也越来越高、越来越专业,设备维护才从生产中分离出来。这个阶段的事后维护的特点是设备管理内容狭窄,设备出了故障才修理,也不讲修理的层次(局部修理、全部修理和更新改造等),仅以修复设备原来的功能为目的。这种修理体制必然丧失设备的许多工作时间,生产计划被打乱,修理的内容、时间长短及安排等都带有很大的随机性。

(2)预防维护阶段(Preventive Maintenance,PM)

由于飞机等高度复杂的机器以及社会化大生产的出现,机器设备对生产的影响越来越大,任何一台主要设备或一个主要生产环节出现故障,就会影响全局,造成重大的经济损失。预防维护主要是对影响设备正常运行的故障采取"预防为主""防患于未然"的措施,对设备进行预防性维护,在故障处于萌芽状态时采取预防措施,以避免突发事故发生。预防维护较事后维护有明显的优越性:

①因采取了预防为主的维护措施,以大大减少计划外停工损失。

②由于预先制订了检修计划,对生产计划的冲击较小减少了临时突击维护任务,使无效工时减少,维护费用降低。

③防患于未然,减少恶性事故的发生,延长了设备的使用寿命。

④设备完好率高,提高了设备使用效率,有利于保证产品的产量和质量。但是由于受检查手段和人们经验的制约,仍可能使计划不准确,造成维护冗余或不足。

与此同时,苏联也建立了一套计划预修制度。计划预修制度是在设备磨损规律的基础上按照预定的计划进行一系列预防性修理。其目的是保障设备正常运行和良好的生产能力,减少和避免设备因不正常的磨损、老化和腐蚀而造成的损坏,延长设备使用寿命,充分发挥设备潜力。计划预修制不仅可以减少或避免设备故障的偶然性、意外性和自发性,还可以大大减少意外故障停机造成的损失,减少故障停机而增加的劳动量和维护费用。但是因为经验可能存在各种不科学的因素,零件的磨损允许极限与规定的使用时间周期很难完全符合,对计划的准确性影响很大,往往造成维护过剩,反而增加了维护费用和停机时间损失。

(3)生产维护阶段(Productive Maintenance,PM)

生产维护由4种具体的维护方式构成:事后维护(Breakdown Maintenance,BM)、预防维护(Preventive Maintenance,PM)、改善维护(Corrective Maintenance,CM)和维护预

防(Maintenance Prevention,MP)。针对不同设备及其使用情况分别采取不同的维护方式。例如,对重点设备实行预防维护,对一般设备进行事后维护,其目的是提高设备维护的经济性。为了减少设备故障,单纯的预防维护还是不够的。要从根本上解决问题,必须提高设备的可靠性和可维护性,就要改进设备的设计和制造质量。这对于使用中的设备来说,是改善维护(CM),对于新设计的设备,则是实行维护预防(MP),以消除或减少维护活动。

(4)各种设备管理模式并行阶段(1970 年至今)

①综合工程学:综合工程学是一门新兴的设备管理学科。设备综合工程学(Terotechnology)是为了研究和解决其前面所述的由于使用现代化设备所带来的一系列问题的。英国工商部给设备综合工程学下的定义是:"为了追求经济的寿命周期费用,而对有形资产的有关工程技术、管理、财务及其业务工作进行综合研究的学科。"

②全员生产维护:在日本工业迅速发展的年代,先后引进美国预防维护和生产维护体制的基础上,汲取了英国的设备综合工程学的原理,结合日本国情,发展全员生产维护体制。全员生产维护的含义和要点是:以提高设备的综合效率为目标,建立设备全生命周期的生产维护总系统。全员生产维护涉及设备的规划、生产经营使用和维护等内容;从企业领导到第一线工人全体成员参加;全员生产维护制加强生产维护的思想教育,开展小组为单位的生产维护目标管理活动。

③设备综合管理:设备综合管理学科是为了提高设备管理技术、经济效益和社会效益,适应商品经济的发展,针对使用现代化管理的优秀理论(包括系统论、控制论、信息论、决策论等),综合了现代化科学技术的新成就(主要是故障物理学、可靠性工程、维护性工程、设备诊断技术等),而逐步建立起来的一门新兴学科。它是系统工程的方法论在设备管理中的应用。设备综合管理追求的是整个系统(设备管理的全过程)的最优,而不只是单独考虑某个局部的优劣。设备综合管理以提高设备综合效率和追求设备寿命周期费用的经济性为目标,即要达到"充分发挥设备的效能,取得良好的投资效益"的目的。

5.3.2　公路隧道机电设备施工安全管理内容

1)安全管理主要技术

(1)基本要求

通过现场有组织、有计划的技术管理手段,充足人力、机械、防护用具等安全生产设备设施的投入,合理布置,努力创造良好的施工环境,把生产和安全有机地结合起来,以达到提高生产力水平,保障作业人员的生命安全和重要设备设施不受损害为目的和要求。

①建立健全安全管理保证体系,将人、机、环境的安全制度和技术措施完善提高,始终贯彻到整个工程施工过程中。

②加强对民工安全思想教育,开展安全操作技能与防护知识的教育培训,牢固树立"安全第一"的思想,提高作业人员的安全意识和事故防范能力。

③根据施工情况,编制详细的安全操作规程和细则,制订切实可行的各类安全施

工专项方案与措施,并做好针对性安全技术交底工作。

④建立健全以安全生产责任制,设置和配置专职安全、技术人员,组织展开日常机具设备、设施的安全生产监督检查、验收指导工作。

⑤对关键部位、岗位的重大危险源进行专项专人负责监控,及时布设相应的安全防护措施,对危险物品加强管理,同时加强现场特种作业人员的教育培训和作业管理。

⑥认真组织制订各工种安全操作规程和安全作业指导书,装订成册到各班组并严格遵章执行。

⑦安全技术措施编排和落实,应根据不同的工程和具体工序,在施工方法、平面布置、材料设备等内容中明确保证安全生产针对性措施。

(2)设备用具及防护设施管理技术措施

①采购劳动防护用品必须三证资料齐全(产品合格证、生产许可证、安全鉴定证),经公司项目部安全、技术人员的检查验收合格后,方可登记入库。加强对保护用品领用、发放管理,建立保管使用等台账,并按照产品说明书要求,及时更换、报废过期和失效的劳动保护用品。特种劳动保护用品必须到定点经营的单位或企业进行采购。

②对新购的施工机械设备和大中型机械设备的安装必须组织相关部门人员进行安全技术性能的试运行检查验收,查阅产品合格证书、产品生产许可证、检验检测报告及产品使用说明书等资料,验收合格后并签字记录存入设备档案资料。

③压力容器、厂内机动车等特种设备应经相关资质的检验、检测机构检验合格,经安监部门登记备案后取得安全使用许可证牌,并将证、牌标志置于或者附着于特种设备、车辆的显著位置后方可投入使用。

④特种设备必须指定专人管理、使用、定期进行维修和保养。未经指定人员同意,其他人员不得随意操作使用。

⑤现场对厂内机动车等特种设备建立档案登记表;设立各台(套)特种设备安全技术管理档案,主要内容包括设计文件、制造单位、产品质量合格证明、使用维护说明以及安装技术文件和资料;定期检验和定期自行检查的记录;日常使用状况记录;设备的安全附件、安全保护装置、有关附属仪器仪表的日常维护保养记录。

⑥所有施工机械设备和设施的安全防护装置及保险机构必须齐全有效,电气装置绝缘性能良好,控制电机不得使用倒顺开关。日常落实专人专机操作,并负责日常经常性的检查、维修、保养,确保安全运转,同时做好维修保养记录。

⑦电焊机必须设置二次空载降压保护器;一次线长度不得超过 5 m,二次线长度不得超过 30 m,无破皮老化现象;接线柱应设防护罩,机身外壳必须保护接零。

⑧搅拌机应选址合理,固定牢固,钢丝绳和保险挂钩符合要求。

⑨气瓶应有防护帽、防震圈,色标明显,存放和使用时应距离明火 10 m 以上,不同种类的气瓶间距应大于 5 m,乙炔瓶不得平放。动用明火审批和监护。

⑩钢筋冷拉冷弯作业区应设置安全警戒区和防护栏。

⑪发电机房和空压机房专设电工值班房,进行跟班运行维护。

⑫现场临时的防护架设置、组台工作台车安装等必须经监理等有关各方的设计方

案审查,并通过现场组织验收方可投入使用。

⑬现场临时爆破物储存库房应独立设置,并在外围四周设高 3.5 m 栏墙,同时做好附近的排水设施。

⑭作业区、加工区、生活区、各库房等醒目位置设置相应的安全警示用语牌。警示用语牌要统一规范,满足数量和警示要求。工作警戒区域的临空面、平台、设备保护、危险场所等设置安全围栏和警告标志。安全围栏由围栏组件与立柱组件组装而成,管子及管端应光滑、无毛刺,立柱刷红漆,其他刷红白相间漆。

⑮对临时活动房的内在质量和结构性能经监理、施工单位、安装单位共同组织严格检查验收,经三方验收合格形成文件签字后投入使用、同时在项目部建立巡查档案,在恶劣天气条件下必须进行重点检查,确保临建设施稳固。

⑯施工现场的办公区、生活区必须与作业区明显分离,并设专人巡值,无关人员不得随意进出作业区。

(3)安全行为规范教育和安全技术交底

①项目部开展有目的、有计划的经常性安全教育培训,提高全体施工人员安全素质,强化安全保护意识。了解现场主要危险区域、学习安全操作规程或本岗位安全知识等安全要点。熟悉本工程的一般、重点防火防爆等重大危险源部位的施工作业要求、操作规范、防火防爆等应急预案。

②督促班组做好岗位安全生产技能教育,含岗位安全技能的熟练掌握,达到能适应本岗位安全操作的技术和能力,做到"应知""应会"。教育内容包括本班组安全工作性质及施工范围;本岗位使用的机械设备、工器具的性能,防护装置的作用和使用方法;本班(组)施工环境、事故多发场所及危险场所;安全操作规程、岗位责任制和有关安全注意事项;个人安全防护用品、用具的正确使用和保管方法等。

③不定期地进行对特种作业人员与本工种相适应的、专门的机械安全理论知识和操作技能教育和培训;掌握本工种的安全技术操作规程及本工种作业场所和工作岗位存在的危险因素、防范措施及事故应急措施方法等,保证人机协调安全操作。

④及时纠正不良的行为习惯,通过批评、教育和开导,正确理解安全防护工作的重要性。如劳动保护用品现场管理的重点是员工正确穿、戴及使用。项目部向各班组明确规定每种劳动保护用品的正确穿、戴及使用方法,确保员工正确理解和使用,以保障安全和健康。

⑤班组作业前,项目管理的安全、技术人员必须对有关重大危险源的分项工程安全施工的技术要求及时向施工班组、作业人员作出详细说明,包括工程特点、环境条件、劳力组织、作业方法、施工机械准备等,有针对性地对该项工程施工中存在的不安全因素进行预先提示,从技术上和管理上采取防范措施,控制和消除工程施工过程中的隐患,以防发生人身事故。

2)现场主要机电设备安全技术

制订施工现场机械化配套方案,以减轻作业人员劳动强度,加强对机械设备的检查、维修和保养,早检查、早预防、严禁带病进行机械作业,保证安全装置完备灵敏、技术性能可靠,确保设备的正常、安全运转。

(1)施工机械安全技术措施

隧道钻眼、钢筋加工等施工过程中必须加强机械用具管理,减少因此造成的事故。其措施要求如下:

①操作人员必须经过培训,考试合格取得操作证书后方可上岗。

②在操作岗位前悬挂安全技术操作规程牌,操作人员要严格按照各类机械设备的安全操作规程操作,并正确穿戴好个人防护用品。

③机料科要经常对设备进行保养和维护,及时清除杂物,并做好机械设备管理台账。

④机械设备操作地点与作业面要视线清楚,指挥通信设备良好,信号统一,并定机、定人、定指挥。机电作业地点要确保周围环境安全,夜间有足够的照明,停机时要有可靠的防护措施。

⑤机械设备的电气装置必须符合电气安全要求,机械强度、刚度应符合安全技术要求。

⑥机械设备布局要根据施工需要合理布置,尽量保证机械位置相对固定,并保证足够的安全操作距离。

⑦操作人员必须按规定正确使用安全装置,严禁将其拆除不用。

⑧操作人员应在机械设备运行前进行安全检查,防止设备带故障运行。

⑨施工期间,日夜都设有机电值班人员处理机电故障,非专职人员不得触动机电设备。

(2)工程机车安全技术措施

①严格遵守场内机械日常操作规程,操作人员须熟悉机械安全性能。

②定人、定机、定期检修场内机械,及时发现机械故障,排除不安全隐患。

③场内机械严禁搭载非操作人员。

④场内机械上路,行车指示灯应完好,履带式机械应有保护措施,以保护行驶路面完好,由专人引道,注意行道树、杆线及建筑物。

⑤机械移动作业面或旋转半径内严禁非施工人员逗留。

⑥场内工程机车按指定的地点停靠。

⑦所有运输车辆必须牌证齐全,驾驶员持证驾车。

⑧运输车辆应定期检修,确保各项性能良好。

⑨运输车辆出场运输时,注意平交口交通安全,遵守交规。

⑩运输车辆在装卸过程中应注意公路财产、杆线及建筑物安全。

⑪现场设置醒目的指向告知牌,使驾驶员明白进出路线,并委派专人指挥,疏导车辆,注意交通安全。

⑫设专门的场内交通秩序维持人员,配备必要的机械设备及通信工具,维护交通秩序,改善交通条件,确保施工段落的安全畅通。

⑬教育驾驶人员增强交通安全意识,在施工过程,不仅自己要注意交通安全,同时

也要给别人的安全通行创造条件,以确保整个工程的顺利完工。

⑭请交通、公安部门配合,限制过往车辆的通行速度,并广泛告知各过境车辆驾驶员,通过施工区域注意张望,小心驾驶。

3)现场主要安全防护措施

防护措施的正常投入和运行,是保证施工安全有序进行的物资保障。根据本工程特点,及时采购相应的防护用具和设施,并认真落实布置,日常进行有效管理和维护。

(1)施工用电安全防护技术措施

隧道施工场地内外,用电设备比较多,洞内工作环境较差,容易引发触电事故,严格按施工现场临时用电专项施工方案设计要求进行用电设施布置,在日常用电中必须加强管理,不断完善,防范触电事故发生。其措施要求如下:

①操作人员(电工)必须经过有关部门培训,考试合格取得操作证书后方可持证上岗,严格按照电工安全技术操作规程进行操作,并正确使用绝缘防护用品。在作业过程中应集中思想,不能麻痹大意,防止操作时失误而引起事故。

②现场所有用电线路布置严格遵守 TN-S、三级配电三级保护系统的原则配电,配电房须上锁。电工应经常检查发电机组在运行中各仪表指示及各运转部分并确认正常。

③施工现场应配备必要的电器测试仪器,电工必须每天巡回检查。漏电保护器测试每周不少于一次,各类电器的绝缘、接地电阻测试每月不少于一次,雨后必须进行测试,并做好检查维修记录。电工在作业过程中,线路上必须挂设断电告知牌并关电锁箱,禁止带电操作。

④使用的机械电气设备,其金属外壳应按安全规程进行保护性接地或保护接零。对保护接地或保护接零的设施要经常检查,保证连接牢固,线路正常。在保护接地或保护接零导线上不得有任何断开的地方,机械用电做到"一机、一闸、一箱、一保"的装置。

⑤使用电气设备和各种电动工具,当人离开工作现场或停止使用时,必须先关闭电源,拔去插头。

⑥用电线路装置由指定电工装、拆、检查和管理。不能私拉、私接。

⑦严禁在带电导线、带电设备附近使用火炉或喷灯等明火。施工用电与生活用电线路必须分开架设,动力与照明的保险装置必须分开。

⑧变电配电室内严禁吸烟,不准堆放杂物,保持室内通道和室外通道畅通。

⑨施工人员用电必须遵守《现场安全用电守则》。用电机械应由懂专业知识的人员操作。

⑩配电箱与配电板应规范,配置触保系统和漏保系统,外部采取安全防范措施,以防非施工人员触碰。

⑪用电机械应定期日常检修,防止漏电、触电,确保安全。

⑫夜间施工用电时,照明用电也应由专业电工设立,禁止采用金属杆作为照明灯具的支撑。

（2）防火防爆安全防护技术措施

①成立义务消防队，强化消防管理，对职工进行消防知识教育培训。

②在生活区、办公区、食堂、变配房、仓库等配备必要的灭火工具，指定专人负责，做好灭火工具及器材的保养和更换工作，并挂在明显和易取的地方。

③建立防火制度，落实防火责任人。在机房、油库、住房、食堂等处配备灭火工具及器材，在禁火区范围内树立防火牌，重要部位必须道路畅通。

④电工、焊工从事电气设备安装和电、气焊切割作业，持证上岗并经动火审批；动火前，要清除附近易燃物，配备看火人员和灭火用具。动火地点变换，要重新办理用火证手续。

⑤隧道爆破器材临时储存库房单独设置，符合安全距离要求，并经公安及消防部门等相关技术部门检查验收后投入使用，同时在库区设置独立值班室指定专人看守。

⑥药库区应配备足够的适于扑灭爆破器材火灾的消防灭火器材，并定期对其性能和使用日期进行检查。设明显的警戒标志和"严禁烟火"标志。

⑦库区应安装独立避雷针或架空避雷线，库内须安装防爆照灯明设备。

⑧选派经公安部门培训后的专职人员担任仓库的保管员看守易燃易爆物品工作。严格出入库检查登记制度，收存、发放、使用、清退爆破器材必须进行登记，做到账目清楚，账物相符。

（3）隧道施工安全防护技术措施

①洞内通风灭尘

机械通风正常化：机械通风是降低粉尘浓度的重要手段，不但放炮后通风，而且装碴、喷射混凝土期间常通风，风速控制在 $1.5 \sim 3.0$ m/s。结合在隧道施工中的实际经验，在施工洞口布置 1 台鼓风机。通风管采用 $\phi 1\,500$（$\phi 1\,500$ mm）维伦布风管（节长 $30 \sim 50$ m），风管设置在拱腰，可满足施工通风要求。压入式通风其工作原理是在爆破后风机压入式工作，将洞外新鲜空气压入隧道掌子面附近，而洞内烟尘将由压入的新鲜空气压排至洞外。

a. 压入式通风的特点：一是有效射程大，通风排烟作用强；二是改善工作面的环境更有利；三是排除炮烟不污染整条隧道。

b. 喷雾洒水正规化：爆破后对爆堆岩体及隧道壁经常洒水，避免粉尘飞扬，并在粉尘飞扬大的工作面坚持喷雾洒水。

c. 个人防护普遍化：做到洞内工作人员一律坚持戴防尘口罩，并定期对职工进行身体检查和对进洞人员进行矽肺检查，有呼吸系统病历的人员严禁进洞作业。

d. 施工通风防尘综合治理措施：在系统布置上，坚决杜绝各种形式的循环风。通风机距洞口不少于 20 m。出风口到工作面的距离不超过 45 m。

风管安装必须做到平直、挺直、紧扎、安稳；风管与通风机连接的 20 m 采用铁皮风管；破损及时修补，以减少接头、破损漏风和降低局部阻力。在衬砌与掘进并行操作时，通风管路在衬砌台车处被隔断或弯曲缩颈，严重影响通风，根据多年的隧道施工通风经验以及国内外科研成果，采取的方法为：一是在衬砌台车上专配一节与风管同直径的硬管,两端与软风管相连;二是在衬砌台车上放置折叠伸缩式管筒,随台车的移动前后伸缩,与风管相通。

建立专业通风维修技术队伍,派专人专职负责通风系统的日常检查和维修。加强通风设备的维修管理工作,使设备状况始终处于良好状态。

坚持洞内环境监测,爆破后向渣堆喷洒水降尘。

湿式凿岩标准化:全隧道采用湿式钻孔使岩粉湿润,减少扬尘。

采用水炮泥,以降低粉尘。水炮泥就是用装水的塑料袋填于炮眼内来代替一部分炮泥,装完药后将其填于炮眼内,尽量不要搞破,然后用黄泥封堵。此法降尘效率非常高。

采用混凝土湿喷技术,且混凝土均在洞外搅拌。

②洞内安全电压与应急照明布置。

a.在隧道进口外侧设 36 V·A 变压器传供洞内安全照明行灯。

b.在洞内增设施工用应急照明灯具,并设紧急出口通道,防止在突发险情时,安全撤离洞内作业人员。

③爆破作业安全防护技术措施。

作业人员要使用危险性很大的爆破物品来实施作业,由于爆破瞬间会产生强大的空气冲击波和灼人的火焰及大量的飞石,如作业人员对爆破失控,会直接造成生命和财产损失。预防事故技术措施要求:

a.爆破作业必须使用符合国家标准或部颁标准的爆破器材。

b.爆破作业人员必须经过公安机关培训合格后方可上岗。

c.作业时,作业人员要严格按照并遵守《爆破安全规程》的要求进行操作。

d.加工起爆药柱时应在爆破作业面附近的安全地点进行,其加工数量不应超过当班爆破作业的使用数量。

e.进行爆破工作前,必须确定危险区边界,并设置明显的警戒标志,同时要进行人工警戒。

f.爆破前,必须先发出音响和视觉信号,危险区的人员都能清楚地听到和看到,等危险区域内的人员、机械等全部撤离方可进行爆破,并同时做好危险区域边界的警戒工作,以防过往人员、车辆造成伤害。

g.爆破后,爆破员和安全员必须在规定的等待时间后进入爆破地点,检查冒顶、危石、支护和盲炮等现象。经检查确认安全后,方准发出解除警戒信号和撤除警戒人员。

h.发现盲炮或怀疑有盲炮,应立即报告并及时处理。若不能及时处理,应在附近设置明显标志,并采取相应的安全措施。

(4)高处作业安全防护技术措施

搅拌站上机操作、隧道钻眼、初支等施工时均需要登上工作台进行操作,在坠落高度基准面 2 m 以上(含 2 m),有可能坠落的高处进行的作业均为高处作业。高处作业人员如不能严格按照或遵守操作规程进行作业,将会造成人员坠落或坠落物伤人事故。其措施要求如下:

①从事高处作业的人员,必须经过逐级的安全教育和指导,并告知岗位存在的危险性和重要性,方能让其从事登高工作。

②搭设高处作业安全防护设施的人员,必须经过专门培训,经考核合格后,持证上岗作业,并对从业人员进行定期的体格检查。

③遇恶劣天气不得进行露天攀登与悬空作业。

④用于高处作业的防护设施,不得擅自拆除,确因作业需要临时拆除的,必须经过部门负责人同意,并在原处采取相应的可靠的防护措施,完成作业后必须立即恢复。

⑤高处作业人员必须按规定配置个人劳动防护用品,并正确系戴。

⑥在高处作业范围以及高处落物的伤害范围须设置安全警示标志,并设专人进行安全监护,防止无关人员进入作业范围和落物伤人。

5.3.3 典型公路隧道机电施工安全管理制度

1)施工安全管理制度概述

①建立安全生产责任制,设专职安全检查人员,做好安全生产管理和监督检查,做好安全技术交底工作。

②按期开展安全学习,针对工程特点开展事故预防活动,严把爆破、塌方掉石、行车安全、安全用电等主要关口,采取有效防范措施,严防事故发生。

③加强安全教育,使全体施工人员树立安全第一的思想;严格安全操作规程,做到一工程一措施;坚持每班班前安全会,每周一天安全活动日,每月一次安全大检查制度,发现问题,落实整改措施、整改负责人及整改期限。

④严格爆破器材的管理、审批、领用、加工、使用、瞎炮处理及保管等制度,堵塞漏洞,防止事故。

⑤所有机电设备专人管理和使用,特殊工作必须持证上岗。

⑥生活区、机械房、材料库配备足够的消防器材,危险品仓库安设避雷装置。

⑦施工电线必须按技术标准架设,电器设备和线路必须绝缘良好,按规定安装漏电保护设施。

⑧吊装作业,起吊设备下严禁站人,经常检查钢丝是否完好以确保安全。

⑨搭设的承重平台、脚手架,必须经过承载验算,确认合格后方可使用。

⑩夜间施工,现场必须有符合操作要求的照明设备。

⑪现场安排专职的医疗救护人员。

2)装碴与运输安全管理

①运输车辆严禁人、料混装。

②机械装渣时,坑道断面尺寸必须满足装渣机械安全运转,并符合下列要求:装渣不准高于车厢;装渣机与运渣车之间不准有人;为确保运渣车就位良好和安全进出,应派专人指挥。

③运输车辆限制速度执行规定见表5.1。

表 5.1　运输车辆限制速度规定表

项　目	作业地段	非作业地段	成洞地段
正常行车/(km·h⁻¹)	10	20	20
会车/(km·h⁻¹)	5	10	10

④洞口、平交道口和狭窄的施工场地,设置"缓行"标志,必要时安排人员指挥交通。

⑤车辆行驶遵守下列规定:严禁超车;同向行驶车辆保持 20 m 的距离,洞内能见度较差时,加大距离;车辆启动前必须瞭望与鸣笛;驾驶室不得搭载其他人员;车辆不得带故障运行。

⑥车辆在洞内行驶时,施工人员必须遵守下列规定:不准与车辆机械抢道;不准扒车、追车和强行搭车。

⑦洞内倒车与转向,必须开灯、鸣笛并派专人指挥。

3)洞内通风与防尘安全管理

①隧道施工的通风设专人管理。

②通风机运转时,严禁人员在风管的进出口附近停留。

③通风机停止运转时,任何人不准靠近通风软管行走和在软管旁停留,不准将任何物品放在通风管或管口上。

④风管与掌子面距离不得大于 50 m。

⑤喷射混凝土采用湿喷,严禁在隧道中使用干式凿岩机。

⑥按规范要求结合现场实际情况,及时做好有害气体检测工作。

4)洞内防火与防水安全管理

①在施工区域设置有效而足够的消防器材,放在易取的位置并设立明显标志。各种器材做到定期检查、补充和更换,不得挪用。

②洞内严禁明火作业与取暖。

③在雨季前进行防洪及洞顶地表水检查,防止洪水灌入洞内。

④对地表水丰富和地质条件复杂的地层,在施工时制订妥善的防排水措施,备足排水设备。

5)洞内电气设备安全管理

①洞内电气设备的操作,必须符合下列规定:非专职电工不得操作电气设备;手持式电气设备的操作手柄和工作中接触的部位,设有良好的绝缘。使用前进行绝缘检查。

②电器(气)设备外露和传动部分,必须加装遮拦或防护罩。

③36 V 以上的供电设备和由于绝缘损坏可能带有危险电压的设备的金属外壳、构架等,必须有接地保护。

④直接向洞内供电的馈线上,严禁设自动重合闸,手动合闸时必须与洞内值班人

员联系。

6）电器设备安全操作管理

施工现场临时用电编制施工组织设计，按《施工现场临时用电安全技术规范》（JGJ 46—2005）的要求进行设计、验收和检查，进行安全技术交底，并建立、健全安全用电管理制度，严格落实"防止误触带电体、防止漏电、实行安全电压"三项技术措施。

使用高压电器，采取加强外绝缘措施。其他电工产品均满足施工要求。避雷器选用适于本地区的避雷器。

低压电器设备有足够的可靠性及提高分断能力延长触点寿命；空气开关、热继电器注意确定恰当的额定电流值；控制电动设备温升等。

①施工用电采用"三相五线"制，按"一机一闸一漏保"防护。

②变压器设在施工现场边角处，并设围栏；根据用电位置，在主干线电杆上装设分线箱。

③在施工现场专用中性点直接接地的电力系统中，采用 TZ-S 接零保护系统，电气设备的外壳与专用保护零线连接。不得在同一供电系统中有的接地、有的接零。

④工地内的电线按标准架设。施工现场内电线与其所经过的建筑物或工作地点保持安全距离，现场架空线与建筑物水平距离不小于 10 cm，跨越临时设施时垂直距离不小于 2.5 m。同时，加大电线的安全系数，施工现场内不架裸线。不得将电线捆在无瓷瓶的钢筋、树木、脚手架上；露天设置的闸刀开关装在专用配电箱里，不得用铁丝或其他金属丝替代保险丝。

⑤生活区室内照明线路用瓷夹固定，电线接头牢固，并用绝缘胶布包扎；保险丝按实际用电负荷量装设。使用高温灯具时，与易燃物的距离不得小于 1 m，一般电灯泡距易燃物品的距离不得小于 50 cm。

⑥电工在接近高压线操作时，必须符合安全距离。

⑦移动式电动机具设备用橡胶电缆供电，应经常注意理顺电缆；在跨越道路时，埋入地下或穿管保护。电器设备的传动轮、转轮、飞轮等外露部位安设防护罩。

⑧各种电动机械设备，均设有可靠的安全接地和防雷装置，严禁非专业人员操作机电设备。每台电气设备设开关和熔断保险，严禁一闸多机，各种电器设备均要采取接零或接地保护。凡是移动式和手持电动工具均在配电箱内装漏电保护装置。

⑨照明线路按标准架设，不准采用一根火线与一根地线的做法，不借用保护接地做照明零线。

⑩对从事电焊工作的人员加强安全教育，懂得电焊机二次电压不是安全电压等基本知识。各类电焊机的机壳设有良好的接地保护。电焊钳设有可靠的绝缘，不准使用无绝缘的简易焊钳和绝缘把损坏的焊钳。在狭小场地或金属架上作业时，设绝缘衬垫将焊工与焊件绝缘。

⑪施工中若有人触电，不得用手拉触电人，立即切断电源，采取救护措施。

⑫变配电室严禁使用易燃的材料修建，建筑结构符合防火、防水、防漏、防盗、防小动物窜入及通风良好的要求。

5.3.4 公路隧道机电施工安全检查制度

安全检查是消除事故隐患,预防事故,保证安全生产的重要手段和措施。为了不断改善生产条件和作业环境,使作业环境达到最佳状态。从而采取有效对策,消除不安全因素,保障安全生产,特制定安全检查制度如下:

1）安全检查的内容

严格按照《公路水运工程安全生产监督管理办法》,对照检查执行情况;基槽临边的防护;施工用电、施工机具安全设施,操作行为,劳动防护用品的正确使用和安全防火等。

2）安全检查的方法

定期检查、突击性检查、专业性检查、季节性和节假日前后检查和经常性检查。

3）项目部施工工地每周检查一次

由项目经理组织;各施工队每天检查,由施工负责人组织,生产班组对各自所处环境的工作程序要坚持每日进行自检,随时消除不安全隐患。

4）突击检查

同行业或兄弟单位发生重大伤亡事故、设备事故、交通事故、火灾事故,为了吸取教训,采取预防措施,根据事故性质、特点,组织突击检查。

5）专业性检查

针对施工中存在的突击问题,如施工机具、临时用电等,组织单项检查,进行专项治理。

6）季节性和节假日前后检查

针对气候特点,如冬季、夏季、雨季可能给施工带来危害,提前作好冬季四防,夏季防暑降温,雨季防汛;针对重大节假日前后,防止职工纪律松懈,思想麻痹,要认真搞好安全教育,落实安全防范措施。

7）经常性检查

安全职能人员和项目经理部、安全值班人员,应经常深入施工现场,进行预防检查,及时发现隐患、消除隐患,标准施工正常进行。

8）对检查出的事故隐患的处理

各种类型的检查,必须认真细致,不留死角,查出的事故隐患要建立事故隐患台账,重大事故隐患要填写事故隐患指令书,落实专人限期整改。

5.3.5 典型公路隧道机电施工安全事故救援预案

针对隧道项目施工地形特点,隧道施工作业面临着极其艰难的条件,极易造成隧道突发事故,为预防隧道施工事故的发生,及时、准确、科学、合理地处置各种突发事故,根据国务院《安全生产法》,制订典型隧道安全事故救援预案。

1）隧道爆炸事故

隧道内发生爆炸事故,应疏散人群,全部撤离至安全区域,查明爆炸类型(火工物品、化学物品、瓦斯等)并发出警报,召集人员持抢险救护装备,迅速赶到现场救护并进行针对性的处理,尽可能地控制事故在最小限度、减小危害性、减少伤亡人员,紧急上报施工负责人,高监办,工作站、省指挥部,同时向当地公安机关、派出所报警,清楚说明发生爆炸标段、时间、地点、方位、爆炸类型及爆炸威力大小等情况。启动项目部爆炸应急救援预案。

2)隧道机械伤害事故

发生机械伤害事故后,由项目经理负责现场总指挥,发现事故发生人员首先高声呼喊,通知现场安全员,由安全员打事故抢救电话"120",向上级有关部门或医院打电话抢救,同时通知生产负责人组织紧急应变小组进行可行的应急抢救,如现场包扎、止血等措施。防止受伤人员流血过多造成死亡事故发生。值勤门卫在大门口迎接来救护的车辆,有秩序地处理事故,最大限度地减少人员和财产损失。如事故严重,应立即报告省指挥部及有关部门,并启动项目部应急救援预案。

3)隧道运输事故

隧道内发生运输事故,根据事故现场情况,进行事故抢救,利用各种工具,设备将伤员救出,并保护事故现场。根据伤情对伤员进行必要的包扎,伤势严重应立即转送至所在地附近医院或急救中心进行抢救。启动项目部运输事故应急救援预案。

4)隧道电、水、火、气体事故

如遇到电、水、火、瓦斯及不明气体发生危害,现场人员应按以下方法避灾抢救:

隧道内发生触电事故应立即切断或用干燥的木棒或绝缘物挑开身上的电源,关闭开关。触电人脱离电源后,应立即将其抬到新鲜风处,平放,并解开衣裤,进行人工呼吸和心脏挤压法急救。急救是需要耐心的,防止"假死"现象,并且不要打强心针。

隧道内施工中发现大量涌水时,就即令工人停止工作,撤至安全地点,利用电力抽水设备,加大抽水量,如水势急、冲力大,有人员被冲走,应尽快把溺水者捞救出水,利用各种救护方法施救。同时上报情况。

隧道内发生火灾,正确确定火源位置、火热大小,并迅速向外发出信号。及时利用现场消防器材灭火,控制火势大小,组织人员撤退出火区。如火势不能扑灭,应及时向所在地公安消防机关报警,寻求帮助。

隧道内发现瓦斯或不明气体,应及时加强通风,采取防范措施。如发生瓦斯爆炸及发现不明气体,就应做好自救工作,迅速协助伤员一起撤出到通风安全地区。有人受到有毒气体伤害时,应将其运至有新鲜风的安全地区,并立即检查伤员的心跳、脉搏、呼吸及瞳孔,并注意保暖,同时保持伤者呼吸通畅。若是一氧化碳中毒,中毒者还没有停止呼吸或呼吸停止但心脏仍跳动,要立即搓摩他的皮肤,温暖后立即进行人工呼吸。如心脏停止,应迅速进行体外心脏按压,同时进行人工呼吸。如因瓦斯或二氧化碳等窒息,情况不严重时,抬至新鲜风中稍作休息,即会苏醒。如窒息时间较长,就要在皮肤搓摩后进行人工呼吸。情况严重时应立即拨打事故抢救电话"120",向上级有关部门或医院打电话抢救。

5.4 公路隧道机电设备维护管理与保养制度

5.4.1 公路隧道机电设备维护管理

1）照明系统

隧道照明系统由3部分组成,即洞内昼夜正常照明、洞外夜间高杆灯照明和洞内事故应急疏散照明。洞内昼夜正常照明(含应急安全照明)、洞外夜间高杆照明采用高压钠灯,洞内事故应急疏散照明采用自充电式应急灯。照明设施主要包括灯具、托架、标志及信号灯、洞外路灯和照明线路等为隧道营运提供照明服务的设施。

（1）日常养护

①日常检查:照明设施日常检查主要以目测的方式,对照明设施亮度及损坏情况进行的巡检(每天3次日常巡查)登记。对灯罩脱落、中间段连续坏灯2盏以上(含亮度低于90%,灯光发紫、发白、闪烁、抖动、异响),洞口加强段连续坏灯3盏以上(含亮度低于90%,灯光发紫、发白、闪烁、抖动、异响)应立即切换照明回路,并及时组织更换或维护。

②定期检查:照明设施的定期检查主要是指周巡检、月巡检和季度巡检。巡检时打开全部照明灯,进行目测,对中间段连续坏灯2盏以上(含亮度低于90%,灯光发紫、发白、闪烁、抖动、异响),洞口加强段连续坏灯3盏以上(含亮度低于90%,灯光发紫、发白、闪烁、抖动、异响)应及时进行更换或维护,当故障灯较多时,则应组织进行专项检修。

对洞外高杆灯每周进行检查维护工作,主要以目测为主;每季度一次全面的检查维护工作。若发现有灯不亮或其他的一些线路故障的,应及时进行维护,并做好记录。台风季节应根据天气预报,及时放下灯体,等台风过后恢复正常。

③专项检查:重大节假日和春运前期,组织相关人员联合巡检,巡检时打开全部照明灯具,进行目测,检查照明亮度是否满足通行要求,同时检查照明配电柜工作状态,有无过热、烧焦、腐蚀等情况。如果灯具故障较多,则在节假日之前组织人员修缮。

其余时段每半年一次,组织人员封道,集中对隧道照明进行清洗保养和检修维护,主要检测照明设施的使用状态,更换配件、修复故障。对部分故障严重的照明,进行必要的分解性检修乃至整体更换。

（2）维护

①小修:根据日常检查、定期检查、联合巡检等检查情况,及时组织人员对零散照明灯泡、镇流器、触发器、电容、照明控制柜熔断器、指示灯等配件自行检测和更换、对脱落灯罩自行复位。

②中修:利用封道维护时间,及时组织人员对成批照明灯泡、镇流器、触发器、电容等配件进行检测和更换,无法就地修复的灯具需整体更换;对照明配电柜内元器件工作状态进行检查,并更换交流接触器、断路器等配件,同时对换装设备进行预防性试验。

③大修:因事故、火灾等突发事件导致成批照明设施损毁、照明线路故障或照明控

制柜损毁、烧毁，需要整体组织封道，整体更换电缆桥架、照明线缆、照明配电柜，并需要对新装设备设施进行预防性交接试验。

④专项工程:LED 节能改造、路灯改造、隧道照明控制模式改造、照明线路改造、照明配电柜改造、照明控制柜内元件预防性试验等专项改造或工程，需设计改造方案，制订施工组织设计，审批后落实执行。

照明设施日常养护主要检查项目及检查周期按照表5.2 的要求进行。

表5.2 照明设施日常养护主要检查项目及检查周期

设施名称	检查项目	主要检查内容	检查周期	备　注
隧道灯具	全部	1. 供电电压是否稳定,灯的亮度是否正常	1~3月/次	
		2. 检查灯光有无抖动、闪烁、滚动,灯管两端有无发红、发黑现象,灯泡的损坏与更换	1周/次	
		3. 灯具的清洁	半年/次	
		4. 引入线检查,电磁接触器,配电盘是否积水	1~3月/次	
		5. 开关装置定时的准确性与动作状态有无异常	1~3月/次	
		6. 脱漆部位补漆及灯具修理更换	半年/次	
		7. 补偿电容器、触发器、镇流器、金属器是否损坏	半年/次	
		8. 对地绝缘检查	半年/次	
	各安装部位	灯具安装牢固可靠,有无松动、脱落、无锈蚀现象,灯座稳固	半年/次	
	密封性	灯具内是否有尘埃、积水、异物、密封条是否老化	半年/次	
	检修孔、手孔	有无积水、堵塞	半年/次	
	照度测试	清洁后进行照度测试,是否满足营运标准	半年/次	
标志及信号灯	全部	1. 指示灯的损坏与更换	1~3月/次	
		2. 灯具的清洁与维护	1~3月/次	
		3. 灯的亮度是否正常	1~3月/次	
		4. 设置状态是否有误	半年/次	
洞外路灯	灯杆	1. 外观有无裂纹、焊接及连接部位状况	半年/次	
		2. 有无损伤及涂装破坏	半年/次	
		3. 接地端子有无松动,接地连接是否可靠	半年/次	
	基础	1. 设置状况是否稳定	半年/次	
		2. 有无开裂、损伤	半年/次	
		3. 锚具、螺栓有无生锈、松动	半年/次	
	灯体	1. 有无损坏、亮度目测是否正常	1~3月/次	
		2. 灯具的清洁	半年/次	
		3. 防护等级检查	1~3月/次	

续表

设施名称	检查项目	主要检查内容	检查周期	备　注
照度计	全部	1.动作状态是否有误 2.感光部的清洁维护 3.安装是否松动等 4.光度计校正	1～3月/次 1～3月/次 1～3月/次 半年/次	
照明线路	全部	1.回路工作是否正常 2.有无腐蚀及损伤 3.托架是否松动及损伤 4.对地绝缘检查	1－3月/次 半年/次 半年/次 半年/次	
照明控制柜	全部	1.清除照明控制柜表面灰尘 2.检查照明控制柜指示灯是否显示正确 3.检查电源电压是否在规定范围内 4.检查照明控制柜上控制按钮是否灵活、有无卡阻 5.清洁照明控制柜内部元件,检查内部元件有无异常 6.检查照明控制柜内部元件间连线是否正确,接触是否良好,有无松动、脱落现象 7.按照规定对控制柜内元件做预防性试验	1～3月/次 1～3月/次 1～3月/次 1～3月/次 1～3月/次 1～3月/次 半年/次	

（3）检测与评定

专项检修、专项工程完成后,开启灯具,目测隧道内照明亮度是否明显改善,高速公路隧道照明设施的完好率应不低于95%。部分需要进行预防性交接试验的项目,试验标准执行《电气装置安装工程　电气设备交接试验标准》(GB 50150—2016)。

2)通风系统

通风系统主要是保证隧道通风,有效地排放隧道内的有害气体及烟尘,保证隧道内良好的视觉环境,控制空气污染状态在规定的限度内,保证驾乘人员及洞内工作人员的身体健康,提高行车的安全性和舒适性,并能有效地处理火灾等紧急事故。

其设施主要包括轴流风机、离心风机、射流风机及其配套的供配电控制柜、操作箱、配电线路、一氧化碳、能见度检测器、风速检测器等。

（1）日常养护

①日常检查:通风设施的日常检查主要是通过巡检,根据隧道能见度、潮湿度或悬浮颗粒情况,开启或关闭风机,观察设备外观及运转有无异响、振动、电缆过热等异常,确定设备是否存在隐患,并及时排除故障。

②定期检查:通风设施的定期巡检主要是指周巡检、月巡检和季度巡检。周巡检主要分路段,月巡检和季度巡检按照整个隧道进行现场手动和中控自动结合操作,检查风机启动、运转是否正常,确定设备是否存在隐患,并及时排除故障。

对开启的风机进行通过观察设备外形或运转声响、振动确定是否存在异常;检查风机运转过程中有无异响、振动,风机运转时启动电流和运转电流(观察控制柜上的电流表)时是否在额定范围内,三相电流是否平衡。

降压启动保护器是否正常,表面有无污染,是否有过热现象;接触器、继电器、过热保护器等工作是否良好,有无污染、腐蚀现象。

③专项检查:国家重大节假日和春运前夕,组织相关人员联合巡检,巡检时按照路段陆续打开全部通风设施,进行观测,检查风机启动、运行是否满足通行要求。如存在隐患,则在节假日期之前组织人员修缮。

其他时段,通风设施的专项检查主要是指风机机械、电机绝缘情况、风机本体固定情况、外观漆层保护情况以及风机配电柜内降压启动保护器等重要电器元器件的工作状态、供配电线路的运行状况、风机通信情况、风机正反转切换情况等,发现隐患及时排除故障。

(2)维护

①小修:风机在运行过程中,发生零散配电柜、操作箱内部如电源模块、断路器、交流接触器、中间继电器、时间继电器、操作按钮、指示灯等元器件的损坏更换。

②中修:利用封道维护,对通风配电柜、操作箱等进行成批更换配件,对降压启动保护器等更换和调试,对风机本体防护罩、端盖、外壳等部分或整体维护,一氧化碳、能见度检测器、风速检测器维护。

③大修:对故障风机进行内部机械维护,如修理叶片、叶轮、转轴、轴承、减速箱、固定架、电机以及对严重故障风机无法现场维护,需要进行拆卸返厂维护的处理。

现场进行风机内部维护时,注意固定转轮,不让其转动,确保安全措施齐全。

④专项工程:风机整体防锈防腐维护、通风配电柜控制方式改造、供配电线路改造、风机本体漆层防护、风机机械维保、风机机型提升技改、一氧化碳、能见度检测器、风速检测器改造等。更换叶片必须请制造厂家或有经验的专家进行,以免破坏动平衡。以上专项工程,需设计改造方案,制订施工组织设计,审批后落实执行。

通风设施日常养护主要检查项目和检查周期可按照表5.3的要求进行。

表5.3 通风设施日常养护主要检查项目和检查周期

设施 名称	检查 项目	主要检查内容	检查周期	备 注
轴流风机及离心风机	全部	1. 运转状态有无异响和异常振动	1季度/次	
		2. 各计量仪器、仪表读数是否正确	1季度/次	
		3. 基础螺栓及连接螺栓的状态有无异常	1年/次	
		4. 轴承温度、油温、油压有无异常	1年/次	
		5. 振动测试有无异常	1年/次	
		6. 逆转1 h以上的工作状况有无异常	1年/次	
		7. 与监控测试联动试验	1年/次	

续表

设施名称	检查项目	主要检查内容	检查周期	备 注
轴流风机及离心风机	全部	8.手动旋转的平衡状态	1 年/次	
		9.正、反转间隔一定时间的试验	1 年/次	
		10.叶片安装状态检查	1 年/次	
	减速机	1.油量是否正常	1 季度/次	
		2.有无异响、油温是否正常	1 年/次	
		3.润滑油老化试验	1 年/次	
		4.更换油脂	1 年/次	
	润滑油冷却装置	1.配管、冷却器、交换器、循环泵的状态	1 季度/次	
		2.运转中有无振动、异响、过热现象	1 季度/次	
	气流调节装置	1.动作状态有无异常	1 季度/次	
		2.内翼有无损伤、裂纹	1 年/次	
		3.密封材料状态	1 年/次	
	动翼、精翼及叶轮	1.翼面有无损伤、剥离	1 年/次	
		2.焊接部有无损伤	1 年/次	
		3.检查叶轮液压调节状置	1 年/次	
	导流叶片及异型管	有无生锈、涂装剥离、螺母松动	1 年/次	
	驱动轴	1.接头、齿轮润滑状态有无异常	1 季度/次	
		2.传动轴的振动与轴承温度有无异常	1 季度/次	
		3.加油脂	1 年/次	
	电动机	1.运转中有无异响、振动、过热	1 季度/次	
		2.连接部的工作状态	1 季度/次	
		3.绝缘测试	1 年/次	
		4.三相电流平衡试验	1 年/次	
	消音器	1.清扫消声器内壁灰尘	1 年/次	
		2.噪声检测	1 年/次	
		3.吸声材料检查与变质材料更换	5 年/次	
	其他	1.仪表的检查、校正和更换	5 年/次	
		2.供油装置的检验	5 年/次	
		3.必要时的金属探伤	5 年/次	
		4.组装、检查后的试运转及风速、推动测试	5 年/次	

续表

设施名称	检查项目	主要检查内容	检查周期	备注
射流风机	全部	1.风机运转过程中有无异响 2.风机运转时电流值是否在额定值内 3.风机反转是否正常	1季度/次 1季度/次 1季度/次	
	各安装部位	有无松动、腐蚀现象	1年/次	
	叶片	1.叶片有无损伤和裂纹、叶片是否清洁 2.叶片与机壳有无摩擦 3.叶片涂装有无剥离	1季度/次 1季度/次 1季度/次	
	电动机	1.转动轴有无振动、异响、过热 2.润滑油的检查、更换及轴承清洗 3.电机的拆卸检查、轴承清洗与油脂更换 4.防护情况检查 5.绝缘测试 6.三相电流平衡试验 7.运行中的电动机温升是否正常	1年/次 1年/次 5年/次 1年/次 1年/次 1年/次 1年/次	
	其他	拆卸组装后的风速及推力测试	5年/次	

（3）检测与评定

①通风设施应按各种设备的操作规程和养护要求进行,并使主要性能指标,如风速、推力、功率、噪声及防护等级等符合产品说明书的要求。

②通风设施养护应配备专用电工工具和机修工具,必要时配备风压计、风速计、声级计等。

③进行通风设施养护时,应根据隧道交通流量和通风能力,对交通进行必要的组织和限制。

④在进行定期或分解性检修后,应对隧道通风设施的效率进行全面测试。

⑤通风设施的设备完好率不应低于98%。

⑥高速公路特长隧道应配合防灾设施进行每年不少于一次的模拟火灾情况下的通风及排烟演习。单向交通排烟风速应按 $2 \sim 3 \text{ m/s}$ 进行控制。

⑦大修、新装、换装的通风设施投入前,要严格按照《电气装置安装工程 电气设备交接试验标准》(GB 50150—2016)进行预防性交接试验。

3)火灾检测和报警系统

火灾检测与报警系统由设置于隧道内的光纤传感器和手动报警按钮(隧道内间隔50 m)、双波长火焰探测器、设置于配电所光电感烟探测器、警铃和连接线缆、集中报警控制柜、区域报警控制器等组成。

火灾检测和报警系统有故障自诊断的能力，能无间隙、不间断地监测隧道内和配电室内的空间，能连续监测光纤传感器、手动报警按钮的工作状态，报告故障准确位置，反应系统工作是否正常。当火灾发生时，可由现场人员按手动报警按钮报警，并有光纤检测或双波长火焰探测器系统自动报警。

火灾报警发生时，系统能直接输出报警信号、在隧道监控软件中相应位置的区段显示报警灯，同时发出声光报警，系统能够向中心计算机提供火灾信息、自动控制隧道内风机，按火灾排烟方式运转、自动切换相应区域的电视摄像机，供值班人员确认灾情。自动控制录像机启动、摄取现场信息以供备查。

控制台分别设置有火灾报警和手动报警总指示灯，声光报警。声光报警能手动切除。事故处理完毕，声光报警自动消除。报警信号出现时、计算机能自动记录、存储。

（1）日常养护

火灾报警系统的正常运行和其他系统不同，在平时处于战备状态，不容易发现系统的好坏。为了检验火灾报警系统是否能够正常工作，需定期做好火灾报警试验和演习，进行系统性随机抽查与维护。

①日常检查：主要以目测的方式检查隧道内现场火灾报警盘指示灯显示是否异常，中控室集中报警控制柜上故障、告警信息，发现异常，及时处理。

②定期检查：主要是指周巡检、月巡检和季度巡检，重点检查火灾报警控制柜内部接线、信息打印、线缆线路、回路电压、接地状况、绝缘状况等，发现隐患，及时排除或修复。

③专项工程：主要检查火灾传感器、手动报警按钮、报警主机的工作状态，感温光缆的线路检查（鼠咬等）以及组织原厂家人员对系统进行整体检查维护。

（2）维护

①小修：如发生缺电、断线、手动报警单元、指示灯、终端盒、接地断路、避雷器等配件损坏的小型故障，由执勤队员自行修复或者更换。

②中修：如发生因事故、火灾等造成综合报警操作盘、感温光缆、模块、通信电缆损坏、绝缘破坏等故障，则组织外协队伍集体修理。

③大修：如发生集中报警控制柜、区域报警控制器、软件系统性故障，需联系原设备供应厂商进行技术支持性的保养与维护。

④专项工程：配电房整体改造，增加监控区域，感温光缆布线改造、软件改造等专项工程，需要制订设计方案，编制施工组织设计，审批后落实执行。

隧道火灾检测和报警系统设施日常养护主要检查项目和检查周期见表5.4。

表5.4　火灾检测和报警系统设施日常养护主要检查项目和检查周期

设施名称	检查项目	主要检查内容	检查周期	备注
火灾报警检测及报警系统	集中报警控制柜	1. 消除火灾报警控制柜表面灰尘	1 日/次	
		2. 检查面板显示和指示灯显示是否正常,按键是否灵活、可靠	1 日/次	
		3. 清洁火灾报警控制柜内部元件,检查内部元件是否异常	1~3 月/次	
		4. 检查集中报警控制器与其他设备的接线、插接是否可靠,接触是否良好,无松动、脱落现象	1~3 月/次	
		5. 检查是否对任一区域控制器进行报警复位和校对	1~3 月/次	
		6. 检查是否能清除火灾和故障报警	1~3 月/次	
		7. 检查是否能准确打印出报警信息	1~3 月/次	
		8. 检查电源电压是否符合规定要求	1~3 月/次	
		9. 检查是否能与中央计算机可靠地通信	1~3 月/次	
		10. 检查集中控制器是否接地良好	1~3 月/次	
		11. 检查能否驱动火灾报警模拟盘进行火灾信息显示	1~3 月/次	
	区域报警控制器	1. 清除区域报警控制器表面灰尘	1~3 月/次	
		2. 清洁区域报警控制器内部元件,检查内部元件有无异常	1~3 月/次	
		3. 检查区域报警控制器的通信总线和控制总线连接正确无误,接触良好,电源板和主板之间的插接良好	1~3 月/次	
		4. 检查面板显示和指示灯显示是否正确,无故障和报警显示,按键灵活可靠	1 日/次	
		5. 检查机壳接地是否良好	1~3 月/次	
		6. 检查电源电压是否符合规定要求	1~3 月/次	
		7. 检查能否进入正常巡检状态,显示是否正确	1~3 月/次	
		8. 检查能否进入调试采样状态,显示是否正确	1~3 月/次	
	OTS 主机	1. 检查并清洁后板风扇	1~3 月/次	
		2. 检测机箱内温度应在 5~35 ℃ 范围内	1~3 月/次	
		3. 检查面板 LED 指示灯显示是否正常	1~3 月/次	
	光纤探测器	1. 清除光纤探测器表面灰尘	1~3 月/次	
		2. 检查光纤探测器外部有无机械损伤	1~3 月/次	
	光电感烟探测器	检查光电感烟探测器运行是否正常,烟雾浓度超过规定值时应迅速报警,接线良好	1~3 月/次	

设施名称	检查项目	主要检查内容	检查周期	备注
火灾报警检测及报警系统	感温电缆探测器	检查感温电缆连接是否正确,接线端子有无接触不良或锈蚀脱落现象	1～3 月/次	
	火灾报警盘	1. 消除火灾报警盘表面的灰尘	1～3 月/次	
		2. 检查接线盒内线路连接是否正确、可靠	1～3 月/次	
		3. 检查电源电压是否符合规定要求	1～3 月/次	
		4. 检查报警盘显示是否正确,发光管工作是否正常,应无缺损和烧坏现象	1～3 月/次 1～3 月/次	
		5. 检查报警电铃工作是否正常,线圈应完好、无断线和哑声现象	1～3 月/次 1～3 月/次	
	总线隔离器、接线盒、手动报警按钮	1. 消除总线隔离器、接线盒、手动报警按钮表面灰尘	1～3 月/次	
		2. 检查总线隔离器的进出总线接线端连线是否正确,接触应良好,无松动、脱落现象	1～3 月/次 1～3 月/次	
		3. 正常检测时,隔离器面板指示灯不亮,发生短路故障后,面板上的黄色发光管应闪亮	1～3 月/次 1～3 月/次	
		4. 检查接线盒内接线是否正确	1～3 月/次	

(3)检测与评定

火灾自动报警系统的检测与评定严格按照《火灾自动报警系统施工及验收规范》(GB 50166—2007)执行,接受公安消防监督机构监督,履行备案和报检、过程验收、隐蔽验收、取证等程序制度。火灾报警系统在交付使用前必须经过有资质的专业检验检测机构检测合格,并经公安消防监督机构验收,取得验收合格证书后,方能够投入使用。

4)紧急呼叫和有线广播系统

隧道紧急电话系统,作为一种意外事件发生时的信息沟通工具,由紧急电话、喇叭、紧急呼叫系统主机、有线广播控制台等组成。司乘人员可以及时向监控室管理员通报隧道发生的交通事件和火灾情况,有利于最大限度地减少交通意外引起的损失。

紧急电话安装一般根据隧道长度以及洞口位置,大约每隔 200 m 设置一台(左右线),紧急电话镶嵌在隧道壁右侧,设备呈密封状态,防止灰尘和水汽进入。紧急电话具有单向呼叫的特点,且呼叫率很低,采用编码总线制。其功能特点:一是使用户与紧急求助部门取得联系;二是自动确定呼叫者的位置。

有线广播系统是在隧道内出现紧急情况时,中央控制室调度人员向隧道内行车人员发布信息,组织疏导车辆及人员的紧急调度手段,从而最大限度地减少事故损失。

（1）营运标准

紧急呼叫系统能够呼叫通畅,准确定位,并且声音洪亮,通话效果清晰。

（2）日常养护

①日常检查:每天进行日常检查,通过日常检查,以目测方式检查系统外观是否正常。

②定期检查:定期检查分周巡检、月巡检和季度巡检。周巡检主要是通过巡检,检查喇叭和紧急电话是否运行正常,随机进行抽检检查通话效果是否正常。

月巡检和季度巡检是一次全面性的检查,包括紧急电话、喇叭及其相关的机电设施。通过目测检查外观有无损伤,检查通话效果是否正常。

（3）维护

①小修:发生紧急电话话机更换,麦克风断线、按钮配件损坏等小型故障。

②中修:通话线路遭鼠害、撞击等发生断线故障,亭内话机整机更换维护等。

③大修:整个紧急电话亭遭遇火灾、事故需要整体恢复,并调试。

④专项工程:紧急电话和有线广播线路改造,增减、移位紧急电话和有线广播的布置点。此类专项工程需要有设计方案,有施工组织设计,经审批后落实执行。

紧急呼叫和有线广播系统日常养护主要检查项目和检查周期,见表5.5。

表5.5　紧急呼叫和有线广播系统日常养护主要检查项目和检查周期

设施名称	检查项目	主要检查内容	检查周期	备　注
紧急呼叫和有线广播系统	紧急电话和有线广播	1. 紧急电话系统工作电压检查、自检,总机清扫除尘	1季度/次	
		2. 有线广播系统检查	1季度/次	
		3. 紧急电话系统摘机、挂机信号显示	1季度/次	
		4. 紧急电话系统总机测试系统检测分机及通话质量	1季度/次	
		5. 对紧急电话系统分机作防尘和防腐处理	1季度/次	
		6. 紧急电话系统分机外观质量检查	1季度/次	
		7. 紧急电话系统录音、存储、显示和打印功能	1年/次	
		8. 紧急电话系统分机安装质量	1年/次	
		9. 紧急电话系统接地电阻测试	1年/次	

5）交通监控系统

交通监控系统的功能具体来说就是交通监视和交通控制。所谓监视,是指利用路面、路旁的检测设备进行数据采集和人工观察。所谓控制,是指把采集到的各种数据,进行科学的分析、判断、生产决策方案,并将决策结果和下达的控制命令,通过通信系统传达到信息发布设备等,以促进行车安全和道路畅通。

交通监控设施主要包括交通参数的显示（车速、车流量等）、可变限速标志、可变情报板、车道指示器及其相关通信线路和交通模式的控制以及烟雾浓度探测仪、CO 检测仪等。加强交通监控系统的保养和维护,延长设备的使用寿命,有利于保障高速通行安全。

(1)营运标准

交通监控系统能够准确采集隧道通行的交通参数,包括各区平均车速、行车道车流量、超车道车流量、行车道即时车速、超车道即时车速等。这些交通量参数由安装在现场的车辆检测器检测而得。同时,在各隧道的行车道、超车道上分别显示对应车道的即时车速和车流量。在交通控制系统图上的隧道出口处显示隧道截面车流量。

通过针对交通参数和道路气候、能见度等信息的采集和实时分析、判断,运用一定的控制策略,对行驶车辆准确发出限速、诱导性指令,从而实施实时、不间断地监控。

(2)日常养护

①日常检查:每天进行日常检查,观测交通参数的实时检测,记录应真实、完整,并通过现场目测的方式检查可变限速标志、可变情报板、交通信号灯通信是否正常,信息发布是否正确、完整,有无黑屏或变色现象,如发生故障,应及时排除。

②定期检查:定期检查分周巡检、月巡检和季度巡检。周巡检主要通过巡检,检查可变情报板、可变限速是否准确根据中控指令发布信息,并随机进行抽检检查的信息修改情况。

月巡检和季度巡检是一次全面性的检查,包括车辆检测器、可变情报板、可变限速标志、避雷针、接闪器、区域控制器等。通过目测检查外观有无损伤,检查信息显示效果是否正常。

③专项检查:分别对车辆检测器环形线圈、情报板显示模块、避雷设施(避雷针、接闪器)、接地通路、接地电阻阻值测量、监控软件等进行专项检查保养。国家重大节假日、春运及恶劣天气前后组织专项检查,发现问题,及时维护。

(3)维护

①小修:发生诸如线圈、情报板等配电箱空气开关更换,供电异常,避雷连接防腐,区域控制器模块电源、RS232-485 协议等。

②中修:发生车检线圈、情报板、限速标志显示模块损坏,模块供电电源模块损坏,厂家技术服务支持,通信协议修改等。

③大修:发生雷暴等恶劣天气导致情报板、限速标志整体故障,需要组织整体检测,避雷设施重新安装恢复,重新修改通信协议等故障的修理。

④专项工程:增减或移动车辆检测器、可变情报板、可变限速标志、修改交通控制模式等。此类专项工程需要有设计方案,有施工组织设计,并在审批后落实执行。

交通监控设施日常养护主要检查项目和检查周期按表5.6进行。

表5.6　交通监控设施日常养护主要检查项目和检查周期

设施名称	检查项目	主要检查内容	检查周期	备注
烟雾浓度探测仪	感光单元	1. 检查外观有无污染、损伤	1~3月/次	
		2. 聚焦镜防护罩全面检查清洁	1~3月/次	
	记录仪	1. 记录状态	1~3月/次	
		2. 补充油墨、记录纸	1~3月/次	
	监控单元	1. 外观是否有污染、损伤	1~3月/次	
		2. 调整工作状态、透过率指标	1年/次	
		3. 计量仪、显示器、故障显示灯是否正常	1年/次	
		4. 操作开关、继电器、电磁开关、配线断路器是否正常	1年/次	
		5. 配线有无异常、污染、损伤、过热、松动、断线等	1年/次	
		6. 清扫	1年/次	
CO监测仪	分析仪及自动校正装置	1. 确认分析仪的指示值是否正确	1~3月/次	
		2. 空气过滤器是否有污染	1~3月/次	
		3. 确认除湿装置的功能	1年/次	
		4. 确认自动校正装置的功能	1年/次	
		5. 检查通风装置的功能	1年/次	
	吸气装置	1. 吸气泵的运转有无异响、过热、振动	1~3月/次	
		2. 外观有无污染、损伤	1~3月/次	
		3. 检查检测仪读数有无异常	1~3月/次	
	记录仪	同烟雾浓度记录仪	1~3月/次	
	采气口	隧道采气口过滤器的清洁与更换	1年/次	
	监控单元	同烟雾浓度探测仪监控单元	1年/次	
车辆检测器	状态记录	1. 记录应真实、完整	1日/次	
		2. 自检异常时,要报告处理,处理结果要落实		
	检测器机箱	1. 机箱内配备走线槽和配线架是否完好	1~3月/次	
		2. 箱体应定期除尘	1~3月/次	
		3. 机箱内配备的防雷电装置是否完好	1~3月/次	
		4. 机箱的所有进出线孔是否都密封良好,是否满足防水、防尘的需要	1~3月/次	
	机箱外观	1. 保证机箱外部清洁,无车辆溅落物等污渍及寄生动物巢穴	1~3月/次	
		2. 保证内外表面防腐层无剥落、无锈蚀	1~3月/次	
		3. 保证门密封	1~3月/次	

设施名称	检查项目	主要检查内容	检查周期	备注
车辆检测器	控制器	1. 保证检测其监测数据的反应时间≤10 ms 2. 保证检测器足够存储最近48 h数据	1~3月/次 1~3月/次	
	线圈	1. 电感量范围为50~2 000 μH 2. 保证感应最大时间为0.2 s 3. 保证灵敏度:从0.02%~28%,15级可调 4. 检查馈线电缆接头是否绝缘、防水	1~3月/次 1~3月/次 1~3月/次 1~3月/次	
	基础	1. 基础周围应进行硬化处理 2. 基础平台应保持平整、清洁 3. 基础周围无泥土、不积水、无杂草	1~3月/次 1~3月/次 1~3月/次	
可变情报板和限速标志	系统自检	报告记录应真实、完整	1~3月/次	
	显示屏	1. 显示清晰,不花屏、不黑屏,无变色现象 2. 文字不缺失,亮度可调控	1 日/次	
	基础	1. 基础应无影响强度的裂纹;稳固、端正 2. 在路基边坡上或在易受台风、洪水、路基变形等不利于维护的场所,应采取加固措施 3. 裸露金属基本无锈蚀 4. 金属机箱与接地极连接可靠,接地极引出线无锈蚀	1~3月/次 1~3月/次 1~3月/次 1~3月/次	
	支撑立柱	1. 无明显歪斜 2. 防腐层完整、无锈蚀 3. 避雷针、接闪器形状完整,与接地极连接可靠	1~3月/次 1~3月/次 1~3月/次	
	机箱外观	1. 内外表面防腐层无剥落、无锈蚀 2. 元器件上无灰尘、织网等积落物 3. 门密封性能好	1~3月/次 1~3月/次 1~3月/次	
	机箱内部检修与清扫	1. 检查元器件和线路的颜色、形状、声音等内容,要求无异常颜色、异常形状变化,无异声、异味 2. 接插件连接牢固,无溶解、熔解、锈蚀等现象 3. 各种指示灯应表示正确、亮度适当、易于辨别、互不窜光	1~3月/次 1~3月/次 1~3月/次	
	防雷接地电阻	1. 防雷器是否正常工作 2. 接地电阻不大于10 Ω	1~3月/次 1 年/次	

（4）检测与评定

高速公路特长隧道监控系统的软件维护每年不少于两次。维护时应注意软件的修改完善,并保证联动运行功能的实现和软件可靠性各项技术措施的落实,严格按照操作规程或使用说明进行。

监控设施养护主要指标按照相应设备的产品说明要求进行,高速公路监控设施设备完好率不应低于98%。

6)消防设施

消防与救援设施是指用于预防隧道火灾和进行必要救援的设施,包括消防栓及灭火器、高低位水池、消防管线、盘卷、泵房及水成泡沫箱、喷淋系统、人通、汽通、隧道排烟装置。

(1)营运标准

隧道内部单侧每隔50 m设置室内消火栓箱,消火栓箱内应配置1支喷嘴口径为19 mm的水枪、1盘长25 m、直径为65 mm的水带,设消防软管卷盘和两个5 kg干粉灭火器(设计压力不低于1.6 MPa)及30 L泡沫灭火器。消火栓的栓口距地面高度宜为1.1 m。隧道内设置独立的消防给水系统,在隧道内消防管网最高等容易积气的部位设置自动排气阀,充水压力常年维持在0.4~0.5 MPa,同时保证用水量达到最大时,在最不利点的水枪充实水柱不应小于10.0 m,内部消火栓用水量不应小于20 L/s,隧道洞口外的消火栓用水量不应小于30 L/s。灭火直径达到50 m。隧道内部发生火灾时,能够保证正常排烟。

(2)日常养护

①日常检查:消防日常检查主要是对隧道内消防设备、报警设备、洞外消防设施、人通门、汽通门的外观进行巡视,检查消防水池液位是否正常,发现隐患,应及时处理。

②定期检查:定期检查分周巡检、月巡检和季度巡检。周巡检重点检查隧道内消防箱水管压力、消防栓、消防龙头等是否损坏,消防箱内灭火器有无缺失、人通和汽通门类启闭是否正常等,紧急停车带有无障碍物。月巡检和季度巡检重点检查高低位水池、消防管路以及消防泵房设备工作状况。消防设施的标志应保持完好、醒目。发现隐患,应及时处理。

③专项检查:组织灭火器工作压力、消防水压力检查、排气阀检查、消防高地位水池检查、消防管线检查、消防泵房检查等。

(3)维护

①小修:发生普通管线结合处、阀门垫片、龙头、消防栓等漏水,压力表、水带、卷盘等遗失情况、灭火器欠压,汽通门控制器更换,由执勤队员和消防队员组织维护与更换。

②中修:门类设施启闭故障,消防管线保温外露,排气阀门漏水严重,水成泡沫箱、灭火器等根据使用年限要求重新灌装等工作,由专业的消防公司组织。

③大修:高低位水池漏水、消防管道漏水、喷淋管道漏水、消防泵站供配电系统故障、水泵转速器故障、地下变电所水成泡沫漏液、不锈钢管补漏等,组织专业的施工队伍实施。

④专项工程:消防汽通门、人通门修理,喷淋系统改装、泵房电动机分解维护、消防管路改造、地下变电所水成泡沫箱整箱换装等。专项工程需要有设计方案,有施工组织设计,审批后落实执行。

消防设施在检修、检查期间应有相应的防灾措施,其日常养护主要检查项目和检查周期见表5.7。

高速公路隧道机电设施施工及养护安全技术

表 5.7　消防与救援设施日常养护主要检查项目和检查周期

设施名称	检查项目	主要检查内容	检查周期	备　注
消火栓及灭火器	全部	1. 有无漏水、腐蚀、软管损伤 2. 确认灭火器的数量及其有效期 3. 室外消火栓的放水试验及水压试验 4. 灭火器腐蚀情况,有无失效 5. 泡沫消火栓的使用与防渣检查 6. 消火栓的放水试验 7. 寒冷地区消防管道的防冻检修	1 季度/次 1 季度/次 1 季度/次 1 年/次 1 年/次 1 年/次 1 年/次	
自动阀	全部	1. 外观检查、有无漏水、腐蚀 2. 操作试验是否正常 3. 导通试验 4. 保温装置的状况	1 季度/次 1 季度/次 1 季度/次 1 年/次	
泵	全部	1. 运转时有无异响、振动、过热,压力上升时闸阀的动作是否正常 2. 外观有无污染与损伤 3. 轴承部位加油与排气检查 4. 启动试验与自动阀同时进行	1 季度/次 1 季度/次 1 季度/次 1 季度/次	
电动机	全部	1. 运转时有无异响、振动、过热 2. 外观有无污染、损伤 3. 电压、电流检测 4. 启动试验 5. 各连接部的情况 6. 绝缘试验	1 季度/次 1 季度/次 1 季度/次 1 季度/次 1 年/次 1 年/次	
配水管	全部	1. 有无漏水,闸阀操作是否灵活 2. 管支架是否腐蚀、松动 3. 洞外及隧道内水管的防冻 4. 管过滤器清洗	1 季度/次 1 年/次 1 年/次 1 年/次	
横通道门	全部	是否开关自如	1 季度/次	
紧急停车带	全部	有无障碍物	1 季度/次	
水池	全部	1. 有无渗漏水 2. 水位是否正常及水位计是否完好 3. 泄水孔是否通畅 4. 水池的清洁 5. 寒冷地区保温防冻检查	1 季度/次 1 季度/次 1 季度/次 1 年/次 1 年/次	
引导设施	全部	有无污染、损伤	1 季度/次	

（4）检测与评定

消防设施的设备完好率应达到 100%，救援设施的设备完好率应不低于 98%。新修、大修的消防设施验收标准执行《建筑设计防火规范》（GB 50016—2014）和《工业金属管道工程施工质量验收规范》（GB 50184—2011）。

7）供配电系统

供配电设施包括高压断路器柜、高压计量柜、高压电压互感器、避雷器柜、高压隔离开关、高压负荷开关、电力变压器、高低压熔断器、高低压电力电容器柜、低压开关柜、信号屏、微机继电保护装置、高低压母线、电力电缆、控制电缆、UPS 不间断电源、自备发电机等各种为隧道用电设施服务的供配电及辅助设施。

（1）营运标准

决定高速公路供配电质量的指标为电压、频率和可靠性。

①电压：隧道内高压钠灯正常工作允许的电压波动范围为 92% ~ 106%。当大容量冲击性负荷运行时，剧烈变化的负荷电流将引起线路压降的变化，导致电网发生电压波动，可能导致电动机转速出现脉冲、电子仪器失常，甚至烧毁 PLC 电源模块。按照《供配电系统设计规范》（GB 50052—2009）规定：在正常情况下，用电设备端子电压偏差的允许值分别为：

a. 电动机 ±5%；

b. 一般工作场所照明灯 ±5%，视觉要求较高的场所为 +5%，−2.5%；

c. 远离变电所的小面积一般工作场所为 +5%，−10%；

d. 其他用电设备无特殊规定时为 ±5%。

②频率：我国规定的电力系统标称频率（俗称工频）为 50 Hz。高速公路供配电系统的电压频率是由电力系统保证的。电力系统正常频率偏差允许值为 ±0.2 Hz，当系统容量较小时，偏差值可以放宽到 ±0.5 Hz。

③可靠性：高速公路机电设施属于一级负荷，即突然停电将在经济上造成较大损失。根据要求，一级负荷应由两个独立电源供电。

高速公路的高压输电采用两个独立电源供电，即一路采用市电高压供电，另一路采用柴油发电机组供电。当其中任何一个独立电源发生故障时，不影响另一个电源继续供电。

（2）日常养护

供配电设施养护人员应持有特殊工种上岗证书，并配备专门的电工检修工具。供配电设施养护应严格执行相关设备的检修规程及《电气装置安装工程 电气设备交接试验标准》（GB 50150—2016）的有关规定。

供配电设施需进行带电养护作业的项目，应使隧道内、变配电室及中心控制室相互协调、密切配合，并严格按照电气操作规程的有关要求进行。

①日常检查：高速公路隧道应进行供配电设施日常检查。供配电设施日常检查主要针对变压器、高低压配电柜及变配电室内相关设备外观及一般运行状态进行，通过观察外观异常、声响、发热、气味、火花等现象，及时发现设备故障。

高速公路隧道机电设施施工及养护安全技术

②定期检查:定期检查分周巡检、月巡检和季度巡检。周巡检重点检查隧道配电房内变压器、高低压配电盘柜、现场配电箱、发电机组、UPS、稳压电源等设备的运行状况,抄录相关运行数据。月巡检和季度巡检重点检查变压器、柴油发电机组等设备的运行状况,检查变压器温升,并对发电机组组织试发电。

③专项检查:国家重大法定节假日、国家规定免费通行日期或年度春运前夕、台风雷雨等恶劣天气前后,组织相关人员联合巡检,巡检时按照检查设备完好率、备品备件储备情况。

组织电缆线路专项巡检,检查电缆线路上有无杂物堆积,电缆是否裸露,电缆终端头是否完整,引出线接点有无发热现象等情况,如存在隐患,应及时组织人员修缮。

(3)维护

维护人员必须持证上岗,并按照当地电力部门的有关规定。当线路存在异常情况时应采取措施并及时通知有关部门。

①小修:正常跳闸导致的停送电,小型低压盘柜内部空气开关、接触器、断路器、指示灯、旋钮等备品备件更换,连接线路更换,近距离小范围电源供电方式切换,由执勤队员在做好安全措施的前提下,组织更换维护。

②中修:集中更换电缆、桥架、盘柜配件、配电柜抽屉修理、高低压配电柜内部仪表、避雷器、互感器、母线排、综合保护、熔断器更换等,组织专业队伍进行维护。

③大修:涉及电缆线路更改、变压器返修、独立电源之间供电切换、发电机组维护、火灾盗窃事故等维护工作,需要制订相关组织方案,批准后实施。

④专项工程:高低压盘柜、变压器、发电机组的定期预防性试验,UPS(或 EPS)、稳压电源改造和维保,高压电缆替换与预防性试验,供电线路改造、配电房改造、综合保护参数整定等。专项工程需要有设计方案,有施工组织设计,审批后落实执行。

供配电设施日常养护主要检查项目和检查周期,可按表5.8进行。

表5.8 供配电设施日常养护主要检查项目和检查周期

设施名称	检查项目	主要检查内容	检查周期	备 注
高压断路器柜	断路器触头、真空泡	1.触头有无烧损,接触是否紧密,动静触点中心是否相对	1 年/次	
		2.触头或真空泡是否损坏	1 年/次	
	"五防"功能	1.在断路器处于分闸位置时,手车能否抽出和插入	1 年/次	
		2.在手车处于不同位置时一次、二次回路是否正常	1 年/次	
		3.断路器与接地开关的机械联锁是否正常	1 年/次	
		4.柜后的上、下门联锁是否正常	1 年/次	
		5.仪表板上带钥匙的控制开关(或防误型插座)是否正常	1 年/次	

续表

设施名称	检查项目	主要检查内容	检查周期	备 注
高压断路器柜	穿墙套管	穿墙套管有无破损	1年/次	
	排气通道	排气通道有无堵塞	1年/次	
	二次端子	端子有无污染松动	1年/次	
	线圈	线圈绝缘是否良好	1年/次	
	分合闸试验	1.分合闸能否正常进行 2.电磁式弹簧操纵机构有无卡塞,是否正常	1年/次 1年/次	
	运行	1.电气整定值是否满足电力系统要求 2.保护装置能否与中央信号系统协调配合	1年/次 1年/次	
高压互感器与避雷器柜	高压互感器	有无污染、裂痕、绝缘是否良好	1年/次	
	避雷器	1.避雷器外观有无损伤 2.有无放电痕迹 3.接地装置有无腐蚀,接地电阻是否小于10 Ω 4.预防性试验	1年/次 1季度/次 1年/次 1年/次	
高压计量柜	电流互感器	有无污染、损伤、绝缘是否良好	1年/次	
	计量仪表	1.计量仪表有无污染、计量是否准确 2.仪表检验参照国家相关标准的检验方法执行,并递交当地供电部门进行检验	1季度/次 1年/次	
高压隔离开关和负荷开关	触头	1.有无污染、损伤 2.接触是否紧密 3.灭弧装置是否烧损	1季度/次 1季度/次 1季度/次	
	操动机构	1.操动机构有无污染 2.有无卡塞、转动是否灵活	1季度/次 1季度/次	
	高压熔断器	1.外观有无污染、烧伤痕迹 2.熔断丝是否熔断	1季度/次 1季度/次	

续表

设施名称	检查项目	主要检查内容	检查周期	备　注
电力变压器	全部	1.有无污染、漏油,油量是否足够	1 季度/次	
		2.有无异常声响和过热	1 季度/次	
		3.噪声是否符合要求	1 年/次	
		4.内部线圈直流电阻是否符合生产厂规定	1 年/次	
		5.内部相间、线间及对地绝缘是否符合要求	1 年/次	
		6.铭牌有无污染	1 年/次	
		7.绝缘套管有无污染及裂痕	1 年/次	
		8.接线端子有无污染、松动	1 年/次	
		9.变压器油耐压测试	1 年/次	
电力电容器柜	电力电容器	1.外观有无污染、接头有无松动	1 季度/次	
		2.有无漏油、过热、膨胀现象	1 季度/次	
		3.绝缘是否正常,有无击穿现象	1 季度/次	
	接触器	1.有无机械卡塞,噪声是否符合要求	1 季度/次	
		2.线圈直流电阻是否符合生产厂家要求	1 季度/次	
		3.触头有无烧损痕迹,闭合是否紧密,动静触头是否中心相对	1 季度/次	
		4.能否正常动作	1 季度/次	
		5.引线接头有无污染、松动控制器能否正常工作	1 季度/次	
	控制器	控制器能否正常工作	1 季度/次	
	熔断器	1.有无烧伤痕迹	1 季度/次	
		2.电熔丝是否完好	1 季度/次	
	仪表	1.外表有无污染	1 季度/次	
		2.仪表能否正常显示	1 季度/次	
低压开关柜	断路器	1.外观有无污染、裂痕	1 季度/次	
		2.触头有无烧伤、接触是否紧密	1 季度/次	
		3.有无明显的噪声	1 季度/次	
		4.脱扣器是否正常	1 季度/次	
		5.绝缘是否良好	1 季度/次	
		6.整定值能否满足系统保护要求	5 年/次	
		7.引线接头有无污染、松动	1 季度/次	
	接触器	按电力电容器柜中接触器执行		
	熔断器	按电力电容器柜中熔断器执行		

续表

设施名称	检查项目	主要检查内容	检查周期	备 注
低压开关柜	仪表	按电力电容器柜中仪表执行		
	热继续电器	1. 外部检查 ①继电器外壳是否清洁、完整、嵌接良好； ②外壳与底座接合是否紧密牢固、防尘密封是否良好、安装是否端正	1季度/次	
		2. 内部和机械部分检查 ①热元件是否烧毁； ②进、出线头是否脱落； ③接线螺钉是否拧紧； ④触头是否烧坏或动触头杆的弹性是否消失； ⑤双金属片是否变形； ⑥动作机构是否卡死； ⑦继电器内是否清洁； ⑧整定把手是否能可靠固定在整定位置； ⑨触点固定是否牢固	1年/次	
		3. 校验 ①一般性校验； ②整定值动作值与整定值误差不应超过±3%	1年/次	
	互感器	1. 有无污染 2. 绝缘是否良好 3. 外部接线是否断开	1季度/次 1季度/次 1季度/次	
	二次回路及继电器	1. 端子排是否污染、接线是否松动 2. 继电器检验参照继电器屏执行	1季度/次	
	转换开关	1. 外部检查 ①转换开关外壳是否清洁、完整、嵌接良好； ②外壳与底座接合是否紧密牢固、防尘密封是否良好、安装是否端正	1季度/次	
		2. 内部和机械部分检查 ①转换开关端子接线是否牢固可靠； ②构件是否磨损、损坏； ③转换开关端子有无锈蚀； ④手柄转动后，静触头和动触头是否同时分合； ⑤转换开关可动部分是否灵活,旋转定位是否可靠、准确； ⑥开关接线柱相间是否短路； ⑦控制是否达到要求； ⑧各部件的安装是否完好、螺丝是否拧紧、焊头是否牢固	1年/次	

设施 名称	检查项目	主要检查内容	检查周期	备 注
配电箱、插座箱、控制箱	断路器	按低压开关柜中断路器执行		
	接触器	按电力电容器柜中接触器执行		
	熔断器	按电力电容器柜中熔断器执行		
	二次回路及继电器	继电器检验参照继电器屏中的内容执行		
	转换开关	按低压开关柜中转换开关执行		
	箱体	接地是否良好	1 季度/次	
	照明控制箱	1. 可编控制程序是否正确 2. 自动集控手动操作是否正确	1 季度/次 1 周/次	
	风机启动及控制柜	1. 有无腐蚀及积水 2. 接触是否良好	1 季度/次 1 季度/次	
电力电缆	全部	1. 外表有无损伤 2. 电缆线间、相间和对地绝缘是否正常 3. 电缆工作温度是否正常 4. 接头处是否正常,有无烧焦痕迹 5. 电缆沟是否干净,有无杂物垃圾,有无积水、积油,盖板是否完整 6. 高压架空线路及其附属设施巡查 7. 高压架空线路及其附属设施登杆检查 8. 对地下电缆线路,查看路面是否正常,有无挖掘痕迹及线路标桩是否完整等 9. 隧道内电缆头有无变形,温度是否正常	1 季度/次 1 年/次 1 季度/次 1 年/次 1 年/次 1 季度/次 1 年/次 1 季度/次 1 季度/次	
电缆托架及支架	全部	1. 外表有无变形、断开 2. 有无腐蚀 3. 接地是否良好	1 年/次 1 年/次 1 年/次	
接地装置	全部	1. 有无腐蚀 2. 接地电阻是否正常	1 年/次 1 年/次	
变电所铁构件	全部	有无腐蚀	1 年/次	

续表

设施名称	检查项目	主要检查内容	检查周期	备 注
直流电源、UPS电源	微机继电保护装置	1.新安装的保护装置全部检验 2.安装一年以后全部检验	1年/次 6年/次	
	箱体	接地是否良好	1年/次	
	电池组	1.电池组外观有无污染损伤,电池的电解液是否正常,温度是否正常	1年/次	
		2.电池的电压是否正常	1季度/次	
		3.电池的绝缘是否正常	1季度/次	
		4.进行一次容量恢复试验	1年/次	
	充电机及浮充电机	1.输出直流电压、电流是否正常	1季度/次	
		2.整流装置是否正常	1季度/次	
继电器屏	继电器	1.外部检查 ①继电器外壳是否清洁、完整、嵌接良好; ②外壳与底座接合是否紧密牢固,防尘密封是否良好、安装是否端正。	1季度/次	
		2.内部和机械部分检查 ①继电器端子接线是否牢固可靠; ②继电器内是否清洁; ③继电器可动部分动作是否灵活、转轴的横向和纵向活动范围是否适当; ④各部件的安装是否完好、螺丝是否拧紧、焊头是否牢固可靠; ⑤整定把手是否能可靠固定在整定位置; ⑥整定孔接触是否完好; ⑦弹簧是否有变形,层间距离是否均匀; ⑧触点固定是否牢固,有无折伤和烧损,常开触点闭合后是否有足够压力,常闭触点的接触是否紧密可靠,动静触点接触时是否中心相对; ⑨对具有多对触点的继电器,各对触点的接触时间是否符合要求; ⑩时间继电器的钟表机构及可动系统在前进和后退过程中运作是否灵活,触点闭合是否可靠; ⑪继电器底座端子板上接线螺钉的压接是否紧固可靠,相邻端子的接线鼻子之间是否有一定距离	5年/次	
		3.绝缘检查 ①保护接线回路绝缘电阻是否小于1 mΩ; ②继电器经解体后,测定绝缘电阻:	5年/次	

高速公路隧道机电设施施工及养护安全技术

续表

设施名称	检查项目	主要检查内容	检查周期	备注
继电器屏	继电器	a.全部端子对底座和磁导体的绝缘电阻是否小于50 mΩ； b.各线圈对触点及各触点间的绝缘电阻是否小于50 mΩ； c.各线圈间的绝缘电阻是否小于10 mΩ。 ③具有几个线圈的中间电磁继电器应测各线圈的绝缘电阻； ④继电器解体检修后，应进行50 Hz交流电压历时1 min耐压试验；无耐压试验设备时，允许用2 500 V摇表测定绝缘电阻来代替交流耐压试验，所测定绝缘电阻不应小于20 mΩ 4.继电器内辅助电气元件检查 继电器内辅助电气元件如电容器、电阻、半导体元件等，只有在发现电气特性不能满足要求，而又需要对上述元件进行检查时，才核对其铭牌标称值或通电实测。对个别重要辅助电气元件有必要通电实测时，按有关规定进行检查	5 年/次	
		5.触点工作可靠性检验 仔细观察继电器触点的动作情况，除发现有抖动、接触不良等现象要及时处理外，还应结合保护装置整组试验，使继电器触点带上实际负荷，再仔细观察继电器触点有无抖动、粘住、火花等异常现象	5 年/次	
	电流及电压继电器	1.一般性检验 2.整定点动作和返回值检验 ①整定点动作值与整定值误差不应超过±3%； ②返回系数应满足下列要求:过流继电器返回系数不小于0.85，当大于0.9时，应注意触点压力，过电压继电器不小于0.85，低压继电器不大于1.2	5 年/次 5 年/次	
	时间继电器	1.一般性检验 2.动作电压及返回电压:动作电压不大于额定电压的70%。返回电压不大于5%的额定电压 3.动作时间:在整定位置，于额定电压下测量动作时间3次，每次测量值与整定值误差不应超过0.07 s	5 年/次 5 年/次 5 年/次	

续表

设施名称	检查项目	主要检查内容	检查周期	备注
继电器屏	中间继电器	1.一般性检验	5年/次	
		2.线圈直流电阻检查其实测值与制造厂规定值误差不应大于±10%	5年/次	
		3.动作值、返回值及保持值检验 ①动作电压不宜大于70%额定电压,动作电流不应大于铭牌上额定电流,出口中间继电器动作电压应为其额定电压的50%~70%; ②返回电压应不小于其额定电压5%,返回电流应不小于额定值的2%; ③具有保持线圈的继电器的保持电流不应大于其额定电流的80%,保持电压不应大于其额定电压的65%,线圈极性应与厂家相符; 在现场检验继电器动作值、返回值和保持值时均应与实际回路中串联和并联电阻元件一起进行	5年/次	
		4.动作时间与返回时间检验 在额定电压下,测定具有延时返回的中间继电器的返回时间,对于经常通电的延时返回中间继电器应在热状态下测其返回时间	5年/次	
	直流冲击继电器	1.一般性检验	5年/次	
		2.中间继电器的动作电压与返回电压检验 中间继电器动作电压不应大于额定电压的70%,返回电压不应小于额定电压的5%	5年/次	
		3.最小冲击动作电流和返回电流检验	5年/次	
		4.继电器返回电压检验 继电器动作后,在返回电路加90%~110%额定电压时应能可靠返回	5年/次	
自备发电设备	符合运行时间30 min以上	1.启动、停止试验	1季度/次	
		2.油压、异响、振动、过热检查	1季度/次	
		3.额定转数及电压确定	1季度/次	
		4.预热的情况是否正常	1季度/次	
		5.各部分温度情况是否正常	1季度/次	
		6.各机械的动作状态是否灵活	1季度/次	
		7.自动调节励磁是否正常,响应时间是否正常	1季度/次	

续表

设施名称	检查项目	主要检查内容	检查周期	备 注
自备发电设备	柴油发动机	1. 外观有无污染、损伤	1 季度/次	
		2. 计量表有无异常、漏油、漏水	1 季度/次	
		3. 各部分加油	1 季度/次	
		4. 各部位有无松动	1 季度/次	
	发电机	1. 外观有无污染、损伤	1 季度/次	
		2. 给轴承加油	1 季度/次	
		3. 电刷的接触状态及磨损情况	1 季度/次	
	接线	1. 连接是否可靠	1 年/次	
		2. 绝缘是否正常	1 季度/次	
		3. 温度是否正常	1 季度/次	
	启动装置	1. 外观有无污染、损伤	1 季度/次	
		2. 空气压缩机的润滑油量	1 季度/次	
		3. 计量表是否正常	1 季度/次	
		4. 有无异响、振动	1 季度/次	
		5. 各部位有无污染、损伤、油量是否正常、有无变形、松动	1 季度/次	
		6. 是否更换润滑油	1 年/次	
		7. 附属装置是否正常	1 年/次	
		8. 直流电动机是否满足启动要求	1 年/次	
		9. 直流电动机是否正常	1 年/次	
	燃料装置	1. 外观有无污染、损伤	1 季度/次	
		2. 有无漏油、储留量	1 季度/次	
		3. 泵的运行状态是否正常	1 季度/次	
		4. 燃料过滤器的手动操作是否可靠	1 季度/次	
		5. 油位计及漏油开关的动作状态	1 季度/次	
		6. 给轴承部位加油	1 年/次	
		7. 贮油槽的排水泵是否通畅	1 年/次	
		8. 各部分有无松动	1 年/次	
	润滑油装置	1. 外观有无污染、损伤	1 季度/次	
		2. 燃料过滤器手动操作是否正常	1 季度/次	
		3. 泵的运行状态有无异常	1 年/次	
		4. 油的黏度是否正常	1 季度/次	
		5. 保温装置的运行状态有无异常	1 季度/次	
		6. 除渣、放水	1 年/次	

续表

设施名称	检查项目	主要检查内容	检查周期	备注
自备发电设备	冷却塔方式冷却装置	1. 外观有无污染、损伤 2. 冷却水量、水温是否正常,有无漏水 3. 运行状态 4. 浮球阀的工作状态是否正常 5. 轴承部位加油	1季度/次 1季度/次 1季度/次 1年/次 1年/次	
	散热器方式冷却装置	1. 外观有无污染、损伤 2. 冷却水量、水温是否正常,有无漏水 3. 风扇工作状态是否正常 4. 压力栓的工作状态是否正常	1季度/次 1季度/次 1年/次 1季度/次	
	空气净化器或换气扇	1. 外观有无污染、损伤 2. 工作状况有无异常 3. 排气颜色有无异常 4. 排气管、支撑接头有无裂纹、腐蚀 5. 空气净化器有无污染	1季度/次 1季度/次 1季度/次 1年/次 1年/次	
	减振装置	减振橡胶、锚具螺栓有无变形损伤	1季度/次	
	控制台	1. 外观有无污染、损伤 2. 计量仪表、显示灯、故障显示器有无异常 3. 操作开关、继电器、电磁开关、配线断路器等有无异常 4. 盘内配线有无异常、有无污染、损伤、过热、松动、断线 5. 电压、电流、电量测量 6. 运行时间计量是否正常 7. 供配电盘中定期检修项目	1季度/次 1季度/次 1季度/次 1季度/次 1季度/次 1季度/次 1年/次	
	配线管	各接头有无松动	1年/次	
	接地线	有无断线、连接部位状态、接地电阻是否正常	1年/次	

（4）检测与评定

高速公路的供配电设施设备完好率应不低于98%。供配电维护、新修、换装等验收和预防性试验分别执行《电气装置安装工程 施工及验收规范》（GB 50169—2016）系列和《电气装置安装工程 电气设备交接试验标准》（GB 50150—2016）。

5.4.2 公路隧道机电维护与报废检评

1）设备使用寿命周期

设备使用寿命周期是指设备从开始投入使用时起，一直到因设备功能完全丧失而最终退出使用的总的时间长度。从不同角度可以将设备寿命划分为物资寿命、经济寿命、技术寿命和折旧寿命。

机电设备使用年限主要依据生产单位的产品说明书所标定的时间,但由于客观条件不同,许多机电设备由于使用环境恶劣,超长时间不间断使用得不到有效养护,电子元器件加速衰老,很难达到说明书所确立理论上的使用寿命。机电系统主要部件使用参考年限见表5.9。

表5.9 机电系统主要部件使用参考年限表

序 号	主要部件种类名称	年 限	备 注
1	一般计算机终端	大于 5 年	
2	工控机	5 年	含计算机、插件、板卡、键盘
3	PC 服务器	8 年	
4	计算机网络设备	大于 8 年	
5	彩色监视器	6 年	
6	摄像机	6 年	按照累积时间
7	云台	8 年	
8	通信光缆	大于 15 年	
9	通信电缆	大于 15 年	
10	数字交换机	大于 10 年	
11	数字传输设备	大于 10 年	
12	车辆检测器	8 年	≥500 万次
13	LED 可变信息标志、可变限速标志和指示灯	产品设计使用年限	发光亮度达不到 5 500 cd/m² 时应予以更换
14	电动栏杆	8 年	10 万次
15	键盘	5 年	
16	变压器绝缘物	20 年	
17	高压钠灯	24 000 h	
18	UPS 电池	3 年	

2)设备报废与更新

①采用新技术、新系统后功能需求不适应的设备,可提前报废。

②设备的备品部备件库存已经用完,市场无生产、无库存、无代用品,可提前报废。

③未超过使用年限但在实际使用中功能基本丧失,修复无果可提前报废;修理时间超过应该运行时间的30%时,建议提前报废。

④一次修复成本超过设备购入均价的40%,累积维护费用超过设备购入均价的

60%,建议作报废处理。

$$设备购入均价 = \frac{安装单价 + 本年单价}{2}$$

⑤国家明令禁止使用强行限期淘汰设备,必须停止使用。

⑥关键业务影响非常大的设备,可采用固定年限强制报废,如 UPS 的蓄电池等。

3)平均无故障时间 MTBF

平均无故障时间 MTBF,即两次故障之间正常运行的时间,就是机器无故障运行的时间。它是衡量一个产品(尤其是电气产品)可靠性的重要指标,这个时间的长短反映了产品的时间质量,是体现产品在规定时间内保持功能的一种能力。

高速公路机电系统设备众多,各类设备发挥各自不同的功能,决定系统关键设备无故障周期 MTBF 目标,体现出系统维护员和外委维护队伍,经常性养护和预防性养护的实际成果,达到勤养护延长设备无故障周期,关系到系统运行的安全和数据的稳定。机电系统关键设备无故障周期 MTBF 规划见表 5.10。

表 5.10 机电系统关键设备无故障周期 MTBF 规划表

序 号	设备名称	编 号	MTBF/h
1	火灾报警主机	GB 50116—2013	17 500
2	服务器	GB/T 9813.3—2017	43 000
3	计算机	GB/T 9813.3—2017	17 500
4	数据交换机	GB/T 30094—2013	50 000
5	程控交换机	GB/T 30094—2013	50 000
6	通信电源	GB 51194—2016	50 000
7	柴油发电机	GB/T 12786—2006	1 000
8	UPS 电源 1~10 kV·A	GB 7260—2008	500 000
9	UPS 电源 10~50 kV·A	GB 7260—2008	150 000
10	高速公路紧急电话系统	JT/T 703—2007	10 000
11	隧道可编程控制器	JT/T 608—2004	20 000
12	高速公路 LED 可变限速标志技术条件	JT/T 432—2000	10 000
13	LED 车道控制标志	JT/T 597—2004	50 000
14	环形车辆检测器	500 次/天	20 000
15	高压钠灯	飞利浦	24 000
16	光端机	GB/T 13997—1999	100 000

注:高压部分大多数为 10 kV,根据国家有关规定主要由当地供电部门实施养护,本表不再列出。

机电系统设施重要设备平均无故障周期统计分析是对设备故障分析,以便在制订消除或减少故障措施时能抓住主要问题,并不断总结、交流经验,提高故障判断能力和维护技术水平。

5.4.3 公路隧道机电设备维护保养制度

1)预期检测制与定期检测按需修理相结合

根据项目部的具体情况设备采用预期检测制与定期检测按需修理相结合。设备的维护保养,应按规定周期进行,对设备的大修理可参照有关规定和设备技术说明的周期,再根据设备的实际情况定期检测设备的劣化趋势,确定大修理或延期使用。

2)机电设备的例行维护保养

①设备的例行维护保养是在设备每班作业开始前、工作中和运转后结合三检制由当班操作工进行。

②例保工作内容主要包括:

a. 清理机械设备污垢;

b. 检查摩擦部位发热程度;

c. 检查调整各安全防护装置是否有效;

d. 检查钢丝绳传动装置、行走部位情况;

e. 按设备说明书要求的工作台时加注润滑油、润滑脂;

f. 检查主要部件的调整紧固程度。

3)设备的一级保养

①设备的一级保养是在设备运转 200 h 或在设备多班制作业时每间隔半个月、单班制作业时每间隔一个月进行,可根据设备作业时间的安排,其周期可浮动 ±10%。在设备运转 200 h 前执行周检制度。

②一级保养由机长带领机组成员进行。

③一级保养的工作主要内容。

④例保的全部内容:

a. 检查各传动装置的润滑情况、按技术说明书的要求周期及实际润滑状况更换润滑油脂。

b. 检查钢丝绳的磨损情况,结合点是否牢固,是否有破损。对设备的钢结构各节点构件焊缝检查有无变形、裂缝、开焊、松动,并按说明书的要求紧固各节点的螺栓。

c. 认真检查调整各安全防护装置,保证安全装置的完好状况。

4)设备的定期检测按需修理

①定期检测按需修理是通过设备操作工每日三检和定期检查,以及设备部组织的定期检查结果,根据设备技术性能的劣化趋势及故障征兆进行故障预防,进行局部修理恢复塔机的技术性能。

②修理设计设备的安全装置,应由设备部负责人按有关规程、规范技术验收后方

投入运行。

③定期检测按需修理由设备部组织有关人员进行,设备操作工相配合。

5)设备的故障

①设备发生故障修理,如仅是一般故障,操作工有能力的应及时修理,非一般故障应由报送修理厂进行修理。

②故障修理后应按有关规程、规范,经技术验收方可投入运行。

③故障修理后应认真填写维修记录,分析故障原因,预防同类故障发生。

④故障修理由设备部有关人员进行,设备操作工配合。

6)设备的大修理

设备的大修理应选报送厂家进行详细检查维修。

第6章 高速公路隧道应急救援力量配置标准

6.1 概述

目前,公路隧道及隧道群应急救援力量配置方案带有很大的随意性和盲目性,这些都直接或间接地影响了救援效果。国外研究者发现,事故后的紧急救援对于减少人员伤亡至关重要。在交通事故中,对于伤势同等的重伤员,如果能在 30 min 内得到救助,可以有80%的伤员存活下来;如果能在 60 min 之内得到救助,可以有40%的伤员存活下来,但是如果救援时间超过了 90 min,则仅有10%的伤员能够存活下来,可以很明显地看出,随着救援响应时间的不断延长,人员伤亡情况会越来越严重。因此,开展山区公路隧道及隧道群突发事件特点研究、紧急事件救援力量需求与配置标准研究,实现从经验型配置向规范化、标准化配置的转变,具有重要的理论价值和实际意义。

6.1.1 灾害与突发事件的应急管理

1)灾害与突发事件的界定

关于灾害的定义,从国外相关文献来看,意见并不统一,其界定的方法包括概率意义上的界定、刻度角度的界定、影响范围的界定。从灾害社会学来看,灾害属于事件范畴,可从其特征、影响和后果来界定。凯勒(Keller)灾难是在短时间内造成不少于 10 人的人员伤亡事件,这是首次从量上的定义。帕克(Parker)认为灾难是指各种自然与非自然原因导致的大范围伤害、经济损失、社会生活中断的突发自然事件或人为事件,这是大家普遍认可的定义。亚洲灾难减缓中心的定义:由于人员、物质或环境的损失超过社会利用自身资源修复的能力造成社会功能的严重中断,这是定性的界定。灾害的特征:突然发生性、巨大破坏性、社会影响性、连锁效应、形式多样性和难以预报性。

关于灾害和突发事件的关系,有的学者认为灾害是一个大概念,涵盖范围包括突发事件(Emergency)和危机(Crisis),如麦肯泰尔(McEntire)认为自然灾害、动乱、技术灾害、政治事件、群体性突发事件都属于灾害。而大部分学则将灾害与危机和突发事件区别开来。克雷格(Craig)认为突发事件是一个与灾难、苦难相联系的术语;泰勒(Taylor)认为突发事件在分类时应考虑国家、组织、市场等对象。

2）应急救援系统的研究

国内和国外不少学者对应急系统的一系列基本问题进行了研究。

3）应急救援系统的对象及特点

应急救援系统的对象是各类没有预期发生且不进行控制会产生严重破坏性后果的事件,包括灾害应急、供应系统应急、交通调度、通信指挥、控制系统应急、工程设施应急和其他应急,如军事、急诊医疗等。应急系统的特点是各种应急情况往往交错综合在一起。

从灾害社会学领域的研究来看,通常意义上的减轻灾害的工作包括"预防灾害、应急准备灾害、救助灾害、研究灾害"四大部分。文献指出,应急内容包括"应急准备灾害"的全部工作以及"救助灾害"中除了长期重建计划的部分。

应急是一项巨大而繁杂的组织工程,牵涉社会关系的各个层次和方面。许多学者对于应急系统展开了大量广域的研究。表6.1总结了应急研究的类型和内容。

表6.1 应急研究的类型和内容

研究类型	内　容
行政、组织、策略研究	国籍、区域、国家、地方各级应急机构建立,属于应急组织保障;国际、区域、国家、地方各种合作、交流、教育、培训,属于应急工作的有效实施;各类应急条例、法案颁布,属于应急工作法律依据和法律程序,是应急工作规范化、制度化
基础理论、方法研究	各种灾害的灾因机制研究:新的分析、预测、评估、仿真、优化、决策理论和方法;防灾工程(材料、结构、管理)研究
技术、工具研究	人造卫星用于应急通信、监视、图像;先进的观测、试验、分析仪器;不断改进的通信、通信网、数据采集、传输技术、救援医疗设备;计算机用于数据处理、预测、监控、报警;地理信息系统、应急操作系统、辅助应急决策系统等应急辅助工具
计算机应急系统	以计算机为中心的组合系统,应用应急理论和方法,将各种技术和工具有机组合,构成一个具有某种应急功能的自动化系统

4）国内外文献对应急救援系统的研究要点

从有关应急研究的文献归纳可以看出,20世纪90年代对计算机应急系统的研究是当时应急系统研究的主流。典型的研究成果有:

（1）环境应急系统

该系统包括紧急清除污染决策支持/专家系统、环境管理敏感分析、环境影响评价、应急响应计划等研究。如鉴于环境信息多原则的特征,采纳多层知识矩阵形式来协作表示知识库设计中的复杂决策过程的思想,该方法具有简明、实用的特点。

（2）核电站应急系统

该系统研究包括事故管理支撑系统、专家支持系统、在线诊断及计算机网络等。

乌克兰某核电站(群)建立了一个能够实现远程监控的早期应急中心,该中心能够实现预测、应急反应和应急控制。

(3)电网应急系统

该系统研究包括运用决策树进行电力系统安全评价、运用神经网络进行故障定位、基于案例推理及动态专家系统。其中卡特塞姆(Cutsem)等人提出了用决策树处理预防方式和应急方式下的电压安全办法。

(4)应急车辆派遣系统

该系统聚焦于研究如何选择最佳路径的方法和策略。波特文(Potvin)等人认为线性编程与神经网络模型对于生成专家决策快速而有效,但在执行方面神经网络执行更好一些,特别是神经网络执行能细微实时地调节权重连接,也能更好地处理不确定因素。高柏(Goldberg)明确了车辆派遣系统中专家系统知识库的关键因素确定方法,根据结果发现了路径专家系统应用的局限性。

(5)急诊系统

急诊系统方面的研究有理论方面进行的、也有技术层面发展的。如针对医疗需要开展的应急决策支持系统的研究有:基于知识系统或敏感性分析的系统类型、基于数据库的急救护理系统、基于佩特里(Petri)网的系统建模以及设计先进的急救系统装备等。有一种新型的心脏急救工作站,这个工作站最大的特点是可携式和能辅助实时与当场决策,还配备有在线移动电话,可以实时连接医院的急诊科和救护车,以方便调用医院完善的诊断和治疗设备,避免了在途因粗陋的诊断而致的医疗延误。

可见,应急系统的研究多为运用不同的理论、方法与工具来针对某个具体领域应用的应急系统设计。这些研究大多针对某一特殊领域的特定问题来探讨如何解决的方法设计,以功能为导向,较少涉及具有共性的应急管理原理和机理的研究。

6.1.2 应急管理

1)应急管理概念

根据美国学者的研究成果,应急管理和风险管理的内涵是相同的,其管理目标是由环境风险、技术风险引发的灾害对于应急管理的理解,有的学者认为应急管理是一种行为过程,是为了使公共组织及其成员脱离危机的情境,采用主动合理的管理行为来有效地预防、处置各类突发公共事件。

有的学者提出应急管理是一个方法论体系,他们认为应急管理是对导致突发事件的起因、发生和发展过程及不良影响进行科学分析,科学整合社会力量和资源,有效应对和处置突发公共事件,以降低事件危害的理论。

从这些定义可以看出,应急管理的对象是突发公共事件,是比灾害更大的范畴;应急管理囊括了突发公共事件在发生前、发生时刻、发生过程中和发生后各阶段的应对和处置。

2)应急管理理论研究

相关研究主要从 5 个方面展开:

①应急管理的内涵、特征、类型,应急管理体系的内涵、组成要素、管理机制等。

②突发事件是如何产生、如何变化、相互演化的运转规律和原理。

③动态的应急管理方法：动态评估事件的发展，动态调整网络布局，动态优化资源配置，动态消减事件后果。

④受灾群众的管理方法和政策。

⑤时间与组织的分级问题在国际上的研究重点有两个：一是优化算法，包括应急救援物资的分布与配置、受灾人员疏散路径与模型等成本约束下的交通事故响应模式及计划覆盖需求导向的通信基站地址选择等问题；二是体系和机制研究。

国内研究的专业领域特色明显，如建筑防灾中的应急管理，紧急情境下的高楼人员疏散模型。国内还进行了计算机仿真研究，应急管理者与突发事件的博弈关系研究，应急资源布局与调度研究，应急机制建设的有效性研究等。

3）应急管理实践

美国最早开始应急管理的研究。标志着全球开始着手比较系统，比较规模的应急管理研究的是"9·11"事件。美国为了保障国家安全，"9·11"事件后成立国土安全部，开始面对各种安全灾害应急事件开展研究。美国将应急管理作为政府的一项重要管理职能，将其作用定位为规避和应对风险。其他国家也有专门的安全减灾应急机构，如日本拥有的"防灾省"、韩国总理府防灾本部、俄罗斯的联邦紧急情况部等，这些部门有力地发挥了应急抗灾的积极作用。美、日、法等国还注重现代科技在突发事件管理中的运用，建立了防减灾信息平台，建立了应急响应系统，设定专业的管理人员和专门的技术系统实现专人负责。

我国各级政府对防范灾害、减轻灾害与应急工作也非常注重。2003年"SARS"事件是我国突发事件应急管理的标志事件，从该事件出发，几年后，出台了一系列应急管理法律、法规、条例及配套文件。各部门、各行业也结合自身的特点和角度，设计了独立的应急管理系统，颁布了预案。许多城市建立了应急管理机制，如南宁的集权机制，广州、上海等的授权机制，北京的代理机制，扬州的协同机制等。虽然我国已基本形成了突发事件与灾难应对的应急系统和预案系统，可仍存在一些问题，如应急管理体系不完善，缺乏统一的应急信息平台，应急资源储备不足和缺乏强有力的救灾队伍等；我国公民的防灾意识仍然较为薄弱，各个灾害部门如地震、水利、气象、国土、消防、农林、海洋、城市行政管理、交通运输、卫生、公共安全等，每个部门分别管理特定的灾害和应急事件，缺少统一的协调机制；观念上重救轻防、事后设防，缺乏完整而完备的法律体系信息沟通共享不足。

6.1.3 高速公路应急救援管理

1）高速公路应急救援的主要对象和内容

高速公路应急救援的对象主要聚焦在高速公路交通事故上，认为这类事故的应急救援管理工作涉及的内容并不简单，包括前期计划制订、中期组织控制、后期评价分析等一系列工作内容，具体内容包括援救预案的长期计划、事故检验测试与明确、迅速响应、事故处置、交通管理、交通修复、救援效果评价等。

2）高速公路应急救援的几种研究视角

高速公路应急救援研究视角包括从系统的角度进行研究；从交通工程的角度进行研究；从交通管理技术的角度进行研究；基于智能运输系统的应急管理视角。

6.1.4　高速公路突发事件应急救援能力

1）能力

能力既可以用来衡量一个人本领的大小，也可以用来考察一个组织或机构；能力有丰富的内涵，可以按照不同的指标分为不同的类型，更多的是一个组合的概念；能力是一个量化的对象，可以用大小来考察，也可以用科学的方法来进行评测。

能力评价模型由 3 个层次组成：第一层"系统层"的评价指标包括政策、法律法规、责任追究、资源与程序。第二层"实体层"的评价指标包括职位责任、信息资源、资金资源、战略和文化、劳动力资源、能力、基础设施等。第三层"个体层"的评价要考虑个体工作要求、培训、职业生涯经历、绩效、团队成员间的相互依赖程度、与他人关系、个人价值观念和态度、职业忠诚度等方面。

2）应急救援能力

从对应急救援能力的概念和构成的研究可以发现，目前对应急救援能力的界定还没有权威、统一的说法。各类突发事件应急救援的实施主体根据自身的实战经验形成了各自的理解和看法，丰富了应急救援能力这个概念的内涵。针对企业安全事故，超强的责任心是首要条件、合理的资金分配是经济基础、先进的设备是物质保障、拟真的预案和严谨的演习是必要环节。

3）高速公路突发事件应急救援能力

高速公路项目的应急救援能力是高速公路企业在高速公路项目经营过程中，对各种类型突发事件的应对、处置和管理能力。高速公路网应急救援能力是高速公路各职能部门在应对高速公路突发事件时，其人员、技术、机构、资源等元素对减轻事件破坏力的综合能力。

综上所述，目前国内外学者已在灾害管理、应急系统、应急管理、应急救援等领域进行了比较深入的研究，但是在应急救援力量配置的研究方面还比较薄弱，特别是高速公路突发事件应急救援力量配置的研究未系统开展，这正是课题着力解决的问题。

6.2　公路隧道应急救援制约因素分析

根据山区公路隧道及隧道群的实际情况和特点，以及高速公路突发事件的特点及分类，本节将对其应急资源配置的制约因素进行分析。

6.2.1　环境约束

山区公路隧道（群）的特殊地理环境使其比其他道路的应急管理更困难和复杂。故对于山区公路隧道（群）来说，应急管理制约因素中环境约束是最突出的制约因素之一。

1）交通环境约束

山区公路隧道（群）上突发事件发生以后，应急资源将会从应急资源站点被调往突发事件发生点。在应急资源站点到事故点之间的路径上,道路的交通容量是一定的,应急车辆或者是装运应急物资设备的车辆数量如果太大,可能会造成拥堵或者是无法发挥应急资源应有的效果,在做应急资源调度时应充分考虑道路容量的限制问题;在突发事件发生以后,还可能会引起事故点相关道路的阻塞或者是交通流通行缓慢。

2)山区高速公路环境约束

根据前文指出的山区高速公路的特点,山区高速公路通常有较多小半径曲线、较长且坡度较大的连续纵坡或者是组合坡度的道路线形设计且山区气候情况多变、路段中有较多桥梁、隧道等,这些不利于车辆行驶的条件也在一定程度上影响了应急车辆的行驶速度。

可见事故引起的道路通行能力限制和复杂、不利的道路环境都可能会对应急车辆达到事故点的时间带来影响,使应急资源无法及时到达事故点进行救援。

6.2.2 时间约束

应急管理目标之一的最短时间是非常关键和重要的,因此,除了山区公路隧道(群)应急救援工作的环境制约因素外,应急救援应以时间最小为首要原则,这也是由突发事件本身的紧急性这一特点所决定的。应急救援最大的特点即时间的紧迫性,这也是应急资源与其他普通资源的最大不同的地方。突发事件发生后,应以最短的时间响应同时进行应急救援,才能将突发事件带来的损失降低到最小。在实际应用中,通常会给定应急限制期,如美国的 EMS 条例规定:对乡村的紧急医疗救护必须在 30 min 内到达,城市必须控制在 10 min 内到达。我国对消防也作了相应时间上限的规定,如公安部、建设部颁发的《城镇消防站布局和技术装备配置标准》中所要求的,城镇消防站的第一出动必须在起火后 15 min 内到场出水。若突发事件发生在山区公路隧道(群)区段,因山区高速公路通常修建在比较偏僻的地带,且经常会与隧道桥梁相连的情况,再加上公路隧道(群)区段这样的特点,这些因素都会使应急资源到达的时间比其他道路多,故在应急管理中同样的规定时间限制下山区公路隧道(群)区段的时间急迫性就会表现得更为突出。再加上应急救援时间越长,会使人员伤亡情况越难控制,经济损失越大,甚至可能会引起第二次事故。因此,山区公路隧道(群)区段应急管理中的应急救援不可避免地会受到时间的约束,并且是应首要考虑的约束条件。

6.2.3 成本约束

山区公路隧道(群)区段突发事件的应急资源的购置、应急资源站点的修建以及应急救援的过程等都会产生费用问题。应急资源站点因需要容纳一定数量的救援人员、救援设备以及救援车辆等应急救援资源,故相对于应急资源的其他成本来说应急资源站点的建设不仅修建时间长而且成本较高。

若因为山区公路隧道(群)区段的特殊性而购置尽量多的应急资源、建设尽量多的应急资源站点,对于山区公路隧道(群)区段突发事件的紧急救援肯定更为有利,但必将引起应急救援成本大幅增加的问题和应急资源无法合理高效使用而产生浪费的问题。因此,应急资源配置不可避免地要考虑应急救援的成本问题,应急资源的配置要受其成本的约束,不能无限制配置应急资源,应急资源的配置要经济合理。

6.2.4　资源约束

应急资源的种类、数量等存在一定的约束。一个应急资源站点只能容纳一定数量和种类的应急资源,这使每个应急资源站点所容纳的应急资源数量和种类是有限的,并且当突发事件在山区公路隧道(群)区段发生以后,因对山区公路隧道(群)区段的应急救援比一般道路耗时更长的特点,在短时间内通常都是由事故点附近的应急资源站点提供相应的应急救援,这使在突发事件发生以后的一定时间内能为事故点提供应急资源的站点数量是有限的。因此,山区公路隧道(群)区段应急管理中的应急救援还会受应急资源数量的约束。

6.2.5　信息约束

当突发事件在山区公路隧道(群)区段发生以后,应急救援相关部门可能无法在短时间内立刻了解有关突发事件的全面信息,导致无法及时作出应急资源调配方案决策或者是决策失误而需要重新调配或需增运资源等情况,使后续相应的应急救援工作时间产生一定延误。

6.3　公路隧道应急救援力量配置

6.3.1　应急救援力量配置需求分析

1) 应急救援力量配置需求

加强高速公路应急管理,提高预防和处置突发事件的能力,是关系国家经济社会发展全局和人民群众生命财产安全的大事,通过加强应急管理,健全应急准备工作、预测预警、资源管理、突发事件后期处置,一案三制(应急预案、应急工作体制、应急运行机制、法制)的建设等应急管理工作,可以最大限度地预防和减少突发事件及其造成的损害,保障公众的生命财产安全。

应急救援力量配置不仅是应急管理的基础与保障,也是充分利用有限应急资源及时实施应急救援工作的关键所在。山区公路隧道(群)区段突发事件发生以后,需要在短时间内给予紧急救援以及相应物资调配。由于事件突发性和时间紧急性,突发事件发生以后再去策划应急方案等势必会耽误应急救援的最佳时机,故应在事件发生前结合山区公路隧道(群)区段突发事件特性对应急救援力量进行资源配置,合理配置的应急资源不仅能使应急救援过程能及时顺利地进行,还能使有限的应急救援力量的使用更为高效充分,而应急救援力量配置的需求分析能使资源配置更具备针对性,因此在应急救援力量配置之前应做好应急救援力量配置的需求分析工作。

山区公路隧道(群)区段应急救援力量配置的需求分析过程主要就是对其需求进行汇总分析。在这个阶段所要完成的主要工作就是根据高速公路公路隧道(群)区段的应急资源配置需要提出相应应急资源配置需求。

2)应急救援力量配置需求分析内容

(1)现有山区高速公路应急资源配置方案分析

通过调研发现,目前的山区高速公路应急救援资源一般是依据行政管辖区域来配置的,每个行政管辖区域管理相应辖区范围内的山区高速公路的应急资源。一条高速公路一般由一个路段或区域监控中心监管,一般依据不同行政区域再分为几个监控分中心对其进行监控管理,并在划分的区域内设有排障分中心、路政分中心等,在各相应的山区高速公路分中心处通常还设置有交警、养护等应急资源。

其中,救护资源与消防资源有多种配置方式,各自主要配置方式见表6.2。

表6.2　救护和消防资源的配置工作

救护资源	①依托城市120救护系统联动急救,城市医院是其救护资源的构成元素之一 ②高速公路公司采用协作、组建的方式成立高速公路应急救援站,设置在高速公路出入口附近或者高速公路服务区内,以便能实现及时的沿途救援 ③高速公路管理部门与沿途乡镇医院、卫生院签署合作协议,充分利用其医疗急救资源,实现就近医疗救护
消防资源	①依托于城市119公安消防系统进行救援工作,由其统一调度 ②高速公路公司也配备了一定的消防器械和多功能救援车,能进行简单的消防、破拆、灭火等工作,设置在高速公路出入口附近或者高速公路服务区内。对于资源配置的数量,一般先在各行政区相应的应急救援点配备一定数量的救援车辆,经过一段时间的测试,看是否能满足高速公路突发事件的救援需求,若能满足,即为该站点配置的救援资源量;若不能满足,则应增加救援车辆数量,直至能够保障高速公路的应急救援需求

(2)应急资源配置需求分析

根据应急管理目标,考虑山区公路隧道(群)区段突发事件的应急管理制约因素和可利用资源,进行山区公路隧道(群)区段应急救援力量配置的需求分析:

①明确救援部门各自的职责:若应急救援管理体制不完善、各救援部门的职责不明确,则会导致应急救援资源的调配不明确,对于应对高速公路突发事件的救援,尤其是高速公路上的重大事故的救援就会表现出效率低下的情况。因此,要保障山区公路隧道(群)区段的应急救援力量优化以后的配置结果能发挥其实际的效用,健全的高速公路应急管理体制和责权明确的各管理机构是必不可少的基础条件。

②科学定量的资源配置方法:在已知事故点的基础上,且能满足山区公路隧道(群)区段的应急救援的要求,使得突发事件造成的损失最小以及应急救援的成本最低。结合运筹学、系统工程等科学理论,建立相应应急救援资源配置的可利用资源、优化目标以及约束条件。利用实际调研的数据,可得到定量的应急资源配置结果。

③应急资源的布局研究:对于山区公路隧道(群)区段附近可利用的应急资源站点,如何将资源合理布局,使得应急救援的综合效益最大,是应急资源布局研究需要完成的内容。

④应急资源的交通资源配置研究：当突发事件在山区公路隧道(群)区段发生以后，会产生两个显著的交通需求即要保障应急资源尽快抵达事故点，另一个是需要尽快疏散突发事件造成的交通流阻塞，故需要应急资源的交通资源合理配置来满足这两类交通需求。

6.3.2 应急救援力量布局模型研究

根据前文所述的应急资源的成本约束、时间约束、资源约束等应急资源制约因素，通过应急救援资源的合理布局，达到保障应急救援及时抵达的同时又能节约应急救援成本的目标。

以路段为分析单元，根据路段权重分析救援响应时间与救援资源布局的关系，从而利用 $0 \sim 1$ 数学规划建立应急资源各种制约因素的条件下，使应急管理效益最大的应急资源布局的模型。

构建山区公路隧道群区段的应急救援力量布局模型，主要工作内容为确定目标函数、确定应急资源配置约束条件、确定应急资源、确定函数中参数含义以及参数值。

1)路网的抽象表达

在进行应急救援资源布局模型构建之前，首先对山区公路隧道(群)的路网进行抽象表达，并给出以下假设条件：由于新建专用的应急资源点成本较高，结合山区公路的具体情况，本文研究的应急资源点主要为依托现有的山区高速公路附近服务机构为应急资源配置来源点。其中，可供选择的应急资源点包括山区高速公路附近的消防、医疗、警力、弃土场等前文分析的各种应急资源，如图 6.1 所示。

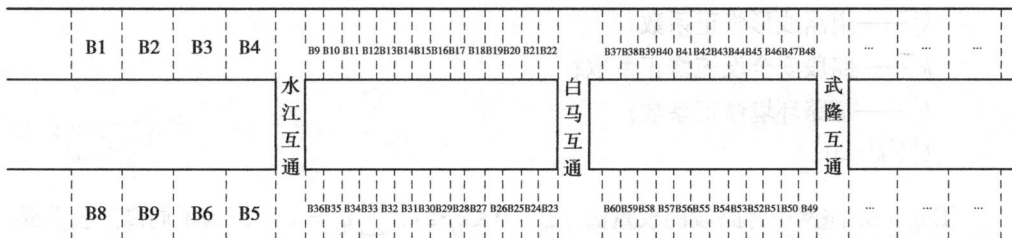

B1	B2	B3	B4	B9 B10 B11 B12B13B14B15B16B17 B18B19B20 B21B22	B37B38B39B40 B41B42B43B44B45 B46B47B48	...		
				水江互通	白马互通	武隆互通		
B8	B9	B6	B5	B36B35 B34B33 B32 B31B30B29B28B27 B26B25B24B23	B60B59B58 B57B56B55 B54B53B52B51B50 B49	...		

图 6.1 山区公路隧道(群)路网路段划分

山区公路隧道(群)路网作为研究基础。将应急资源点(消防、医疗、警力、弃土场等所在位置)、路段应急资源需求点抽象为网络节点；将所有节点间的路段抽象为弧，故可将山区公路隧道(群)的路网用数学描述。

定义为：$G(P,Y)$，点集 P，弧集 Y。其他定义：

①设可供选择的应急资源点集为：$A = \{A_1, A_2, \cdots, A_m\}$，表示应急资源点集 A 有 m 个应急资源点，即前文所分析的应急资源分布点，其中，$A_i(i = 1, 2, \cdots, m)$。

②因隧道、桥梁、横向连接通道等路段的权重影响不同，故根据连接分离式路基的横向通道、隧道以及桥梁的位置可将山区高速公路含有分离式路基的路网的路段进行路段划分，以 G65 高速公路水武路路段划分为例，该段山区高速公路如图 6.1 所示，图中 3 个互通即横向连接道分别划为 3 个路段，剩下的两幅高速公路再根据桥梁、隧道

的位置进行路段划分。设该路网的路段集合为：$B = \{B_1, B_2, \cdots, B_n\}$，其中 $B_j (j=1, 2, \cdots, n)$代表第 j 条路段。

③V_j 表示路网中各路段的危险度$(j \in N)$。

(1)已运营的高速公路

对已运营的高速公路，根据一定时期内高速公路交通事故的统计数据，用路段的事故率描述危险度。

因为不同突发事件导致的危害及损失不一样，为了可比性，计算事故率时需将事故数换算成标准事故数，换算过程如式(6.1)和式(6.2)所示。其中，P_j 表示路段 j 的标准交通事故树，Q_j 表示路段 j 的标准交通量。P_{js} 表示路段 j 发生 s 级交通事故的数量，θ_s 表示 s 级事故的加权系数，与事故伤亡人数、经济损失等因素有关。s 为事故等级序号，z 为事故分级数。

$$v_j = \frac{P_j}{Q_j} \tag{6.1}$$

$$P_j = \sum_{s=1}^{z} \theta_s P_{js} \tag{6.2}$$

(2)新建道路

对新建高速公路，根据道路的实际行车条件和道路环境计算路段危险度，如式(6.3)。

$$v'_j = v_0 k_j^1 k_j^2 k_j^3 \tag{6.3}$$

式中　v_0——一般正常路段的危险度；

k_j^1——道路线形修正系数；

k_j^2——路段安全设施修正系数；

k_j^3——道路环境修正系数；

$k_j^1 k_j^2 k_j^3 \geq 0$。

①q_j 表示路网中各路段的权重值，$j \in N, 0 \leq q_j \leq 1$，$\sum_{j=1}^{n} q_j = 1$。因为不同高速公路路段的行车路况、车辆行驶情况、交通工程防护设施设备的配置等条件不同，高速公路的不同路段就呈现出不同的安全性。这使得某些路段因为行车危险性小，故发生交通事故的概率较小；而另一些安全性差的路段，发生交通事故的概率则较大。故需根据路段危险情况的不同赋予不同路段不同的权重，路段的危险度越大，则权重越大，如式(6.4)。

$$q_j = \frac{v_j}{\sum_{j=1}^{n} v_j} \tag{6.4}$$

②α_j 表示路网中各路段的通行时间的环境约束权重，$j \in N$。根据前文环境约束条件的分析可知，从应急资源点到需求点的时间受环境条件约束，即山区公路隧道（群）路段为应急资源需求点时，由于山区高速公路桥隧比例较高再加上分离式路基的单向交通，都使得路段的通行时间更长，故根据各路段的不同约束情况，用来表示路网中各路段的这一约束权重值。

③β_j 表示路网中各路段的通行时间的信息约束权重，$j \in N$。由前文信息约束条件的分析可知，在应急救援过程中，由于各路段通信设施设备情况的不同则获取信息资源的时间就不同，而信息资源传递的不及时可能会引起应急资源从资源点到需求点的时间耽搁。故用权重 β_j 来表达各路段的这一约束权重值的情况。

2）目标比选

通常应急资源配置模型的目标为应急救援成本最低且应急救援时间最短。若要综合考虑这两种因素，有多目标模型和单目标模型两种选择。

（1）多目标模型

多目标模型即直接将所有目标依次表达，如式（6.5）。

$$\min \sum_{i=1}^{m} c_i A_i$$
$$\min_{1 \leq i \leq n} \{A_i, B_j\}$$
(6.5)

（2）单目标模型

单目标模型将应急救援资源成本和应急救援时间（转化为权重的形式）一起考虑，同时考虑路段权重的各种权重，得到以下目标函数：

$$\max f[A_1, A_2, \cdots, A_m] = \sum_{j=1}^{n} R[q_j] \alpha_j \beta_j B_j$$
(6.6)

单目标的转化过程：

①$A = \{A_1, A_2, \cdots, A_m\}$ 为已知可供选择的应急救援站点，规定 $A_i = \{1, 0\}$，如果在 A_i 处设置应急资源点，则如果不在 A_i 处设置应急救援站点，$A_i = 0$，如式（6.7）。

$$A_i = \begin{cases} 1, & \text{在 } A_i \text{ 处设置应急救援站点} \\ 0, & \text{不在 } A_i \text{ 处设置应急救援站点} \end{cases}$$
(6.7)

②设 $t\{A_i, \alpha_j \beta_j B_j\}$ 表示从应急资源点 A_i 运输应急资源到路段 B_j 所需的运输时间，由于路段 B_j 与各应急资源点之间的距离不同，故应急资源的运输时间也不一样。设 t_j 表示应急资源抵达路段 B_j 的最短调运时间，也就是路段 B_j 选择与其相距最近的应急资源点所需的应急资源调运时间，则有：

$$t_j = \min_{1 \leq i \leq n} \{A, \alpha_j \beta_j B_j\}$$
(6.8)

因应急救援的时间和应急资源点规模大小是有约束的，假设事故后应急资源到达事故现场的救援响应时间不得超过 t_0。当 $t_j \leq t_0$ 时，应急资源需求小于 A_i 应急资源容纳量的上限时，表示路段 B_j 能够在规定时间内得到所需应急资源，A_i 能满足 B_j 的应急资源需求量，即应急资源点覆盖区域之内包含了路段 B_j；当 $t_j > t_0$ 时或者应急资源需求大于 A_i 应急资源容纳量的上限时，表示路段 B_j 不能在规定时间内得到所需应急资源，A_i 不能满足 B_j 的应急资源需求量，即应急资源点覆盖区域之内不包含路段 B_j。令 $B_j = \{0, 1\}$，$\{j = 1, 2, \cdots, n\}$，当 $B_j = 1$ 时，即路段 B_j 被应急资源点覆盖，当 $B_j = 0$ 时，即路段 B_j 没有被应急资源点覆盖，如式（6.9）。

$$B_j = \begin{cases} 1, & \text{当 } t_j \leq t_0 \text{ 时} \\ 0, & \text{当 } t_j > t_0 \text{ 时} \end{cases}$$
(6.9)

成本目标转化为约束形式来表示,设应急管理部门在 A_i 处设置应急资源点的成本为 $c_i(i=1,2,\cdots,m)$,c_i 的大小与应急资源点的设施设备、基础条件、技术能力、交通环境等因素相关,应急资源总成本不超过 C。则可将应急救援资源成本和应急救援时间(转化为权重的形式)综合考虑,同时考虑路段权重的各种权重,得到其单目标型模型。

(3)目标比选

多目标模型的目标函数原理简单,易于理解。但在后期求解过程中会有一定的困难;而单目标模型的目标函数综合考虑了应急救援的资源成本、应急救援时间和路段权重的各种权重等,将应急救援时间转化为路段在时间限制内可达性表现出的覆盖情况。降低了求解过程的复杂性,且保证了目标函数的现实意义。

3)应急救援点布局模型构建

结合对目标比选的分析,将应急管理资源选址配置的目标函数定为应急管理综合效益最好,即满足各种应急资源约束条件的情况下,应急资源的选址配置结果能够使应急管理发挥出最大的经济效益和社会效益。根据式(6.10),上述问题可描述为以下数学模型:

$$\max f\left[A_1,A_2,\cdots,A_m\right]=\sum_{j=1}^n R[q_j]\alpha_j\beta_jB_j$$

$$\sum_{i=1}^m c_iA_i\le C$$

$$A_i=\{1,0\}$$
$$B_j=\{0,1\}$$
$$i=1,2,\cdots,m;\ j=1,2,\cdots,n$$

(6.10)

4)模型求解

前文所构建的应急资源点选址配置模型实为满足各类应急资源约束条件的离散对象的布置问题,对这种类型的问题求解可选用穷举法。但随着 m,n 的权值越大,计算则越复杂,计算量也越大。故本文选用改进后的贪婪法求解模型,用最大综合效益(每单位应急资源成本能够产生的综合效益)进行优化测度。计算之前,先作如下定义:

定义1:对任意的 $A_i\in A$,称 $N(A_i)$ 为应急资源点 A_i 的可达服务集,如式(6.11)。
$$N(A_i)=\{B_j\mid[A_i,\alpha_j\beta_jB_j]\le t_0,j=1,2,\cdots,n\}$$ (6.11)
根据式(6.12),容易得出:
$$N[A_i,A_{i+1}]=N[A_i]\cup N[A_{i+1}]$$ (6.12)
定义2:对于每个 $A_i\in A$,有 $\lambda[A_i]$ 定义作 A_i 的综合效益成本比,即每单位应急资源成本能产生的综合效益,$\lambda[A_i]$ 的计算过程如式(6.13)。
$$\lambda[A_i]=\frac{\sum_{j\in N[A_i]}R[q_j]B_j}{c_j}$$ (6.13)
在贪婪算法的求解过程中,若优化测度没将解的特性很好地表达出来,则会导致得出满意解的过程变得困难。因此,本文将贪婪算法进行适度的改进,先从 m 个备选应急资源点中选择 k 个($i=1,2,\cdots,m$)作为应急资源点,然后按综合效益成本比将所剩的其余应急资源点从大到小进行选择,当到了总成本限额 C ,就求出了模型的解。虽然这种算法会随 k 的增大而更精确,但算法的时间也会越长复杂性也会越大,因为共有 C_n^k 种选法确定先入选的应急资源点。可将 $k=1$,即为 A_1 算法,设 X^* 为模型最优解, Z 为应急管理总综合效益,计算步骤如下:

①计算 $\lambda[A_i]$ ($i=1,2,\cdots,m$),按 $\lambda[A_i]$ 值从大到小的顺序对救助点重新编号,使 $\lambda[A_1]\geqslant\lambda[A_2]\geqslant\cdots\geqslant\lambda[A_n]$ 。

②令 $h=1,i=1,c=0,N=\rho,Z=0$ 。

③令 $A=\{0,0,\cdots,0\}$ 。计算 $c=c+c_h$ 。如果 $c>C$,则 $A_h=0$,转步骤⑦;如果 $c\leqslant C$,则 $A_h=1,N=N\cup N(A_h)$ 。

④计算 $c=c+c_i$ ($i\neq h$)。如果 $c>C$,则 $A_i=0$,转步骤⑦;如果 $c\leqslant C$,则 $A_i=1$, $N=N\cup N(A_i)$ 。

⑤ $i=i+1$,如果 $i\leqslant m$,则返回步骤④,否则转到步骤⑥。

⑥ $Z_h=\sum_{B\notin N_j}q_jB_j$,如果 $Z<Z_h$,则 $Z=Z_h,A^*=A$ 。

⑦ $h=h+1$,如果 $h\leqslant m$,则返回步骤③;否则转到步骤⑧。

⑧结束。

6.3.3 应急救援力量的交通资源配置

当突发事件在山区高速公路隧道(群)区段发生以后,为了及时抢救受伤人员以及控制事态发展,需马上作出相应的应急响应。这时就存在两类显著的交通需求:一个是事发点的交通流需要及时疏散;另一个是应急资源需要及时到达事发点。如果能合理利用交通资源并采用最优交通流组织措施,就能使得交通资源充分发挥其应有的效益,及时满足突发事件发生后所产生的两类交通需求。而突发事件本身以及事态发展均具有一定的不确定性,若要有效地对交通资源进行合理配置就需要将这样的不确定性考虑进配置过程。故本文通过情景分析方法对突发事件采用相应交通资源方案后所发生的过程进行模拟推演,从而选取最优交通资源配置方案。

1)应急救援资源配置情景分析内容与过程

基于情景分析的山区高速公路隧道(群)区段的应急交通资源配置内容,即通过交通设施设备或其他信息采集方式获取突发事件后的相关数据,在此基础上对各阶段的关键情景变量进行分析识别并进行情景描述与表达,通过关键情景变量之间的因果关系构建情景分析网,结合相应数据信息来推演情景发展演化过程,最终形成突发事件的情景演变综合态势图。通过这样的过程将突发事件的不确定性进行定性定量的表达,从而选取产生最优交通资源配置效果的应急交通资源。

(1)情景分析过程

情景分析主要分为情景知识的描述与表达、情景网络的构建、情景推演这 3 个主要过程,如图 6.2 所示。

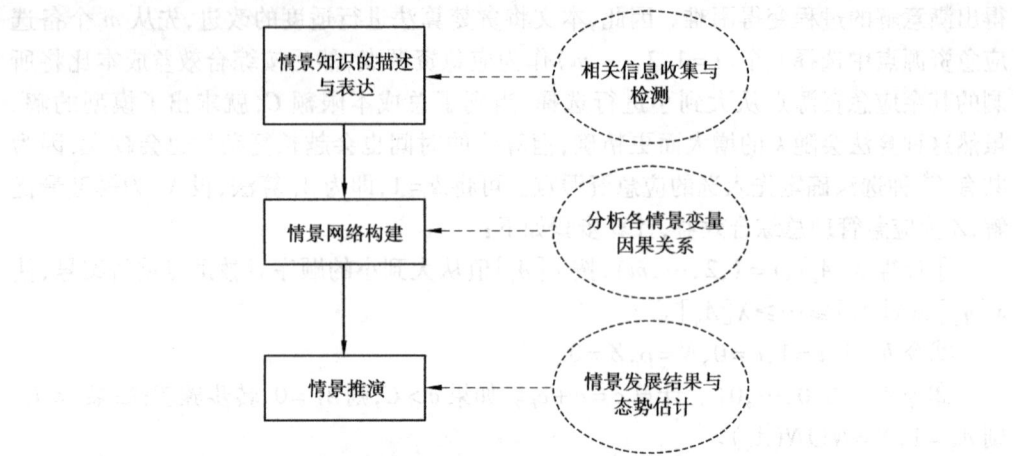

图 6.2　情景分析过程

（2）交通资源配置过程

山区高速公路隧道（群）区段应急救援的交通资源配置过程如图 6.3 所示。其中，输出情景阈值是指采取交通资源后的输出情景值的最大限度，该阈值可根据结束情景的可接受范围自行定义。

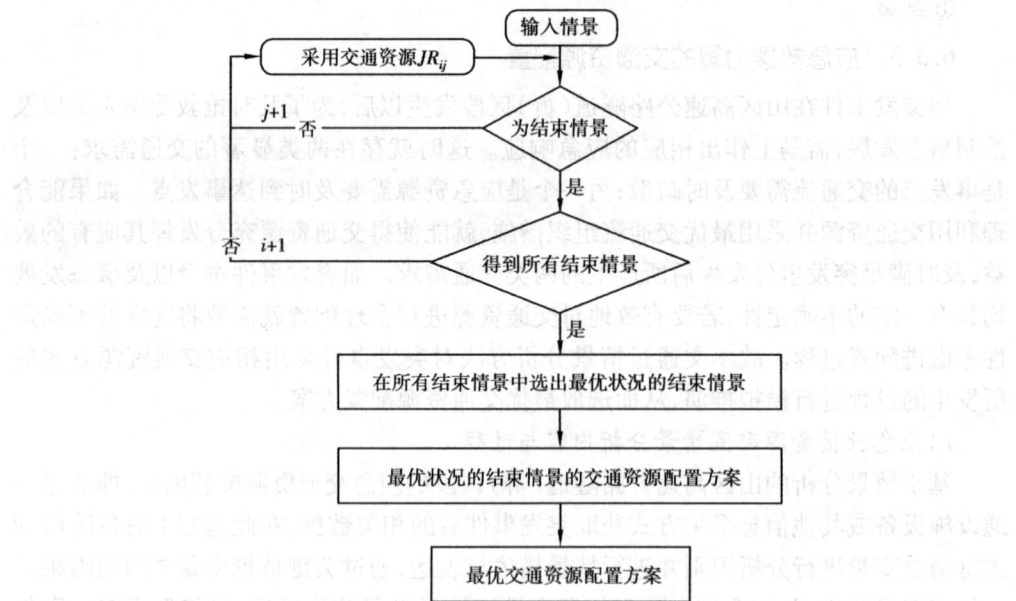

图 6.3　山区高速公路隧道（群）区段应急救援的交通资源配置过程

2）应急救援资源配置情景知识的描述与表达

发生突发事件的情景通常包含引发突发事件的危险源、情景状态、控制事态与减少损失的响应措施和损失状态这些情景要素。选取这些情景要素的关键要素变量进行定性定量的描述与表达，即情景知识的描述与表达。一个情景的各关键要素变量之间的关系如图6.4所示,初始情景是由危险源的作用使得突发事件发生,突发事件发生以后,突发事件本身存在一个状态情况,突发事件使得周围承灾体有一个状态情况,然后针对突发事件自身与承灾体分别采取响应措施,即可得到新的状态情况,新的状态情况又可作为下一个情景的输入情景继续推演。

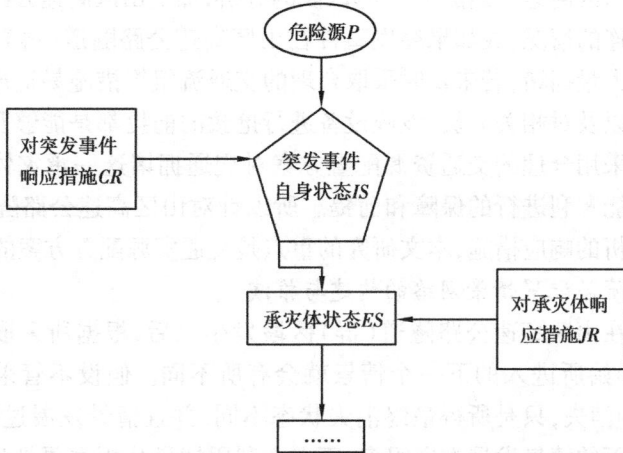

图6.4 单个情景的各关键要素变量关系图

（1）危险源

将危险源用 P 表示,它主要是指引发突发事件的各种来自系统内外的危险因素或者是突发事件演变过程中的干扰因子,大致可分为人失误因素与组织管理疏忽、能量载体或危险、对能量载体与危险的约束措施以及环境因素这三大类。对于山区高速公路隧道(群)区段突发事件来说,危险源主要可分为三大类:人,即驾驶员的违规驾驶、行人横穿高速公路、高速公路管理人员的工作疏忽等危险因素。车,即车辆故障、爆胎等危险因素。环境,管理约束车辆行驶的设施设备损坏、山区高速公路不良线形设计组合、山区高速公路隧道行车环境多等危险因素。

（2）状态变量

将状态变量用 S 表示,它主要包括突发事件自身的状态和突发事件周围承灾体的状态,将自身状态变量用 IS 表示,承灾体的状态用 ES 表示。对于山区高速公路隧道(群)区段突发事件来说,突发事件自身的状态主要指突发事件的危害规模、影响范围以及对周围环境的破坏程度等状态,可用突发事件等级来表达;承灾体的状态主要是指突发事件在公路隧道(群)区段发生以后,造成的山区高速公路的交通运行状态的影响程度、对高速公路以及相关设施设备的影响程度、对周围环境的影响程度、对周围人员的影响程度等突发事件,周围环境对突发事件带来的影响的承受状态。

（3）响应措施

将响应措施用 R 表示,它主要分为对突发事件自身的响应措施和对突发事件周围承灾体的响应措施,将对突发事件自身的响应措施用 CR 表示,对突发事件周围承灾体的响应措施用 JR 表示。对于山区高速公路隧道(群)区段突发事件来说,针对突发事件自身的响应措施主要有控制事故车辆、防止易燃物爆炸、有毒物质泄漏、防止突发事件恶化或者二次事故的发生等措施;针对突发事件周围承灾体的响应措施有对受伤人员进行应急救援、抢修损坏设施设备以及相关道路、疏散突发事件造成的交通拥堵、诱导和控制车辆交通流使得应急救援资源能尽早赶往突发事件点。

根据前文对山区高速公路隧道(群)区段的分析,加上山区高速公路通常存在大量隧道以及桥梁相连的情况,故如果突发事件在山区高速公路隧道(群)区段发生以后,很容易致使交通大量拥堵,若未及时采取合理的交通流组织措施易造成交通瘫痪。而要控制突发事件以及对相关人员、设施设备进行抢救的前提都是能够及时地赶到突发事件发生地。故采用合理的交通资源配置方案对交通拥堵这一承灾体进行应急响应是其他响应措施能顺利进行的保障和前提。所以针对山区高速公路隧道(群)区段的突发事件情景分析的响应措施,本文研究的重点是交通资源配置方案的措施。

3)应急救援资源配置情景网络的构建与推演

当突发事件在山区高速公路隧道(群)区段发生以后,根据所采取的响应措施不同,从初始情景开始所进入的下一个情景就会有所不同。假设不管采取何种响应措施,情景事件终会消失,只是所得最终消失状态不同,并且情景发展过程为不可逆;不同响应措施作用下的情景发展方向很多,而本文利用情景分析主要是为了获取应急交通资源的合理配置,故假设情景发展只有两个方向,即只考虑应急交通资源作用效果显著和不显著两种情况。

情景通常有初始情景、中间情景、结束情景3种。情景发展过程即由初始情景经历过若干中间情景最后到结束情景,其中,中间情景可以为一个也可以为多个,也可以没有中间情景只有初始情景和结束情景这两个情景。假若关键情景个数为4,那么其所有可能的情景发展过程如图6.5所示,图中P_i为危险源,S_i为情景状态,R_i为突发事件的交通资源配置响应措施,横向箭头表示效果显著,纵向箭头表示效果不显著。从图中可以看出突发事件交通资源配置最优方案为$R_2 \to R_3 \to R_4$。

(1)单个情景网络构建

①确定情景网络关键因素变量:根据前文对应急交通资源配置情景知识的描述与表达,确定出每个情景知识中的关键因素变量。如引发突发事件的关键危险因素P_m、突发事件自身的关键状态因素IS_i、针对突发事件自身的主要应急响应措施CR_k、主要的承灾体的状态变量ES_j、针对承灾体的主要应急响应措施JR_q、经过应急响应措施作用之后突发事件造成的主要损失状态变量FS_P。

②确定情景网络关键因素之间的因果关系:从情景发展过程可以看出,每个情景的输入情景为P_i,S_i,R_{i+1},输出情景为P_{i+1},S_{i+1},第i个情景的输出情景即为$i+1$个情景的输入情景。由前文对情景知识的描述与表达,可得出第i个情景网络的关键因素。根据各关键因素的因果关系,可构建出其情景网络,如图6.6所示。

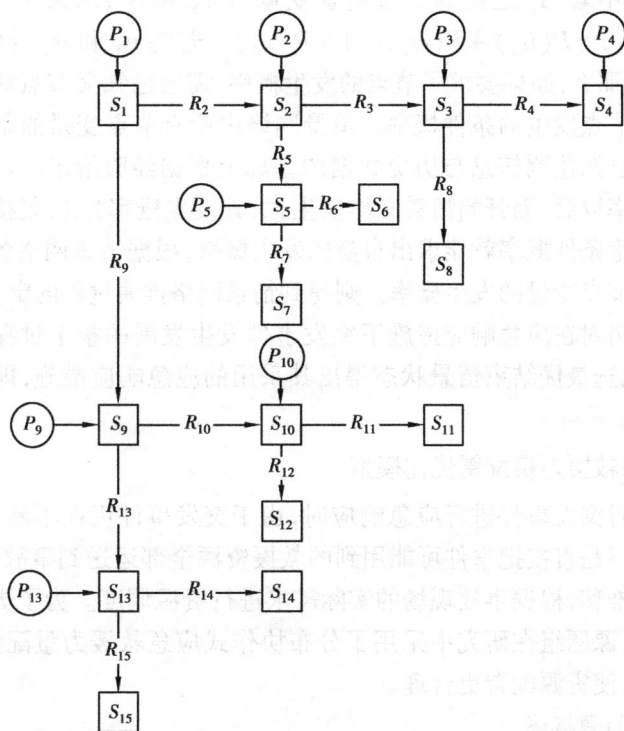

图 6.5　情景发展过程

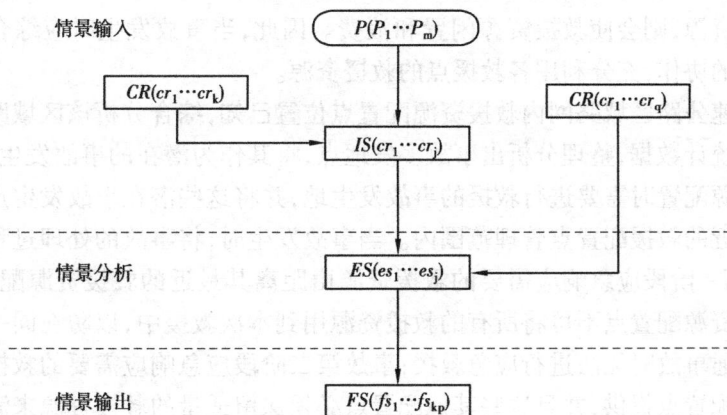

图 6.6　情景网络

（2）情景推演过程

情景网络的构建只是对情景推演过程的定性描述，本文借用条件概率以及全概率论知识对情景推演过程进行定量描述。全概率公式如式（6.14）。

$$P(A) = P(A \mid B_1) \times P(B_1) + P(A \mid B_2) \times P(B_2) + \cdots + P(A \mid B_n) \times P(B_n) \quad (6.14)$$

在情景网络中若 es_1 之前的所有情景变量为 is_1 和 is_2，那么 es_1 的发生概率为 $P(es_1) = P(es_1|is_1) \times P(is_1) + P(es_1|is_1) \times P(is_1)$。若将 is_1 和 is_2 看作是 es_1 的父节点，es_1 为子节点，那么，如果要求子节点的发生概率，需要已知父节点的发生概率以及父节点发生后子节点发生的条件概率。情景网络中所有节点变量的条件概率均可由相关领域专家在已知监测信息与历史数据的基础上根据经验给出。得出所有节点变量发生的条件概率以后，因开始情景必然发生，故其发生概率为 1，紧接着的下一情景结合其相应的发生条件概率就能求出自身的发生概率，根据情景网络各变量的因果关系就能求出所有节点变量的发生概率。则得到情景网络推演过程的定量描述。

通过情景网络对在应急响应措施下突发事件发生发展的整个过程的定性定量描述，最终可通过比选最优结束情景状态得出其采用的应急响应措施，即最优的应急交通资源配置方案。

6.3.4 应急救援力量配置优化模型

当管理部门对突发事件进行应急响应时，由于突发事件仍在不断发生变化，在进行资源调度时并不是直接把事件可能用到的救援资源全部运送到事故现场，而是随着救援时间的不断推移，根据事故现场的实际需求进行资源调度。为了更好地实现救援资源的有效利用，课题组在研究中采用了分布协作式应急救援力量配置，使其更接近实际的调度过程，使资源配置更合理。

1）模型构建问题概述

就现在山区高速公路的建设情况来看，高速公路路网已基本形成。在这种情况下，如果仍然按照在每一条高速公路上都配备能够应对一起事故和以一定概率应对另一起事故的资源，则会使救援资源闲置和浪费。因此，当事故发生时应综合考虑路网内各救援点的协作，充分利用各救援点的救援资源。

假设高速公路区域路网内救援资源配置点位置已知，综合分析该区域路网内的历史交通事故统计数据，整理分析出事故多发地点，将其作为潜在的事故发生点，即进行应急救援资源配置时需要进行救援的事故发生地，并将这些潜在事故发生点分别规划到距离其最近的救援配置点管理范围内。当事故发生时，将事故的处理过程分为两个阶段，事故第一阶段应急响应需要的救援资源由距离其最近的救援资源配置点提供，并且该救援资源配置点不可将所有的救援资源用到本次救援中，以防在同一时间段内发生其他交通事故时无法进行应急救援；事故第二阶段应急响应需要的救援资源由其他救援资源配置点提供，并且这些其他配置点必须保留适量的救援资源来满足其负责路段中发生交通事故时第一阶段的资源需求。这样不仅可以降低事故发生时的响应时间，还可以通过多个配置点的协作减少救援资源配置量，使整个路网中所有配置点派出的救援资源总数最小。

2）分布协作式应急救援力量配置优化模型

根据 6.3.2 节 4）中提出模型可得出区域路网中应急救援点的位置。在研究分布协作式应急救援力量配置优化模型时，假设所研究的区域路网在进行建设时为每一条高速公路建设了至少一个救援资源配置点，设该区域路网中救援资源配置点共 n 个，则区域路网中资源配置点的集合 S 可表示为 $S = \{S_i \mid i = 1,2,\cdots,n\}$，设为 $S_1, S_2,$ $S_3, \cdots, S_n$；在路网中潜在的事故点有 m 个，考虑每个配置点与其负责的事故点的对应关系，则事故点集合 A 可表示为 $A = \{A_i^j \mid i = 1,2,\cdots,n; j = 1,2,\cdots,m\}$。模型中出现的符号定义如下：

    R_i——配置点 S_i 拥有的资源总数；

    Q_i^j——事故发生地 A_i^j 需要的资源总数；

    q_i^j——配置点 S_i 在第一阶段向事故发生地 A_i^j 派出的资源数；

    q_k^j——配置点 S_k 向事故发生地 A_i^j 派出的第二阶段需求资源数 $(k = 1,2,\cdots,n,k \neq i)$；

    p——满足潜在事故发生地资源需求的概率，$p \in [0,1]$；

    e_k^j——配置点 S_k 是否在二阶段向事故发生地 A_i^j 派出救援资源，若派出，则 $e_k^j = 1$；
            若不派出，则 $e_k^j = 0$。

在上述设定的变量中，R_i 为巨册变量，对于不同的配置点而言，R_i 有可能取多个不同的值；Q_i^j, q_i^j, q_k^j 的取值与突发事故的类型、等级及事故发生地的交通运行状况有关，可根据事故发生地 A_i^j 所处路段的历史事故数据分时间段统计分析得到；p 用来表征潜在事故发生地对救援资源需求的紧急性，如果潜在事故发生点发生的交通事故比较小，为一般事故或者轻微事故，对救援资源的需求不是很紧急，p 的取值就较小；如果潜在事故发生地发生的交通事故非常严重，说明事故急需救援资源，此时 p 的取值较大。

应急救援力量配置优化模型的目标是在保证满足事故发生点对救援资源需求的基础上，分两个阶段完成救援资源的配置，使路网范围内配置的资源总数最小；同时每个配置点所需要的救援资源数量至少是满足现已发生的交通事故发生地对救援资源第一阶段的需要数量和以一定概率 p 满足其他潜在事故发生地对救援资源第一阶段需要的数量之和。

以区域路网内救援资源配置总量最小为目标函数，构建分布写作式应急救援力量配置优化模型如式(6.15)—式(6.20)所示。其中式(6.15)为目标函数，表示山区公路区域路网内配置的资源总数最小；式(6.16)~式(6.20)为约束条件。

$$Z = \min \sum_{i=1}^{n} R_i \tag{6.15}$$

$$\text{s.t.} \quad q_i^j + \sum_{k=1,k \neq i}^{n} e_k^j q_k^j \geq Q_i^j \quad (i = 1,2,\cdots,n; j = 1,2,\cdots,m_i) \tag{6.16}$$

$$q_i^j + pq_i^h \leq R_i \quad (i = 1,2,\cdots,n; j,h = 1,2,\cdots,m_i, j \neq h) \tag{6.17}$$

$$e_k^j q_k^j + q_k^t \leq R_k \quad (k = 1,2,\cdots,n; j = 1,2,\cdots,m_i; t = 1,2,\cdots,m_k) \tag{6.18}$$

$$\sum_{k=1,k \neq i}^{n} e_k^j \quad (i = 1,2,\cdots,n; j = 1,2,\cdots,m_i) \tag{6.19}$$

$$e_k^j = 0,1 \quad (i = 1,2,\cdots,n; j = 1,2,\cdots,m_k) \tag{6.20}$$

式(6.16)为资源数量约束,每个事故发生点接受的应急救援资源总量不小于事故地对救援资源的需求量。

式(6.17)为资源数量约束,每个配置点拥有的资源总量不仅要能够满足已经发生的交通事故第一阶段对救援资源的需求,还要满足其他潜在事故发生点对救援资源的需求。

式(6.18)为资源数量约束,说明每个资源配置点在向已发交通事故点提供第二阶段的需求资源数量后,还必须能够满足其所管辖范围内发生另一起交通事故时第一阶段需要的资源量。

式(6.19)、式(6.20)为式(6.15)的系数约束,仅需要两个配置点派出资源即可满足事故救援需求的前提条件。

3) 实例分析

以4条高速公路部分路段组成的区域高速公路网为例,每条高速公路上设置1个应急救援资源配置点,分别用 S_1, S_2, S_3, S_4 表示。假设路网中的潜在事故发生地有8处,分别用 A_1^1、A_1^2、A_1^3、A_2^1、A_2^2、A_3^1、A_3^2、A_4^1 表示。图6.7为事故发生地与应急救援配置点之间的位置关系。

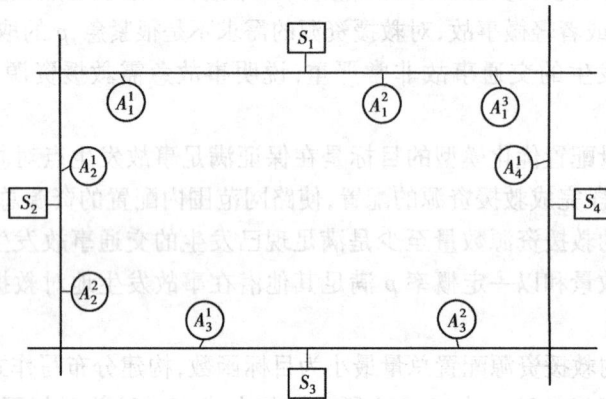

图6.7 事故发生地与应急救援配置点之间的位置关系图

通过分析该高速公路路网内历史事故实际救援数据,统计得出在事故救援过程中各事故多发地点发生交通事故时第一阶段和第二阶段需要的资源数量,见表6.3。同时,分析历史交通事故发生的等级情况,确定概率 p 的取值,假设,$p = 0.5$。

表6.3 潜在事故发生点两阶段所需资源需求情况

配置点	事故点	第一阶段	第二阶段	所需总资源
S_1	A_1^1	50	50	100
S_1	A_1^2	30	60	90
S_1	A_1^3	30	40	70

续表

配置点	事故点	第一阶段	第二阶段	所需总资源
S_2	A_2^1	50	60	110
S_2	A_2^2	60	30	90
S_3	A_3^1	20	30	50
S_3	A_3^2	30	40	70
S_4	A_4^1	20	40	60

将表中数据及 $p=0.5$ 代入式(6.15)至式(6.20)中,用 MATLAB 软件求解目标函数值,所得配置点配置资源的结果,见表6.4。

表6.4　分步协作式应急救援资源配置的结果

配置点	救援资源数量
S_1	$R_1 = 120$
S_2	$R_2 = 110$
S_3	$R_3 = 45$
S_4	$R_4 = 20$
总量	$Z = 295$

在发生事故时各配置点第二阶段是否派出救援资源见表6.5,其中"0"代表救援资源配置点不参加救援,"1"代表救援资源配置点参加救援。

表6.5　各应急救援资源配置点二阶段参加救援情况

配置点	事故点							
	A_1^1	A_1^2	A_1^3	A_2^1	A_2^2	A_3^1	A_3^2	A_3^3
S_1	0	0	0	1	1	0	1	0
S_2	1	1	1	0	0	1	0	1
S_3	0	0	0	0	0	0	0	0
S_4	0	0	0	0	0	0	0	0

若不采用分步协作式的方式进行资源配置,即每个配置点只负责所在路段的交通事故,则每个配置点配置的资源数量可由式(6.21)得出。

$$R_i^* = \max\{q_i^j + p \times q_i^h \mid j,h = 1,2,m_i, j \neq h\} \quad (i = 1,2,\cdots,n) \qquad (6.21)$$

对比表 6.4 和表 6.6 可知,应急救援资源配置优化前后的结果,经过分布协作式优化,各资源配置点的资源配置量和路网的总资源配置量都有明显的降低,总资源量降低了 36%,各资源配置点分别降低了 18.2%,29%,65.8%,53.5%。

表 6.6　未进行分步协作式应急救援资源配置结果

配置点	救援资源数量
S_1	$R_1^* = 155$
S_2	$R_2^* = 145$
S_3	$R_3^* = 95$
S_4	$R_4^* = 60$
总量	$Z^* = 455$

6.3.5　公路隧道应急救援力量配置标准

1)救援装备配置标准

公路应急抢险救援设备是处置公路突发事件和灾害的关键,应根据山区公路隧道(群)区段突发事件和灾害的损坏对象、类型及高速公路运行状况。其配备原则、目的、类型、标准及方案如下:

(1)配备原则

设备配备坚持以人为本的理念,以"保安全、保畅通"为重点,以"科学、高效、节能"为发展方向,以"技术先进、性能优越、常用适用、机动快捷、经济合理"为原则。着重考虑,设备环保性能有明显优势,数量上缺口较大,配套上科学、实用,价格上经济合理,性能上安全、可靠,操作上方便、快捷、高效。

(2)配备目的

按《中华人民共和国公路法》、《公路养护技术规范》(JTG H10—2009)、《全民所有制工业交通企业设备管理条例》等法规以及省市相关规章制度等要求,结合各市辖区高速公路管养里程,统筹规划,科学配备,精心实施,以达到"设备配套,运转高效,快速处置,优化服务"之目的,实现高速公路安全、畅通。

(3)配备类型

山区公路隧道应急、抢险救援设备因公路抢修部位的不同、作业的不同所配设备不一样。高速公路损坏按其部位、作业项目配备主要抢险救灾设备及作用,见表 6.7。

表 6.7　分类配备主要抢险救灾设备

项　目	主要抢险救灾设备	主要作用
路基损坏	挖掘机、装载机、推土机、运输机械、压实设备、多功能液压工作站	用于路肩、边坡水毁、冲沟、塌方、滑移、山体滑坡等灾害抢险与修复

续表

项　目	主要抢险救灾设备	主要作用
路面损坏	多功能液压工作站、压实设备、多功能作业机、运输机械、水泵	用于较大坑槽、严重沉陷、大面积积水等灾害抢险与修复
桥隧损坏	贝雷架、挖掘机、装载机、推土机、清障车、运输机械、压实设备、多功能液压工作站、高空作业车、大型千斤顶、发电机、凿岩机等	用于桥梁墩台基础冲空、桥头引道缺口或冲断、墩柱损坏、桥板断裂、倒塌;涵洞积水、断裂、沉陷;隧道内重大交通事故、起火爆炸等造成的裂缝、脱落、坍塌积水,通风、照明系统损坏等抢险与修复
冰雪灾害	除雪板、多功能除冰雪车、装载机、平地机、石屑撒布车、清障车等	适用于公路除雪防滑应急抢险
夜间抢修	施工标志灯车、施工照明车、发电机、抢险标志服、反光背心等	用于夜间抢修施工警示照明
交通事故	清障车、吊车、拖车、拖盘车	用于交通事故应急救援,车辆拖牵、吊装、清理,保障道路畅通

（4）配备标准

以交通运输部颁布的《公路养护技术规范》（JTG H10—2009）公路养护每 100 km 机械配备参考表为标准,考虑公路等级、交通流量、地域、养护里程等因素,采用加权法确定装备数量。百公里高速公路应急、抢险救援设备配备种类与数量,见表 6.8。

表 6.8　应急、抢险救援设备配备种类与数量

机械名称	规格参数	沥青路面	水泥路面	备　注
多功能除雪车	除雪宽≥1.5 m 撒布宽≥6 m	1～2	1～2	抛雪、堆雪、撒盐护栏、标志牌清洗
除雪铲	3.5 m	4～10	4～10	沥青路面除雪
大型清障车	60 t/50 t/30 t	0.5/0.5/0.5	0.5/0.5/0.5	交通事故车辆处理
清障车	吊≥5 t,托≥20 t	0.5	0.5	交通事故车辆处理
小型清障车	3～5 t	0.5	0.5	交通事故车辆处理
拖车	40 t/10 t	1/1	1/1	交通事故车辆处理
事故抢险车		1	1	交通事故车辆处理
汽车式起重机	起吊≥10 t	1	1	交通事故车辆处理
	25 t/50 t/70 t	0.5/0.5/0.5	0.5/0.5/0.5	交通事故车辆处理

续表

机械名称	规格参数	沥青路面	水泥路面	备　注
移动式照明车	范围≥5 000 m²	1~2	1~2	作业场地控制
		2~3	2~3	作业场地控制
水泵	扬程≥25 m 吸程≥6 m	1~3	1~3	排水抗洪
千斤顶		1~2	1~2	支座维修更换等

(5)配备方案

①除雪设备:按每百公里标准配2台多功能除雪车,同时配置10个除雪铲,并同步配置30型装载机2~3个。除雪时,卸掉铲斗,安装除雪铲,方便快捷、动力充足;不除雪时,安装铲斗进行道路清障、水毁抢险等作业,实现一机多用。从而克服因融雪剂撒布量大、平地机除雪能耗高,对生态环境、对路面造成的危害,实现节能、环保。

②清障设备:按每百公里标准配备1~2台清障车。而实际发生事故时,需要大、中、小清障车,吊车等配套作业。为满足高速公路清障应急需要,应对各种车型清障车、吊车等逐步配套齐全。

③托盘车:目前,各省市高速公路抢险救援用托盘车较为欠缺,使用时,须高价从社会上租赁,不但租赁价格高,而且难以保证设备及时到位。当车辆严重毁损,清障车辆无法进行拖牵时,须放置在托盘车上进行清理。为做到及时清理,为此,建议每百公里标准配备1~2台托盘车。

2)救援人员和物资配置标准

(1)配备原则

应急救援物资应符合实用性、功能性、安全性、耐用性以及单位实际需要的原则,应满足单位员工现场应急处置和企业应急救援队伍所承担救援任务的需要。

(2)人员配备

企业应急救援队伍一般由指挥组、通信组、疏导组、抢救组、后勤保障组、统计分析组6个核心应急响应工作小组组成。

①遇有突发事件,运营公司立即启动相应的应急预案,各工作小组要根据总指挥部的命令立即赶赴现场,并在现场指挥组的统一协调下,根据分工迅速展开各项救援工作。

②指挥组任务职责:立即对情况进行了解,迅速掌握第一手资料,指挥各工作小组迅速进入工作状态,同时要边处置、边汇报,及时向指挥部提出控制事件、事态发展的建议和措施。现场指挥组要保证与总指挥的通信联络,随时向总指挥汇报事态发展情况和现场处置情况,保证信息畅通。

③通信组任务职责:根据现场情况,随时与外界保持正常的通信联系,要及时按总指挥部的命令报警,可立即拨打110,119,120,122联网报警电话中的任何一个号码。

及时为总指挥提供现场准确的信息,积极与当地有关公安、司法机关或有关医疗机构取得联系,必要时求得支援与帮助。遇有新闻媒体的现场采访,首先要征得总指挥部的批准,并由总指挥部统一答复口径。

④疏导组任务职责:积极疏导现场中心和周边围观群众,劝说无关人员离开现场,维护现场秩序,积极协调有关人员努力开通应急通道,疏散车辆;保证消防、急救、公安等部门的急救车辆能及时顺利到达中心现场。同时,要注意现场周围警戒,防止坏人趁机哄抢、破坏。

⑤抢救组任务职责:根据现场情况迅速组织工作人员,积极抢救受伤人员和贵重物资,并迅速与当地急救中心或就近医疗机构联系,协助有关部门妥善安置受伤人员,抢救物资。

⑥后勤保障组任务职责:要根据事件性质和发展情况,迅速筹集现场急需救援物资,征集调配救急车辆,协助有关工作小组做好疏导、抢救等各项善后工作。

⑦统计分析组职责:做好日常信息的收集、分类、汇总、上报工作,并及时将有关信息反馈指挥部。日常工作中要做好不安全、不稳定因素的捕捉、预测、分析和情况通报。

(3)危化品现场作业物资配备要求

在危险化学品单位作业场所,应急救援物资应存放在应急救援器材专用柜或指定地点。作业场所应急物资配备标准应符合表6.9的要求。

表6.9 作业场所应急救援物资配备标准

序号	物资名称	技术要求或功能要求	配备	备注
1	正压式空气呼吸器	技术性能符合 GB/T 18664—2002 要求	2 套	
2	化学防护服	技术性能符合 AQ/T 6107—2008 要求	2 套	具有有毒腐蚀液体危险化学品的作业场所
3	过滤式防毒面具	技术性能符合 GB/T 18664—2002 要求	1 个/人	根据有毒有害物质考虑和当班人数确定
4	气体浓度检测仪	检测气体浓度	2 台	根据作业场所的气体确定
5	手电筒	易燃易爆场所,防爆	1 个/人	根据当班人数确定
6	对讲机	易燃易爆场所,防爆	2 台	根据作业场所选择防护类型
7	急救箱或急救包	物资清单可参考 GB Z1—2010	1 包	
8	吸附材料	吸附泄漏的化学品	*	以工作介质理化性质确定具体的物资,常用吸附材料为沙土

续表

序号	物资名称	技术要求或功能要求	配备	备注
9	洗消设施或清洗剂	洗消进入事故现场的人员	*	在工作地点配备
10	应急处置工具箱	工作箱内配备常用工具或专业处置工具	*	根据作业场所具体情况确定

注:表中所有"*"表示由单位根据实际需要进行配置。

(4)应急救援队伍配备要求

应急救援队伍中的应急救援人员个人防护装备配备标准应符合表6.10的要求,车辆内应急救援物资配备标准应符合表6.11的要求。

表6.10 应急救援人员个体防护装备配备标准

序号	名称	主要用途	配备	备份比	备注
1	消防头盔	头部、面部及颈部的安全防护	1顶/人	4:1	
2	二级化学防护服装	化学灾害现场作业时的躯体防护	1套/10人	4:1	①以值勤人员数量确定②至少配备2套
3	一级化学防护服装	重度化学灾害现场全身防护	*		
4	灭火防护服	灭火救援作业时的身体防护	1套/人	3:1	指挥员可选配消防指挥服
5	防静电内衣	可燃气体、粉尘、蒸汽等易燃易爆场所作业时的躯体内层防护	1套/人	4:1	
6	防化手套	手部及腕部防护	2副/人		
7	防化靴	事故现场作业时的脚部和小腿部防护	1双/人	4:1	易燃易爆场所应配备防静电靴
8	安全腰带	登梯作业和逃生自救	1根/人	4:1	
9	正压式空气呼吸器	缺氧或有毒现场作业时的呼吸防护	1具/人	5:1	①以值勤人员数量确定②备用气瓶按照正压式空气呼吸器总量1:1备份

续表

序号	名　称	主要用途	配　备	备份比	备　注
10	佩戴式防爆照明灯	单人作业照明	1个/人	5:1	
11	轻型安全绳	救援人员的救生、自救和逃生	1根/人	4:1	
12	消防腰斧	破拆和自救	1把/人	5:1	

注:①表中"备份比"是指应急救援人员防护装备配备投入使用数量与备用数量之比。

②根据备份比计算的备份数量为非整数时应向上取整。

③小型危险化学品单位应急救援人员可佩戴作业场所的个体防护装备,不配备该表的装备。

表6.11　车内应急救援物资配备标准

序号	物资名称	主要功能或技术要求	必　配	备　注
1	正压式空气呼吸器	技术性能符合GB/T 18664—2002要求	2套	配备空气瓶1个/套
2	苏生器	自动进行正负压人工呼吸	1套	
3	医用氧气瓶	治疗中毒人员	2个	
4	移动式长管供气系统	在缺氧或有毒有害气体环境中的抢险救灾人员提供长时间呼吸保护	1台	
5	对讲机	易燃易爆场所应为防爆型	2台	
6	抢险救援服	抢险人员躯体保护,橘红色	1套/人	根据气防车上配备的人员确定
7	头戴式照明灯	灭火和抢险救援现场作业时的照明,易燃易爆场所应为防爆型	1个/人	根据气防车上配备的人员确定
8	一级化学防护服	重度化学灾害现场全身防护	2套	
9	二级化学防护服	化学灾害现场作业时的躯体防护	2套	
10	隔热服	强热辐射场所的全身防护	*	
11	折叠担架	运送事故现场受伤人员	2副	

续表

序号	物资名称	主要功能或技术要求	必 配	备 注
12	急救包	盛放常规外伤和化学伤害急救所需的敷料、药品和器械等	1个	
13	可燃气体检测仪	检测事故现场易燃易爆气体,可检测多种易燃易爆气体的体积浓度	2台	根据企业是否存在可燃气体确定是否配备
14	有毒气体检测仪	具备自动识别、防水、防爆性能,能探测有毒、有害气体及氧含量	2台	根据企业有毒有害气体的种类配备

(5)其他物资配备要求

应急救援物资可与周边地区其他相关单位或应急救援机构签订互助协议,并能在接到报警后5 min内到达现场,可作为本单位应急救援物资。其他抢险救援物资配备标准见表6.12。

表6.12　其他抢险救援物资配备标准

序号	种类	物资名称	主要用途或技术要求	配备	备 注
1	侦检	有毒气体探测仪	具备自动识别、防水、防爆性能,能探测有毒、有害气体及氧含量	2台	根据企业有毒有害气体的种类配备
2		可燃气体检测仪	检测事故现场易燃易爆气体,可检测多种易燃易爆气体的浓度	2台	根据企业是否存在可燃气体确定是否配备
3	警戒	各类警示牌	灾害事故现场警戒警示	1套	
4		隔离警示带	灾害事故现场警戒,双面反光	5盘	备用2盘
5	灭火	移动式消防炮	扑救可燃化学品火灾	1个	
6		水带	消防用水的输送	1 200 m	
7		常规器材工具,扳手、水枪等	按所配车辆技术标准要求配备	1套	扳手、水枪、分水器、接口、包布、护桥等常规器材工具
8	通信	移动电话	易燃易爆环境必须防爆	2部	
9		对讲机	易燃易爆环境必须防爆	2台	

序号	种类	物资名称	主要用途或技术要求	配备	备　注
10	救生	缓降器	高处救人和自救。安全负荷不低于 1 300 N,绳索防火、耐磨	2 套	
11		逃生面罩	灾害事故现场被救人员呼吸防护	10 个	备用 5 个
12		折叠式担架	运送事故现场受伤人员。为金属框架,高分子材料表面质材,便于洗消,承重不小于 100 kg	1 架	
13		救援三脚架	金属框架,配有手摇式绞盘,牵引滑轮最大承载 2 500 N,绳索长度不小于 30 m	1 个	
14		救生软梯	登高救生作业	1 个	
15		安全绳	50 m	2 组	
16		医药急救箱	盛放常规外伤和化学伤害急救所需的敷料、药品和器械等	1 个	
17	破拆	液压破拆工具组	灾害现场破拆作业	1 套	3 项根据企业实际情况选择 1 项
18		无齿锯	切割金属和混凝土材料		
19		手动破拆工具组	灾害现场破拆作业		
20	堵漏	木制堵漏楔	各类孔洞状较低压力的堵漏作业。经专门绝缘处理,防裂,不变形	1 套	每套不少于 28 种规格
21		无火花工具	易燃易爆事故现场的手动作业,铜制材料	1 套	
22		粘贴式堵漏工具	各种罐体和管道表面点状、线状泄漏的堵漏作业。无火花材料	*	
23		注入式堵漏工具	间门或法兰盘堵漏作业。无火花材料。配有手动液压泵,泵缸压力≥74 MPa,使用温度 -100 ~400 ℃	*	
24	输转	输转泵	吸附、输转各种液体,安全防爆	1 台	
25		有毒物质密封桶	装载有毒有害物质,可防酸碱,耐高温	1 个	
26		吸附垫	小范围内的吸附酸、碱和其他腐蚀性液体	2 箱	

续表

序号	种类	物资名称	主要用途或技术要求	配备	备注
27	洗消	洗消帐篷	消防人员洗消。配有电动充气泵、喷淋、照明等系统	1顶	
28	排烟照明	移动式排烟机	灾害现场的排烟和送风,配有相应口径的风管	1台	
29		移动照明灯组	灾害现场的作业照明,照度符合作业要求	1组	
30		移动发电机	灾害现场等的照明	*	
31	其他	水幕水带	阻挡或稀释有毒和易燃易爆气体或液体蒸汽	1套	

第7章 高速公路隧道运营安全评价

7.1 公路隧道运营安全评价指标体系

7.1.1 公路隧道运行管理评价因素的分析

1)土建结构状况评价因素的分析和确定

(1)洞口

隧道洞口具有支挡洞口正面仰坡和路堑边坡、保持仰坡和边坡稳定的作用;具有防止仰坡上方小量的滚石、滑坍、碎落、雪崩、风吹雪等自然灾害对路面危害的作用;将坡面水引离隧道的作用;具有改善洞口环境、美化洞口的作用。洞口经常性检查内容主要包括山体有无滑坡、岩石有无崩塌的征兆;边坡、护坡坡道等有无缺口、流涌水、沉陷、塌落、变形、位移等;护坡、挡墙有无裂缝、倾斜、断缝、滑动、下沉或表面风化、墙后积水、周围地基错台、空隙等。

(2)洞身

除了隧道衬砌在设计、施工方面的原因以外,由于隧道工程处于复杂的围岩地质体中,受到变形压力作用、松动压力作用、地层沿隧道纵向分布及力学状态的不均匀作用、温度和收缩应力的作用、膨胀围岩压力作用、腐蚀性介质作用、运行车辆的循环荷载作用等,使隧道衬砌结构物产生裂缝和变形,进而导致隧道更大灾害隐患的发生。为了确保隧道设施的完好,隧道的经常性检查、定期检查、特别检查和专项检查就显得尤为重要。洞身经常性检查内容主要包括墙身有无开裂、裂缝;结构有无倾斜、沉陷、断裂;混凝土钢筋有无外露;衬砌有无裂缝、剥落;衬砌表层有无起层、剥落;墙身施工缝有无开裂、错位等。

(3)防排水系统

在隧道修建过程中,破坏了原始围岩体的水系平衡,隧道成为所穿越山体、河流水源汇集的通道,当隧道围岩与含水层连通,若衬砌的防水与排水设施、方法不够完善或隧道防排水设施老化时,隧道的水害就必然发生了。为了保证防排水系统的完好,经常性检查十分重要。防排水系统经常性检查内容主要包括洞口挡墙、边坡、护坡等有无缺口、流涌水;对衬砌及洞顶的渗漏水要求,渗漏水量应符合设计规定,并及时将水流引入边沟排出;结构有无破损;边沟盖板是否完好;沟管有无开裂漏水;排水沟(管)、积水井等有无淤积堵塞、滞水、结冰等。

（4）路面、人行道或检修道、栏杆或护栏

路面、人行道或检修道、栏杆或护栏经常性检查内容主要包括路面有无拱起、坑洞、开裂、溜滑等；人行道或检修道道板和铺装层有无破损、缺失；栏杆或护栏有无撞坏、破损。

（5）内装饰

内装饰应保持完好和整洁美观，表面无脏污、缺损，装饰板无变形、破损等。

2）机电系统状况评价因素的分析和确定

（1）中央控制系统

中央控制系统是整个机电工程的中枢。它汇集了所有的现场检测信号和控制信号。

（2）供配电系统

供配电系统是隧道机电系统的关键系统，它一旦出故障，整个隧道机电系统也将陷于瘫痪，因此该系统运行的好坏，直接关系到整个隧道能否正常运行。

（3）通风及其控制系统

如果隧道内通风不畅，汽车运行时引起的扬尘、汽车排放的尾气等沉积于隧道，既对人的健康不利，又影响驾驶员的视线，当隧道内一氧化碳浓度达到某个界限时，就可能引起火灾，所以通风系统是否能正常运转对隧道运行管理是十分重要的。

（4）照明及其控制系统

照明系统是隧道机电系统中最重要的设施之一，也是整个机电工程中投资最大的一个系统，它给隧道内提供一个良好的视觉环境，对于洞内设施养护、维修，确保行车安全起着重要作用。

（5）消防及其控制系统

在发生火灾时，主要依靠消防系统来保障隧道运行的安全，因此它是隧道运行管理系统的一个重要子系统。

（6）火灾检测与报警系统

由于隧道是一种特殊的构筑物，一旦洞内发生火灾，烟雾便会迅速充满整个隧道，对隧道主体工程和人身危害特别大，因此及时发现火灾，制止火灾扩大，防止造成严重后果是火灾检测与报警系统的目的，也是隧道机电系统中最重要的部分之一。

（7）防雷接地系统

随着计算机技术的发展，隧道机电设备普遍采用计算机控制技术。但是同时也带来了新的问题，由于计算机控制电路板采用大规模、超大规模集成电路元件，系统在雷电过压情况下非常脆弱。为了隧道的安全运行，机电系统的防雷接地问题已显得日益突出。

（8）闭路电视监视系统

闭路电视监视系统主要通过中央控制室的监视器对隧道全程进行监视，在第一时间内发现灾情和事故情况，对事故进行录像，以便分析事故原因；对各种报警信号进行确认，并及时发出指令，防止事态发展，达到防灾、减灾的目的；同时协助交通部门共同管理交通,及时发现和处理违章车辆,保障隧道安全运行。可以说闭路电视监视系统是监视人员在现场的"眼睛"。

(9)交通与环境信息监视系统

交通与环境信息监视系统为运行管理提供隧道内一氧化碳、能见度、亮度、交通参数等最原始的信息,为交通控制和环境控制提供依据。

3)管理体制评价因素的分析和确定

公路隧道的运行管理水平是关系到隧道内运行效率的关键所在,目前对许多事故主要因素分析后发现,隧道管理不善是一个重要原因。人是决定隧道运行管理成败的最主要和最活泼的因素。因此,将管理体制作为一个单独的准则对其进行分析。

(1)机构及岗位设置

隧道应设立专业的管理机构,负责隧道管理及养护工作。隧道运行管理机构及岗位的设置应按精简、高效、协调的原则设立,按精干高效进行定编、定员和定岗。

管理机构的设置不应拘泥于某一种形式,最主要的是符合本单位管理工作的实际需要;落实责任,分工协作,提高管理效率。

(2)队伍建设

公路隧道的运作在很大程度上取决于监测和控制系统以及操作人员的素质。人员素质包括思想素质,技术业务水平、生理、心理素质以及群体素质,且对不同人员有不同的素质要求。随着隧道管理技术性的日益增强,使得提高管理者总体素质显得日益必要。为了高效地利用各种先进管理手段,对管理人员的素质要求越来越高。由于隧道管理工作岗位的特殊性,管理人员应作专门培训并熟练掌握自己的业务技能方可持证上岗,并且要具有相应的应变能力和处理突发事件的能力。

隧道操作人员应能懂结构、懂原理、懂性能、懂用途,会使用、会维护保养、会排除故障,坚持技术培训教育和岗位练兵。注意调动操作人员和维修人员的积极性,这在努力提高设备完好率,保证设备安全经济运行,起到了积极的作用。同时,还注意职业道德教育,培养员工敬业精神,加强工作责任心。

(3)规章制度

认真做好适应隧道运行管理的各项规章制度的制订、修改及完善工作。把以安全运行为核心的整章建制工作,层层落实安全责任制,到岗到人;贯彻预防为主的计划,每班应有巡检,有记录,定期组织全面检查,列出隐患问题及整改计划。有效的规章制度有助于及时发现病害和分析病害的原因,以便采取有效的防治措施,积累技术资料,从而消除隐患于萌芽之中,确保隧道安全运行。

(4)宣传教育

隧道安全宣传教育是公路隧道运行管理工作的一个重要组成部分,宣传教育的主体是隧道管理机构和人员,客体是参与隧道交通的单位和个人。只有广泛深入地开展安全宣传教育,才能提高广大群众对隧道安全的认识,对公路隧道的运行管理有所了解,自觉遵守交通秩序,维护交通安全,协助管理机构做好公路是隧道的运行管理工作,共同保障隧道正常运行。

宣传教育内容包括隧道交通法规、道德、安全知识、交通心理等内容,形式有影视宣传、广播宣传、报刊宣传、会议宣传等。

4）管理效果评价因素的分析和确定

将公路隧道管理效果评价作为一个准则，看隧道管理效果状况如何，隧道运行指标是否达到运行要求，以确保隧道安全正常运行。公路隧道管理效果评价因素包括交通安全、CO 浓度、透过率 VI、光照度、噪声值、平均车流量、环境卫生。

（1）交通安全

由于在公路隧道内行车受空间、视线、光线等各种因素的影响，极易诱发各种交通事故，引发火灾，直接危及公路隧道的安全，因此，如何解决隧道交通安全问题是十分重要的。这个指标是衡量一定机动化水平下的交通安全管理水平的重要指标，是隧道交通安全设施建设、隧道管理效果的综合反映。

（2）CO 浓度

汽车在隧道内行驶，排出大量的废气，废气成分主要有 CO、HC、CO_2、NO_x 和颗粒物等，其中 CO 对人体危害最为明显，因此，必须将洞内 CO 控制在允许的范围内，为驾驶人员、维修人员提供一定的通风卫生标准。隧道中影响 CO 浓度的因素主要是车流量及风量，车流量增加，浓度增高；风量增大，浓度降低。

通风系统必须保证汽车排放的废气在规定的安全范围内，通常使用检测设备检查 CO 的浓度，从而提供必要的控制指标以调节风机的开启数量、风量及风向。部分公路隧道的通风系统是根据以往的运行数据，按照编制好的程序依据时间来确定其含量的范围。但是，这仍需要利用检测器对超过预定警报点的污染气体进行报警。

（3）透过率 VI

公路隧道机动车行驶时排放的各种空气污染物及扬起的路面灰尘，积聚在隧道越来越多，从而影响隧道的透过率，直接影响驾驶员的视觉，极易造成交通事故的发生。因此，控制隧道内的透过率是十分必要的。

（4）光照度

隧道的照明质量及合理性严重制约着行车安全，对隧道运行有着重要意义。隧道照明根据隧道外的亮度、行车速度、路面种类等情况，把隧道照明分为引入段、适应段、过渡段、基本段、出口段和加强段几个区段。入口加强段和出口加强段的照明，是根据光强检测器的数据采集，由中心控制计算机通过本地控制器自动进行控制和调节。光照度是用来表示被照面上光的强弱，以被照场所光通的面积密度来表示。

（5）噪声值

随着公路隧道的不断发展，隧道噪声问题越来越成为公众关注的热点。隧道内的噪声源主要来自两个方面：一方面是由于公路隧道内易积聚汽车尾气，隧道中均安装了强制性通风风机，风机运转时的噪声较大；另一方面是由于公路隧道的建成，机动车通行急增，汽车发动机、轮胎摩擦等交通噪声经过壁面多次反射，混响声、直达声等叠加，产生较大的噪声值。这些对司机、乘客、检修人员等影响较大，会使隧道内通行的人员精力不集中，甚至影响通行安全。

（6）平均车流量

根据公路隧道内车辆检测器提供的自通车以来交通量的统计数据，对项目的交通情况与项目可行性报告进行比较分析。

(7)环境卫生

根据公路隧道清洁方式、效率,内部环境的整洁、舒适程度进行评价。

7.1.2　评价指标体系的构建

在综合考虑公路隧道运行管理评价因素的基础上,经过调查研究分析,对影响因素进行必要的筛选,选取那些有直接影响的因素,删除影响甚微的指标,将影响公路隧道运行管理状况的因素加以分析和合理综合,最后提出了一个三层综合评价指标体系:第一层为目标层(公路隧道运行管理评价状况);第二层为准则层(土建结构状况、机电系统状况、运行管理体制、运行管理效果);第三层为方案层,评价指标体系如图7.1所示。

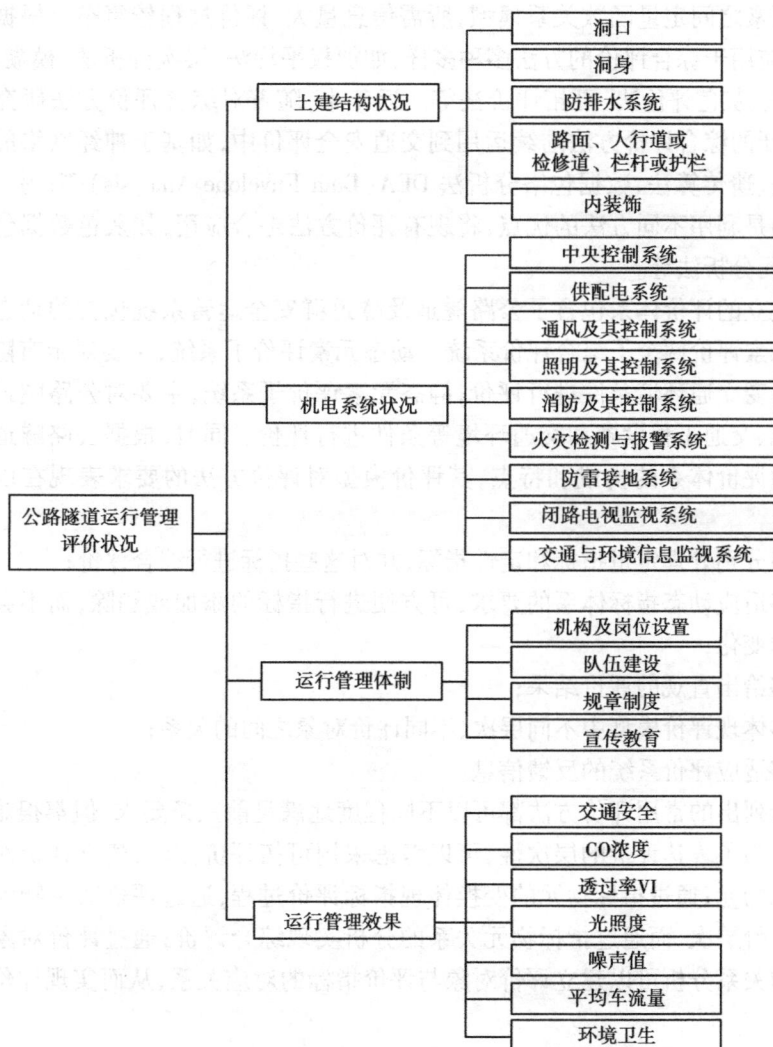

图 7.1　公路隧道运营管理评价状况指标体系

7.2 公路隧道运营安全评价方法

根据上一章构建的公路隧道及隧道群安全运营评价体系,本节将基于熵权的云物元分析方法应用于公路隧道及隧道群安全运营状态评价,建立了多指标性能参数的安全运营状态评价模型,并以定量化的数值表示评价结果,能够较为完整地反映公路隧道及隧道群的运营安全状态。

7.2.1 公路隧道运营安全评价方法的要求和选择

公路隧道及隧道群运营安全评价是指以一个单体隧道或隧道群为研究对象,对其安全运营水平进行综合评估。综合评价方法一般均为多因素和多层次分析方法,通过分析公路隧道及隧道群安全运营系统与影响因素关系,从而建立安全运营系统与各种主要影响因素之间定量函数关系模型,所需信息量大,评价过程较复杂。根据评价目的的不同,应用于综合评价的方法多种多样,如加权平均法、层次分析法、模糊评价法、TOPSIS 方法、灰色评价法、可拓评价法等。近年来,随着对综合评价方法研究的不断深入,一些新的综合评价方法陆续运用到交通安全评价中,如基于神经网络的交通安全评价方法、遗传算法、数据包络分析法 DEA(Data Envelope Analysis)等;另一个重要的发展方向是利用不同方法的优点,将现有评价方法综合应用,如灰色数据包络分析法、模糊物元分析法等。

本节建立的评价体系包含了公路隧道及隧道群安全运营系统包含的动态元素评价和静态元素评价两个子综合评价系统。动态元素评价子系统,主要对带有随机性和突发性的可变交通环境条件进行评价;静态元素评价子系统,主要对公路隧道与隧道群道路设施、交通工程设施和交通环境等条件进行评价。同时,根据公路隧道及隧道群安全运营评价体系的构成和特点,其评价模型对评价方法的要求表现在以下几个方面:

①能够分别处理定量指标和定性指标,并对这些指标进行综合评价;

②能够适应动态指标体系的要求,可方便进行指标的添加或删除,而不会引起评价过程大的变化;

③能够给出直观的评价结果;

④能够体现评价模型中不同层次、不同评价对象之间的关系;

⑤能够适应评价系统的反馈信息。

前面所列出的常用评价方法都可以不同程度地满足前三条要求,但都很难满足后两条要求。为了表达评价的层次性,可以考虑采用可拓评价方法,建立评价对象物元和评价指标物元;通过指标物元的变换体现指标评价过程,通过评价对象物元关系的分析体现评价层次,而通过指标物元关系的分析实现综合评价;通过评价对象物元与指标物元的关系分析可以建立评价对象与评价指标的对应关系,从而实现评价系统的信息反馈。

在进行公路隧道及隧道群运营安全性评价时,许多评价指标的性质往往是只需要自然语言描述的,需要考虑自然语言的量化问题。目前常用于自然语言描述的数学方法主要是模糊集理论,但模糊集理论是建立在隶属度确定的基础上,不能实现语言值的不确定评估。而云模型是在统计数学和模糊数学的基础上,实现概念的数值表示与自然语言值描述的不确定性转换模型,可以很好地表示自然语言值,并可以实现语言值的不确定评估。为此,本专题在物元理论中引入云模型,构建了新的基于云模型的物元综合评价方法(以下简称"云物元"),对公路隧道及隧道群的运营安全性进行评估。

7.2.2　物元理论基本原理

物元理论是我国著名学者蔡文教授于 1983 年创立的一门系统科学、思维科学和数学交叉的学科,是贯穿自然科学和社会科学而应用较广的学科。物元理论的主要思想是把事物用"事物、特征、量值"三个要素来描述,并组成有序三元组的基本元,即物元。物元理论通过研究事物变化的条件、途径、规律和方法,解决现实世界中的矛盾或不相容问题,能够处理定量指标,对多因素指标体系进行综合评价,给出直观的评价结果,同时可以动态地进行评价指标体系的添加和删除而不会引起评价过程很大的变化。

1)物元基本概念

任何事物都可以用"事物、特征、量值"这 3 个要素来加以描述,以便对事物作定性和定量分析与计算。给定事物名称,则它关于特征的量值为,以这些要素组成有序三元组来描述事物的基本元,即称为物元。物元标记为 R,事物标记为 N,事物 N 的特征标记为 c,事物特征 c 相应的量值标记为 $v(x)$(即表示事物 N 对其特征 c 相应量值 x 的隶属度),则

$$R = (N, c, v(x)) \tag{7.1}$$

如果事物 N 用 n 个特征 $c_1, c_2, \cdots, c_n$ 及其对应的量值 $v(x_1), v(x_2), \cdots, v(x_n)$ 来描述,则称为 n 维物元,即

$$R_n = \begin{bmatrix} N & c_1 & v(x_1) \\ & c_2 & v(x_2) \\ & \vdots & \vdots \\ & c_n & v(x_n) \end{bmatrix} = \begin{bmatrix} R_1 \\ R_2 \\ \vdots \\ R_n \end{bmatrix} \tag{7.2}$$

式(7.2)简记为 $R = (N, C, V(x))$。其中 R_n 表示 n 维物元;$C_i = (c_1, c_2, \cdots, c_n)$ 是事物 N 的 n 个特征,$x_1, x_2, \cdots, x_n$ 表示事物特征 C_i 相应的量值,v_{xi} 表示事物特征 C_i 相应量值 x_i 的隶属度,其值可根据隶属度函数确定。若 m 个事物用其共同的 n 个特征 $C_1, C_2, \cdots, C_n$ 及其相应的量值 $v_1(x_{1i}), v_2(x_{2i}), \cdots, v_n(x_{ni})$($i = 1, 2, \cdots, n$)来描述,称为 m 个事物的 n 维复合物元,即

$$R_{mn} = \begin{bmatrix} & N_1 & N_2 & \cdots & N_m \\ C_1 & v_1(x_{11}) & v_2(x_{21}) & \cdots & v_m(x_{m1}) \\ C_2 & v_1(x_{12}) & v_2(x_{22}) & \cdots & v_m(x_{m2}) \\ \vdots & \vdots & \vdots & & \vdots \\ C_n & v_1(x_{1n}) & v_2(x_{2n}) & \cdots & v_m(x_{mn}) \end{bmatrix} \tag{7.3}$$

式中 R_{mn}——m 个事物的 n 维复合物元；

$m_j(j=1,2,\cdots,m)$——第 j 个事物；

$v_j(x_{ji})$——第 j 个事物的第 i 个特征 C_i 相应量值 $x_{ji}(j=1,2,\cdots,m;i=1,2,\cdots,n)$ 的隶属度；

x_{ji}——两个下标分别表示事物的序号和事物特征的序号，即物元维数。

具体事物往往给出了具体的量值，式(7.3)中的储量值 $v_j(x_{ji})$ 可用量值 $v_j(x_{ji})$ 来表示，这种物元称为 m 个事物的 n 维复合物元，即

$$R_{mn} = \begin{bmatrix} & N_1 & N_2 & \cdots & N_m \\ C_1 & x_{11} & x_{21} & \cdots & x_{m1} \\ C_2 & x_{12} & x_{22} & \cdots & x_{m2} \\ \vdots & \vdots & \vdots & & \vdots \\ C & x_{1n} & x_{2n} & \cdots & x_{mn} \end{bmatrix} \tag{7.4}$$

2)物元的可拓性

(1)物元的可拓性

物元的可拓性包括发散性、共轭性、相关性、蕴含性和可扩性。从事物向外、向内、平行、变通和组合分解的角度提供事物拓展的多种可能性，成为进行创造性思维和提出解决矛盾问题的方案依据。

①物元的发散性：一个事物具有多种特征，一个特征、一个特征元又为多个事物所具有，这类性质称为物元的发散性。从一物元出发，根据不同的规则，可以发散出相应的物元集。

②物元的共轭性：从事物的物质性考虑，任何事物都由虚实两部分组成。在一定条件下，某些虚部分物元与实部分物元可以相互转化，这一性质称为事物的虚实共轭性。与事物的物质性相仿，从系统性、动态性和对立性考虑，相应地可以把事物的结构分别分为软部和硬部、潜部和显部。关于某特征的负部和正部，并用物元表示相应的共轭部，对应的可转换性分别称为软硬共轭性、潜显共轭性和负正共轭性。

③物元的相关性：一个事物与其他事物关于某特征的量值之间，同一事物或同族事物关于某特征的量值之间，如果存在一定的依赖关系，称为相关。应用相关性与物元变换解决求知与求行问题的方法称为相关网方法。物元的相关性是事物因果关系的形式表示，相关物元构成的物元相关网和物元传导变换描述了事物变化所产生的传导作用。

④物元的蕴含性：若 $A@$，必有 $B@$，则称 A 蕴含 B，记作 $A = > B$，符号 @ 表示存在，A 与 B 之间的关系称为蕴含关系。蕴含关系可以产生于事物、特征、量值、特征元和物元之间。

⑤物元的可拓性：物元的可拓性描述物元与其他物元结合和分解的可能性。

(2)物元的可拓变换

可拓学引进物元后，能够把对事物的变换、对特征和量值的变换作为特定的运算引入其中，因而能够描述既包含量变换又包含质变换的变换过程。物元的可拓性是处

理不相容问题的依据,包括物元三要素的发散性、可扩性、事物内部结构的共轭性及物元之间的相关性。在解决问题时,物元的可拓性指出了解决问题的途径,而人们提出的各种策略则可用物元变换或其组合来描述。

物元 $R_0 = (N_0, c_0, v_0(x))$ 改变为物元 $R = (N, c, v(x))$ 或者若干物元 $R_1 = (N_1, c_1, v_1(x))$,$R_2 = (N_2, c_2, v_2(x))$,$\cdots$,$R_n = (N_n, c_n, v_n(x))$ 称为物元变换,记为 $TR_0 = R$ 或 $TR_0 = \{R_1, R_2, \cdots, R_n\}$。$(R_1, R_2, \cdots, R_n)$ 和 R 可以是一维物元,也可以是多维物元。通常将变换前的物元称为参与物元,而变换后生成的新物元称为生成物元。物元的基本变换主要有置换变换、分解变换、四种形式增删变换和扩缩变换,其他变换方式是由它们的运算得到的。物元的三要素"事物、特征、量值"也各自存在这四种基本变换形式。

①置换变换:给定物元 $R_0 = (N_0, c_0, v_0(x))$,若 $T_{N_0} N_0 = N$,$T_{c_0} c_0 = c$,$T_{v_0(x)} v_0(x) = v(x)$ 则称此变换为物元 R_0 的置换变换,物元的"事物、特征、量值"可以同时置换也可以只换其中一个,记为:

$$T_{R_0} R_0 = (T_{N_0}, T_{c_0}, T_{v_0(x)})(N_0, c_0, v_0(x)) = (N, c, v(x)) \tag{7.5}$$

②分解变换:分解变换是根据物元的可分性进行的,给定一个物元 R_1,同时给定一个新的物元 R_2,若作:

$$T_{R_0} R_0 = R_1 \oplus R_2 = \begin{bmatrix} N_1 + N_2 & c_1 & c_1(N_1) + c_1(N_2) \\ & \cdots & c_2 & c_2(N_1) + c_2(N_2) \end{bmatrix} \tag{7.6}$$

则称 T_{R_0} 为 R_0 的聚分变换。

③增删变换:若 $T_N N_0 = N_0 + N_1$,则称 T_N 为检测对象 N_0 的增加变换;若存在 $N_0 = N_1 + N_2$ 或 $N_0 = N_1 \times N_2$,且有变换 $T_N N_0 = N_1$ 或 $T_N N_0 = N_2$,则称 T_N 为检测对象 N_0 的删减变换。

④扩缩变换:设 $[N]_n$ 表示 n 个完全相同的对象 N 的集合,n 为自然数。若 $T_N(N_0) = [N]_n$,则称 T_N 为对象 N_0 的扩大变换,n 为扩大因子;若 $T_N([N_0]_m) = [N_0]_{m+n}$,则称 T_N 为对象 N_0 的缩小变换,n 为缩小因子。

3)经典域物元和节域物元

若式(7.6)中,N_j 表示划分的 j 个评价类别,C_i 表示评价类别 N_j 对应的评价指标,$x_{ji} = (a_{ji}, b_{ji})$ 表示评价指标 C_i 对应的评价类别 N_j 的量值范围,即各类别 N_j 关于对应的评价指标 C_i 取得数据范围,称为经典域物元 R_j,即

$$R_j = \begin{bmatrix} C_1 & (a_{j1}, b_{j1}) \\ C_2 & (a_{j2}, b_{j2}) \\ \vdots & \vdots \\ C_n & (a_{jn}, b_{jn}) \end{bmatrix} \tag{7.7}$$

若 R_p 为评价类别的全体,$x_p = (a_{pi}, b_{pi})$ 表示关于 C_i 对应的量值范围,则节域物元表示为:

$$R_p = \begin{bmatrix} C_1 & (a_{p1}, b_{p1}) \\ C_2 & (a_{p2}, b_{p2}) \\ \vdots & \vdots \\ C_n & (a_{pn}, b_{pn}) \end{bmatrix} \qquad (7.8)$$

7.2.3 云模型基本原理

1)云模型的基本概念

(1)云模型的定义

云是用自然语言值表示的某个定性概念与其定量表示之间的不确定性转换模型。设 U 是一个用精确数值表示的论域，U 对应定性概念 $\bar{A}$，对于论域中的任意一个元素 x，都存在一个有稳定倾向的随机数 $y = \mu_{\bar{A}}(x)$，称为 x 对 $\bar{A}$ 概念的确定程度。确定程度 y 在论域上的分布称为云模型，简称云。云由许许多多云滴组成，每一个云滴就是这个定性概念映射到数域空间的一个点，即一次具体实现。这种实现带有不确定性，云模型同时给出了这个点能够代表该定性概念的确定程度。

(2)云的数字特征

云概念的整体特性可以用云的数字特征来反映，这是定性概念的整体定量特性，对理解定性概念的内涵和外延有着极其重要的意义。云的数字特征用期望 E_x、熵 E_n 和超熵 H_e 来表征，它们反映了定性概念的定量特性，如图7.2所示。

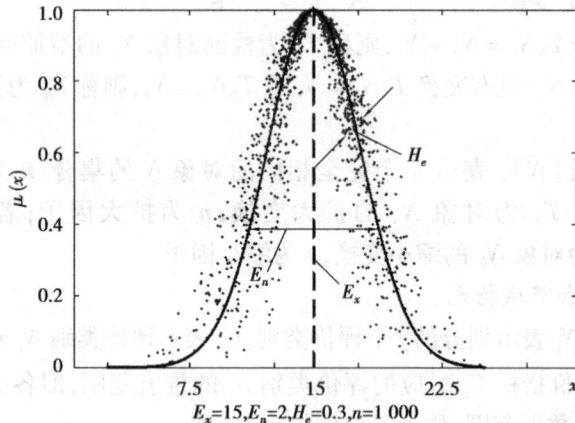

$E_x = 15, E_n = 2, H_e = 0.3, n = 1\ 000$

图7.2 云模型的数字特征

①期望 E_x：云滴在论域空间分布的期望，即在数域空间最能代表这个定性概念的点，或者说是这个概念量化的最典型样本，反映了云的重心位置。

②熵 E_n：定性概念的不确定性度量，由概念的随机性和模糊性共同决定。一方面反映了在数域空间可被语言值接受的范围（即模糊度），是定性概念亦此亦彼性的度量；另一方面还反映了在数域空间的点能够代表这个语言值的概率，表示定性概念的云滴出现的随机性。熵揭示了模糊性和随机性的关联性。

③超熵 H_e：熵的不确定性度量（即熵的熵），反映了在数域空间代表该语言值的所

有点的不确定度的凝聚性,即云滴的凝聚度。

在云方法中,除了期望、熵、超熵外,还可以用更高阶的熵去刻画概念的不确定性,理论上可以是无限深追的。

2)正态云发生器

正态分布是概率理论中最重要的分布之一,通常用均值和方差两个数字特征;钟形隶属函数是模糊集合中使用最多的隶属函数。正态云模型是在二者的基础上发展起来的全新模型。正态云具有普适性,可以它为基础进行各种云运算。正向正态云定义如下:

设 U 为一个用精确数值表示的定量指标论域(即物元模型中的经典域),C 是 U 上的定性概念。若定量值 $x \in U$,且 x 是定性概念 C 的一次随机实现,若 x 满足 $x \sim N(E_x, E_n'^2)$,其中 $E_n' \sim N(E_n, H_e^2)$,且 x 对 C 的确定度(即隶属度)满足:

$$\mu(x) = \exp\left(-\frac{(x - E_x)^2}{2(E_n')^2}\right) \tag{7.9}$$

则称 x 在论域 U 上的分布称为正态云。

正态云发生器是指用计算机实现的一种特定算法,可用集成微电子器件实现。云的生成算法称为云发生器。云发生器包括正向云发生器、逆向云发生器、X 条件云发生器和 Y 条件云发生器。

(1)正向云生成器

正向云发生器是从定性到定量的映射,根据已知正态云的数字特征 (E_x, E_n, H_e),生成成千上万的云滴构成整个云,从而将一个定性概念通过不确定性转换云模型定量地表示出来,如图7.3所示。

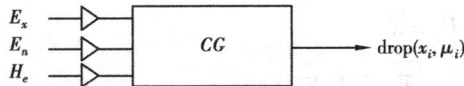

图7.3 正向云发生器

正向正态云发生器的具体算法如下:

①生成以 E_n 为期望值、H_e^2 为方差的一个正态随机数 $E_{ni}' = \text{Norm}(E_n, H_e^2)$,其中 Norm 表示产生服从正态分布随机数的函数;

②生成以 E_x 为期望值、$E_{ni}'^2$ 为方差的一个正态随机数 $x_i = \text{Norm}(E_x, E_{ni}'^2)$;

③计算的 x_i 确定度 $u(x_i) = \exp\left(-\frac{(x_i - E_x)^2}{2(E_{ni}')^2}\right)$;

④产生具有确定度 $u(x_i)$ 的 x_i 称为论域中的一个云滴;

⑤重复 n 次步骤①—步骤④,产生要求的 n 个云滴。

(2)逆向云发生器

逆向云发生器是实现从定量值到定性概念的转换模型,给定符合某一正态云分布规律的一组云滴 (x_i, μ_i) 作为样本,产生描述云模型所对应的定性概念的3个数字特征 (E_x, E_n, H_e),如图7.4所示。结合正向云发生器和逆向云发生器,可以实现定性与定量的随时转换。

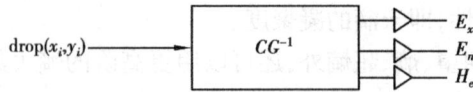

图 7.4　逆向云发生器

图 7.4　逆向云发生器

基于统计原理的逆向正态云发生器的算法有两种:一种是利用确定度信息的;另一种是无须确定度信息的。利用确定度信息的逆向正态云发生器的算法如下:

①计算 x_i 的平均值 $E_x = \text{Mean}(x_i)$,得到期望值 E_x;

②计算 x_i 的标准差 $E_n = \text{Stdev}(x_i)$,得到熵 E_n;

③针对每一对数组 $(x_i, \mu(x_i))$,计算 $E'_{ni} = \sqrt{-\dfrac{(x_i - E_x)^2}{2 \ln \mu(x_i)}}$;

④计算 E'_{ni} 的标准差 $H_e = \text{Stdev}(E'_{ni})$,求得超熵 H_e。

上述的一维逆向云有以下不足:一是还原云的参数 E_n,H_e 时,需要用到确定度 μ 的值,而在实际应用中,给出的往往只有表示某个概念的一组数据值,而其代表这个概念的确定度 μ 的值并没有给出或者难以获得;二是将算法向高维扩展时比较困难,并且高维逆向云会比一维逆向云有更大的误差。

下面的逆向云算法是根据云的统计特性,仅仅利用云滴 x_i 的定量数值来还原出云的 3 个参数,不需要确定度的值,具体步骤如下:

①根据 x_i 计算这组数据的样本均值 $\overline{X} = \dfrac{1}{n} \sum\limits_{i=1}^{n} x_i$,一阶样本绝对中心矩 $\dfrac{1}{n} \sum\limits_{i=1}^{n} |x_i - \overline{X}|$,样本方差 $S^2 = \dfrac{1}{n-1} \sum\limits_{i=1}^{n} (x_i - \overline{X})^2$;

②计算得到期望值 $E_x = \overline{X}$;

③计算得到熵 $E_n = \sqrt{\dfrac{\pi}{2}} \times \dfrac{1}{n} \sum\limits_{i=1}^{n} |x_i - E_x|$;

④求得超熵 $H_e = \sqrt{S^2 - E_n^2}$。

给定云的 3 个数字特征 (E_x, E_n, H_e) 和特定的数值 x_0 的条件下的云发生器称为 X 条件云发生器;给定云的 3 个数字特征 (E_x, E_n, H_e) 和特定的确定度值 μ_0 条件下的云发生器称为 Y 条件云发生器。X 和 Y 两种条件云发生器是运用云模型进行不确定性推理的基础。

3)基于云模型的不确定性推理

云发生器是运用云模型进行不确定性推理的基础,根据实际需要规则,发生器可以有各种类型,如单条件单规则发生器、多条件单规则发生器、单条件多规则发生器、多条件多规则发生器等。

(1)单条件单规则发生器

一条单条件定性规则的形式化描述为:If A then B,其中 A,B 为语言值表示的云对象。一个 X 条件云发生器与一个 Y 条件云发生器连接起来就构成了一个单规则生成器。图 7.5 为单条件单规则发生器示意图,CG_A 表示对应输入语言值 A 的 X 条件云,

CG_B 表示对应输出语言值 B 的 Y 条件云。当输入某一特定的值 x_0 刺激 CG_A 时，CG_A 随机地产生一组值 μ_i（反映对应性规则的激活强度），该值作为 CG_B 的输入，控制 CG_B 产生一组随机云滴 $C_{drop}(y_i,\mu_i)$。但是通过发生器产生的云滴和输出值都不是唯一的，也不是确定的，从而实现不确定性推理。

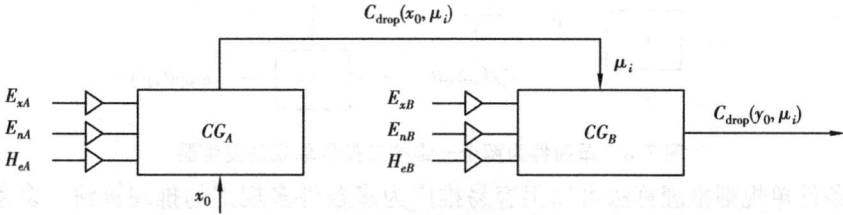

图 7.5　单条件单规则发生器

单条件单规则发生器在实际应用系统中，很难应用上。当这样的多个单条件单规则发生器连接在一起时就构成了单条件多规则发生器，如图 7.6 所示。

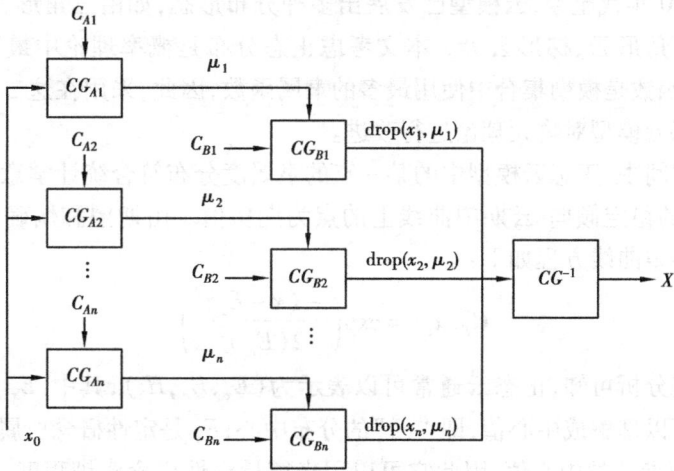

图 7.6　单条件多规则发生器

（2）多条件单规则发生器

一个多条件定性规则可以形式化的表示为：If $A_1,A_2,\cdots,A_n$ then B。下面以二条件单规则发生来讲多条件单规则发生的工作原理，如图 7.7 所示。规则前件可以采用一个二维云模型，或者用两个一维云模型通过"软与"来表示，如图 7.8 所示。

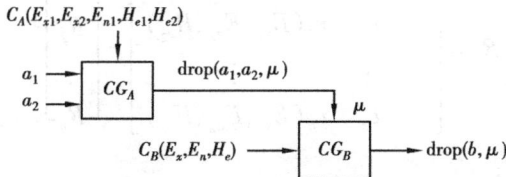

图 7.7　前件为二维的二条件单规则发生器

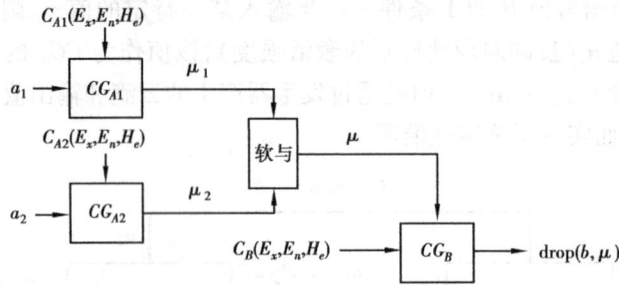

图7.8　单前件为两个一维的二条件单规则发生器

多条件单规则推理算法可以很容易推广为多条件多规则的推理算法。多条件多规则的发生器的前件还可用上面介绍的"软与"的方法。

7.2.4　基于正态云模型的物元综合评价方法

1)确定待评物元

20世纪90年代至今,云模型已发展出多种分布形态,如由三角形、梯形隶属函数扩展出来的三角形云、梯形云等。本文考虑正态分布是概率理论中最重要的分布之一,钟形隶属函数是模糊集合中使用最多的隶属函数,因此,采用在这二者的基础上发展起来的正态云模型对物元理论进行改进。

在论域空间中,正态云模型中的某一点的隶属度分布符合统计学意义上的正态分布规律,以云的稳定倾向-云期望曲线上的点为期望值。由期望和熵确定具有正态分布形式的云期望曲线方程如下:

$$C_T(x_i) = \exp\left(\frac{-(x - E_x)^2}{2(E_{n_i})^2}\right) \tag{7.10}$$

由上一节分析可知,正态云通常可以表示为(E_x, E_n, H_e),其中,E_x是定性概念的期望值或者可以理解成中心值,即"云"的分布中心;E_n是定性概念所属元素满足的正态分布的σ值参数的中心值,因此它可以用来衡量定性概念模糊程度,并且由于正态分布的"3σ"性,它可用来作为定性概念可被接受的数值范围;H_e是"熵"值所服从的正态分布的σ值,反映了"熵"的不确定性,体现了云的离散程度。通过这3个值的定义,即可用"云"来表示定性概念的自然语言值。在物元理论中引入正态云后,n维正态云物元可以表示为:

$$R_n = \begin{bmatrix} N & c_1 & v_1(E_{x_1}, E_{n_1}, H_{e_1}) \\ & c_2 & v_2(E_{x_2}, E_{n_2}, H_{e_2}) \\ & \vdots & \vdots \\ & c_n & v_n(E_{x_n}, E_{n_n}, H_{e_n}) \end{bmatrix} = \begin{bmatrix} R_1 \\ R_2 \\ \vdots \\ R_n \end{bmatrix} \tag{7.11}$$

式中　R_n——n维物元;

C_i——等级指标;

$(E_{x_i}, E_{n_i}, H_{e_i})(i = 1, 2, \cdots, n)$——$R_n$关于$C_i$的表示——标准云。

同理,若 m 个事物用其共同的 n 个特征 $C_1, C_2, \cdots, C_n$ 及其相应的量值 $v_1(E_{x_{11}},$ $E_{n_{11}}, H_{e_{11}}), v_2(E_{x_{21}}, E_{n_{21}}, H_{e_{21}}), \cdots, v_n(E_{x_{n1}}, E_{n_{n1}}, H_{e_{n1}})(i = 1, 2, \cdots, n)$ 来描述,称为 m 个事物的 n 维复合正态云物元,即

$$R_{mn} = \begin{bmatrix} & N_1 & N_2 & \cdots & N_m \\ C_1 & v_1(E_{x_{11}}, E_{n_{11}}, H_{e_{11}}) & v_2(E_{x_{21}}, E_{n_{21}}, H_{e_{21}}) & \cdots & v_m(E_{x_{m1}}, E_{n_{m1}}, H_{e_{m1}}) \\ C_2 & v_1(E_{x_{12}}, E_{n_{12}}, H_{e_{12}}) & v_2(E_{x_{22}}, E_{n_{22}}, H_{e_{22}}) & \cdots & v_m(E_{x_{m2}}, E_{n_{m2}}, H_{e_{m2}}) \\ \vdots & \vdots & \vdots & & \vdots \\ C_n & v_1(E_{x_{1n}}, E_{n_{1n}}, H_{e_{1n}}) & v_2(E_{x_{2n}}, E_{n_{2n}}, H_{e_{2n}}) & \cdots & v_m(E_{x_{mn}}, E_{n_{mn}}, H_{e_{mn}}) \end{bmatrix} \quad (7.12)$$

式中　R_{mn}——m 个事物的 n 维复合正态云物元;

　　　　$m_j(j = 1, 2, \cdots, m)$——第 j 个事物;

　　　　$v_j(E_{x_{ji}}, E_{n_{ji}}, H_{e_{ji}})$——第 j 个事物的第 i 个特征 C_i 相应标准云量值$(E_{x_{ji}}, E_{n_{ji}}, H_{e_{ji}})$
　　　　　　　　　　$(j = 1, 2, \cdots, m; i = 1, 2, \cdots, n)$ 的隶属度;

　　　　$(E_{x_{ji}}, E_{n_{ji}}, H_{e_{ji}})$——两个下标分别表示事物的序号和事物特征的序号,即正态云
　　　　　　　　　　物元维数。

对于待评事物,如果其指标 c 可以得到确定的量值,则可以使用一般物元方法表示,如式(7.12)。

2)评价指标的云模型描述

建立起公路隧道及隧道群安全运营评价的复合云物元模型的前提是确定各评价指标的量值对应各评价等级的隶属度。在公路隧道及隧道群安全运营评价体系中,既有定量指标,又有定性指标,本专题应用云模型对评价指标的隶属度进行描述。

(1)定量指标的云模型描述

定量指标的标准范围具有上下界,形如 $x_{ji}(a_{ji}, b_{ji})$,采用正向云模型对定量指标进行云化,采用约束条件的中值作为期望值,并用主要作用区域为双边约束区域的云来近似这个定量变量。云的参数通过下式确定:

$$E_{xi} = \frac{a_{ji} + b_{ji}}{2}$$
$$E_{ni} = \frac{E_{xi} - E_{x(i-1)}}{3} \quad (7.13)$$
$$H_{ei} = \sigma$$

式中　σ——常数,可以根据指标变量本身的模糊阈度具体调整。

对于只有单边界限的定量指标变量,形如 $x_{ji}(-\infty, b_{ji})$ 或 $x_{ji}(a_{ji}, +\infty)$,可先根据测试数据的最大上限或下限确定其缺省边界参数或期望值,然后再参照式(7.13)计算云参数。

在评价指标体系中,评价指标分为 5 个级别标准,量化范围分别记作 $x_{1i}(a_{1i}, b_{1i})$、$x_{2i}(a_{2i}, b_{2i})$、$x_{3i}(a_{3i}, b_{3i})$、$x_{4i}(a_{4i}, b_{4i})$、$x_{5i}(a_{5i}, b_{5i})$,各个级别评价标准分别对应于模糊评价语言"安全、较安全、一般安全、次安全、非安全"5 个状态。评价标准对应的 5 个

定性模糊评价语言中的云滴和其确定度之间的联合分布如图7.9所示。

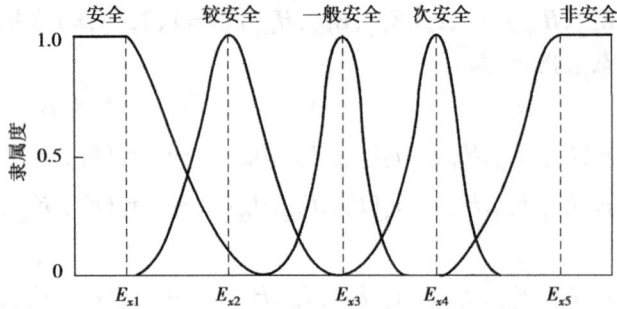

图 7.9 评价指标分级标准定性概念云图

为了有效处理评价指标之间的模糊性和随机性,隶属度函数采用正态云模型隶属度函数。公路隧道及隧道群安全运营评价系统涉及指标广而复杂,评价等级较多,端值问题广泛存在。为了能较好地处理多等级评价各等级之间的过渡问题,并且使之适用于各种极端值问题,本文根据公路隧道及隧道群评价等级标准的具体情况,对隶属度函数进行如下改进:

① 当标准化后的评价指标值 x_{ji} 在 N_1 级标准中点 $E_{x1}=(a_{1i}+b_{1i})/2$ 的左边时,由于 N_1 级标准的左端点边界是确定的,故本文确定该评价指标属于 N_1 级标准的隶属度 $C_1(x_{ji})$ 为1。

$$C_1(x_{ji})=1, x_{ji} \leqslant E_{x1} \tag{7.14}$$

而该评价指标属于其他级别的隶属度为0。

② 当标准化后的评价指标值 x_{ji} 在 N_m 级标准中点 $E_{xm}=(a_{mi}+b_{mi})/2$ 的左边时,由于 N_m 级标准的右端点的边界是确定的,故本文确定该评价指标属于 N_m 级标准的隶属度 $C_m(x_{ji})$ 为1。

$$C_m(x_{ji})=1, x_{ji} \geqslant p \tag{7.15}$$

而该评价指标属于其他级别的隶属度为0。

③ 当评价指标值 x_{ji} 在其他范围时,采用正态云模型隶属度函数确定该评价指标分别属于 $N_i(i=1,2,\cdots,m)$ 级的隶属度。

由以上改进,对于评价指标对应的评价标准的5个定性概念隶属度的云模型表示方法如下:

• 左半云:

$$C_1(x_{ji})=\begin{cases} 1, x_{ji} \in (-\infty, E_{x1}] \\ C(E_{x1}, (E_{x2}-E_{x1})/3, \sigma), \text{other} \end{cases} \tag{7.16}$$

• 云:

$$C_2(x_{ji})=C(E_{x2}, (E_{x2}-E_{x1})/3, \sigma) \tag{7.17}$$

• 云:

$$C_3(x_{ji})=C(E_{x3}, (E_{x3}-E_{x2})/3, \sigma) \tag{7.18}$$

• 云:

$$C_4(x_{ji}) = C(E_{x4}, (E_{x4} - E_{x3})/3, \sigma) \tag{7.19}$$

● 右半云：

$$C_5(x_{ji}) = \begin{cases} C(E_{x5}, (E_{x5} - E_{x4})/3, \sigma), \text{other} \\ 1, x_{ji} \in [E_{x5}, +\infty) \end{cases} \tag{7.20}$$

（2）定性指标的云模型描述

定性变量往往通过专家采用自然语言描述的评语来进行赋值。n 个专家提出的 n 个云模型表示的定性变量可以采用一个综合云来表征，其数字特征可用下式得出。

$$E_{x1} = \frac{E_{x11} \times E_{n11} + E_{x12} \times E_{n12} + \cdots E_{x1n} \times E_{n1n}}{E_{n11} + E_{n12} + \cdots + E_{n1n}}$$

$$E_{n1} = E_{n11} + E_{n12} + \cdots + E_{n1n} \tag{7.21}$$

$$H_e = \frac{H_{e11} \times E_{n11} + H_{e12} \times E_{n12} + \cdots + H_{e1n} \times E_{n1n}}{E_{n11} + E_{n12} + \cdots + E_{n1n}}$$

3）确定关联度

由于云模型的引入，一般物元理论中关联度的计算方法已经不再适用。下面将针对待评事物不同表达方式的指标间关联度计算分别进行分析。

（1）确定性数值定量指标与云模型表示指标之间的关联度计算

关联函数 $k(x_{ji})$ 用于刻画可拓集合，当确定关联函数中某一指标的数值 x_i 时，即可求出相应的关联系数。对于确定性数值表示的物元与云模型表示的物元之间的关联度可考虑该数值相对于云模型的确定度来表示，即通过计算得到云模型的确定度，转换为物元模型中的关联度，即

$$k_{ji} = \mu(x_{ji}) \quad (j = 1, 2, \cdots, m; i = 1, 2, \cdots, n) \tag{7.22}$$

式中　k_{ji}——第 i 个特征的第 j 个比较事物 N_j 与标准事物 N_0 之间的关联系数；

　　　$\mu(x_{ji})$——第 j 个比较事物 N_j 的第 i 个特征 C_i 相应量值 x_{ji} 的确定度。

称关联系数与 k_{ji} 与确定度 $\mu(x_{ji})$ 通过式（7.22）进行转换过程为关联变换。根据关联变换，把式（7.15）中各个确定度转换成相应的关联系数，据此建立起关联系数复合云物元，记为 $R_{k(mn)}$，即

$$R_{k(mn)} = \begin{bmatrix} & N_1 & N_2 & \cdots & N_m \\ C_1 & k_{11} & k_{21} & \cdots & k_{m1} \\ C_2 & k_{12} & k_{22} & \cdots & k_{m2} \\ \vdots & \vdots & \vdots & & \vdots \\ C_n & k_{1n} & k_{2n} & \cdots & k_{mn} \end{bmatrix} \tag{7.23}$$

如果把定量指标的数值看成一个云滴，问题就可以转化为求该云滴代表这个云模型的确定度 $u(x_{ji})$。云模型确定度的具体算法如下：

①生成一个期望值为 E_n、标准差为 H_e 的正态随机数 $E'_{ni} = \text{Norm}(E_n, H_e^2)$；

②令该指标数值为 x_{ji}，称为云滴；

③计算 x_{ji} 确定度 $u(x_{ji}) = \exp\left(-\frac{(x_{ji} - E_x)^2}{2(E'_{ni})^2}\right)$，$u(x_{ji})$ 即为数值指标 x_{ji} 属于这个云

模型的确定度,即表示的事物指标与这个云模型表示的事物指标之间的关联度。

(2)云模型表示的事物指标之间的关联度计算

由于正态云模型存在以下分布规则,即 99.74% 的云滴都将落在区间$((E_x - 3E'_{ni}),(E_x + 3E'_{ni}))$上,因此,考虑两个云模型(设为云 a、云 b)表示的事物指标之间的关联度 k_{ji} 用以下方法计算。

将区间$((E_x - 3E'_{ni}),(E_x + 3E'_{ni}))$看成一个集合,则云 a 与云 b 之间的共有部分为:

$$X_{ji} = \{(E'^a_x - 3E'^a_n, E'^a_x + 3E'^a_n)\} \cap \{(E'^b_x - 3E'^b_n, E'^b_x + 3E'^b_n)\} \tag{7.24}$$

又令

$$Y_{ji} = \{(E'^a_x - 3E'^a_n, E'^a_x + 3E'^a_n)\} \cup \{(E'^b_x - 3E'^b_n, E'^b_x + 3E'^b_n)\} \tag{7.25}$$

则云 a 与云 b 之间的关联度为 $k_{ji} = \dfrac{|X_{ji}|}{|Y_{ji}|}$。

计算方法合理性分析如下:

①如果云 a 与云 b 完全相同,则有该方法计算出的关联度 $k_{ji} = 1$,符合实际情况;

②如果云 a 与云 b 完全不相同,则共有部分 $X_{ji} = 0$,所以关联度 $k_{ji} = 0$,符合实际情况;

③如果云 a 与云 b 的期望 E_x 和熵 E_n 相同,且超熵 H_e 存在区间范围,则可以直观认为云 a 与云 b 差别不大,关联度较高。事实上,若要使得云 a 与云 b 合理存在,超熵 H^a_e 和 H^b_e 必然在一定合理范围内,且对同一属性的云模型描述来说,超熵值差别不大。

因此,基于以上 3 个方面分析,该方法计算云模型表示的事物指标之间的关联度合理可行。

(3)区间数值表示的事物指标与云表示的事物指标之间的关联度计算

对于计算区间数值表示的事物指标与云表示的事物指标之间的关联度,本文将采用以下方法进行计算:先将区间数值转换成云模型表示,再运用云与云关联度的计算方法进行计算。其中,区间数值转换成云可采用指标近似法,即将区间数值看成一个双约束的指标(a_{ji}, b_{ji}),则可用下列公式计算云参数:

$$
\begin{aligned}
E_x &= \frac{a_{ji} + b_{ji}}{2} \\
E_n &= \frac{a_{ji} - b_{ji}}{6} \\
H_e &= \sigma
\end{aligned}
\tag{7.26}
$$

式中 σ——根据具体指标的不确定性和随机性具体调整。

4)确定评判原则

根据求得的关联度 $k_{ji}(j = 1,2,\cdots,m;i = 1,2,\cdots,n)$,可以根据以下几种评判原则对评估对象进行评价。

(1)最大关联度原则

从各事物的关联度中,确定其最大值 K^* 作为评判原则,称此原则为最大关联度原

则,即

$$K^* = \max(k_{ji}) \ (j = 1, 2, \cdots, m; i = 1, 2, \cdots, n) \tag{7.27}$$

该原则既可对正态云物元作识别、聚类、评价和决策,也可对其价值进行分析,是正态云物元分析的理论基础之一。

(2)加权平均原则

记 W_j 为权重,对各事物 N_j 进行加权平均所得数值作为评判结果,即

$$P_l = \frac{\sum\limits_{j=1}^{m} W_j N_j}{\sum\limits_{j=1}^{m} k_{ji}} \ (l = 1, 2, \cdots, n) \tag{7.28}$$

式中　P_l——第 l 类评价对象的综合评价值;

　　　N_j——第 j 个事物的数值;

　　　W_j——第 j 个事物的权重值。

(3)模糊分布原则

直接把关联度作为评判结果,或者把关联度归一化,再用归一化后的关联度值作为评判结果。归一化的具体步骤如下:

①求各关联度之和,即

$$K = k_{1i} + k_{2i} + \cdots + k_{mi} = \sum\limits_{j=1}^{m} k_{ji} \tag{7.29}$$

②用 K 遍除关联度复合正态云物元的各个关联度,即

$$R_k^* = \begin{bmatrix} & N_1 & N_2 & \cdots & N_m \\ K_j^* & \dfrac{k_{1i}}{K} & \dfrac{k_{2i}}{K} & \cdots & \dfrac{k_{mi}}{K} \end{bmatrix} \tag{7.30}$$

式中　R_k^*——归一化的关联度复合正态云物元;

　　$K_j^* (j = 1, 2, \cdots, m)$——归一化后的第 j 个事物的关联度,即 $\sum\limits_{j=1}^{m} K_j^* = 1$。

各关联度具体反映了评判对象所评判方面的分布状态,使判断者对评判对象有更深入的了解,并能作出各项灵活处理。根据式(7.30)确定关联度复合云物元之后,本文采用加权平均原则,对公路隧道及隧道群运营安全性进行安全等级评价。

5)确定指标权重

评价指标权重是某种数量形式对比、权衡被评价事物总体中诸因素相对重要程度的量值。权重既是决策者的主观评价,又是指标本质物理属性的客观反映,是主客观综合度量的结果。权重主要取决于两个方面:一是指标本身在决策中的作用和指标价值的可靠程度;二是决策者对指标的重视程度。

评价指标权重的确定有很多种方法,常用的有德尔菲法、层次分析法、主成分分析法、回归分析法、灰色关联分析法及熵值法。德尔菲法和层次分析法均是基于专家群体的认识、经验和价值判断,其中层次分析法对专家的主观判断进一步作了数学处理,使之更科学,但专家经验和知识的局限性并未消除。熵值法是根据样本数据自身的信

息特征作出权重判断,处于深刻的反应信息熵值的效用价值,给出的指标权重比德尔菲法和层次分析法有较高的可信度。基于此分析,本文采用熵值法确定各评价指标权重。

(1)熵值法基本原理

1864年,物理学家克劳修斯(Clausius)在《热之唯动说》中提出用以描述系统状态的物理量,后来我国物理学家胡刚复首次将其译为熵(entropy)。香农(Shannon)于1948年和1949年分别发表了《通信的数学理论》和《在噪声中的通信》,提出了信息熵的概念,以其作为不确定性的量度。在信息论中,信息熵反映了数组无序化程度,信息熵越小系统无序化程度越大;信息熵越大,系统无序化程度越小。

对公路隧道及隧道群安全运营评价而言,如果某一指标对于不同的安全状态其差异程度较小,这说明该指标区分和评价运营安全性优劣的作用也较小,对应的信息熵较大;如果某一指标对于不同的安全状态其差异程度较大,这说明该指标区分和评价运营安全性优劣的作用也较大,对应的信息熵较小。换言之,即评价指标差异程度的大小,反映了该指标在整个公路隧道及隧道群安全运营评价指标体系中的重要程度,而评价指标差异程度的大小又完全可以用"信息熵"反向度量。因此,可以根据评价指标差异程度,以信息熵为工具,给各状态指标赋予恰当的权重从而进行多指标的公路隧道及隧道群安全运营评价。

如果待评系统处于多种不同的状态,每种状态出现的概率为 $P_i(i=1,2,\cdots,m)$,则系统的熵定义为:

$$H = -k\sum_{i=1}^{m} P_i \ln P_i \qquad (7.31)$$

式中　k——常数,$k \geq 0$。

若评价系统中,有 m 个待评状态,n 个评价指标,则原始数据是一个 $m \times n$ 阶矩阵。对于公路隧道及隧道群安全运营评价系统而言,即有复合评价矩阵:

$$R^0 = \begin{bmatrix} x_{11}^0 & \cdots & x_{1m}^0 \\ \vdots & \ddots & \vdots \\ x_{n1}^0 & \cdots & x_{nm}^0 \end{bmatrix} \qquad (7.32)$$

对 R^0 做标准化处理得 $R = (x_{ji})_{m \times n}$,式中 x_{ji} 为第 i 个评价指标 x_i 在第 j 种状态上的值,本文用上述云模型对指标进行量化处理,$x_{ji} \in [0,1]$。

则某个评价指标 x_i 的信息熵为:

$$H(x_i) = -k\sum_{j=1}^{m} P(x_i) \ln P(x_i) \qquad (7.33)$$

式中　k——系数,取 $k = 1/\ln m$;

$P(x_i)$——评价指标 x_i 在第 j 种状态下的指标值 x_{ji} 的比重,即 $P(x_i) = x_{ji} / \sum_{j=1}^{m} x_{ji}$。

则第 i 个评价指标 x_i 的熵权为:

$$w_H(x_i) = \frac{1 - H(x_i)}{\sum_{i=1}^{n}(1 - H(x_i))} \tag{7.34}$$

由此可得基于熵权的评价指标的权向量为：

$$W_H = (w_H(x_1), w_H(x_2), \cdots, w_H(x_n)) \tag{7.35}$$

（2）熵值法确定权重计算步骤

为了使权重赋予成为一种完全意义上的客观赋权法，本文将采用标准化变换法对传统的熵值法进行改进，此法不需要加入任何主观信息，评价结果唯一，有利于缩小极端值对综合评价的影响。

熵值法确定权重的具体计算步骤如下：

①将坐标平移，消除负值。将评价指标 x_i 在第 j 种状态下的指标值 x_{ji} 经过平移后变成 x'_{ji}，其中 $x'_{ji} = l + x_{ji}$，l 为坐标平移幅度。

②计算评价指标 x_i 的比重，$P(x_i) = x'_{ji}/\sum_{j=1}^{m} x'_{ji}$。

③计算评价指标 x_i 的熵值，$H(x_i) = -k\sum_{j=1}^{m} P(x_i)\ln P(x_i)$。若给定在 j 种状态下的指标值 x_{ji} 的评分全部相等，则 $P(x_i) = x'_{ji}/\sum_{j=1}^{m} x'_{ji} = 1/m$，此时 $H(x_i)$ 取极大值，即 $H(x_i) = -k\sum_{j=1}^{m}(1/m)\ln(1/m) = 1$。

④计算评价指标 x_i 的差异性因素 g_i。对于给定的指标 x_i 下，x_{ji} 的差异性越小，$H(x_i)$ 越大，x_{ji} 的差异性越大，$H(x_i)$ 越小，定义差异性因数向量为 $G = (g_1, g_2, \cdots, g_n)$，其中 $g_i = 1 - H(x_i)$，则当 g_i 越大时，评价指标越重要。

⑤计算指标权重。对于定量评价指标 x_i 的权重 $w_H(x_i) = g_i/\sum_{i=1}^{n} g_i$，$i = 1, 2, \cdots, n$；对于定性评价指标 x_i，首先用差异性因素对初始权重（即专家评定权重）进行调整 $a_i = b_i \times g_i (i = 1, 2, \cdots, n)$，其中，$b_i$ 为专家给出的评价指标的原始权重，经过归一化处理后，得到熵值法调整后的权重值：$w_H(x_i) = a_i/\sum_{i=1}^{n} a_i$，$i = 1, 2, \cdots, n$。

第8章 高速公路隧道智能交通监控管理系统的开发

8.1 系统简介

济莱高速隧道智能交通监控管理系统是一个全功能全要素平台,由综合业务平台、可视化演示平台、移动平台3个人机交互平台组成;业务功能覆盖隧道机电运营管理的主要方面,包括监控管理子系统、养护子系统、指挥调度子系统、数据分析及决策子系统、可视化演示子系统、平台管理子系统等6个业务功能子系统;制订了机电设备在正常工况和8种异常工况下的联动控制方案;应用了 BIM + GIS 可视化技术、数据融合技术和 WEB + 移动端信息交互技术等新技术手段,实现了隧道运营跨部门、多业务协同,管理方式实现被动管控向主动预控转变。

8.2 系统设计

8.2.1 建设依据的规范标准

①《公路工程技术标准》(JTG B01—2014);

②《公路隧道设计规范 第一册 土建工程》(JTG 3370.1—2018);

③《公路隧道养护技术规范》(JTG H12—2015);

④《公路交通安全设施设计细则》(JTG/T D81—2017);

⑤《公路工程质量检验评定标准 第一册 土建工程》(JTG F80/1—2017);

⑥《高速公路交通工程及沿线设施设计通用规范》(JTG D80—2006);

⑦《公路工程基本建设项目设计文件编制办法》(交公路发〔2007〕358号);

⑧《公路工程质量检验评定标准 第二分册 机电工程》(JTG F80/2—2004)等;

⑨《高速公路监控技术要求》(交通部2012年第3号公告);

⑩《公路网运行监测与服务暂行技术要求》(2012年第3号公告);

⑪《公路隧道设计规范 第二册 交通工程与附属设施》(JTG D70/2—2014);

⑫《隧道可编程控制器》(JT/T 608—2004);

⑬《公路隧道火灾报警系统技术条件》(JT/T 610—2004);

⑭《隧道环境检测设备　第 1 部分—第 4 部分》(GB/T 26944.1～26944.4—2011);

⑮《火灾自动报警系统设计规范》(GB 50116—2013);

⑯《公路隧道照明设计细则》(JTG/T D70/2-01—2014);

⑰《公路隧道通风设计细则》(JTG/T D70/2-02—2014);

⑱《交通信息采集　微波交通流检测器》(GB/T 20609—2006);

⑲《高速公路能见度监测及浓雾的预警预报》(QX/T 76—2007);

⑳《电气装置安装工程　电缆线路施工及验收标准》(GB 50168—2018);

㉑《电气装置安装工程　接地装置施工及验收规范》(GB 50169—2016);

㉒《高速公路 LED 可变限速标志》(GB 23826—2009);

㉓《高速公路 LED 可变信息标志》(GB/T 23828—2009);

㉔《公路工程建设项目概算预算编制办法》(JTG 3830—2018);

㉕《信息技术　软件生存周期过程》(GB/T 8566—2007);

㉖《计算机软件文档编制规范》(GB/T 8567—2006);

㉗《计算机软件需求规格说明规范》(GB/T 9385—2008);

㉘《计算机软件测试文档编制规范》(GB/T 9386—2008);

㉙《信息处理　程序构造及其表示的约定》(GB 13502—1992);

㉚《计算机软件测试规范》(GB/T 15532—2008);

㉛《计算机软件可靠性和可维护性管理》(GB/T 14394—2008);

㉜《信息安全技术　信息系统安全等级保护定级指南》(GB/T 22240—2008);

㉝关于印发《山东省公路工程基本建设项目投资估算概算预算编制补充规定》(鲁交建管〔2012〕18 号)(以下简称"补充规定")的通知;

㉞《公路工程建设项目概算编制办法》(JTG 3830—2018);

㉟交通运输部办公厅印发《公路工程营业税改征增值税计价依据调整方案》(交办公路〔2016〕66 号)的通知;

㊱相关高速公路路段机电系统竣工图纸;

㊲国家及交通运输部、工业与信息化部等颁发的有关技术标准、规范和国内外高速公路通信、监控系统设计标准与技术规范;

㊳相关会议、座谈对设计的要求等。

8.2.2　平台的总体架构

总体设计既要满足平台对功能的要求,又要保障系统的实用性、完整性、稳定性、先进性,同时根据工程实际情况对设计方案进行合理修改和扩展。

8.2.3 需求规定

现有隧道监控系统大致分为 8 个部分：中央控制系统、交通检测系统、交通信号控制系统、视频监控系统、通风检测控制系统、照明检测控制系统、火灾报警系统、有线广播和紧急电话系统。整合现有隧道监控各系统设施，利用现有的各系统数据或者传输至分中心的其他数据，采用"分中心本地部署，数据同源"的方法，构建隧道智能交通监控管理系统。

1）对性能的规定

①综合业务平台监控养护的全功能、全要素平台，形成数据标准化集聚和管理平台，通过数据的模型化载体进行基于数据的联动控制、应急管理、任务发布、信息展示、事件预警等。

②移动端平台核心功能主要是执行巡查、经常检查、定检等任务时的数据采集、应急管理、信息查询、任务发布和人员管理等。移动终端设备采用手机，通过微信或 App（应用程序）实现相应功能。

③可视化演示平台体验流畅、场景逼真、操作简便，能够与后台数据无缝对接，根据功能设计实时展示系统业务功能、数据信息和三维场景互动。

2）对功能的规定

系统共设置 3 个交互终端，数据同源，功能侧重不同。系统平台包括综合业务平台、移动端平台和可视化演示平台，各平台的功能规定见表 8.1。

表 8.1 济莱高速隧道智能交通监控管理系统

系统功能平台	子系统	功能规定		说明
	监控子系统	(1) 设备控制	①交通信号灯	系统完成对交通信号（包括交通信号灯和车道控制器等）、可变信息标志（可变限速标志）、风机、照明、车行横洞卷帘门等的控制。对应不同的对象分别实现人工控制和自动控制
			②车道控制器	
			③可变信息标志	
			④风机控制	
			⑤照明控制	
			⑥防火卷帘门控制	
		(2) 信号反馈和参数采集	①环境参数	各受控设备的运行情况，通过现场控制终端机开关量输入口输入，反馈给系统，以实现系统对受控设备的模拟显示；系统通过各类传感器采集各类有关参数，实现相关设备的自动控制，或为值班员对设备控制提供参考数据，使系统处于最佳的运行状态，达到系统节能的目的
			②行车参数	
			③供配电参数	
		(3) 与参数采集有关的外设及其他功能	①一氧化碳浓度检测仪	包括变电所低压进线电流、母线电压、各大功率设备供电回路电流电所末端电压等参数的采集。通过设置在中控室的电力监控工作站，值班员可随时了解各用电设备的运行状态，及时发现问题、处理故障，保证供配电设备的安全运行
			②能见度检测仪	
			③风速风向检测器	
			④光强检测仪	
		(4) 联动控制		实现对交通控制、通风控制、通信控制等控制模块的联动控制。支持隧道群联动
	综合业务平台	(5) 外联模块		实现与现有视频监控系统、事件检测系统、照明检测控制系统、火灾报警系统、有线广播和紧急电话系统、电力监控系统、集团信息发布系统等的联动控制及数据共享，包含现有系统相关接口开发、相关数据交互、协议互通等工作
				与集团信息发布系统联动，实现隧道群、本路段、相邻路段、交警之间的协调，进行信息发布与诱导，保证路网的安全通畅
		(6) 智能故障检测		对设备故障进行定位检测等功能

系统功能平台	子系统	功能规定		说明
	养护子系统	(1)机电巡检		包括日常巡查、经常检查、专项检查、养护记录、巡查计划、故障信息、故障统计等
		(2)日常管理	①合同管理	
			②计划管理	预算计划、任务计划等
			③工程管理	立项管理、项目管理、进度管理、计量管理、验收管理、支付管理等
			④设备管理	设备信息、使用记录、维护记录等
		(3)知识库		包括设备管理、字典数据等
		(4)档案管理		包括设计资料、隐蔽施工记录、项目工程资料等
综合业务平台	指挥调度子系统	(1)应急资源管理		各系统设备、数据、图像、语音的多部门(交警、消防、医疗急救)的联动,可通过多种通信手段,实现面向多级多部门(交警、消防、医疗急救)的联动,且支持隧道群联动
		(2)应急预案管理		预案根据相应的控制原则由专家评审和编辑后提供,应具权威性、实用性,用户可对预案按需调整,初期预案按经验值设定,后续根据积累数据支撑计算生成,且用户可对部分预案控制参数进行编辑设定
		(3)应急处置	①手动执行	人工执行预案
			②询问式执行	每天定点,或者选定一个日期,届时系统会弹出提示确认框,由人工选择执行或者忽略
			③触发式执行	当火灾报警时,或一氧化碳、能见度超出(低于)正常范围时,触发执行预案,该预案会在页面询问操作人员是否执行(避免误报引起的隐患)

平台	子系统	功能	描述
综合业务平台	数据分析与决策子系统	(1)报表管理	
		(2)设备质量分析	
		(3)异常工况交通组织决策	
		(4)养护质量追踪	
	平台管理子系统	(1)用户管理	
		(2)区域管理	
		(3)设备管理	
移动端平台	移动端软件	(1)数据采集	主要执行巡查、经常检查、定检等任务时的数据采集、应急管理,信息查询,任务发布和人员管理等
		(2)应急管理	
		(3)信息查询	
		(4)任务发布	移动终端设备采用手机,通过自行开发的App程序实现相应功能
		(5)人员管理	
可视化演示平台	可视化子系统	(1)静态信息展示	利用三维模型直观展示隧道内部结构及设备安装位置
		(2)故障信息展示	快速定位故障点,及时响应,提高故障处理速度
		(3)模拟巡检	一个画面,全面监控,通过鹰眼和缩放功能快速浏览隧道内部实际情况
		(4)应急事件处置的演练	结合三维展示技术,优化应急事件处置的演练
		(5)业务功能展示	实时展示系统业务功能,数据信息和三维场景互动

8.2.4 设计概念与处理流程

本系统的设计概念和处理流程如图 8.1 所示。通过对隧道机电系统数据的编码录入,建立数据库。数据库通过后台服务器与综合业务平台、移动端平台、可视化演示平台进行交互,实现系统功能。

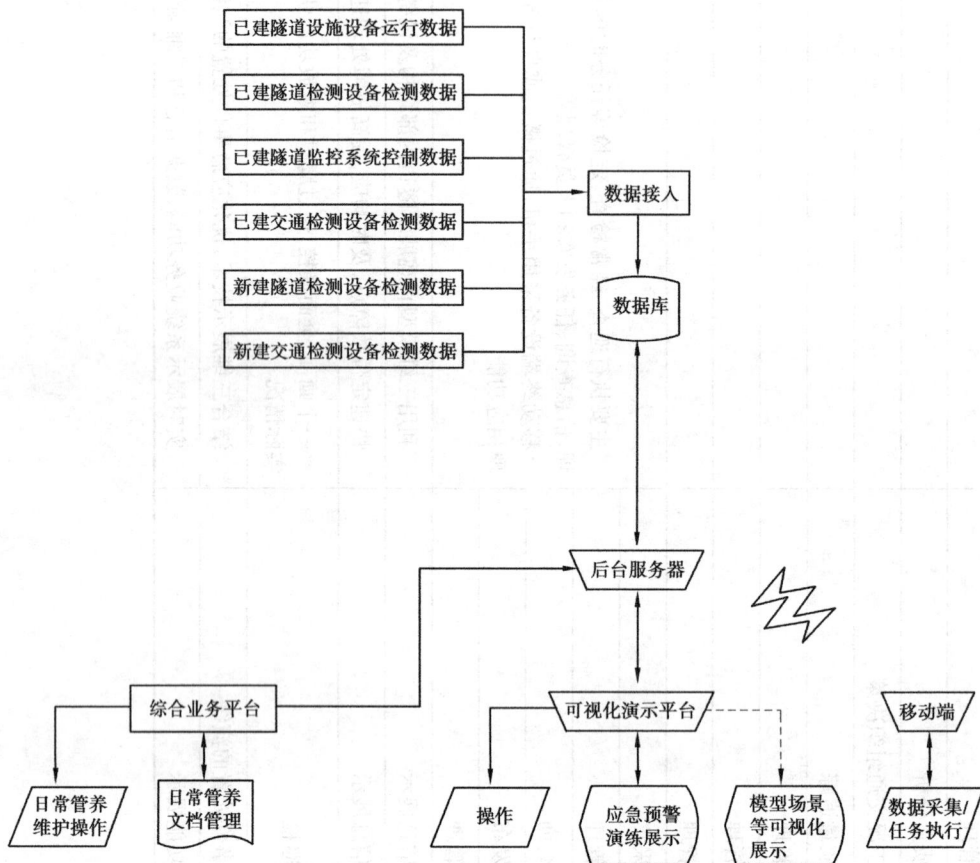

图 8.1 系统基本设计概念与处理流程图

8.2.5 系统逻辑结构

如图 8.2 所示,本项目以隧道机电系统为物理核心,以联动控制、应急管理为功能核心构建系统体系,并借助数据优化等技术手段,实现可视化的全要素隧道监控信息系统。

8.2.6 平台总体业务架构

系统的总体业务架构如图 8.3 所示,以行业标准规范为基础、用户需求为导向,构建用户层、平台层、应用层、网络层、数据层的业务框架,保证系统安全、高效运行。

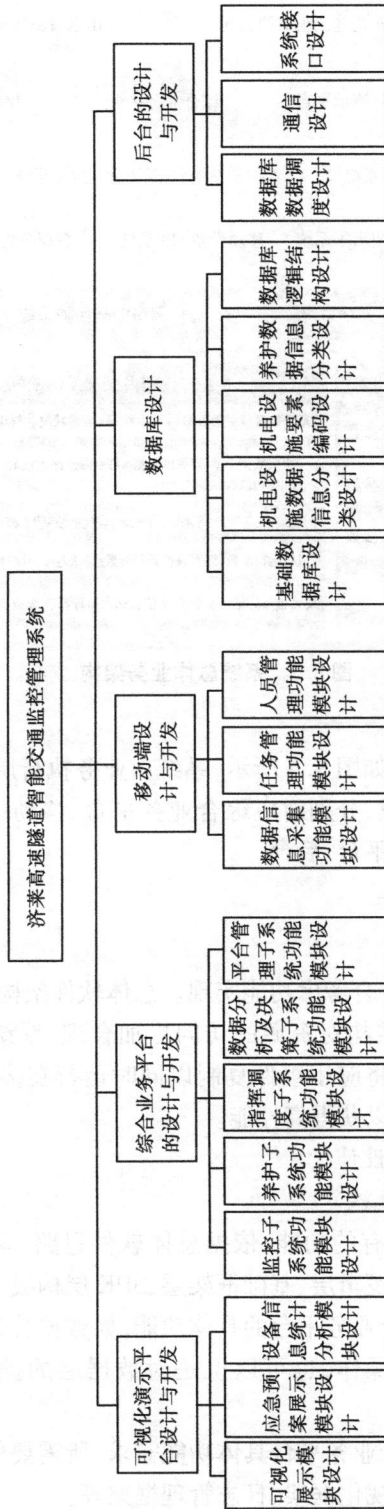

图8.2 系统设计与开发结构图

图 8.3　系统总体业务架构

8.2.7　系统的功能设计

本系统的功能层级结构如图 8.4 所示,系统由业务执行层、业务功能层、应用平台层、系统运行环境层共同组成,分别对应综合业务平台、移动端平台、可视化演示平台的执行操作、业务功能、应用平台、后台。

8.2.8　系统的架构设计

1)总体软件的架构设计

依据系统的功能需求,综合考虑功能实现。总体软件架构采用 B/S 结合的方式进行设计,如图 8.5 所示。该结构对资源的访问更加合理,系统结构更加清晰、更加灵活、更易于维护,管理程序可将应用组件复制以同时运行在多台机器上。这样可将客户端负载分配到多台机器上以获得高性能。

2)综合业务平台的架构设计

(1)综合业务平台逻辑架构

根据综合业务平台所具有的功能,依据总体软件思路,采用三层架构构建程序。该综合业务平台架构由业务逻辑层、基础框架层、SDK 层构成,如图 8.6 所示。

①业务逻辑层:针对综合业务平台的具体功能,如数据分析、项目管理、质量分析、报表管理、应急管理等具体操作,也可以说是对数据层的操作,对数据业务逻辑的处理。

②基础框架层:根据综合业务平台具体功能需求,所需要的实现功能的基础框架,如网络框架、数据库框架、可视化框架、日志管理框架等。

③SDK 层:构建综合业务工作平台的开发工具、接口等集合。

业务执行层

| 监控子系统 | 养护子系统 | 指挥调度子系统 | 数据分析及
决策子系统 | 平台管理子系统 | 移动端 |

| 可视化演示 |

业务功能层

交通信息采集 与管理	信息发布	视频监控	事件监测	系统功能设计 层级结构图	照明检测控制
火灾报警与 消防系统控制	有线广播和 紧急电话	电力与网络监控	联动控制	管养工程管理	日常巡检管理
巡检信息录入	档案管理	养护知识库	应急预案管理	应急资源管理	应急处置 执行管理
应急部门 协调管理	报表管理	设备质量分析	异常工况交 通组织决策	养护质量追踪	备件预测
用户管理	区域管理	外联模块管理	数据采集	应急管理	信息查询
任务推送	人员管理	隧道资产 三维展示	故障显示	应急预案演示	数据支撑
分析统计	接口管理	消息管理			

应用平台层

| 综合业务平台 | 可视化演示平台 | 移动端平台 | 系统后台 |

系统运行环境层

| 数据库 | 服务器 | Web服务 | 网络安全 | 传输网络 |

图 8.4 系统功能设计层级结构图

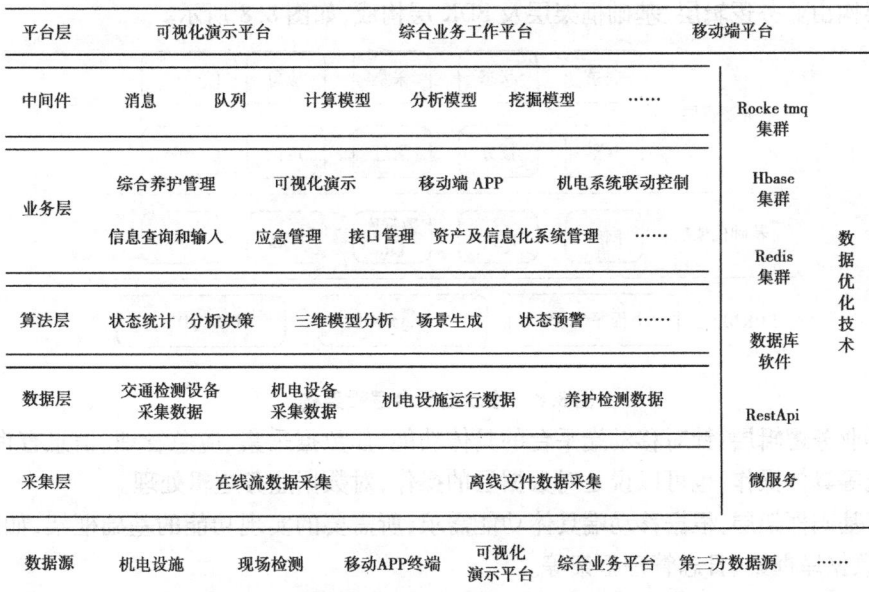

平台层	可视化演示平台		综合业务工作平台			移动端平台		
中间件	消息	队列	计算模型	分析模型	挖掘模型	……		Rocke tmq 集群
业务层	综合养护管理	可视化演示	移动端 APP	机电系统联动控制				Hbase 集群
	信息查询和输入	应急管理	接口管理	资产及信息化系统管理	……			Redis 集群
算法层	状态统计	分析决策	三维模型分析	场景生成	状态预警	……		数据库 软件
数据层	交通检测设备 采集数据	机电设备 采集数据	机电设施运行数据	养护检测数据				RestApi
采集层	在线流数据采集		离线文件数据采集					微服务
数据源	机电设施	现场检测	移动APP终端	可视化 演示平台	综合业务平台	第三方数据源	……	

图 8.5 总体软件架构图

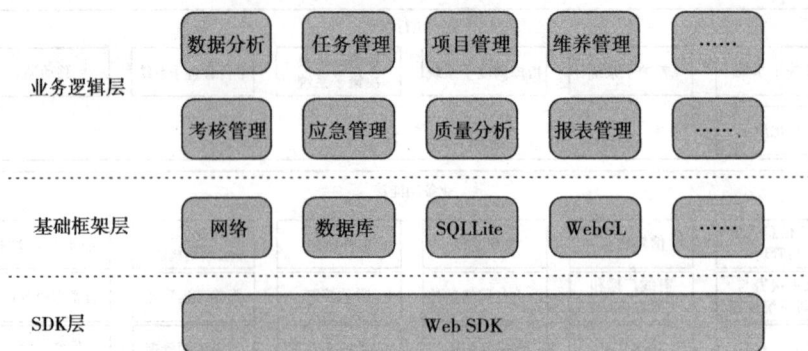

图 8.6 综合业务平台逻辑架构图

（2）综合业务平台物理架构

综合业务平台定位是全要素平台，掌控全局功能众多，其物理架构由 Web 服务器、应用服务器及后台服务器构成，如图 8.7 所示。

| 浏览器 | Web服务器 | 应用服务器 | 后台服务器 |

图 8.7 综合业务平台物理架构图

3）移动端平台的架构设计

（1）移动端平台逻辑架构

根据移动端所具有的功能，依据总体软件思路，采用三层架构构建程序。该移动端的架构由业务逻辑层、基础框架层及 SDK 层构成，如图 8.8 所示。

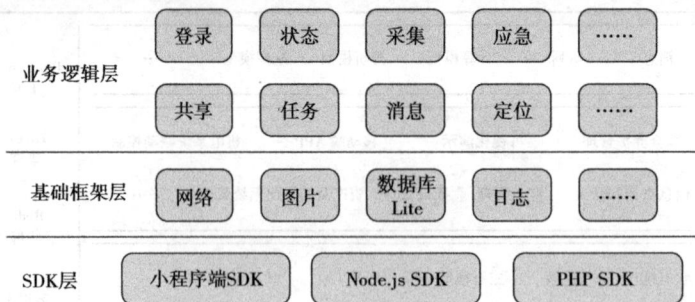

图 8.8 移动端平台逻辑架构

①业务逻辑层：针对移动端平台的具体功能，如数据采集、应急管理、信息查询、任务推送等具体操作，也可以说是对数据层的操作，对数据业务逻辑处理。

②基础框架层：根据移动端具体功能需求，所需要的实现功能的基础框架，如网络框架、数据库框架、日志管理框架等。

③SDK 层：架构移动端的开发工具、接口等集合。

（2）移动端平台物理架构

移动端定位数据采集和任务执行,其物理架构由 Web 服务器、应用服务器及后台服务器构成,如图 8.9 所示。

移动采集设备　　　　Web服务器　　　　应用服务器　　　　后台服务器

图 8.9　移动端平台物理架构

4）可视化演示平台的架构设计

（1）可视化演示平台逻辑架构

根据可视化演示平台的功能要求,依据总体软件思路,采用分层架构构建程序。该可视化演示平台架构包含数据层、服务层、应用层和显示层,如图 8.10 所示。

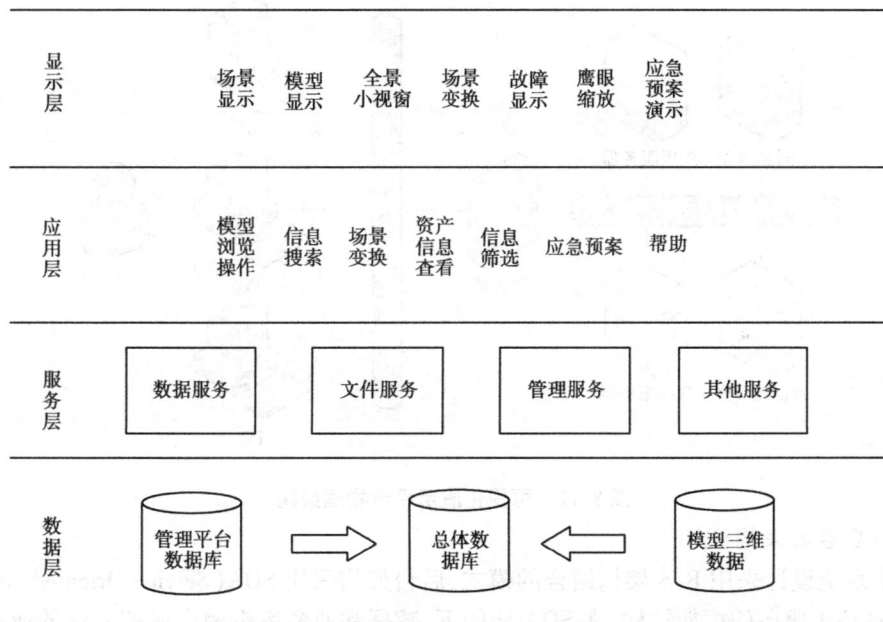

图 8.10　可视化演示平台逻辑架构

①数据层:可视化演示平台数据层与综合业务平台采用相同数据源。由于整体模型三维数据体量较大,每次打开软件都从服务器获取效率较低。因此,可视化演示平台对服务器模型三维数据在首次打开时进行本地备份,之后每次打开时对模型三维数据校验文件进行对比,在服务器模型数据文件发生变更时进行更新。

②服务层:由于可视化演示平台所展现的数据中既包含各级单元的静态信息,也包含各级单元的动态信息,且可视化演示平台与综合业务平台的数据是同源的,为了避免重复开发,降低系统维护成本,因此在数据层与应用层之间增加服务层。对于可视化演示平台需要的数据,采用 Web 服务请求的方式获得。服务层设计包含数据服

务、文件服务、管理服务和其他服务。

③应用层：应用层体现各类实际功能需求，通过调用服务层中的接口，在可视化演示平台上为用户提供各类功能服务。根据软件需求，应用层包含场景变换、信息搜索、模型浏览操作、资产信息查看、信息筛选、应急预案、帮助等若干功能。

④显示层：显示层主要完成场景、模型及各种数据信息的前端显示工作。显示层使用户可以对模型进行流畅的浏览和操作，并通过不同标记表达模型信息。对于所需的信息显示结果，显示层抽象出其共同点，开发显示模板库，以方便程序调用。除此之外，显示层需对图片、视频等显示系统进行集成，以满足用户对模型挂在文档的显示需求。

（2）可视化演示平台物理架构

基于以上逻辑架构，济莱高速隧道智能交通监控管理系统采用如图8.11所示的物理架构。机房中同一服务器主机可部署多种服务器。

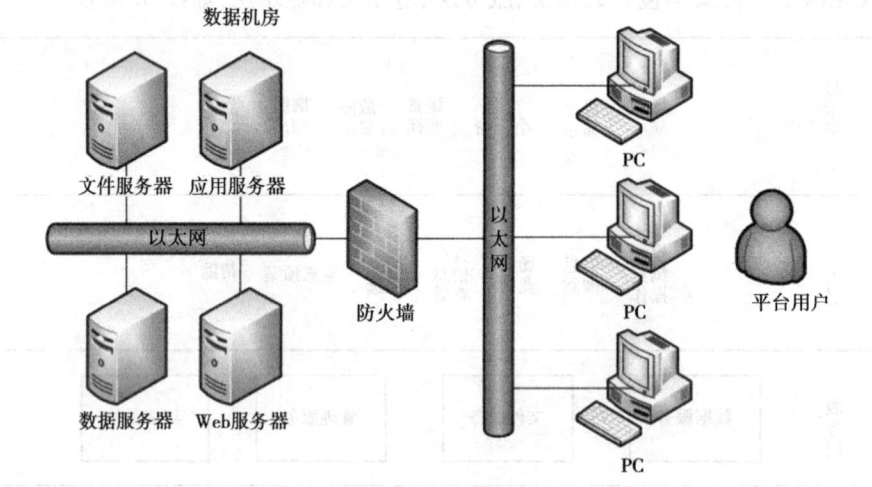

图8.11　可视化演示平台物理架构

5）后台的架构设计

本系统设计采用 B/S 架构结合的模式，后台架构采用 SOA（Service Oriented Architecture）基于服务的框架结构，在 SOA 架构下，数据和业务逻辑融合成模型化的业务组件，且具有文档接口，这种明确的设计有助于开发及进一步扩展，其应用可以很容易地与异构的、外部的遗留系统、外购的应用集成在一起。

8.2.9　其他设计

1）BIM 模型设计

传统使用的工程管理系统，因受二维平面模型或不精确的三维模型对工程拆分不精细的限制，在管理过程中往往是以某个工程分部或者节点（如桥梁、隧道）为最小管理单位来进行整个工程的信息及生产管理，其精确性、可视性和交互性的不足，使得工程项目在发生紧急事件时不能为业主或养护工作人员提供直观的信息和位置传达，并且在资产管理时，由于相关信息和模型都是独立的存在，使得在资产分析时，很难简单地达到信息与实际工程部分的对号入座,从而影响整个工作流程的效率。

BIM 模型是按实际情况精确到构件级别的,且相关的工程信息(名称、几何、桩号、材料等信息)皆集成在相应的构件中,因此相较传统的工程管理系统基于 BIM 技术的管理平台提高了整个过程的精确性、可视性和交互性。基于 BIM 技术优秀的可视化和信息化功能,管理平台在功能性拓展方面可达到最大限度,例如,在紧急事件中,业主可以通过 BIM 模型快速地找到发生预警位置的相关桩号、结构和预警原因等信息,并迅速安排相关人员进行紧急处理,防范事故的发生或减小事故带来的影响。图 8.12 为上游隧道洞口 BIM 模型。

图 8.12   上游隧道洞口 BIM 模型

BIM 模型操作设计如下:

①利用 BIM 模型优秀的可视化功能,通过简单的平移、旋转及其定位(单击某构件)的操作,实现符合大众操作习惯的人性化交互操作,提升操作管理人员与 BIM 模型的交互性。

②可实现沿路面行走并可检查构件布置是否合理。

③BIM 模型显示性窗口分为两个:一个窗口为主视窗,用于显示所处位置的工程 BIM 模型;另一个窗口为全景窗口,用于显示主窗口模型在整个项目中的具体地理位置,方便管理人员能够迅速且精确地找到所需的地理位置。

④搜索工具栏可快速搜索所需构件,并保证窗口能实时关联及切换到相应的模型位置进行显示。

2)数据库设计

本系统的数据结构复杂,依据系统需求除去隧道的机电设备设施数据和参数以外,还有养护维护数据、考核管理等。

3)接口设计

接口开发主要针对系统内部各功能模块之间和系统之间的连接。如综合业务平台与数据库、综合业务平台与可视化演示平台、综合业务平台与移动端平台等之间的数据交互。

接口开发应具有以下特点：

（1）接口地址在使用上简单易懂

在创建接口时就应考虑接口地址，文件目录不要太深，层次终端的菜单层次基本保持一致，方便以后维护。接口地址不应轻易改动，为后续的可延展性提供条件。

（2）参数与返回值尽量精简、明确

参数传递应进行充分论证，对参数传递的格式、意义等作详细的约定，应包含需要的所有信息，还应考虑后期扩展的余地。

（3）接口联调

这里的联调包含两层含义：一个含义是编译环境下的远程调试，测试模块稳定性和功能性；另一个含义就是和移动端联合测试软件功能。应对联调过程进行详细记录，形成关键变量值及当前方法的调试日志。

（4）错误处理和返回错误码

应针对错误处理和返回错误码设计专门的模块，应放在后台捕获，并记录详细的日志，然后定义一套全局的错误码，返回对应的错误码给接口调用者。应保证异常不会抛出到调用方，其他位置如果有非托管资源的使用，应该捕获，然后记录日志，释放资源，并继续把错误向上抛。

（5）接口文档

接口文档应写得规范易懂。要做到文档及时更新，与程序同步。一般接口文档包含功能、请求方式（GET/POST）、地址、参数、返回值、请求示例、返回示例以及全局的安全验证方式和错误码等。

4）UI 设计

UI（User Interface）用户界面设计是指对软件的人机交互、操作逻辑、界面美观的整体设计。包括用户与界面之间的交互关系。好的 UI 设计不仅是让软件变得有个性、有品位，还要让软件的操作变得舒适、简单、自由，充分体现软件的定位和特点。

设计遵循以下原则：

（1）一致性原则

坚持以用户体验为中心的设计原则，界面直观、简洁，操作方便快捷，用户接触软件后对界面上对应的功能一目了然、不需要太多培训就可以方便使用本应用系统。

（2）准确性原则

使用一致的标记、标准缩写和颜色，显示信息的含义应非常明确，用户不必再参考其他信息源。显示有意义的出错信息，使用用户语言词汇，高效地使用显示器的显示空间，但要避免空间过于拥挤。

保持语言的一致性，如"确定"对应"取消"，"是"对应"否"。

（3）布局合理化原则

在进行 UI 设计时需要充分考虑布局的合理化问题，遵循用户从上而下、自左向右浏览的操作习惯，避免常用业务功能按键排列过于分散，以避免用户鼠标移动距离过长的弊端。多做"减法"运算，将不常用的功能区块隐藏，采用页面导航和搜索以保持界面的简洁,使用户专注于主要业务操作流程,有利于提高软件的易用性及可用性。

(4)系统操作合理性原则

尽量确保用户在不使用鼠标(只使用键盘)的情况下也可以流畅地完成一些常用的业务操作,各控件间可以通过 Tab 键进行切换,并将可编辑的文本全选处理。查询检索类页面,在查询条件输入框内按回车应该自动触发查询操作。在进行一些不可逆或者删除操作时应有信息提示,并让用户确认是否继续操作,必要时应把操作造成的后果也告诉用户。

(5)系统响应时间原则

系统响应时间应适中,避免因响应时间过长和过快而影响用户的操作节奏,并可能导致错误。因此在系统响应时间上应坚持如下原则:

①2~5 s 窗口显示处理信息提示,避免用户误认为没响应而重复操作;

②5 s 以上显示处理窗口,或显示进度条;

③一个长时间的处理完成时应给予完成警告信息。

(6)用户权限及数据安全性

用户能自由的作出选择,且所有选择都是可逆的。在用户作出危险的选择时有信息介入系统的提示。

5)交互设计

本系统的交互设计,以用户体验为需求导向、系统功能为设计目标,保证系统体验流畅,数据展示简单易懂、操作简便、逻辑清晰,三大平台用户界面风格统一且友好。

6)数据优化设计

本系统设计三大应用平台,数据海量且数据结构复杂。在系统设计初期引入大数据优化技术,从数据索引、语句优化应用优化考虑,指导数据库的设计和硬件配置,从根本上提高系统的运行效率。

7)信息安全管理制度设计

(1)备份设计

系统备份设计主要针对核心数据备份,备份内容包括数据库备份、文件系统备份和操作系统备份。

要求备份系统的设计应不对应用系统产生任何不良影响。要求备份系统的设计要考虑系统扩展的要求,提供系统平滑升级的能力。

(2)信息系统安全管理制度设计

安全体系管理层面设计主要依据《信息安全技术　网络安全等级保护基本要求》(GB/T 22239—2019)中的管理要求进行设计,对安全管理制度、安全管理机构、系统安全策略、系统日志管理、个人操作管理进行要求。根据安全管理制度的基本要求制订各类管理规定、管理办法和暂行规定。从安全策略主文档中规定的安全各个方面所应遵守的原则方法和指导性策略引出具有可操作性有效推行和实施的制度的管理规定、管理办法和实施办法。

参考文献

［1］中华人民共和国交通运输部. 公路隧道通风设计细则：JTG/T D70/2-02—2014［S］. 北京：人民交通出版社,2014.

［2］中华人民共和国交通运输部. 公路隧道设计规范　第一册　土建工程：JTG 3370.1—2018［S］. 北京：人民交通出版社,2018.

［3］中华人民共和国交通运输部. 公路隧道设计规范　第二册　交通工程与附属设施：JTG D70/2—2014［S］. 北京：人民交通出版社,2014.

［4］中国法制出版社. 中华人民共和国道路交通安全法［M］. 北京：中国法制出版社,2013.

［5］中华人民共和国交通运输部. 公路项目安全性评价规范：JTG B05—2015［S］. 北京：人民交通出版社,2016.

［6］金文良. 台湾北宜高速公路雪山隧道避难联络通道设置间距研究［J］. 公路隧道,2007(3):26-36.

［7］闫治国,朱合华,何利英. 欧洲隧道防火计划(UPTUN)介绍及启示［J］. 地下空间,2004,24(2):212-219.

［8］张生瑞,马壮林,徐景翠. 高速公路隧道内交通事故分布规律［J］. 长安大学学报:自然科学版, 2008,28(4):74-78.

［9］李方. 山区高速公路隧道的交通特性及事故预防对策［C］//中国公路学会中国高速公路管理学术研讨会. 中国公路学会中国高速公路管理学术研讨会论文集. 北京:人民交通出版社,2009.

［10］白云. 公路隧道安全等级评价方法研究［D］. 重庆:重庆交通大学,2008.

［11］姜学鹏,徐志胜. 危险品车辆通行公路隧道的风险控制［J］. 灾害学,2007,22(2):41-45.

［12］李耀庄,龚啸,陈长坤. 隧道火灾性能化安全疏散设计方法研究［J］. 防灾减灾工程学报,2006,26(4):409-413.

［13］李伟平,吴德兴,杨健. 西华岭隧道火灾疏散救援通道参数研究［J］. 现代隧道技术,2008(2):22-27.

［14］王琰,孔令旗,郭忠印,等. 基于运行安全的公路隧道进出口线形设计［J］. 公路交通科技,2008,25(3):134-138.

［15］杨轸,郭忠印. 隧道路面抗滑性能测定及其对行车安全影响分析［J］. 重庆交通学院学报, 2006,25(6):38-42.

［16］王琰. 静态公路运营安全管理系统核心技术研究［D］. 上海:同济大学,2008.

[17] 阎莹,盛彦婷,袁华智,等. 高速公路出入口区域行车风险评价及车速控制[J]. 交通运输工程学报,2011,11(2):90-96.

[18] 孙剑,李克平,杨晓光. 拥挤交通流交织区车道变换行为仿真[J]. 系统仿真学报, 2009,21(13):4174-4178,4182.

[19] 蒋锐. 事件状态下高速公路交通流特征及运营风险研究[D]. 上海:同济大学,2011.

[20] 韦艳芳,郭四玲,宋宣玉,等. 前车刹车状态对交通流的影响[J]. 广西科学,2005, 12(2):102-105,110.

[21] 连晋毅,华小洋. 汽车防追尾碰撞数学模型研究[J]. 中国公路学报,2005,18 (3):123-126.

[22] 徐华中,熊和金. 汽车追尾与交通流混沌模型研究[J]. 武汉理工大学学报:交通科学与工程版,2006,30(1):85-87.

[23] 胡功宏. 高速公路交通流状态安全性评价与对策研究[D]. 重庆:重庆交通大学,2008.

[24] 林震,杨浩. 基于车速的交通事故贝叶斯预测[J]. 中国安全科学学报,2003,13 (2):34-36.

[25] 吴德华,陈培健. 交通事故贝叶斯最小风险控制模型[J]. 交通运输工程学报, 2007,7(6):119-122.

[26] 张玉春,何川,吴德兴,等. 高速公路隧道交通事故特性及其防范措施[D]. 重庆:西南交通大学,2009.

[27] 康晓龙,王伟,赵耀华,等. 公路隧道火灾事故调研与对策分析[J]. 中国安全科学报,2007,17(5):110-116.

[28] 马壮林. 高速公路隧道交通事故分析及预防对策[D]. 西安:长安大学,2006.

[39] 吴迪,黄文骞. 虚拟现实技术的发展过程及研究现状[J]. 海洋测绘,2002,22 (6):15-17.

[30] 周洪玉,王慧英,周岩. 虚拟现实及应用的研究[J]. 哈尔滨理工大学学报,2000, 5(4):49-51.

[31] 商蕾. 航海驾驶培训中的视景仿真系统研究[J]. 航海工程,2009,38(2): 101-103.

[32] 陈亢,冯屹朝,王勇,等. 基于环境可视化的视景仿真[J]. 信息技术,2010(7): 57-59.

[33] 张勇刚,丁立,李欣,等. 基于驾驶模拟器的道路安全主观评价[J]. 中外公路, 2009,29(4):238-241.

[34] 刘浩学,等. 交通心理学[M]. 西安:陕西科学技术出版社,1992.

[35] 杨志清. 高速公路空间视距与运行车速关系研究[D]. 上海:同济大学,2004.

[36] 阎莹. 高速公路运行车速预测模型及其应用研究[D]. 上海:同济大学,2009.

[37] 邓顺熙,谢永利,袁雪戡. 特长公路隧道 CO 浓度设计限值的研究[J]. 中国公路学报,2003,16(3):69-72.

[38] 马大猷. 噪声控制学[M]. 北京:科学出版社,1987.

[39] 国家环境保护总局. 汽车加速行驶车外噪声限值及测量方法:GB 1495—2002 [S]. 北京:中国环境科学出版社,2002.

[40] 范建成,李恩惠,陈德景. 长大运营隧道内煤尘、噪声对养路工健康的影响[J]. 中国公共卫生,2001,17(9):808.

[41] 吕康成. 公路隧道运营设施[M]. 北京:人民交通出版社,1999.

[42] 蔡文. 可拓集合和不相容问题[J]. 科学探索学报,1983(1):83-97.

[43] 蔡文. 物元模型及其应用[M]. 北京:科学技术文献出版社,1994.

[44] 胡宝清. 可拓评价方法在围岩稳定性分类中的应用[J]. 水利学报,2000(2):66-70.

[45] 胡宝清,张轩,卢兆明. 可拓评价方法的改进及其应用研究[J]. 武汉大学学报:工学版,2003,36(5):79-84.

[46] 李百川. 汽车驾驶员适宜性检测及评价[M]. 北京:人民交通出版社,2003.

[47] 袁浩,史桂芳,黄晓明,等. 停车视距制动模型[J]. 东南大学学报:自然科学版,2009,39(4):859-862.

[48] 张青文,陈仲林,刘英婴. 中间视觉条件下的道路照明反应时间[J]. 重庆大学学报:自然科学版,2007,30(2):125-129,135.

[49] 陈仲林,张青文,胡英奎,等. 道路照明中反应时间研究[J]. 灯与照明,2008,32(1):11-18,39.

[50] 范·波莫,德·波尔. 道路照明[M]. 林贤光,李景色,译. 北京:轻工业出版社,1990.

[51] 郭孔辉. 汽车操纵动力学[M]. 长春:吉林科学技术出版社,1991.

[52] 林涛. 山区公路曲线段车辆加速度及轨迹研究[D]. 上海:同济大学,2008.

[53] 林雨. 双车道公路弯道行车轨迹特性研究[D]. 上海:同济大学,2009.

[54] WU J, MCDONALD M, CHATTERJEE K. A Detailed Evaluation of Ramp Metering Impacts on Driver Behaviour [J]. Transportation Research Part F(S1369-8478), 2007(10):61-75.

[55] 张桂喜,马立平. 预测与决策概论[M]. 北京:首都经济贸易大学出版社,2006.

[56] 刘运通,石建军,熊辉. 交通系统仿真技术[M]. 北京:人民交通出版社,2002.

[57] 周培德. 计算几何——算法设计与分析[M]. 2版. 北京:清华大学出版社,2005.

[58] 樊广伶. 计算几何若干方法及其在空间数据挖掘中的应用[M]. 北京:冶金工业出版社,2010.

[59] 郭中华. 城市道路路段交通流特性分析与模型研究[D]. 南京:东南大学,2005.

[60] 陈富坚. 灾变事件下高速公路网交通组织管理技术研究[D]. 上海:同济大学,2011.

[61] 杜志刚,潘晓东,郭雪斌. 高速公路隧道出口交通标志安全距离研究[J]. 公路工程,2008,33(1):55-58.

[62] 王辉,王丹. 公路隧道火灾事故统计分析[J]. 河北交通职业技术学院学报,2009,6(2):44-46.

[63] 杨少伟. 道路勘测设计[M]. 2版. 北京:人民交通出版社,2004.

[64] 郑柯,江立生,荣建,等. 高速公路平曲线半径对行车心生理反应影响研究[J]. 公路交通科技,2004,21(5):5-7.

[65] 杨彦峰. 隧道出入口线形安全性评价指标及方法研究[D]. 上海:同济大学,2007.

[66] 张铁军,唐玲玲,吴玲涛,等. 平原区公路横断面要素安全性研究[J]. 公路,2008(4):34-39.

[67] 马玉成,孔令旗,郭忠印. 隧道入口基于照明过渡的安全运营车速及控制对策[J]. 山东交通学院学报,2007,15(1):79-84.

[68] 付百学,胡胜海. 汽车油耗检测系统数学模型的建立与应用研究[J]. 测试技术学报,2008,22(1):38-43.

[69] 刘洋. 基于驾驶员生理与心理反应的公路隧道光环境分析[D]. 呼和浩特:内蒙古农业大学,2009.

[70] 徐吉谦. 交通工程总论[M]. 北京:人民交通出版社,2002.

[71] 高建平,郭忠印. 基于运行车速的公路线形设计质量评价[J]. 同济大学学报:自然科学报,2004,32(7):906-911.

[72] 潘晓东,杨轸,朱照宏. 驾驶员心率和血压变动与山区公路曲线半径关系[J]. 同济大学学报:自然科学版,2005,33(7):900-903.

[73] 郑柯,荣建,任福田. 驾驶员行车紧张度与平曲线半径和车速之间关系分析[J]. 土木工程学报,2003,36(7):57-60.

[74] 郭雪斌,崔显忠,杜志刚. 公路隧道进出口视觉负荷评价方法及应用[J]. 公路,2008(10):258-261.

[75] GODLEY S T, FILDES B N, TRIGGS T J. Driving Simulator Validation for Speed Research[J]. Accident Analysis and Prevention,2002,34(34):589-600.

[76] Santos J, Merat N, Mouta,et al. The interaction between driving and in-vehicle information systems: Comparison of results from laboratory, simulator and real-world studies[J]. Transportation Research Part F,2005(8):135-146.

[77] MELBY K. Road Tunnels in Norway[J]. Routes Roads, 2004, Apr(Apr TN. 322):99-104.

[78] MASHIMO H. State of the Road Tunnel Safety Technology in Japan. Tunnelling and Underground Space Technology. 2002,17(2):145-152.

[79] CHEN T Y,LEE Y T,HSU C C. Investigations of Piston-Effect and Jet Fan-Effect in Model Vehicle Tunnels[J]. Journal of Wind Engineering and Industrial Aerodynamics,1998,73(2):99-110.